A luz que vem de dentro

CIP-Brasil. Catalogação na fonte

A luz que vem de dentro / Lygia Barbiére Amaral, 5ª edição, Bragança Paulista, SP: Lachâtre, 2015.
448 p.
1.Espiritismo 2.Suicídio 3.Romance espírita I.Título. II.Bibliografia

CDD 133.9 CDU 133.7

Lygia Barbière Amaral

Lachâtre

Instituto Lachâtre
Caixa Postal 164 – cep 12.914-970 – Bragança Paulista – SP
Telefone: (11) 4063-5354
Página na internet: www.lachatre.org.br
Email: editora@lachatre.org.br

5ª edição – Setembro de 2015
3.000 exemplares

Programação Visual
César França de Oliveira

Impresso no Brasil
Presita en Brazilo

– Influem os espíritos em nossos pensamentos e em nossos atos?

– Muito mais do que imaginais. Influem a tal ponto, que, de ordinário, são eles que vos dirigem.

O livro dos espíritos, pergunta 459

Este romance é dedicado a Patrícia, cuja triste história me serviu de inspiração;

A meu pai, Evandro, que me mostrou a necessidade de lutar sempre pelos meus sonhos e de me aprimorar como ser humano,

A *seu* Mário, o pai do meu marido, que indiretamente também ensinou a mim com as lições que deixou a seus filhos.

Mas gostaria de que ele fosse, especialmente, uma homenagem especial a Getúlio Vargas e a Camilo Castelo Branco, nobres réprobos que abriram mão do orgulho e da vaidade pessoal para transformarem seu arrependimento em dádiva de luz para toda a Humanidade. Sem as informações que nos foram trazidas através de seus comoventes relatos, este livro jamais seria possível.

Que ele possa levar força, luz e esperança a todos aqueles que um dia, por um minuto sequer, cogitaram na ideia de abandonar a vida antes do momento previsto.

Gostaria de dizer obrigada, do mais profundo do meu ser, a todos os irmãos, encarnados e desencarnados, a todas as almas queridas que me ajudaram na composição deste livro.

Aos que me trouxeram a primeira semente de história,
Aos que me auxiliaram fornecendo dados sobre Londres,
Aos que me esclareceram sobre leucemia e depressão pós-parto,
Aos que me incentivaram via *e-mails* nos dias de desânimo,
Aos que tomaram conta de Sophia para que eu pudesse trabalhar,
Aos que tiveram paciência comigo nos dias difíceis,
Aos que me ouviram e me enriqueceram com suas sugestões,
Aos que me tiraram dúvidas,
Aos que oraram por mim,
Aos que me ensinaram,
Aos que me protegeram,

Aos que me inspiraram,
Aos que torceram por mim.
Em especial, ao Beto, meu amado,
À Chiquinha e Danielle, meus anjos do lar,
À Lúcia Geremias Ribeiro, minha mestra,
À Tia Neyde Araújo, minha professora de português,
À minha mãe, Letícia, leitora exigente,
Às amigas Nádia e Giovana, primeiras revisoras,
À querida prima Lucia, sempre pronta a ajudar.
À Yvonne Pereira, a quem tantas vezes orei pedindo amparo,
Ao amigo Jesus, companheiro de todas as horas,
À querida Maria, que vela por todos os suicidas,
Ao meu espírito guardião, luz da minha luz.
Acima de tudo, ao Pai Maior, pela oportunidade.
Que ele possa, neste momento, abençoar todos com sua paz!

Prefácio

André Trigueiro

A dor e o sofrimento, por mais atrozes e perturbadores, guardam importantes oportunidades de crescimento espiritual para todos os que estejam em sintonia com as leis que regem a vida e o universo. A cada dia, em diferentes situações, somos convidados pela Providência Divina a darmos um passo adiante em nossa jornada evolutiva. No palco da vida, nossos personagens se reencontram em sucessivas existências em núcleos familiares onde a trama do destino se desenrola sob as injunções da lei de causa e efeito e de nosso livre-arbítrio.

Em *A luz que vem de dentro*, Lygia Barbiére Amaral mergulha no universo íntimo de uma típica família brasileira de classe média, que é surpreendida por uma tragédia absolutamente inusitada: um suicídio. Este é o ponto de partida de uma obra referencial para a compreensão da realidade espiritual em seus múltiplos aspectos, especialmente na forma como se dá o intercâmbio entre os dois planos da vida.

Se é fato que todas as correntes religiosas ou filosofias espiritualistas condenam o suicídio – pela importância que atribuem à vida e à necessidade de entendermos a dor como exercício de superação em nosso próprio benefício – também é verdade que a doutrina espírita disponibiliza o maior número de informações a respeito da realidade do suicida no plano espiritual. É um conhecimento precioso, contundente, e por isso mesmo capaz de prevenir o autoextermínio onde esta informação esteja acessível.

Vivemos num país onde o suicídio é considerado caso de saúde pública. A situação não é diferente no planeta, onde a Organização Mundial da Saúde estima que aproximadamente um milhão de pessoas consumam o autoextermínio a cada ano. Se muitos de nós desconhecemos a realidade que nos cerca em relação aos dados oficiais das autoridades de saúde, o que dizer da situação do suicida no plano espiritual?

Este é o grande mérito do livro. Descortina-se a realidade da alma imortal num enredo dinâmico, envolvente, em que cada personagem é revelado ao longo da linha do tempo em uma trama que atravessa os séculos. A situação de cada um guarda relação direta com o estoque pessoal de méritos ou dívidas acumuladas, o que nos torna efetivamente construtores do nosso próprio destino.

O livro reforça a mensagem consoladora do espiritismo, afirmando a inexistência das penas eternas, a possibilidade de ajudarmos a quem quer que seja através da prece e da força do pensamento, e a constante presença de nossos amigos espirituais em nossas vidas, nos ajudando e nos protegendo, de forma tão mais intensa quanto a nossa capacidade de estabelecer sintonia com eles.

A luz que vem de dentro é leitura importante para espíritas e estudiosos dos assuntos do espiritualismo, especialmente aqueles que desejam compreender melhor a urgência da vida, o quanto precisamos valorizar a oportunidade benfazeja de mais uma encarnação, num momento tão importante e singular da história da humanidade.

Além de professor e jornalista, André Trigueiro *é criador da disciplina de jornalismo ambiental no curso de comunicação social da* PUC-RJ*. Autor de obras como* Mundo sustentável – abrindo espaço na mídia para um planeta em transformação *(Ed. Globo) e* Espiritismo e ecologia *(Ed.* FEB*), atua como repórter e apresentador do "Jornal das Dez" e como editor-chefe do programa "Cidades e Soluções", ambos da Globo News. O tema também é foco em seus programas de rádio, na* CBN*, no quadro "Mundo Sustentável", e na Rádio Rio de Janeiro, em "Ecologia e Cultura". Mas é na prevenção ao suicídio que* André Trigueiro *vem se atendo ao realizar palestras, considerando o autoextermínio "talvez o maior de todos os desastres ecológicos". Saiba mais no* site *www.mundosustentavel.com.br*

– Sua irmã sofre de uma doença incurável.

– Não é possível! – gritou Bartira de um salto.

Só então percebeu que estivera sonhando. Sua respiração continuava ofegante, seus cabelos estavam encharcados de suor. Mas não sentia calor, apenas uma espécie de angústia. Lá fora, os termômetros marcavam cinco graus. Ainda assim, o sistema de aquecimento interno que acionara ao deitar-se para se proteger do inesperado frio londrino que enchia a atmosfera naquele final de verão, e só aumentava o seu desconforto. Desligou o aparelho e tentou voltar a acomodar-se na cama. Não conseguiu, contudo, fechar os olhos novamente. A frase não lhe saía da cabeça. Curiosamente, por mais que se esforçasse, não conseguia lembrar-se de nenhum pedaço do estranho sonho que a fizera despertar, nem mesmo da voz que lhe dera o aviso.

Eram quase quatro horas da madrugada quando, sentindo a boca amargar de tanta sede, Bartira finalmente tomou coragem e desvencilhou-se de suas cobertas quentes e macias, disposta a buscar água no andar de baixo. Há tempos rolava na cama de um lado para outro, tentando se convencer de que, assim como os sonhos, era apenas 'algo psicológico', e agora maldizia cada gole de vinho que tomara na noite anterior para tentar esquentar o corpo enquanto preparava uma série de relatórios a serem entregues no trabalho, no dia seguinte.

A verdade era que, embora não ousasse admitir isso para ninguém, ela morria de medo de sair da cama no meio da noite. Ainda mais depois do sonho que tivera. Possivelmente influenciada pelas coisas que ouvira no Brasil de seu pai, que era espírita desde que ela se entendia por gente, tinha sempre a sensação de que poderia ver alguma 'coisa' no escuro e só de pensar nisso sentia-se arrepiar por inteiro. "Preciso ver se consigo descobrir algum remédio para este tipo de ansiedade", pensou consigo. Trabalhava numa multinacional de medicamentos e produtos farmacêuticos, tendo, por isso, se acostumado a achar que "para tudo na vida existe um comprimido específico".

O pior de tudo era que ela sentia que algo a esperava lá embaixo, embora não soubesse exatamente o quê. "Grande bobagem", disse a si própria, enquanto tateava o chão com os pés, em busca dos chinelos que sempre teimavam em se esconder debaixo da cama, "nunca acreditei em nada disso mesmo... pra que ficar pensando nessas coisas agora?" Por via das dúvidas, acendeu todas as luzes do andar de cima e desceu as escadas pisando firme, fazendo bastante barulho, como que tentando assustar qualquer possível ser que porventura estivesse 'passando' pelo andar de baixo.

"Essa casa é tão velha que não custa nada encontrar um rato perambulando pela cozinha", estancou no meio da escada escura, imaginando a cena. "Ah, meu Deus", conseguiu descer mais um degrau, "acho que encontrar um rato seria pior ainda do que encontrar um espírito... Por que é que eu tinha de me esquecer de levar água para o quarto justamente hoje... E se algum ladrão tentar forçar a porta justamente na hora em que... Não, eu não vou pensar nisso. Não vou pensar em nada disso. Vou simplesmente pegar uma garrafa de água na geladeira, e voltar para o quarto aliviada e sem sede. Pronto. Nada de mal vai me acontecer", decidiu no fim da escada, enquanto alisava a parede em busca do interruptor.

Para seu azar, no exato momento em que ela apertou o interruptor, a lâmpada soltou uma faísca e queimou. Instintivamente, Bartira correu os olhos pela sala, em busca de uma réstia de luz vinda de fora, e quase desmaiou com o que viu. Ao lado da poltrona azul-marinho que ficava na pequena varanda fechada por grandes janelas de vidro, tenuemente iluminadas pelo fosco luar daquela madrugada fria, o abajur estava aceso e, diante dele, um homem alto e magro, de costas para Bartira, observava a rua deserta e enevoada. O grito subiu de imediato, mas ficou preso no meio da garganta, de tanto pavor.

"Só posso estar sonhando", pensou Bartira, agarrando-se com muita dificuldade ao corrimão para não cair. Todo o seu corpo tremia, impulsionado por um frio que nascia da raiz de sua espinha, gelando e paralisando cada um de seus músculos. Inexplicavelmente, a hipótese de ser um ladrão sequer lhe passou pela cabeça. Bartira sentia estar diante de um ser que não era mais deste mundo. Fechou os olhos com força por alguns segundos, na esperança de que ele desaparecesse ou, mesmo, de se ver de novo em sua própria cama, mas foi chamada de volta à realidade por uma voz que ecoou em sua cabeça, como se o tal homem falasse por meio de pensamentos e ela os captasse de imediato:

– Você está certa – disse ele, ainda de costas para ela. – Eu não sou um ladrão e faz muitos anos que já deixei este mundo. Mas não tenha medo. Tenho um aviso muito importante a lhe transmitir. Por favor, procure se acalmar.

– Isso não está acontecendo – pensou Bartira depressa. – Eu não estou vendo nada, não estou ouvindo nada, não quero ver nem ouvir nada! Tudo é apenas fruto da minha imaginação, logo...

– Não faça isso – interrompeu o homem, virando-se para ela. – Assim você só dificulta as coisas.

Só então, tonta como se estivesse no meio de um delírio, ela percebeu algo de familiar na voz daquele estranho e sentiu o sangue subir quente, pelando, por todo o seu corpo gelado, e espalhar-se pela região de sua testa, numa estranha vertigem que mais parecia um choque elétrico. Seu coração disparado parecia saber exatamente quem era ele.

– Ti-ti-tio Jo-jo-jonas, é vo... cê? – conseguiu perguntar, reconhecendo-lhe vagamente a fisionomia.

Jonas, seu padrinho e irmão mais novo de seu pai, havia morrido em um acidente na estrada quando Bartira tinha apenas sete anos. Fora a primeira vez que experimentara um contato mais próximo com a morte – que até então, para ela, era algo que acontecia apenas com outras famílias. Fora também a primeira vez em que tivera uma visão como aquela, já que, muito afeiçoado à sobrinha, a quem queria como sua própria filha, no momento imediato ao acidente, ele estivera pessoalmente, em espírito, em seu quarto para lhe avisar do acontecido e despedir-se dela.

Na época, porém, o susto não fora tão grande, pois, ao ver a seu lado o tio que deixara a residência da família há tão poucas horas, Bartira não atinou direito com o que ele tentava lhe dizer. Só no dia seguinte compreendeu o que efetivamente sucedera, preferindo associar o encontro a um casual sonho premonitório sem maiores consequências. Até porque, ao longo dos quase vinte anos que se seguiram ao ocorrido (Bartira completaria vinte e seis anos na semana seguinte), fato semelhante jamais voltara a acontecer. Agora, no entanto, tudo era diferente. Afinal, ela sabia que o tio estava 'morto'.

– Da primeira vez em que eu a procurei, você não ficou tão assustada – observou ele, sempre se mantendo a uma relativa distância.

– Eu... eu não tinha a menor noção de que estava falando com um 'morto' naquela época... – Bartira conseguiu dizer.

– Você acha mesmo que estou morto? Tira, querida, somos muito mais do que um corpo de carne... Em você existe uma alma, um espírito que já viveu muitas e muitas experiências aqui na Terra, usando corpos tão diferentes quanto as roupas que você guarda no armário...

– Pelo amor de Deus, tio Jonas – tornou Bartira angustiada –, eu odeio falar sobre essas coisas! Me diga logo o que tem para me dizer e volte para o seu cemitério lá no Brasil!

– Cemitério? – riu-se Jonas. – Não, querida, eu não vivo num cemitério, graças a Deus. Aliás, ninguém vive. É uma bobagem essa mania que os encarnados têm de achar que seus entes queridos passam a eternidade sentados em suas sepulturas, esperando flores e visitas dos que aqui ficaram. Apenas espíritos em profundo estado de desequilíbrio costumam permanecer longos anos ao lado de seus despojos carnais, como é o caso dos suicidas.

– Então onde é que o senhor vive? Vagando pela casa das pessoas? – quis saber Bartira, ainda grudada ao corrimão da escada.

– De maneira alguma. Eu vivo numa colônia do plano espiritual, um lugar onde convivem e trabalham diversos espíritos que alcançaram mais ou menos o mesmo grau de evolução. Existem centenas, milhares... Em verdade, são incontáveis as colônias espalhadas pelo espaço. Mas um outro dia a gente conversa sobre isso.

– Deus me livre! Por que o senhor não procura o meu pai, que adora falar sobre essas coisas? – esquivou-se Bartira.

– Porque, infelizmente, não tenho com ele a mesma sintonia que tenho com você. Poucas vezes consigo me manifestar para outras pessoas com a mesma facilidade com que consigo me manifestar para você... Talvez porque estejamos ligados há muitas encarnações...

– O senhor me desculpe, mas, definitivamente, eu não consigo entender e nem acreditar em nada do que está me dizendo. Por favor, procure uma outra pessoa que tenha essa tal sintonia com o senhor e...

Bartira já começava a subir as escadas em direção a seu quarto, sem sequer lembrar-se da sede que há poucos minutos a torturava, quando Jonas, aproximando-se do ponto onde ela ficara parada quase todo o tempo da conversação, a interrompeu:

– Espere! Vim para falar de Laura. Você precisa ajudá-la!

Ao ouvir o nome de Laura, sua irmã mais velha, que estava grávida de quase nove meses, Bartira parou onde estava e sentiu novamente o calafrio atravessando-lhe a espinha. As duas eram muito ligadas desde a infância, e Laura era a pessoa a quem ela mais amava neste mundo.

– O que tem Laura? É alguma coisa com o bebê? Pelo amor de Deus, diga logo o que tem para me dizer! – impacientou-se Bartira, esquecendo-se por alguns instantes até do medo que estava sentindo.

– Laura está prestes a iniciar uma fase muito dolorosa de sua existência. Dentro de pouco tempo, conforme foi planejado na espiritualidade por ela mesma antes de nascer, como forma de resgate de débitos passados, ela sofrerá grande choque e descobrirá que sofre de uma doença incurável. Por isso vim avisá-la. Laura precisará muito de seu apoio – enfatizou Jonas.

– Não é possível... Primeiro o sonho, agora o senhor... Tudo isso só pode ser alguma brincadeira de mau gosto... – reagiu Bartira. – Laura é uma das pessoas mais saudáveis e cheias de vida que eu já conheci, não consigo nem imaginar a hipótese de...

– Pois então prepare-se – interrompeu Jonas, sério. – Talvez até seja necessário afastar-se por uns tempos de sua carreira para estar ao lado de sua irmã neste momento. Faz parte de sua missão ajudá-la!

– Eu não quero ouvir mais nada! Isto é um pesadelo! – respondeu Bartira, virando-se de costas e tomando o rumo de seu quarto, profundamente irritada com a simples menção da hipótese de abandonar sua carreira, o que para ela era mais inadmissível até do que a continuidade da vida após a morte.

– Bartira, espere! – tornou Jonas, começando a subir atrás dela.

– Não ouse me seguir! – gritou ela, batendo a porta do quarto.

Desanimado, Jonas parou onde estava, abaixou a cabeça e entrou em oração, enquanto Bartira se escondia sob as cobertas, repetindo alto a oração do Pai Nosso entre lágrimas e soluços. Repetiu inúmeras vezes a oração até que, sem que ela percebesse, uma luz intensamente azul envolveu todo o quarto e ela dormiu profundamente.

No dia seguinte, ao acordar, Bartira não sabia dizer se vivenciara mesmo aquela insólita situação ou se tudo não passara de um horrível pesadelo. Valendo-se do radicalismo e do ceticismo que lhe eram peculiares, preferiu optar pela segunda hipótese e manter-se imune a qualquer sentimentalismo.

Ainda assim, ao cruzar, naquela manhã, o local onde acreditava ter se passado aquele angustiante sonho, chegou a pensar em ligar para o pai e contar-lhe o ocorrido. Mas logo mudou de ideia, temerosa por sua reputação caso este comentasse alguma coisa com o resto da família. Afinal, ela sempre fizera questão de afirmar diante de todos que o "espiritismo nada mais era do que o culto aos fenômenos da parapsicologia". Não podia, portanto, cair em contradição diante dos irmãos, aliás tão descrentes quanto ela.

A preocupação com Laura, contudo, não lhe saía da cabeça. Independentemente das palavras do tio, nas quais relutava em acreditar, sentia que algo não ia bem com a irmã. Tal sensação aumentou no momento em que, como fazia todos os dias, abriu seu computador e constatou que, ao contrário do que acontecia sempre, Laura não respondera ao *e-mail* que lhe mandara na noite anterior. "Dentro de poucas semanas, Laura descobrirá que sofre de uma doença incurável" – as palavras do tio voltaram a ecoar em sua cabeça.

"Tudo isso é puro delírio. Fantasmas não existem; não tenho por que me preocupar com isso", decidiu, enquanto verificava se as janelas estavam bem fechadas. Ao ganhar a rua, porém, lembrou-se da aparição do tio na ocasião de sua morte. Mas tudo aquilo acontecera há tantos anos que as imagens agora lhe voltavam à mente de forma turva e imprecisa, quase como as cenas de um antigo filme visto na infância.

"Com certeza, devo ter criado esta história influenciada pelos casos que vivia ouvindo papai comentar com os amigos, naquelas estranhas reuniões que realizava lá em casa antigamente", deduziu, tentando livrar-se daquela ideia fixa. Deparou-se então com sua imagem refletida no quadro de vidro com os horários dos ônibus, que estava afixado no ponto, e lembrou-se de que faltavam apenas dez dias para que completasse vinte e seis anos, no mesmo dia em que a irmã faria vinte e nove. No último *e-mail* que enviara à Bartira, Laura, inclusive, brincara cogitando a hipótese de o bebê nascer exatamente "nesta data querida".

"Não. Era definitivamente impossível acreditar que uma pessoa de apenas vinte e nove anos, vivendo o momento mais feliz e esperado de sua vida, fosse vítima de uma doença incurável. Deus não seria justo se isto fosse verdade", imaginou ao avistar o ônibus se aproximando. "Sim, Deus é justo", afirmou para si enquanto subia as escadas que davam acesso ao interior do veículo. Estava tão absorta em seu raciocínio que sequer ouviu o cumprimento do motorista, no momento em que cruzava com ele. "Portanto, só me resta esquecer este monte de sandices e nunca mais voltar a tomar vinho antes de dormir, por mais frio que esteja fazendo lá fora. Sim, tudo isso só pode ter sido efeito do vinho", convenceu-se, antes de tomar seu assento de sempre, dois bancos atrás do motorista.

Por via das dúvidas, ligaria para casa no fim da tarde e, conforme o que a mãe e Laura lhe passassem, tentaria conseguir ao menos alguns dias de suas férias atrasadas para checar pessoalmente a situação no Rio de Janeiro. Até porque não via a hora de conhecer o bebê que estava prestes a nascer. Pensando nisto, aquietou temporariamente o coração e seguiu para o trabalho sem sequer imaginar o que efetivamente estava acontecendo no Brasil.

Sentindo uma pontada mais forte, Laura deixou cair as agulhas de tricô no chão e gritou:

– Jorge!

Eram duas horas da tarde no Rio de Janeiro. Desde a noite anterior, Laura vinha sentindo dores estranhas na barriga. "Seriam contrações?", perguntava-se, mas não quisera comentar com ninguém para evitar tumulto. Se dona Inês, sua mãe, desconfiasse de que a neta estava chegando, a casa a essa hora certamente já estaria cheia de gente. E Laura não queria isso. Queria que Larissa viesse ao mundo num momento em que só ela e Jorge estivessem presentes, queria que esse momento fosse apenas dos três. Por isso não respondera ao último *e-mail* enviado por Bartira, nem opusera a menor resistência no momento em que a mãe lhe perguntara se ela achava que haveria algum problema caso os pais fossem passar aquele dia em Petrópolis, para fazer mais algumas comprinhas para o bebê, só retornando no dia seguinte.

Assim, logo que todos saíram (inclusive Eduardo, seu irmão mais novo, que fazia cursinho em horário integral), ela correu a cuidar dos últimos detalhes no quarto. Colocou roupa de cama no bercinho, arrumou os protetores laterais que ela mesma havia bordado, e cobriu tudo com o cortinado cor-de-rosa de estrelinhas que havia comprado na véspera. Em seguida, separou toda a roupa que pretendia levar para a maternidade, preparou a malinha do bebê, tomou um belo banho e sentou-se na sala com suas agulhas e linhas de tricô, disposta a terminar o último casaquinho que faltava para completar o enxoval que planejara para Larissa.

Por volta de meio-dia e meia, porém, percebendo que as contrações começavam a voltar com mais frequência, começou a sentir medo de ficar sozinha e ligou para Jorge, pedindo-lhe que viesse logo para casa, como medida de segurança, embora, com base em tudo o que lera nas revistas especializadas, acreditasse que o trabalho de parto ainda se estendesse até o início da noite, quiçá até o dia seguinte. Animada com a expectativa de ser mãe pela primeira vez, Laura lera tanto sobre gestação e recém-nascidos que já se considerava uma *expert* no assunto.

Sua 'larga experiência', no entanto, pareceu ruir por terra ao sinal das primeiras contrações mais fortes. Desde os tempos de menina, por ocasião das primeiras menstruações, não sentia tanta dor. O despreparo fazia com que tivesse a sensação de que o bebê podia descer por suas pernas a qualquer momento. Temerosa de que isso acontecesse, sentia medo até de urinar.

Desde que Jorge chegara do trabalho, há cerca de quarenta e cinco minutos, as cólicas haviam se intensificado de tal maneira que ela não conseguia sequer encontrar uma posição minimamente confortável. Contorcia-se de um lado para outro da casa, parecia até que seu útero ia explodir de tanta dor. O marido desligou o chuveiro e veio do banheiro como um louco.

– O que houve? Você está bem? – perguntou afoito.

– Aiiii... Estou sentindo muita dor... – respondeu Laura, apertando a barriga.

– Mas quando eu entrei você não disse que...

– Acho que chegou a hora... – decretou ela, com uma careta.

– Vo-você tem certeza? – insistiu atarantado.

– A malinha... A malinha está pronta... Ai... – informou, entre um gemido e outro – está em cima da cômoda do bebê...

Mas Jorge mal conseguia escutá-la. Estava tão atordoado que precisou revirar todo o quarto até dar com a malinha em cima da cômoda. Na pressa, esqueceu a toalha molhada pendurada na grade do berço, vestiu a camisa do lado do avesso, calçou um sapato diferente em cada pé.

– Acha que vai dar tempo de chegarmos ao hospital? – perguntou, enquanto abotoava desajeitadamente a calça *jeans*.

– Aiiii... – agachou-se Laura, apertando a barriga, já desesperada de tanta dor – vai passar... vai passar... está melhorando...

– Não é melhor ligar antes para o dr. Walter? – cogitou ele.

– Não é preciso – respondeu ela, enquanto enfiava a camisola e a escova de dentes numa sacolinha. – Hoje é o dia do plantão dele na maternidade. Será que estou esquecendo alguma coisa? – correu os olhos pelo quarto.

– E se ele não estiver lá? – insistiu Jorge. – E se o bebê nascer no meio do caminho? E se...

– Pare com tantas hipóteses e me ajude! – protestou Laura, sentindo as dores começarem de novo. – Temos cinco minutos para chegar até o carro!

– Você está tendo contrações de cinco em cinco minutos? – assustou-se Jorge, enquanto andava pela sala em busca das chaves. – Por que não avisou antes? Bem que eu pedi a seus pais para que não fossem hoje para Petrópolis...

– Fui eu quem insistiu... ai... para que eles fossem... ai... Pensei que... ai...

– Já passaram cinco minutos? – quis saber ele, agora procurando o relógio.

– Depressa... – gemeu Laura. – Estou começando a sentir tonteiras...

Ainda assim, já dentro do carro, ela o fez voltar em casa para buscar a 'ursinha no balanço' que havia comprado para pendurar na porta do quarto do hospital.

A clínica ficava a cerca de quarenta minutos de onde moravam, mas Jorge fez o trajeto em quinze. Ao chegarem, Laura foi direto para a sala de exames. Estava com quase dez centímetros de dilatação, Larissa já estava prontinha para sair. O sangramento, contudo, parecia mais intenso do que o normal.

– Doutor – pediu ela, antes de ser levada do quarto para a sala de parto –, eu não quero... ai...

– Respire como eu lhe ensinei, Laura – recomendou ele. – Você chegou a fazer os exames que lhe pedi na semana passada?

Laura abaixou os olhos. Havia simplesmente ignorado o pedido médico, certa de que não havia nada de errado nem com ela, nem com o bebê. Pensou em encontrar alguma desculpa, mas as contrações, a essas alturas, eram tão fortes que ela não conseguia sequer raciocinar.

– Está doendo muito, doutor... arf... arf... – respondeu ela, ofegante como um cachorrinho, agarrando-se à cabeceira da cama na tentativa de suportar a dor.

– Sei... – entendeu o médico – você não fez os exames... Mas o que é que você queria me dizer agora há pouco?

– Eu... arf... arf... – tornou ela – eu não quero tomar nenhum tipo de anestesia...

– Por mim, tudo bem – afirmou o médico, enquanto examinava-lhe os pulsos. – Você acha que pode aguentar?

– A... a... acho! – respondeu Laura, decidida. – Já tive cólicas muito piores... arf... arf... quando era adolescente... arf... arf... Quer dizer...

– Bom, se é assim... E você, Jorge, vai querer acompanhar o parto? – quis saber o médico, enquanto as enfermeiras arrumavam Laura na maca. Ela apertava a mão do marido e gritava sem parar.

– A... acho que... – ele tentou responder.

– NÃO! – berrou Laura. – Já disse que... arf... arf... não! – depois lançou um olhar meigo para ele e completou – eu ia morrer de vergonha... arf... arf... arf...

– Então... – Jorge soltou delicadamente sua mão e, com os olhos cheios d'água, beijou-lhe a testa – que Deus te proteja, meu amor!

Enquanto olhava a esposa se afastando na maca, urrando de dor pelos corredores do hospital, Jorge concordou que era melhor não ter entrado. Tinha a certeza de que desmaiaria durante o parto. Caso ela houvesse mudado de ideia, porém, teria entrado sem sequer pestanejar. Jorge era assim. Diante de Laura, sempre tentava parecer mais forte do que era, fazia qualquer coisa para que ela se sentisse mais segura. Laura era tudo para ele.

Vivendo juntos há pouco mais de cinco anos, os dois eram completamente apaixonados um pelo outro. Agora, longe da esposa, Jorge sentia-se como um menino assustado. Suas pernas tremiam tanto que não conseguia ficar de pé. Sentia frio e calor ao mesmo tempo, suas mãos estavam geladas e suadas. Mirou o primeiro banco no longo corredor e se atirou. Por pouco não se estatelou no chão, seus olhos tontos não conseguiam medir direito as distâncias. Por alguns instantes ficou ali parado, estático, olhando para o branco da parede como se estivesse diante de um magnífico quadro de Van Gogh, mudo, boquiaberto, extasiado. Só então, sentindo o estômago contorcer-se de dor, lembrou-se de que não comera nada desde o café da manhã, mas nem assim ousou sair de onde estava.

Laura já estava longe, mas seus gritos não lhe saíam da cabeça. Do coração. Uma lágrima tímida escorreu-lhe dos olhos, depois outra, e mais outra. Em poucos segundos chorava como jamais havia chorado desde que se tornara um homem. Tinha tanto medo de que Laura morresse...

A angústia de Jorge era tão grande que ele não conseguia parar de chorar. Nem mesmo quando um prestimoso senhor vestido de branco se aproximou para conduzi-lo até o quarto onde a esposa ficaria quando viesse da sala de parto. Era o diretor do hospital.

– Procure ficar calmo... Vai correr tudo bem, você vai ver! – disse ele, amparando-o com cuidado.

Jorge esforçou-se para dominar o pranto, mas não conseguia parar de soluçar. O diretor do hospital acomodou-o numa poltrona e tentou confortá-lo mais uma vez:

– Já, já sua mulher e seu bebê vão estar aqui a seu lado e você verá que não havia razão para ficar nervoso desse jeito... Depois, tudo isso é apenas o começo. Você não vai chorar assim cada vez que seu filho acordar de noite berrando, vai?

Jorge sorriu para ele:

– É que eu nunca havia passado por isso antes, o senhor me entende?

– Claro. Só acho que não vai lhe fazer bem continuar agitado desse jeito. Agora que já desabafou, procure se controlar.

– É... O senhor tem razão... Eu vou tentar – prometeu Jorge.

– Eu, no seu lugar, faria uma oração a Deus, pedindo pela saúde da esposa, agradecendo a confiança do Pai em enviar-lhes este filho. E, sobretudo, pedindo forças para poder ampará-lo e educá-lo em todos os momentos de sua vida, a partir de hoje, aconteça o que acontecer...

– Claro – respondeu Jorge, sentindo-se imensamente confortado com as palavras daquele senhor.

– Bem, agora que está mais calmo, eu vou pedir para que lhe tragam um copo de água com açúcar. Não se esqueça do que eu lhe disse.

Jorge sorriu, agradecido. No momento em que o diretor deixou o quarto e ele se deparou com o pequeno bercinho ao lado da cama, lembrou-se das palavras que acabara de ouvir e sentiu um frêmito de felicidade atravessando-lhe o peito. Larissa estava nascendo. Pensou então em Deus pela segunda vez naquele dia, ele que nem era muito chegado a nenhuma religião, e, surpreso consigo mesmo, completamente impregnado de fé, agradeceu ao Pai pelo momento mágico que experimentava, pediu mentalmente a Ele para que tudo estivesse bem com sua esposa e com seu bebê.

Quando uma nova enfermeira voltou com o copo de água com açúcar, encontrou outro Jorge. O medo passara, seus olhos brilhavam. Algo dentro dele dizia-lhe que o parto fora um sucesso, mal podia esperar para conhecer seu bebê.

– Tão bom se ela pudesse entrar aqui já dizendo papai, não é mesmo? – comentou, animado, ao devolver o copo para a enfermeira.

– Como? – ela não entendeu.

– Estou falando do meu bebê que está nascendo lá na sala de parto. É uma menina, sabe? O nome dela é Larissa!

– Ah, que lindo nome – disse a enfermeira, gentil. – Agora, se me dá licença...

– Claro! – respondeu Jorge, ultrassatisfeito.

Quanto mais pensava em Larissa, mais se sentia invadido por uma torrente de felicidade, que o fazia andar ansioso de um lado para outro do quarto, tal como uma criança na noite de Natal. Ele e Laura sempre quiseram uma menina, uma menininha para enfeitar suas vidas...

E pensar que a danadinha havia se escondido até o último ultrassom... "O bebê está sentado", explicava o médico, "por isso não podemos ver o sexo". Laura sempre saía do consultório arrasada. Tinha certeza de que esperava uma menina, mas precisava de uma confirmação. "E como é que eu vou comprar o enxoval? Como é que vou escolher o nome do meu bebê, como vou conversar com ele dentro da barriga?", desabafava chorosa. E não adiantava ninguém dizer a ela que ultrassom era coisa moderna, que antigamente todo mundo só descobria se o bebê era menino ou menina na hora do parto. Para Laura, descobrir o sexo da criança era quase uma questão de vida ou morte.

Até que, na última ultrassonografia, com quase seis meses de gestação, o médico pesquisou, pesquisou, e deu finalmente seu veredicto: "É uma menina. Continua sentada, mas posso ver o cortezinho de sua vagina. É uma menina, com toda certeza", asseverou. O rosto de Laura então se abriu por inteiro num sorriso, e ela ficou ainda mais bonita do que já era. Desde aquele dia, aliás, ela nunca mais parou de sorrir.

Com seus cabelos lisos e compridos de uma cor intermediária entre o castanho e o ruivo, e seus grandes olhos verdes que mais pareciam duas enormes bolas de gude iluminadas por sua alegria de ser mãe pela primeira vez, Laura era dessas grávidas que chamam a atenção quando passam na rua. Sua barriga, de tão redondinha, de tão perfeita e delicada, parecia até esculpida à mão.

No mesmo dia em que descobriram o sexo da criança, foram direto para uma loja de roupinhas para bebê e compraram as primeiras peças do enxoval de Larissa com a indenização que Jorge finalmente conseguira receber, cinco meses depois de ter sido mandado embora de seu último emprego. Não fosse por esse problema, aliás, os nove meses de gestação de Laura teriam sido de pura felicidade.

Aos poucos, Jorge começou a lembrar-se do dia em que vira Laura pela primeira vez, numa festa de *réveillon* na avenida Atlântica, realizada em um maravilhoso duplex, onde morava um amigo em comum do casal. Laura e Jorge simplesmente se olharam e se apaixonaram. Trocaram o primeiro beijo durante o *show* de fogos que marcou a entrada do ano de 1992, ao som da canção *Strangers in the Night*, de Frank Sinatra, que tocava em requintado hotel ali perto e ecoava por toda a avenida. Desde aquele dia, *Strangers in the Night* passou a ser a música dos dois.

Estranhamente, ambos tinham a impressão de já ter vivido aquela insólita cena, ou algo muito parecido, em algum lugar de um passado distante e desconhecido. Seis meses depois, sentiam-se tão irremediavelmente grudados um ao outro que decidiram dividir o apartamento de Jorge na praia de Botafogo, onde haviam sido felizes até pouco tempo depois de Laura descobrir que estava grávida e de ele perder o emprego no escritório de contabilidade onde trabalhava.

A princípio, Laura, que era bailarina do corpo de baile do Teatro Municipal, havia pensado em dançar enquanto a barriga permitisse e assim segurar o orçamento até que Jorge conseguisse outro emprego. Todavia, aos três meses de gravidez, ela começou a ter sangramentos constantes e o médico aconselhou que se mantivesse afastada do balé até o final da gestação.

Mais do que ninguém, Jorge lamentara o ocorrido. Incentivava demais sua carreira, gostava de vê-la dançar, de apreciar seus gestos seguros e delicados no palco. Não perdia nenhuma de suas apresentações, a menos quando a companhia se apresentava em outro estado durante a semana, nos tempos em que ele ainda estava empregado, e os dois choravam na despedida como se nunca mais fossem se ver na vida.

Com o afastamento forçado, Laura perdeu não só suas noites de glória como também uma boa parte de seu salário. Para tentar segurar a situação, Jorge passou meses entregando currículos nas mais variadas empresas e setores, mas nada parecia dar resultado. O país vivia dias de crise. E o pior era que os sangramentos também não haviam cessado.

Ao longo de toda sua gestação, Laura ficou muito fraca. Não podia passar mais de duas horas fora da cama que logo era acometida por desagradáveis enjoos e tonteiras. Sempre otimista, porém, acreditava que tudo isso fosse apenas um reflexo de uma vida inteira de privações alimentares, em função das exigências do balé; esforçava-se para ingerir o máximo de doces que pudesse a fim de compensar o que ela considerava uma 'hipercarência' do organismo; caminhava todos os dias ao sol, das oito às oito e meia, para manter uma aparência saudável. Era tanta alegria que ela sentia carregando aquele bebê na barriga que nada no mundo parecia ter o poder de aborrecê-la.

Apesar de todos os problemas, em nenhum momento o casal desejou que o bebê tivesse vindo numa outra oportunidade, nem mesmo quando foram obrigados a entregar o aconchegante apartamento na praia de Botafogo e a mudar-se para a residência dos pais de Laura, na Tijuca. Por coincidência, na véspera da mudança, Jorge conseguiu emprego numa revendedora de automóveis do amigo de um amigo, onde está até hoje. Mas, a essa altura do campeonato, não havia mais como voltar atrás. Até porque os pais de Laura, que entrava no sétimo mês de gravidez, já tinham preparado tudo para recebê-los. Estavam completamente extasiados diante da perspectiva de acompanhar de perto o desenvolvimento e a chegada de sua primeira neta.

Pela primeira vez desde a descoberta de que iria ser mãe, Laura se deixou abater um pouco com a situação. Primeiro, por ter de montar o tão sonhado cantinho de Larissa em seu antigo quarto de solteira, onde ela e Jorge dividiriam o espaço com o bebê, e ainda precisar contar com a ajuda dos pais para fazer suas compras. Segundo, pela falta que sentia do balé. E também porque, acostumada com sua rotina de dona-de-casa, e ainda por cima sensibilizada pelos hormônios da gravidez, não conseguia mais aceitar o jeito sistemático da mãe, que tinha um lugar especial para cada mínimo objeto da casa e não admitia nem uma agulha fora de seu compartimento exato. De tão detalhista, dona Inês sequer cogitava a hipótese de contratar uma empregada para ajudá-la nos trabalhos da casa. Fazia questão absoluta de cuidar de tudo sozinha, exatamente do jeito como sempre fizera desde que se casara.

Aos trancos e barrancos, porém, Laura e a mãe acabaram se entendendo e o antigo sorriso logo voltou a brilhar no rosto da esposa de Jorge. Dona Inês, que era exímia bordadeira e coordenava um grupo de senhoras católicas que passavam o ano inteiro produzindo roupas para crianças e velhinhos pobres, conseguira até ensinar a filha a fazer tricô e crochê. Recentemente, Laura passara, inclusive, a visitar o asilo assistido pelo grupo da mãe, onde afeiçoou-se de tal forma a dona Clotilde, uma senhora doente que lá vivia, que inventou uma forma de ajudá-la a suportar o frio que sentia nos pés, confeccionando, especialmente para ela, sapatinhos de bebê gigantes das mais variadas cores.

Enfim, como costumava dizer seu Paulo, o sábio pai de Laura, engenheiro aposentado de importante banco federal, com quem Jorge sempre se dera extremamente bem, o bonito da convivência entre as duas era que, apesar das brigas, mãe e filha estavam sempre aprendendo uma com a outra.

– Tem gente que não briga e, no entanto, passa pela vida do outro como se não tivesse passado – argumentava ele, sempre bem-humorado.

Aos olhos de Jorge, seu Paulo era um pai e tanto. Sempre muito amigo dos filhos, conversava com estes sobre todos os assuntos, tendo, contudo, sempre o cuidado de não interferir demais na vida de nenhum deles. Poucas semanas antes do parto de Laura, aliás, sugerira, escolhendo as palavras para não ofender os brios de Jorge, que planejava comprar um apartamento para o casal tão logo Laura se sentisse mais segura para cuidar do bebê sem a ajuda da mãe.

– Por mais que eu adore a companhia de vocês, acho que um casal precisa ter a sua própria casa, sua intimidade sagrada, seus segredos de casal – disse o sogro na ocasião.

– O que é isso, seu Paulo – tentou argumentar Jorge –, eu sei que o senhor trabalhou duro a vida toda para ter o que tem, não acho justo que prive sua esposa de desfrutar do que conquistaram para...

– Meu filho – interrompeu Paulo –, se Deus permitiu que eu e Inês acumulássemos recursos através do trabalho honesto, não foi para dissipá-los em passeios e viagens a título de puro divertimento. Em primeiro lugar estão nossos filhos, a mais magnânima missão que Deus nos confiou neste mundo.

– Mas eu não sou... – tentou dizer Jorge.

– Desde o momento em que se juntou à minha filha para fazê-la feliz, você passou a ser meu filho também. Sobretudo porque não tem mais quem olhe por você. Portanto, se eu tenho condições para isso, é meu dever de pai oferecer-lhes a segurança necessária para que possam criar meus netos da melhor maneira possível, sem a imensidão de dificuldades e preocupações por que eu e Inês tivemos de passar. Tenho certeza de que seu pai faria o mesmo se fosse vivo – teve o cuidado de afirmar.

Quanto mais o ouvia falar, mais Jorge o admirava. Sentia pelo sogro um carinho, uma afinidade, uma identificação maior do que a que nutria pelo próprio pai, já morto, o qual também fora pessoa muito boa, embora mais rude e mais exigente com o filho – a quem recriminara muito mais do que incentivara ao longo de toda a sua existência.

Nesse sentido, aliás, Jorge se identificava muito também com Eduardo, o caçula da família, de dezessete anos. Preparando-se para prestar vestibular para alguma coisa que ele ainda não sabia direito, Duda parecia mais interessado em curtir sua juventude, seus amigos, suas noitadas e namoradas. De volta do cursinho, jamais abria um livro, não se preocupava sequer em acompanhar o noticiário dos jornais. Gostava mesmo era de jogar *video games* no computador e de viajar pela internet.

Muitas vezes, Jorge sentiu vontade de aconselhá-lo, de dizer a ele o quanto se arrependia agora de não ter feito um curso superior como seus pais já falecidos tanto queriam. Mas, sempre que olhava para ele, perdia a coragem, pois ele próprio nunca admitira que outras pessoas se metessem em sua vida. Jorge sabia que Duda já estava cansado de ouvir sempre a mesma ladainha do pai, da mãe e das irmãs mais velhas, e não queria ser mais um 'chato' na vida do cunhado.

De maneira geral, Jorge se dava extremamente bem com toda a família de Laura. Seu único problema era com Bartira, a irmã do meio. Extremamente batalhadora por seus ideais, ela era o grande orgulho dos pais. Tendo concluído precocemente sua faculdade de direito, antes mesmo de completar vinte e um anos, aos vinte e três obtinha título de mestre em direito internacional; no ano seguinte, já ocupando importante cargo em conhecida multinacional produtora de remédios, com filiais em diversos países do mundo, era transferida para a Inglaterra, onde já vivia há quase dois anos.

Como toda a família, Jorge admirava seu empenho. Todavia, por mais que se esforçasse, não conseguia se dar bem com a cunhada. Irritava-o, sobretudo, a desagradável mania que ela tinha de estar sempre querendo medicar a todos com as amostras grátis de remédio que ganhava na empresa onde trabalhava. Tentava, de todas as maneiras, ser gentil com ela, mas percebia que Bartira sempre o olhava enviesado, de cima, fazendo-o sentir-se como um humilde gari diante de uma nobre condessa. Ainda assim, Jorge não chegava a sentir raiva dela. Experimentava certo incômodo em sua presença, mas tal incômodo parecia muito mais ligado a ele mesmo do que à cunhada propriamente dita. Era como se, independentemente de seus olhares, ele sempre se sentisse pequeno diante dela, quase como se lhe devesse alguma coisa, embora jamais houvessem trocado mais de uma dúzia de frases naqueles anos todos.

Criado a vida toda sem nenhum irmão, Jorge achava bonita a amizade entre Laura e Bartira, como também se sentia fundamente tocado pelo extremo carinho que Eduardo dedicava à irmã mais velha. Talvez até como uma consequência natural de seu jeito meigo de ser, Laura era sempre tratada por todos como se fosse a rainha da família.

De tão agarrado a ela, Duda, por sinal, não saía de casa nos últimos tempos sem deixar o telefone da casa do amigo ou amiga onde teoricamente estaria 'estudando', do cursinho ou até mesmo dos barezinhos que frequentava. Fazia questão de que a irmã o avisasse na hora do parto.

– Ele vai ficar uma fera... – Jorge pensou alto, só então lembrando-se de que, na pressa de sair, não deixara sequer um bilhete para o cunhado.

"Mas... e Laura? E Larissa? Por que demoravam tanto a lhe trazer notícias?" Já se preparava para ir até o berçário tentar obter alguma informação, quando foi surpreendido por uma outra enfermeira, que entrou no quarto com o bebê nos braços:

– Alô, papai, eu vim aqui te conhecer... – disse ela, imitando a voz do bebê.

Jorge não pôde conter as lágrimas. Seu choro, porém, era bem diferente do pranto nervoso que o sacudira quando Laura entrou para a sala de parto. Era como se todo o amor de seu coração transbordasse doce por suas bochechas quentes ao ver aquele pedacinho rosado de gente, todo enrolado como se fosse um pãozinho, com um tufo de cabelos bem negros no alto da cabeça. Pela primeira vez na vida sentia seu coração bater como o de um pai.

– Que coisa mais linda... – foi tudo o que conseguiu dizer.

– Nasceu às dezesseis horas e cinquenta e oito minutos, com três quilos e setecentos gramas, e medindo cinquenta e três centímetros! – informou a moça.

– Cinquenta e três centímetros... puxa vida... – repetiu Jorge confuso e extasiado, sem conseguir entender direito se aquilo significava que seu bebê era muito alto ou muito baixo.

– Agora precisamos ir. O bebê necessita passar algum tempo na incubadora para não estranhar a temperatura do ambiente – explicou a enfermeira.

– Mas está tudo bem mesmo? – preocupou-se o pai.

– Está tudo ótimo – disse a enfermeira, saindo. – Daqui a três horas ele voltará para ficar no quarto com vocês, não é mesmo, neném?

– Larissa é o nome dela – retificou Jorge orgulhoso, mas a enfermeira já estava longe, não chegando a ouvi-lo.

Cerca de meia hora depois, Laura era acomodada na cama por uma terceira enfermeira. Ainda estava meio dopada, sob efeito da anestesia que acabara tendo de tomar. Sorriu rapidamente para Jorge e voltou a adormecer. Ele ficou ali, olhando para ela, acariciando seus longos cabelos castanho-avermelhados, velando seu sono. Sentia-se ainda mais apaixonado pela mãe de sua filha.

Algum tempo mais tarde, como Laura não acordasse, decidiu sair para avisar à família, antes que o bebê viesse para o quarto. Em seu caminho até o saguão do hospital, onde ficavam os orelhões, mal podia conter os lábios, que não paravam de sorrir. Era tão grande o orgulho que carregava dentro de si que chegava a sentir-se mais alto e mais largo do que efetivamente era, cada vez que cruzava com alguém ao longo do corredor.

E o mais engraçado era que todos olhavam para ele como se efetivamente quisessem lhe dizer alguma coisa. "Com certeza viram minha filha na incubadora do berçário e sentem vontade de me dar os parabéns", pensava consigo, sem sequer atinar para o fato de estar com a camisa do lado do avesso e usando um sapato diferente em cada pé.

Só ao discar o número do hotel em Petrópolis onde os pais de Laura estavam hospedados percebeu que suas mãos ainda tremiam:

– Seu Paulo? Sim, sou eu, Jorge... Nasceu... Às quatro horas e cinquenta e oito minutos. Ela é linda, a coisa mais linda que eu já vi na minha vida... Sim, eu a vi rapidamente antes de ir para a incubadora, mas agora mesmo a enfermeira deverá trazê-la para o quarto... O número do quarto?... Acho que é 207, é isso mesmo... Não, eu ainda não falei com o médico, mas acho que correu tudo bem... Ela está dormindo agora... Sei... É, eu acho melhor deixar para amanhã... Obrigado... Mande outro para ela... Então até amanhã... Boa-noite para o senhor também... Um abração!

Após conversar com o sogro, Jorge ainda permaneceu algum tempo ao lado do telefone, pensando se deveria ligar para mais alguém. Na certa, seu Paulo e dona Inês haviam avisado Eduardo imediatamente e, a essas alturas, já estavam discando para Bartira. Talvez devesse falar com alguns casais amigos, ou mesmo com seus antigos colegas de trabalho... E com os novos também, por que não? Sentia vontade de ligar para o Rio de Janeiro inteiro para contar que sua filha havia nascido. O único problema, porém, era que tinha péssima memória. Só pudera ligar para o sogro, aliás, porque trouxera o número anotado na carteira. Com muito esforço, começou a se lembrar do telefone da revendedora. A essa hora, porém, era inútil ligar para lá. A loja fechava às seis e meia e já eram quase oito da noite.

Jorge tentava mentalizar ao menos o prefixo da casa de seu chefe, quando foi surpreendido por um terrível grito que ecoou por todo o hospital. Imediatamente saiu como um louco, em disparada, pelos corredores. Ele tinha certeza absoluta de que o grito viera do quarto da esposa.

Jorge abriu a porta do quarto e encontrou Laura descabelada, chorando inconsolável, cercada por três enfermeiras que tentavam, a todo custo, mantê-la deitada na cama. No fundo do quarto, uma outra enfermeira nervosa segurava o bebê nos braços.

– Não pode ser – dizia Laura, em prantos –, ela me trouxe o bebê errado...

– Não senhora – retrucava a enfermeira-chefe –, este aqui é o seu menino, eu tenho certeza absoluta. Eu estava na sala de parto quando ele nasceu.

– Jorge – gritou Laura, vendo-o entrar –, essas mulheres roubaram a nossa filha! Eu quero a minha filha! Eu quero a minha filha!

Jorge abraçou-a, atônito, e fez sinal para que as enfermeiras se afastassem.

– Calma, meu bem... Fique calma, eu vou resolver tudo...

– Precisamos ser rápidos, Jorge – dizia ela, soluçando. – Nossa Larissa não pode estar longe daqui...

– Mas afinal de contas o que está acontecendo? – quis saber o marido.

– Ela não quer receber a criança – disse uma das enfermeiras.

– Cismou que teve uma menina! – completou a outra.

– Mas eu tive uma menina! – gritou Laura.

– A senhora estava dopada na hora, como pode se lembrar? – interferiu novamente a enfermeira-chefe. – Eu estava lá e vi quando seu menino nasceu...

– Então nosso bebê é realmente um menino? Mas... – tentou entender Jorge.

– Não, Jorge – berrou Laura desesperada –, esse menino não é nosso filho... Foi essa mulher – disse apontando para a enfermeira do berçário – foi ela quem trocou o nosso bebê...

– Eu não fiz nada disso, moço – tornou a moça que segurava o bebê, bastante angustiada. – Só disse a ela que seu bebê era um meninão e que todos no berçário tinham ficado encantados com ele... Daí ela olhou para a criança e começou a gritar, daquele jeito que o senhor ouviu...

Mediante um sinal afirmativo de Jorge, a enfermeira-chefe dissolveu um comprimido num copo de água e o entregou a ele.

– Beba essa água, meu bem – disse a Laura. – Você está muito nervosa...

– Pode até secar o leite se continuar chorando desse jeito – acrescentou a enfermeira-chefe, apontando disfarçadamente a porta para as outras duas que a acompanhavam. Apenas ela e a enfermeira com o bebê nos braços, cada vez mais encolhida contra a parede, permaneceram no quarto. Laura continuou chorando, porém mais baixo. Aos poucos foi ficando sonolenta, até que adormeceu. Sempre mantendo os braços em torno da esposa, Jorge então dirigiu-se à enfermeira-chefe:

– Então nosso bebê é realmente um menino?

– Fui eu mesma quem o trouxe para que o senhor o conhecesse, antes de levá-lo para a incubadora, o senhor não se lembra? – respondeu ela, tomando o bebê dos braços da outra para que Jorge o visse novamente.

Jorge não sabia o que fazer. De fato, reconhecia o bebê que a enfermeira lhe mostrara, horas atrás, mas não conseguia entender como havia se transformado num menino. Na verdade, estava tão acostumado em ouvir Laura falando de Larissa, tão crédulo na certeza que a esposa tinha de que estava esperando uma menina, que jamais havia pensado na possibilidade de ser pai de um menino. Pelo menos, não desta vez. Olhou para a criança com carinho e sorriu:

– É, garotão... precisamos encontrar um nome para você...

Nem bem ele acabara de dizer isso, porém, alguma coisa dentro dele protestou, deixando-o em dúvida outra vez. E se Laura estivesse dizendo a verdade? Se houvessem mesmo trocado a sua Larissa por aquele menino? Seria mesmo um menino?

– Será que eu não poderia falar com aquele enfermeiro que estava aqui esta tarde? – pediu, lembrando-se da confiança que sentira por aquele senhor.

– Enfermeiro? – estranhou ela.

– Sim, aquele que pediu para que me trouxessem água com açúcar no momento em que...

– Acho que o senhor está fazendo alguma confusão – tornou a enfermeira – aqui neste hospital não trabalha nenhum enfermeiro homem...

– Não é possível – insistiu Jorge, confuso – eu conversei com ele, era até uma pessoa muito...

– Talvez fosse um de nossos médicos – deduziu a enfermeira, olhando desconfiada para a maneira como ele estava vestido.

– É... talvez fosse um médico – concordou Jorge, ainda titubeante. – Estava todo vestido de branco...

– Era o diretor – disse, tímida, a moça que segurava o bebê. – Eu o vi na cozinha no momento em que pedia para que trouxessem um copo de água com açúcar a este quarto...

– O diretor! Que ótimo! – exclamou Jorge, nervoso. – Eu poderia vê-lo?

– Infelizmente a esta hora ele não está mais no hospital – informou a enfermeira-chefe, sem conseguir tirar os olhos de seus sapatos.

Jorge achou aquilo um absurdo, mas era melhor não discutir. No dia seguinte, conversaria seriamente com o diretor. Por ora, no entanto, precisava resolver aquele impasse. Não poderia esperar até o dia seguinte. Afinal, aquela criança que a enfermeira tinha nos braços era mesmo um menino? E se tudo não tivesse passado apenas de um engano involuntário? Na hora de trazer a criança, a enfermeira poderia muito bem ter imaginado tratar-se de um menino, quando, na verdade...

– Será que a senhora podia... – ensaiou envergonhado – tirar a roupinha dele para que eu veja?

As duas enfermeiras se entreolharam, e a um sinal de cabeça da enfermeira-chefe a outra começou a despir o menino.

– O senhor, por favor, olhe rápido – disse a enfermeira-chefe. – Não é bom que o menino fique muito tempo sem roupas.

Jorge, timidamente, aproximou-se do bercinho da criança e constatou o indubitável. Era realmente um menino. Por coincidência tinha até um sinalzinho vermelho e comprido no pescoço, exatamente igual ao que ele carregava desde bebê. Sim, seu coração dizia que aquele era seu filho.

Poucos instantes depois, o médico entrou no quarto e acabou de vez com todas as dúvidas que ainda pudessem restar sobre o caso:

– Pode acontecer, Jorge, por uma questão de posição do feto ou até mesmo por um atraso na descida do pênis da criança, de o médico se enganar na hora da leitura do ultrassom. Não é muito comum, mas pode acontecer. Agora, que esse bebê é o seu filho, disso eu tenho certeza absoluta. Afinal, fui eu quem o tirei da barriga de Laura!

Jorge respirou aliviado. Confiava na palavra do médico, não havia a menor possibilidade de o bebê ter sido trocado. Sentindo-se ligeiramente mais confortável com a situação, pediu à enfermeira para segurar o seu filho. O neném o olhava como um bichinho assustado e Jorge apertou-o contra o peito. Queria que ele entendesse que, apesar de tudo, ele, seu pai, o amava com todas as forças.

– Mas... e Laura? Como iremos convencê-la? – quis saber do médico.

– Nesse primeiro momento é normal que a mulher fique um pouco descontrolada. São muitas emoções misturadas, muitos hormônios circulando também. Sem falar nos efeitos da anestesia, que distorcem um pouco a personalidade. Ainda mais no caso dela, que havia se preparado psicologicamente para receber uma menina... Mas acredito que na hora em que ela tomar o bebê nos braços e ele começar a mamar, seu instinto materno vai falar mais alto.

– Eu só não entendo uma coisa, doutor... Tudo bem que eu não tenha percebido que o bebê era menino. A enfermeira não falou nada, eu também não perguntei... Até porque ele estava vestido. Mas como Laura não percebeu nada, na hora em que o bebê foi tirado de sua barriga? – quis saber Jorge.

– Ela não estava conseguindo suportar as dores e ao mesmo tempo estava perdendo muito sangue, o que, aliás, me deixou um pouco preocupado...

– Como assim, doutor? – tornou Jorge, ansioso.

– Não é normal esse tipo de sangramento durante o parto – explicou o médico. – Por via das dúvidas, colhi um pouco de material e enviei, eu mesmo, ao laboratório para exame, já que Laura se recusou a fazê-lo todas as vezes em que eu pedi. É sempre bom dar uma checada.

– Pode ser alguma coisa grave, doutor? Eu cansei de falar com ela que não era normal a pessoa sangrar tanto durante a gravidez e... – desesperou-se Jorge.

– Vamos esperar os resultados. Talvez seja apenas um reflexo da tensão que ela experimentou durante a gestação – o médico tentou tranquilizá-lo.

– Mas afinal ela tomou anestesia? Por que não viu que o bebê era um menino na hora em que... – insistiu Jorge que, de tão nervoso, mal conseguia organizar o próprio raciocínio.

– Antes de apelar para uma cesariana, eu decidi aplicar, mesmo contra sua vontade, um pouco de anestesia. A estratégia deu certo, mas só que ela adormeceu poucos minutos antes da retirada do bebê – esclareceu o médico.

– Sei... – respondeu Jorge, pensativo.

– Mas não se preocupe – tornou o médico. – Amanhã cedo estarei aqui para conversar com ela. Quanto ao bebê, dadas as circunstâncias, acho que seria melhor que ele passasse esta noite no berçário, você não concorda comigo?

Jorge acatou a decisão do médico. Beijou a testa do filho com ternura e o entregou à enfermeira do berçário.

– Ah, Jorge! – disse o médico, já na porta. – Se eu fosse você desvirava esta camisa do avesso e pedia a alguém para que lhe trouxesse o outro pé de um dos sapatos que você está usando...

– Nossa... É mesmo! – constatou Jorge envergonhado, olhando para os próprios pés, sob o olhar de riso das enfermeiras. – Como é que eu fiz isso?...

Naquela noite, ainda sob o efeito da anestesia, potencializado pelo calmante ingerido, Laura dormiu profundamente.

No dia seguinte, quando Laura acordou, o dr. Walter já estava sentado a seu lado. Por sua recomendação, Jorge e os demais parentes estavam aguardando do lado de fora do quarto. Ainda zonza de sono, ela sorriu para o médico antes de desabafar:

– Ainda bem que está aqui... Você não imagina o pesadelo horrível que eu tive esta noite... – e olhando para o bercinho vazio. – Onde está meu bebê?

– A enfermeira já vai trazê-lo para que você o amamente. Mas antes gostaria de conversar um pouco... – disse o médico.

– Que pesadelo horrível... – continuou Laura. – Sonhei que haviam trocado minha filha no berçário e...

– Laura – interrompeu o médico –, você não teve um pesadelo. Seu filho realmente é um menino. Ninguém melhor do que eu para lhe garantir isso. Só não vejo razão para todo esse desespero! Afinal, quando decidiu ser mãe, pelo que me consta, não assinou nenhum contrato com Deus dizendo que só aceitaria a tarefa caso o bebê fosse uma menina...

Laura passou alguns minutos em silêncio, encarando o médico sem saber o que dizer. Lágrimas escorriam pelo seu rosto, quando ela finalmente conseguiu expressar os seus sentimentos:

– Para mim era como se ela já existisse... Na minha cabeça, no meu coração, Larissa era um ser real, você me entende?... Eu conversava com ela, contava-lhe meus segredos, perguntava sua opinião sobre cada roupinha, cada brinquedinho que eu comprava para ela... Bordei um enxoval inteiro com o nome dela, pintei o quarto de cor-de-rosa, tricotei cada casaquinho pensando na minha menina... Agora eu sinto como se ela tivesse morrido... Como se eu tivesse perdido o meu bebê...

– Laura, eu sei que é difícil, mas Deus sabe o que é melhor para cada um de nós. Você já pensou se, em vez de um menino, tivesse gerado uma menina com hidrocefalia? Ou com síndrome de Down? Ponha sua cabeça no lugar! Seu menino é forte, é saudável, segundo as enfermeiras do berçário, parece até um querubim de tão rosado e rechonchudo. Faça-me o favor, alegre-se! De mais a mais, nada a impede de tentar uma menina no ano que vem...

– Mas eu não consigo me conformar, doutor... Eu comprei um monte de lacinhos para ela, até o enfeite para colocar na porta do hospital é cor-de-rosa...

– Não seja tão materialista e infantil, Laura. Afinal, você queria um filho ou uma boneca para enfeitar com laços de fita e roupinhas floridas?

Laura abaixou os olhos, envergonhada. Percebeu que estava agindo como uma menina mimada, embora algo dentro dela chorasse verdadeiramente a falta de alguém imaginário a quem ela já aprendera a amar.

– Agora você é mãe, Laura! – continuou o médico. – Você compreende a dimensão, a profundidade desta palavra? Existe um ser que depende exclusivamente do seu amor e da sua dedicação para sobreviver e se tornar uma criança feliz, emocionalmente bem resolvida e sadia. Ou você preferia que ele tivesse morrido no parto só para você não ter o desprazer de olhar para ele?

– NÃO! – gritou ela, sentida. – Eu apenas queria que fosse uma menina...

– Bom – disse o médico, disposto a ver até que ponto Laura se manteria naquela postura infantil –, já que você não aceita, de maneira nenhuma, o seu bebê, eu vou conversar com sua família para ver se eles concordam que a criança seja encaminhada para a adoção...

– NÃO! – gritou Laura ainda mais forte. – Não faça isso. Eu quero o meu bebê... – disse chorando abalada. – Por favor... me traga o meu bebê... eu vou gostar dele... eu juro que vou...

O médico então abriu a porta, e Jorge entrou carregando o neném. Sem conseguir parar de chorar, Laura o tomou nos braços e o beijou carinhosamente. Olhando-o agora, com os olhinhos fechados, sentia tanto amor por ele que tinha vontade de bater em si mesma por sua vergonhosa atitude.

Um sentimento de culpa enorme gritava dentro dela. Compreendendo o que ela estava sentindo, Jorge a abraçou com toda a sua força.

Vendo que a situação estava sob controle, o médico então deixou os três sozinhos e dirigiu-se ao corredor para conversar com os pais de Laura.

– Me desculpem, meus amores – dizia ela, chorando baixinho.

– Não pense mais nisso – respondeu Jorge –, você já pensou que nome dar a ele?

Laura balançou a cabeça, em sinal negativo, como uma criança. Depois de alguns minutos em silêncio, repetiu a pergunta do marido:

– Que nome vamos dar a ele?

– Não sei – respondeu Jorge. – Passei a noite toda tentando encontrar um, mas não cheguei a nenhuma conclusão...

– Que tal Jorge? – sugeriu ela, olhando para o bebê. – Ele se parece tanto com você...

– Não... Jorge Filho eu acho horrível, Jorge Júnior então...

– Ia virar J. J. – divertiu-se Laura, fungando.

– Pensei em Henrique... – disse Jorge. – Era o nome do meu avô.

– E eu acabei de pensar em Pedro – disse Laura. – Acho forte esse nome...

– E que tal Pedro Henrique? – propôs Jorge.

– Pedro Henrique – repetiu Laura. – Taí. Gostei – e encarando o bebê no fundo dos olhos. – Você vai se chamar Pedro Henrique!

No pátio do hospital, Paulo, o pai de Laura, conversava com uma senhora idosa, quando Eduardo se aproximou. Educadamente, fez sinal para o pai e ficou esperando debaixo de uma árvore enquanto a senhora, sentada ao lado de uma pequena malinha, terminava de falar.

– E foi então que eu vim parar neste hospital – dizia ela que, embora lúcida, aparentava ter mais de noventa anos. – Eles me trataram muito bem aqui... Mas, o senhor sabe, nada melhor do que a casa da gente... E hoje, graças ao bom Deus, eu tive alta. Agora estou só esperando o táxi vir me buscar.

– A senhora não tem filhos, nenhum parente que possa vir buscá-la? – perguntou Paulo, sensibilizado.

– Filhos eu tenho três... – respondeu ela de olhos marejados, fazendo o número com seus dedos tortos e enrugados – mas nenhum deles tem tempo para cuidar de uma velha como eu...

– E a senhora mora sozinha? – quis saber Paulo.

– Vivo com Deus, meu filho. Ele é a melhor companhia que alguém pode ter...

O táxi parou adiante e Paulo fez sinal para que o filho viesse ajudá-lo. Ele então amparou a senhora até o veículo, enquanto Eduardo carregava sua malinha.

– Que rapaz bonito! Quanta gentileza! – disse ela, admirada com Eduardo. – É seu filho?

– É sim, senhora – disse Paulo, acomodando-a no banco do táxi.

– Que Deus abençoe o senhor, esse menino e toda a sua família. Muito obrigada por ter me ouvido! – despediu-se a senhora.

– Que Deus abençoe a senhora também! – acenou Paulo.

Assim que o carro partiu, Paulo voltou-se para o filho, que fez uma cara de 'até que enfim' e logo soltou uma piadinha:

– Nossa, pai, o senhor parece que tem um ímã para atrair gente com problema... Se cobrasse consulta, nós estaríamos ricos!

– Sabe, filho – disse Paulo, enquanto caminhavam em direção ao hospital –, se cada pessoa pudesse doar por dia ao menos um minuto de sua atenção a alguém necessitado, a humanidade inteira certamente seria mais rica espiritualmente...

– Ô, pai! – explodiu Eduardo. – Desde oito e meia que a gente tá aqui! Eu não aguento mais de vontade de conhecer o meu sobrinho!

– Sua mãe conversou com o médico? – quis saber Paulo.

– Conversou. Parece que já está tudo beleza com a Laura.

Inês os aguardava, também ansiosa, segurando um buquê de rosas brancas:

– Mas como demoraram!

– Qual é mesmo o número do quarto? – perguntou Paulo, desligado, tomando a direção do corredor.

– 207, Paulo! Quantas vezes vou ter de repetir a mesma coisa? – repondeu Inês, entregando o buquê de flores ao marido. – E você, Eduardo, faça o favor de nem pronunciar o nome 'Larissa', ouviu?

– Claro que não, né, mãe? – respondeu o garoto, já na porta do quarto.

Ajudada por uma enfermeira e observada por Jorge, Laura tentava amamentar Pedro Henrique quando eles entraram:

– Mas que coisinha mais linda! – exclamou Inês emocionada.

– Vovô, vovó, tio Duda, este aqui é o Pedro Henrique – disse Laura sorridente, tentando fazer com que o filho encontrasse o bico do seio. – Aqui, filho...

Paulo depositou as flores sobre a mesinha ao lado da cama e beijou ternamente a mão da filha, que lhe retribuiu o gesto apertando os olhos de maneira expressiva.

– Nem sei o que dizer, Lala – comentou Duda, completamente deslumbrado com o bebê.

– Mãe, ele não quer mamar... – choramingou Laura, enquanto a enfermeira tentava espremer o bico de seu seio para que uma gota de leite estimulasse o apetite do bebê. Seu peito, porém, parecia seco.

– Ô, meu Deus – suspirou Inês enternecida, enquanto acarinhava os cabelinhos do bebê –, vai ver que ele ainda não aprendeu, não é meu querido?

– Tem crianças que passam o primeiro dia inteirinho sem comer nada – explicou a enfermeira.

– Vai ver você comeu muito ontem, Laura, e ele ainda está indisposto – brincou Eduardo, que só faltava babar de tanta admiração.

A enfermeira levou o bebê para tomar banho no berçário. Percebendo a angústia nos olhos da filha, Paulo puxou Jorge e Eduardo para a varanda do quarto, a fim de que ela pudesse ficar mais à vontade com a mãe.

– Meu peito está duro, inchado, mãe, mas não sai nem uma gota de leite...

– Ah, filha, há mulheres que não têm leite. Esta noite mesmo, a dona do hotel em Petrópolis estava me contando que seus filhos cresceram todos com mamadeira. Ela era seca, completamente – lembrou Inês.

– A senhora acha que eu não tenho leite? – desesperou-se Laura.

– Eu não disse isso, Laura. Só comentei que pode acontecer.

– Ai, meu Deus – tornou Laura, apertando os seios –, não é possível, meu peito está tão inchado...

– Às vezes o leite ainda não desceu... Ou o neném não soube fazê-lo descer... – ponderou Inês.

– Eu quero tanto amamentar meu filho, mamãe... Por que será que ele não quer mamar? Será que ficou aborrecido comigo por...

– Pare de pensar bobagens, Laura – intercedeu Jorge, que da varanda estava prestando atenção a tudo o que ela dizia. – A enfermeira já não te explicou que tudo é uma questão de tempo e paciência? – acrescentou, beijando-lhe os cabelos.

Após Pedro Henrique voltar para o quarto, Paulo, Inês e Eduardo passaram mais algum tempo namorando-o, depois saíram para almoçar. Quando voltaram, por volta das quatro da tarde, Laura continuava na mesma angústia:

– Ele vira o rostinho para não mamar!

Durante dois dias, Pedro Henrique continuou se recusando terminantemente a mamar na mãe. A pediatra chegou mesmo a improvisar uma estranha engenhoca para fazê-lo pegar o seio de Laura, em cujo bico colou uma sonda, presa à ponta de uma seringa, por onde a enfermeira ia injetando leite artificial. Mas o danadinho conseguia abocanhar apenas a ponta da sonda, como se nem enxergasse o bico do seio da mãe. À noite, para que não se acostumasse prematuramente com a mamadeira e rejeitasse de vez o aleitamento materno, o bebê era alimentado com um pequeno copinho, desses de remédio.

– Eu tenho leite, eu sinto que tenho! Meu peito chega a estar doendo, de tão pesado! Por que ele não consegue chupar? – inquietava-se Laura.

Ao final do terceiro dia, Laura estava um trapo. Jorge era favorável a que o menino fosse logo passado para a mamadeira, mas ela insistia em tentar amamentá-lo. E, com isso, não podiam ter alta do hospital, já que a criança não estava mamando satisfatoriamente.

Dona Inês, seu Paulo e Eduardo ficavam com Laura durante o dia, revezando-se nos intervalos, Jorge assumia o comando no fim da tarde, após o trabalho. Como não era contratado, não tivera direito aos cinco dias de licença-paternidade garantidos por lei aos que têm carteira assinada. Demasiadamente preocupado com o estado da esposa, porém, não conseguira vender um automóvel sequer depois que a criança nascera.

Naquele fim de tarde, após mais uma tentativa frustrada, estranhas ideias começaram a passar pela cabeça de Laura, que nem percebeu quando o marido chegou, tão absorta estava em seus pensamentos. Em seu íntimo, ela se culpava por haver rejeitado a criança, não podia aceitar a possibilidade de privar seu filho da saúde que o leite materno poderia proporcionar-lhe, questionava sua utilidade como mãe, já que não conseguia expelir sequer uma gota de colostro. Aos poucos, uma ideia fixa começava a tomar conta de sua mente, fazendo-a achar que não saberia criar Pedro Henrique, que jamais teria competência para isso.

– Me sinto como se eu fosse um homem – chegou a dizer a Jorge, depois de passar horas em silêncio – incapaz de amamentar meu próprio filho...

Por volta das nove horas da noite, quando o dr. Walter veio ver Laura, mostrou-se penalizado com seu estado depressivo e decidiu tentar sua última cartada.

– Vou te mandar para casa amanhã cedo, Laura – disse ele, bem-humorado. – Quem sabe se, no aconchego do lar, comendo suas pipocas diante da tevê, você não relaxa e consegue amamentar o Pedrinho?

Laura, porém, não expressou qualquer reação. Limitou-se a um sorriso forçado e a um leve balançar de cabeça, em sinal afirmativo. Estava muito longe dali. Sua única vontade era isolar-se em algum lugar onde não precisasse ver nem ouvir ninguém, onde pudesse apenas dormir sem que nada a incomodasse. Nem mesmo o choro faminto do filho.

Altas horas da madrugada, quando finalmente conseguiu pregar os olhos por pura exaustão mental, Laura teve um sonho atípico, um sonho que não parecia sonho.

Seu corpo levantava-se da cama e ao mesmo tempo continuava dormindo, ficando ligados os dois corpos apenas por uma espécie de cordão prateado, cujo comprimento ia aumentando à medida que ela andava pelo quarto. O corpo que andava era tão leve, tão diáfano, que ela precisava fazer força para mantê-lo sobre o chão.

No estreito sofá ao lado da cama do hospital, Jorge roncava profundamente. Ela então ia até o bercinho de Pedro para ver se estava bem coberto, mas, chegando lá, deparava-se com um rosto que não era o de Pedro, mas o de uma mulher mais velha, cujo olhar a aterrorizava. Desesperada, ela tentava gritar, mas seu grito não saía. Olhava então para a janela e se arrepiava inteirinha ao ver o vulto escuro de um homem sentado no parapeito. Ele fazia sinal para que ela fosse sentar-se a seu lado e ela ficava completamente gelada, depois, paralisada de medo.

De repente, porém, ela conseguia virar a cabeça em direção à porta e percebia uma intensa luz que ia crescendo, crescendo até iluminar todo o quarto. Sua mente era então invadida por uma voz, uma vibração muito forte, que dizia: "Laura, não vá. Você pode superar os seus problemas. Tenha fé."

Em seguida, do mesmo modo que aparecera, a luz ia sumindo, sumindo, até que o quarto ficasse completamente escuro de novo. Quando ela se virava para a janela, o homem também não estava mais lá. No berço, Pedro

Henrique, com o rosto de Pedro Henrique mesmo, dormia tranquilamente. Ela então voltava a seu corpo, e também continuava a dormir.

No dia seguinte, ao abrir os olhos, Laura deparou-se com o pai sentado a seu lado e sentiu uma profunda sensação de alívio. A figura dele sempre lhe inspirara segurança e tranquilidade. Ela respirou fundo e preparou-se para levantar. Ainda sentia algumas dores decorrentes do parto. Antes de fazer qualquer coisa, porém, queria muito ver o rostinho do filho. Lendo seus pensamentos, seu Paulo, contudo, mudou seus planos:

– Pode tomar seu café com calma que ele não está no quarto. A enfermeira acaba de vir buscá-lo para o banho. Enquanto isso, podemos conversar um pouco.

Laura sorriu satisfeita. Era como se seu pai sempre soubesse quando ela queria conversar com ele. Seu Paulo era espírita. Frequentara durante anos um centro perto de casa, de onde se afastara após alguns desentendimentos com a diretoria. Desde então, traumatizado com o ocorrido, decidira não se ligar mais a nenhuma casa espírita, preferindo estudar por conta própria os preceitos daquela doutrina que ele tanto admirava.

– A doutrina é perfeita. Imperfeitos são apenas os homens que a professam – costumava dizer aos filhos.

Laura, todavia, assim como seus irmãos, não acreditava nessas coisas. A bem da verdade nem tinha uma religião. Mas, mesmo assim, gostava de contar-lhe seus sonhos e ouvir sua interpretação. Por isso sentiu-se bem ao vê-lo a seu lado naquela manhã.

– Você deve tomar cuidado com os seus pensamentos – disse ele, ponderado, após ouvir a narração da filha. – Muitas vezes podemos atrair coisas que não queremos com nossos maus pensamentos. É importante que mentalizemos sempre coisas boas e positivas. Bons sentimentos atraem boas vibrações e vice-versa.

– O senhor acha que uma pessoa pode sair mesmo do próprio corpo enquanto dorme?

– Todos nós saímos, Laura. Platão, o grande filósofo grego, aliás, já dizia que quando dormimos experimentamos a possibilidade de entrar em contato com o mundo das ideias perfeitas.[1] O sono é como a hora do recreio

[1] No diálogo *Fédon*, Platão defende a chamada "doutrina das ideias", segundo a qual o intelecto pode apreender as ideias porque também ele é, como estas, incorpóreo. A alma humana, antes de prender-se ao cárcere do corpo, por ocasião do nascimento, teria contemplado

para o ser encarnado, o momento em que ele abandona a prisão de seu invólucro carnal para ir comunicar-se com aqueles que lhe são afins, trocando ideias e impressões. Que podem ser boas ou más, assim como as pessoas.

– E por que Jorge não saiu? – questionou Laura, tentando testá-lo.

– E quem disse a você que ele não saiu? – rebateu Paulo. – Seu corpo também não permaneceu dormindo enquanto você perambulava pelo quarto? É muito raro o espírito permanecer no corpo físico enquanto este se encontra em repouso, da mesma maneira que raramente um estudante opta por ficar na sala de aula na hora do recreio, quando poderia estar trocando ideias ou mesmo se divertindo com outros colegas.

– Então quer dizer – raciocinou Laura, enquanto tomava um gole de café com leite – que o Pedro Henrique, mesmo sendo um neném, também pode perambular por aí e até conversar com outros... 'espíritos'?

– De uma maneira geral, sim. O sono liberta a alma parcialmente do corpo. Esta então adquire maior potencialidade, ficando apta a pôr-se em comunicação com os demais espíritos, quer deste mundo, quer do outro. Durante esses breves instantes em que nos encontramos desligados de nosso corpo físico, podemos, inclusive, retomar faculdades e conhecimentos adquiridos em outras existências. Não se esqueça de que Pedro Henrique, apesar de ser um bebê, é um espírito em evolução que, com toda certeza, já viveu muitas vidas.

– E quem era aquele homem que estava sentado na janela? – insistiu Laura, ansiosa. – Sabe, pai, foi uma coisa estranha porque, no momento em que eu o vi, eu senti que ele era um espírito, que ele não era deste mundo, você me entende?

– Como ele, existem muitos por aí. Por isso devemos tomar cuidado com os nossos pensamentos. A população de espíritos que anda vagando por aí é tão grande quanto a da Terra. Na verdade, é até muito maior.[2]

o mundo das ideias perfeitas e imutáveis. Nele estariam modelos ou paradigmas dos quais as coisas materiais seriam apenas cópias imperfeitas e transitórias. A relação entre cópia e modelo seria posteriormente discutida no diálogo *A república*.

[2] No livro *Roteiro*, ed. FEB, 1952, o espírito Emmanuel, pela psicografia de Chico Xavier, informa que "a Terra é uma universidade sublime... mais de vinte bilhões de almas conscientes, desencarnadas, sem nos reportarmos aos bilhões de inteligêcias subumanas que são aproveitadas nos múltiplos serviços do progresso planetário, cercam o domicílio terrestre, demorando-se noutras faixas de evolução". Considerando-se que na época a população mundial era de aproximandamente dois e meio bilhões de habitantes, chega-se à média de oito seres desencarnados para cada ser encarnado.

– E por que esse espírito foi aparecer logo para mim? – questionou ela, enquanto tirava do armário a roupa com a qual pretendia deixar o hospital.

– Porque você, certamente, deve ter dormido pensando em alguma coisa com que ele se identificou. Entenda uma coisa, Laura, espíritos só se aproximam de pessoas por afinidade. Assim como nós, na Terra. Você não vai escolher para amigo uma pessoa que não tem nada a ver com você, que pensa completamente diferente de você, vai?

Laura ficou pensativa com os esclarecimentos do pai. Às vezes, por mais que o respeitasse, precisava se controlar para não ironizar suas explicações. Ele falava sempre com tanta certeza, parecia até que frequentava assiduamente o 'lado de lá'.

– Tá. Digamos que eu acredite nisso. E por que o rosto do meu filho mudou quando eu me aproximei dele? Teria voltado a alguma de suas 'existências anteriores'? – voltou a inquirir Laura, sem conseguir evitar o tom de deboche.

– Não é impossível. O mais provável, porém, é que este mesmo espírito que você atraiu tenha se aproveitado de alguma informação captada de seu inconsciente e utilizado o bebê como instrumento para perturbá-la.

– Como assim? – ela quis saber.

– Os espíritos em geral possuem a capacidade de manipular fluidos e, através de um fenômeno chamado ideoplastia, reproduzir a imagem que desejam, que tanto pode ser de um objeto como de uma pessoa ou de uma fisionomia – explicou Paulo. – Usando a força da mente aliada a esta técnica – continuou ele – um espírito pode até alterar sua própria fisionomia.

– Mas por que o Pedrinho ia fazer isso? – duvidou Laura.

– Não, Laura, não foi o Pedrinho quem fez isso, mas o outro espírito que você viu e que provavelmente se colocou na frente do seu filho no momento em que você foi vê-lo no berço – esclareceu Paulo.

– Que seja, mas com que objetivo? – ela não conseguia se convencer.

– Para perturbá-la, eu acredito. Imagino que tenha ido buscar em sua mente a imagem de algum inimigo seu, possivelmente até de uma outra vida, utilizando essa imagem para provocar uma incompatibilidade sua para com a criança, ou simplesmente para se divertir às suas custas... – analisou Paulo.

– Definitivamente, pai, eu acho que o senhor dedicou sua vida à carreira errada. Com essa imaginação fértil que o senhor tem, deveria ter investido no caminho literário. Talvez pudesse até escrever novelas para a tevê – imaginou Laura, descrente. – E por que é que alguém que eu nunca vi, que eu nem conheço, ia querer se divertir às minhas custas? Desta vez o senhor extrapolou...

– Bem, se você pensa assim – respondeu Paulo, sem perder a serenidade –, eu não posso obrigá-la a aceitar a minha crença. Algum dia, talvez você se lembre de seu velho pai e pense "puxa, ele tinha razão"...

Laura sorriu, sentindo uma pontinha de remorso por ter ironizado o pai daquela forma. No fundo até gostaria de acreditar nas coisas que ele dizia, mas tudo lhe parecia tão irreal e fantasioso... Certa vez ele chegara mesmo ao cúmulo de dizer-lhe que as pessoas usavam roupas e até comiam na 'espiritualidade'. Não, definitivamente ela não conseguia crer nisso. Para ela, a vida era aqui e agora, não acreditava sequer que houvesse céu, inferno ou purgatório, como sua mãe sempre insistia em afirmar. "O indivíduo morreu" – costumava dizer a Jorge –, "acabou". Pelo simples prazer de ouvir as inusitadas explicações do pai e de testar sua capacidade de improvisação, porém, ousou uma última pergunta:

– E aquele fio prateado que me ligava ao corpo que dormia na cama? Como o senhor justifica?

– Chama-se cordão fluídico – respondeu o pai com sua boa vontade habitual. – É exatamente o que você definiu, aquilo que prende nosso corpo espiritual ao nosso corpo de carne. Quando morremos, ele precisa ser cortado, assim como o cordão umbilical no momento do nascimento.

Mesmo sem compreender direito a explicação, Laura dessa vez deu-se por satisfeita. Deixou o pai saboreando a xícara de café que restara no bule, e entrou no banheiro para uma rápida chuveirada, preocupada com Pedro Henrique, que a essas alturas já devia estar prestes a voltar do banho. Não via a hora de entrar em casa com ele nos braços. Não aguentava mais o cheiro daquele hospital, aquele colchão duro e aquelas roupas de cama padronizadas.

"E como farei para alimentá-lo quando ele chegar?" – inquietou-se enquanto apertava os seios debaixo do chuveiro. Estes estavam menores, pareciam ter desinchado. Laura sentiu medo. Embora não tivesse demonstrado nada ao médico na noite anterior, no fundo ela tinha muita esperança de que seu leite milagrosamente brotasse no momento em que cruzasse a porta de casa.

Por poucos segundos, Bartira não perde o avião para o Rio. Na véspera, trabalhara até altas horas da madrugada, adiantando uma série de relatórios. Viera para o aeroporto direto do serviço, onde quase dobrara seu horário de expediente naquele dia para poder passar quinze dias no Brasil com a família. Suas férias já haviam vencido há alguns meses, mas ela própria decidira adiá-las o máximo possível, porque no fundo não confiava em ninguém para assumir seu lugar, ainda que por pouco tempo.

Nem bem havia entrado no avião e já abriu sua pasta de couro, de onde tirou uma pilha de folhas impressas no computador. Eram documentos que seu chefe a incumbira de revisar e entregar na sede do Rio. Como não sabia ficar sem trabalhar, acabara se comprometendo a verificar o andamento de diversos processos e ainda a prestar uma série de assessorias durante o período em que permaneceria longe da Inglaterra.

Bartira era dessas pessoas de que se pode dizer casadas com o trabalho; sequer tinha tempo para fazer amigos ou programas. Há quase dois anos morando em Londres, visitara apenas dois ou três museus, tendo assistido uma vez à troca da guarda real no palácio de Buckingham. Em compensação, o que lera de leis, contratos e processos sobre medicamentos...

Nem mesmo a fama londrina de centro da cozinha e dos vinhos internacionais a instigava a sair de casa para novas descobertas. Metódica e conservadora, almoçava todos os dias na lanchonete que ficava em frente ao trabalho e, nas raras vezes em que decidia sair para jantar, ia a um pequeno restaurante no mesmo quarteirão onde morava. Sempre a mesma rotina, sempre o mesmo prato, o chamado *fish & ships*, tão apreciado pelos ingleses, e que nada mais era do que um filé de peixe à milanesa, acompanhado de batatas fritas.

Quem a visse passando pelas ruas de Londres, com seu porte esguio, em seus *tailleurs* e casacões de corte impecável, com suas pernas compridas e bem feitas, realçadas por *escarpins* que sempre acompanhavam o mesmo tom das roupas, dificilmente acreditaria que jamais havia tido um envolvimento amoroso sequer. Mais bonita até do que a irmã, com quem se parecia bastante, apesar dos olhos castanhos e dos cabelos mais escuros e cacheados, era dessas mulheres que chamam a atenção mesmo quando estão comendo um simples cachorro quente num balcão de lanchonete.

É certo que muitas vezes assustava os homens, com seu jeito sóbrio e compenetrado de ser, havia mesmo aqueles que a consideravam "inteligente demais para uma mulher". Por trás da fortaleza inexpugnável que construira para se defender, porém, era uma pessoa doce e tímida, que não gostava nem um pouco de humilhar os outros com sua competência.

Na intimidade de seu lar, quando não era obrigada a ostentar a pose que sua profissão e seu cargo na empresa exigiam, era uma pessoa até simples demais, que se sentia bem dentro de uma surrada calça *jeans*, com um blusão bem solto jogado por cima, mantendo seus pés protegidos apenas por uma velha meia, já que o frio habitual da Inglaterra não permitia que andasse descalça como gostava de fazer nos tempos em que vivia no Rio. Então inventava pratos de massas na cozinha e passava horas podando os delicados miosótis que cultivava no pequeno canteiro que havia nos fundos da casa onde morava, aos quais, como não poderia deixar de ser, alimentava periodicamente com um inesperado medicamento que descobrira ser ótimo para acelerar o crescimento das plantas: pílulas anticoncepcionais.

O canteirinho, que durante todo o inverno ficava coberto por uma estufa, era um típico capricho inglês que Bartira adorava. No bairro em que vivia, os quarteirões eram todos iguais, com casas de tijolos aparentes, muito finas e altas, geralmente de três andares, sempre com um pequeno jardim nos fundos, onde as pessoas cultivavam suas plantas favoritas. No primeiro andar ficavam a sala, a copa e a cozinha, além do quintalzinho; no segundo, o banheiro e os quartos; no terceiro, uma espécie de sótão, que só era utilizado na primavera e no verão.

Nas raras horas de folga durante a semana, geralmente de madrugada, quando seus miosótis 'já estavam dormindo', seu passatempo era corresponder-se com a irmã através de *e-mails*. Laura, a quem considerava sua grande amiga, era a única pessoa em quem Bartira confiava plenamente, a ponto de admitir para a irmã a solidão que sentia naquela cidade cinzenta e gelada onde apenas os miosótis a compreendiam, e o imenso medo que sentia de um dia se apaixonar.

"Você já imaginou se eu me apaixono e lá pelas tantas o sujeito me pede para abandonar minha carreira para constituir uma família? Eu acho que eu morreria de desgosto!", havia escrito à irmã, em uma de suas últimas 'conversas' por *e-mail*.

O grande medo de Bartira, porém, era outro, que não admitia para ninguém, nem mesmo para Laura. Ela tinha verdadeiro pavor de entregar seu coração a um homem e depois se ver traída por ele. Exatamente por essa razão – e não por uma simples questão de nível intelectual e acadêmico, como todos imaginavam – ela não gostava de Jorge. Tinha para si que, mais dia, menos dia, Jorge acabaria trocando a irmã por uma outra mulher, quase chegava a ler isso nos olhos dele, embora Jorge jamais houvesse fornecido indícios para tal desconfiança. Bartira, no entanto, costumava ter horríveis pesadelos onde via uma moça desolada e abatida, que ela sabia ser a irmã, embora sua aparência fosse diferente, pedindo-lhe, pelo amor de Deus, para que convencesse Jorge a não abandoná-la.

Isso acontecia desde que Laura começara a namorar Jorge. Antes mesmo de ser apresentada a ele, Bartira já sentia que aquele rapaz tinha alguma coisa de errado. Ao vê-lo pela primeira vez esta sensação aumentou e logo começaram aqueles desagradáveis pesadelos que ela não tinha vontade de contar a ninguém. "Se eu disser qualquer coisa, vão achar que eu sou ciumenta e só quero atrapalhar a vida da minha irmã", imaginava contrafeita.

Assim, na impossibilidade de dizer a Laura o que verdadeiramente a impedia de gostar de Jorge – coisa que ela própria, aliás, não saberia explicar direito, pois que se tratava apenas de uma intuição –, criticava-o pelas mais variadas razões, desde a falta de um diploma universitário até as unhas encravadas do pé – já que ele se negara terminantemente a aceitar o medicamento que ela um dia lhe oferecera para resolver este problema.

Na época em que fora transferida para Londres, quando Laura já vivia com Jorge e começava a pensar em ter filhos com ele, fizera de tudo para convencer a irmã a abandonar o marido e investir em sua carreira de bailarina na Inglaterra. Não somente oferecera-se para custear todas as despesas de Laura, como comprometera-se a conseguir, através de seus conhecimentos na empresa, uma vaga para a irmã na Real Academia de Balé de Londres, a famosa *Royal Ballet School*, realizando assim seu grande sonho de bailarina. Para tristeza e decepção de Bartira, porém, o amor de Laura por Jorge foi maior e ela teve de se contentar em dividir seu dia-a-dia na Inglaterra com a irmã apenas através de *e-mails*.

Acomodada em sua poltrona ao lado da janela com a pesada pilha de folhas no colo e um lápis na mão, poucos minutos antes de o avião levantar voo, Bartira pensava em tudo isso quando percebeu que alguém se sentara a seu lado, e instintivamente virou-se para ver o rosto daquele que seria seu companheiro de viagem até o Brasil. Surpresa, a primeira coisa que notou foi que carregava um jornal brasileiro.

Era um rapaz alto, de ombros largos, que usava pequenos óculos de aros finos e prateados, dando-lhe um ar de intelectual. Aparentava uns trinta e três anos. Sua camisa social branca, muito bem passada, destoava da calça *jeans* desbotada, onde chamava a atenção uma grande mancha escura, possivelmente de café. Da mesma forma, seus finos sapatos de couro italiano, de aspecto seminovo, contrastavam com seus cabelos castanho-claros, quase louros, em completo desalinho. Analisando-o de alto a baixo, Bartira não teve como deixar de reconhecer que era uma figura bastante atraente. Percebendo que ela olhava fixamente para seu jornal, ele perguntou em inglês:

– É um jornal brasileiro. Gostaria de dar uma olhada?

– Oh, sim – respondeu Bartira, também em inglês, acertando a pilha de folhas sobre o colo. – Eu sou brasileira!

– Sério? – disse ele, em português, abrindo um largo sorriso. – Eu também, mas que coincidência!!! O que você faz por aqui?

– Na verdade eu moro na Inglaterra há um ano e meio e só estou indo para o Brasil...

– Para visitar os parentes! – completou ele, sorridente.

"Que dentes lindos ele tem!", pensou Bartira, antes de perguntar:

– Exatamente! Você também?

– Sim. Como você, trabalho e estudo na Inglaterra há um ano e meio.

– Não vá me dizer que é advogado? – ela tentou adivinhar, abraçando a pilha de folhas num gesto típico de pessoas tímidas.

– Não. Sou psicólogo. Você é advogada, acertei?

– Como adivinhou?

– Se foi essa a primeira profissão que lhe veio à mente...

– Esqueci que você era psicólogo!

Foi tão imediata a sintonia entre os dois que, pela primeira vez na vida, Bartira se esqueceu do trabalho, de seus medos e suas defesas. Esqueceu até de tomar o 'calmante fraquinho' que sempre ingeria antes de voar. Pousou os braços sobre a papelada e se permitiu trocar ideias com aquele estranho de uma maneira sincera e espontânea como jamais ousara.

– Em que área do direito você se especializou? – ele perguntou, simpático.

– Sou advogada especializada em direito internacional... Trabalho no setor jurídico dos Laboratórios *Trust*... – ela disse com sotaque inglês.

– Que interessante... – respondeu o rapaz, sem encontrar nada melhor para dizer.

Bartira esboçou um sorriso sem graça e os dois se mantiveram em silêncio por alguns instantes. Ela já começava a folhear desajeitadamente o jornal por cima de sua pilha de papéis, quando ele confessou:

– Sabe de uma coisa, vou ter que admitir minha ignorância... Afinal de contas, o que faz um especialista em direito internacional? Ainda mais numa empresa de medicamentos, não consigo...

– Nada de muito complicado – ela sorriu, agora plenamente. Adorara a maneira sincera e humilde como aquele brasileiro perguntara-lhe sobre seu trabalho. Afinal, a grande maioria das pessoas, embora também não entendesse nada sobre sua especialidade, quase sempre preferia fingir que sabia e mudar de assunto. – Minha função é basicamente pesquisar a legislação de cada país para possibilitar a entrada de medicamentos no local...

– De fato... – concordou o rapaz – cada nação tem sua regulamentação específica a este respeito...

– Sim. Existem, é claro, algumas leis comuns a todos os países, determinadas pela Organização das Nações Unidas, como a questão das tarjas, mas muitos detalhes variam de país para país. Entre outras coisas, a lei brasileira exige, por exemplo, que todo produto seja comercializado acompanhado de uma bula em português... Mas você, como psicólogo, já deve estar cansado de saber disso... – imaginou ela.

– Na verdade, nós da área de saúde possuímos apenas uma visão geral sobre estas legislações, mas não sabemos muitas minúcias a respeito – confessou ele.

– Mas, com certeza, você sabe que na Inglaterra, por exemplo, o código de defesa do consumidor obriga os médicos a prescreverem os medicamentos por seus nomes genéricos e não pelo nome de fantasia, a fim de que o paciente possa fazer sua própria opção na hora da compra... – acrescentou Bartira.

– Sim, estou acostumado a este procedimento. Agora, pelo que sei, o médico não tem nenhuma responsabilidade sobre o medicamento, visto que apenas prescreve o remédio. Não é ele quem fabrica ou distribui...

– Aí é que você se engana – interrompeu Bartira, empolgada. – Quando um remédio causa qualquer reação adversa no consumidor, o médico também pode ser acionado. Afinal, ele tem a obrigação de pesquisar o histórico do paciente, antes de receitar qualquer medicação, e alertá-lo quanto aos possíveis efeitos colaterais.

– Concordo – admitiu o psicólogo. – Mas estou me referindo aos casos de remédios falsificados, ou vendidos fora do prazo de validade.

– Ah, bem... – compreendeu Bartira. – Nestes casos, realmente, a responsabilidade recai sobre o laboratório, mas não podemos esquecer que o consumidor também tem a obrigação de verificar a embalagem e os prazos de validade no momento da compra. Portanto, quando não há esta verificação, a culpa não pode ser atribuida pura e simplesmente ao laboratório!

– Vejo que, se depender de você, sua empresa jamais será acionada por qualquer motivo... – brincou o rapaz, encantado com a veemência com que Bartira defendia seus pontos de vista. – Se duvidar, o consumidor é que pode acabar sendo obrigado a ressarcir o laboratório se um caso destes cair em suas mãos!

Bartira corou levemente a esta observação. Sem saber o que dizer, olhou pela janela a seu lado e só então lembrou-se de que não havia tomado seu 'comprimido obrigatório para viagens de avião'.

– Você aceita um ansiolítico sem tarja? – perguntou, educada, como quem oferece um biscoito.

– Como? – estranhou o rapaz.

– É um calmantezinho para pessoas que ficam ansiosas em viagens de avião... – explicou ela, após engolir seu comprimido a seco.

– Ah, sei... Tive alguns pacientes que eram dependentes nesse tipo de medicamento... Mas você toma isso sem qualquer recomendação médica?

– É bem fraquinho, não dá nem sono... – justificou ela.

– Sei... – concordou ele que, embora não aprovasse esse tipo de procedimento, não queria desagradá-la com suas observações de praxe.

– Mas... Você trabalha com psicologia na Inglaterra? Quer dizer, tem lá um consultório onde atende seus próprios pacientes? – perguntou Bartira, mudando de assunto, querendo também saber um pouco sobre seu atraente vizinho.

– Na verdade meu trabalho se distancia um pouco da psicologia convencional – explicou ele –, até porque na Inglaterra atuo apenas como assistente de meu orientador...

– Como assim? – insistiu Bartira, curiosa.

– Por enquanto sou muito mais um pesquisador do que um terapeuta propriamente dito. Estou fazendo doutorado e trabalho especificamente estudando a regressão de memória e a terapia de vidas passadas. Meu professor-orientador, por sinal, é um dos maiores especialistas mundiais no assunto e foi por causa dele que decidi fazer este curso na Inglaterra.

– Que interessante! – observou Bartira. – Por coincidência, estive lendo sobre isso numa revista outro dia... Você acredita mesmo que uma pessoa possa ter vivido outras vidas no passado?

– Sim. E também que, ao reexperimentar alegrias e tristezas de vidas anteriores, o paciente se torne apto a curar problemas e distúrbios psíquicos que estejam afetando de maneira traumática sua vida atual – assegurou ele.

Bartira respirou profundamente enquanto dobrava o jornal aberto diante de si. Alinhou então suas folhas, batendo-as sobre o colo, e pensou: “Nada é perfeito... Tão jovem, tão bonito e tão cheio de ideias equivocadas...”

– Sinceramente, eu não tenho nada contra seu trabalho – confessou por fim – mas não consigo acreditar que já tenha sido um dia uma outra pessoa antes de ser esta ‘eu mesma’ que agora conheço... – ela devolveu-lhe o jornal e recolocou suas folhas dentro da pasta como quem se prepara para um longo debate.

– Mas você sempre foi você mesma – rebateu com perspicácia o rapaz, prendendo o jornal no elástico que ficava nas costas da poltrona à sua frente.

– Aí é que está o 'x' da questão. Embora envergando outros nomes, outras roupas e outros corpos, essencialmente nós somos sempre um único e mesmo espírito, cuja meta é justamente evoluir através das diferentes experiências vivenciadas...

– Você me desculpe, mas isto não entra na minha cabeça.

– Não precisa se desculpar – atalhou o rapaz. – A maioria das pessoas pensa exatamente como você.

– E meu pai, em contrapartida, pensa exatamente como você – Bartira deixou escapar. – Há anos discutimos sobre isso... Você por acaso é espírita?

O jovem pesquisador aceitou o suco oferecido pela aeromoça antes de responder:

– Digamos que, por enquanto, sou apenas um simpatizante – ele experimentou o suco. – Por que será que esses sucos de avião são sempre tão doces? Mas, como ia dizendo, descobri o espiritismo por acaso, há alguns meses, através de um livro que ganhei de meu orientador, e confesso a você que estou achando incrível a correlação entre as duas teorias...

– Tem razão – comentou Bartira, experimentando seu suco. – Esses sucos de avião são sempre doces e artificiais... – ela estendeu a mão para pegar a bandeja contendo alimentos que a aeromoça lhe estendia. – Mas então você acredita que seu pai e sua mãe, por exemplo, possam ter sido seus inimigos numa outra encarnação? Por mais que eu me esforce, este tipo de raciocínio não me convence! – ela olhou desconfiada para o frango com legumes que estava numa das pequenas travessas que acabara de receber.

– E por que não? – provocou o rapaz, que estava adorando aquela discussão. – Você já parou para pensar como são complicadas as relações entre as pessoas de uma mesma família? Sempre existem alguns com quem experimentamos uma afinidade sem limites, uma alegria de estar junto, uma identificação sem par. Mesmo quando não pensam exatamente da mesma maneira que a gente, é agradável discutir com eles a nossa opinião e analisar-lhes os pontos de vista aparentemente contrários aos nossos...

– Parece até que eu estou vendo você descrever a minha irmã... – comentou Bartira, sentindo o peito encher-se de saudades de Laura.

– Em compensação – continuou ele –, existem outros que parecem que vieram ao mundo só para nos irritar. Estão sempre contra tudo o que dizemos e fazemos, muitas vezes a simples presença deles nos incomoda, nem sei explicar direito... Toda pessoa tem alguém assim na família...

– Lá isso também é verdade – concordou Bartira, lembrando-se de sua implicância gratuita com o cunhado e da dificuldade que sempre tivera em relacionar-se com o irmão. – Mas não acho que isto seja necessariamente uma prova de termos convivido antes com estas pessoas, que muitas vezes nos incomodam pelo simples fato de não pensarem como nós... Ou por não simpatizarmos com seu jeito de ser...

– Mas você há de concordar comigo que o contato com seres tão diferentes nos obriga, muitas vezes, a repensar nossas atitudes, buscar algo de bom em nós para tornar menos difícil esta convivência...

– Ou não, e aí os resultados podem ser desastrosos, tanto para nós quanto para todos aqueles que nos cercam – acrescentou Bartira, lembrando-se das inúmeras vezes em que não cedera nem um milímetro em suas disputas com Eduardo, trazendo mal-estar para toda a família.

– O grande desafio evolutivo, na minha opinião, é a pessoa conseguir amar indistintamente todos aqueles que a cercam, sobretudo aqueles que por alguma razão a incomodam. Como diz o meu orientador, é por meio dos relacionamentos que aprendemos a expressar e receber amor, perdoar, ajudar e servir – filosofou o psicólogo.

– "Amai ao próximo como a ti mesmo" – sintetizou Bartira, lembrando-se do mandamento pronunciado por Jesus. – Na teoria é muito bonito, mas na prática não é nada fácil.

– Daí justamente a finalidade da reencarnação! – grifou o rapaz. – Com base em todos os casos que já estudei, posso afirmar a você que, depois de repetir várias vezes o mesmo erro, as pessoas acabam se conscientizando e crescendo espiritualmente. É quase como andar de bicicleta sem rodinhas. A pessoa cai, torna a cair, arrebenta os joelhos no asfalto, cai novamente, até que um dia aprende e sai andando.

Bartira não pôde deixar de sorrir ao ouvir a comparação. Levara tantos tombos de bicicleta quando criança... Ficou alguns instantes brincando de espetar com o garfo o pedaço de frango que restara em sua bandeja, enquanto o rapaz comia um pudim pálido, que não parecia nada saboroso. "Engraçado", ela pensou consigo, "embora eu não consiga aceitar de maneira alguma essa teoria de vidas passadas, tenho a nítida sensação de que essa pessoa não me é estranha. Seu jeito de argumentar, seus olhos, tudo me parece tão familiar... É como se eu o conhecesse há mil anos e, no entanto, eu nunca o vi antes..."

– E estas pessoas que matam os próprios pais ou até mesmo os filhos, tomados por um sentimento de ódio sem qualquer motivo aparente? Os jornais estão cheios de casos assim! – ela retomou a questão, tentando fugir dos próprios pensamentos. – São psicopatas, pessoas ruins que não têm a menor noção de dignidade humana. Você acha que existiria alguma justificativa para que a providência divina colocasse esses loucos novamente em contato, numa outra vida, com aqueles a quem destruíram antes?

– Sem a menor sombra de dúvida. Deus nos dá sempre oportunidades de reparar o mal cometido – ensaiou o rapaz.

– Mas estas pessoas foram injustas! – interrompeu Bartira, inflamada. – Mataram sem razão, desrespeitaram seus semelhantes, tripudiaram da confiança divina!

– Você tem toda razão. No entanto, será que no âmago desse comportamento doentio não existiria algum resquício de alguma situação experimentada em vidas passadas? – questionou ele.

– Mas nesta vida o pobre infeliz que foi assassinado cruelmente não fez nada para merecer isso! Então, pelo seu raciocínio, se numa possível outra existência eu fui, por exemplo, um judeu morto no Holocausto, tenho o direito de sair por aí matando todo mundo? Nenhum tribunal humano aceitaria esta justi...

– Claro que não – cortou o rapaz. – A questão, porém, é que existem latentes, dentro de todos seres humanos, reminiscências que, uma vez associadas a uma série de outros fatores, tais como a loucura ou mesmo a obsessão[3] de que falam os espíritas, podem desencadear um comportamento doentio, nocivo à sociedade. Daí a necessidade de um tratamento adequado!

O debate parecia não ter fim. De tão empolgados, na hora em que começou a ser exibido o filme, eles tiveram de ser gentilmente convidados pela aeromoça a se mudarem para as poltronas que ficavam no fundo do avião, a fim de não incomodar os passageiros que já dormiam. A mudança, porém, pareceu aguçar ainda mais a empatia entre os dois, que atravessaram a madrugada conversando. De regressão, passaram a discutir Freud e a psicanálise propriamente dita, o inconsciente, os inacreditáveis desequilíbrios a que o ser humano está sujeito; acabaram recaindo novamente na terapia de vidas passadas após o café da manhã.

Só quando o avião estava pousando no aeroporto do Rio de Janeiro, Bartira se deu conta de quanto tempo havia passado e se retraiu um pouco, sobretudo quando ele estendeu-lhe um guardanapo, com seu endereço e seu telefone no Brasil, escritos com uma caneta esferográfica azul:

– Você me desculpe, estou sem nenhum cartão, mas gostaria muito de vê-la novamente nos próximos dias...

Augusto Solimões Schneider, estava escrito no guardanapo. O apartamento onde iria hospedar-se, provavelmente de seus pais, ficava no Leblon. Envergonhada, Bartira percebeu que havia conversado horas com aquele estranho sem sequer saber o seu nome.

– A propósito... você ainda não me disse o seu nome... – disse ele, como se lesse seus pensamentos, no momento em que desciam do avião.

– É Bartira... – respondeu ela, tímida, num tom solene que nem de longe lembrava o da conversa animada das últimas horas. – Bartira Lemos Cunha.

Os dois caminharam em silêncio até a esteira de malas. No momento em que Bartira pegou a sua, vendo que ela não iria tomar a iniciativa de lhe retribuir o gesto, Augusto deixou passar sua bagagem para insistir:

– E em que bairro você fica? Poderíamos combinar um chopinho qualquer dia desses...

– Meus pais moram na Tijuca, mas, para dizer a verdade, o número do telefone mudou esta semana e eu ainda não consegui decorar – explicou.

[3] Influência de um ou vários espíritos sobre um ser encarnado, firmada, quase sempre, a partir de uma identidade de pensamentos.

Não era de todo uma mentira. O prefixo do telefone de Paulo e Inês realmente havia mudado naquela semana, contudo ela estava cansada de sabê-lo de cor. Vendo o brilho que se apagou dos olhos dele no momento em que ela disse isso, Bartira chegou a sentir uma pontinha de arrependimento. Na verdade, queria muito vê-lo de novo, mas admitir isso seria ir contra todos os seus princípios. De mais a mais, quem lhe garantia que era solteiro? Vai ver até deixara mulher e filhos na Inglaterra... Não, definitivamente ela não podia se arriscar. Ainda mais com um homem bonito daqueles. Com certeza deveria ter um monte de mulheres em seu encalço. "Por via das dúvidas", tentou conformar-se diante da atitude que se obrigara a tomar, "tenho o telefone dele. Se eu mudar de ideia..."

– Bom, então eu já vou indo – despediu-se, enquanto ele pegava sua mala na esteira. – Ainda preciso passar no *free shop* para comprar algumas coisinhas para meus irmãos... A gente se vê...

– Você me liga? – ele insistiu mais uma vez.

– Ligo, ligo sim – respondeu ela mentindo, porém desejando estar dizendo a verdade.

Os dois ainda se cruzaram por duas vezes entre as prateleiras do *free shop*. Discretos, porém, embora acompanhassem todos os movimentos um do outro, sempre fingiam casualidade cada vez que seus olhares sem querer se encontravam. De tão nervosa com aquela situação que não conseguia controlar, Bartira quase desistiu de procurar os chocolates que queria levar para Laura e Eduardo. Alguma coisa mais forte do que ela, porém, fazia com que adiasse sempre mais um minuto sua decisão de ir embora, instigando-a a olhar para ele de longe uma última vez. Quando finalmente encontrou os chocolates foi como se um alarme soasse dentro dela, determinando que era hora de partir e que ela deveria fazer isto imediatamente.

Dirigiu-se à caixa e, enquanto esperava a pessoa que estava na frente passar com suas inúmeras embalagens de uísques e licores, decidiu tirar logo o dinheiro da carteira, para ganhar tempo. Estava tão ansiosa, contudo, que nem percebeu que o guardanapo com o telefone e o endereço de Augusto caiu no chão no momento em que puxou a carteira da bolsa, indo esconder-se debaixo do pé da moça que empacotava os produtos. Sem se dar conta de nada, Bartira pagou os chocolates e seguiu rumo ao ponto dos táxis, ainda imaginando se deveria ou não ligar para aquele tal de Augusto enquanto estivesse no Rio.

Dona Inês queria preparar uma verdadeira festa para receber a filha e o neto, convidar os vizinhos mais chegados, as amigas que a ajudavam no bazar de caridade da igreja, algumas colegas de Laura do balé, primos, tios, parentes de maneira geral, se possível até os velhinhos do asilo, de quem Laura tanto gostava. Não bastasse a alegria da chegada do primeiro neto, a notícia de que a filha do meio viria para passar alguns dias com eles a deixava ainda mais eufórica. Como toda mãe, Inês adorava ver a família reunida como nos velhos tempos.

– Pensei em encomendar alguns salgadinhos – disse ao marido na noite anterior, logo que soube que Laura teria alta no dia seguinte, e que Bartira também estava a caminho – principalmente aqueles pasteizinhos de forno que as crianças adoram... – ela não conseguia se referir aos filhos de outra maneira.

– Ah... – continuou ela, depois de alguns segundos de intensa atividade mental – pensei também em comprar alguns balões coloridos e pedir ao Eduardo para que preparasse umas faixas no computador... Alguma coisa como – abriu os braços como se abrisse uma faixa – "Bem-vindo ao lar, Pedro Henrique!" Ou talvez fosse melhor – repetiu o gesto – "Bem-vindos ao lar Pedro Henrique, Laura e Bartira"... Ou será que deveríamos mencionar o aniversário das duas na semana que vem?... O que você acha, Paulo?

– Eu sou contra – respondeu ele, tranquilo, sem tirar os olhos do jornal.

– Mas... – tentou argumentar a esposa.

– Inês, querida – ele deixou o jornal e olhou-a fundo nos olhos – nossa filha está passando por um momento muito delicado. Extremamente delicado. O médico me disse que ela está com depressão pós-parto e que nós precisamos tomar o máximo de cuidado para não agravar este estado.

– Pois justamente eu estava pensando numa maneira de animá-la! Quem sabe se vendo os amigos, sentindo que todos...

– Inês, não! – cortou Paulo, segurando suas mãos. – Nossa filha precisa de sossego e tranquilidade, não tem a menor condição de explicar para esse monte de gente que ela está fazendo de tudo para amamentar o filho e que não está conseguindo, que possivelmente seu leite secou no momento em que ela descobriu que o bebê era um menino e não uma menina como ela imaginava!

– Tem razão – concordou Inês, reflexiva –, eu não havia pensado nisso...

Ainda assim, obstinada em fazer alguma coisa que diminuísse a tristeza da filha, no dia seguinte levantou cedo e, enquanto Paulo dirigia-se para o hospital para buscar Laura e o bebê, rumou para uma loja especializada em enxovais para recém-nascidos e comprou uma fortuna em mercadorias. Em casa, preciosista e atenciosa, escondeu no fundo do armário todas as roupinhas personalizadas que comprara em Petrópolis e substituiu cada peça preparada para Larissa por outras novas, escolhidas especialmente para o neto; providenciou até novos quadrinhos e enfeites para a parede, agora com motivos masculinos. Só não contratou um rapaz para repintar o quarto em tempo recorde porque o cheiro poderia fazer mal ao pequeno.

Seu Paulo também não fora muito favorável à ideia das compras e substituições. Achava que a filha precisava parar de se ater a tantos pequenos detalhes para conseguir enxergar a enorme bênção que lhe estava sendo concedida. Todavia, por excessiva insistência da esposa, desta vez acabou concordando.

Eduardo, por sua vez, escrevera um carinhoso bilhete à irmã, contando o quanto ele a admirara até aquele momento e afirmando sua certeza de que, mamando no peito ou não, seu sobrinho iria ter a melhor mãe que o mundo poderia oferecer-lhe. Depois de fechar o envelope, providenciou um lindo cravo vermelho e deixou-os sobre a cama de Laura, juntamente com um par de sapatinhos azul-marinho, que comprara pensando no afilhado. Desde que Laura lhe dera a notícia, no hospital, de que o havia escolhido para ser o padrinho do menino, Duda não cabia em si de tão orgulhoso.

Não poderia dizer isso à irmã, mas com toda certeza preferia mil vezes um sobrinho homem a uma menina. Logo que estivesse maiorzinho, poderia ensiná-lo a jogar futebol, levá-lo ao Maracanã, ensinar-lhe como conquistar sua primeira garota... Tinha tantos planos para o afilhado... Preocupava-o apenas essa história de que a irmã estava com a tal 'depressão pós-parto'. Em sua cabeça, não podia entender como alguém poderia ficar deprimido em um momento tão mágico, tão especial como a chegada do primeiro filho, fosse menino ou menina.

Para alívio geral, contrariando as expectativas, Laura chegou em casa razoavelmente satisfeita, mostrou-se encantada com as roupinhas que a mãe providenciara para o neto. Ao vê-las, é verdade, não pôde deixar de pensar em Larissa, e sentiu aquela estranha saudade em seu coração, mas logo lembrou-se das palavras do médico e dirigiu sua atenção para o bebê que tinha nos braços. Em seguida, Jorge chegou para o almoço e os dois se divertiram trocando juntos, pela primeira vez, a fralda do filho, já que no hospital eram as enfermeiras que faziam isso.

– Veja, Jorge – constatou, surpresa –, o 'pingolinho' está em pé! Será que fica o tempo todo assim?

– Depressa – o marido correu a fechar a fralda –, isso significa que ele está prestes a fazer xixi!

Os dois riram, mas acabaram sendo atingidos pelo xixi de Pedro Henrique, já que tinham posto a fralda de cabeça para baixo e, na hora da mudança... zás! O desafio seguinte foi trocar o curativo do umbigo do bebê – quando Laura finalmente pôde comprovar a utilidade das inúmeras revistas que comprara, deixando todos boquiabertos com sua habilidade.

Tudo correu bem até o momento em que a família terminou de almoçar e a criança começou a chorar. Procurando ostentar mais calma do que efetivamente estava sentindo, Laura sentou-se na poltrona especial que comprara para amamentar o bebê, limpou os bicos dos seios e acomodou Pedro Henrique na posição que tanto estudara nas revistas especializadas. Mal passou para os braços da mãe, porém, o bebê começou a chorar ainda mais intensamente. Apesar do desvelo de Laura, ele esticava-se todo como se tentasse sair de seu colo, virava o rostinho, aborrecido, cada vez que ela tentava aproximar o seio de sua pequena boquinha.

Depois de quase quarenta minutos de tentativas, Laura, arrasada, entregou Pedro Henrique à Inês.

– Eu vou buscar a seringa – apressou-se Jorge.

– O leite já está pronto – informou Paulo –, deixei dentro de uma panelinha, em banho-maria.

Tamanha era a agitação com que a família se movimentava de um lado para o outro, que se tinha a impressão de que estavam participando de uma espécie de gincana. No entanto, vendo que todos já haviam se preparado para o caso de ela não conseguir amamentar a criança, como nos dias anteriores, Laura ficou ainda mais triste. De certa forma, sentia-se traída por aqueles que tanto a amavam. Com certeza, jamais haviam acreditado na possibilidade de seu leite descer com a volta para casa.

– Podem dar a mamadeira para ele – decidiu, com a voz embargada, percebendo que sua batalha estava perdida.

– Mas, Laura... – tentou dizer dona Inês.

– Não é justo, mamãe. Não é justo maltratar mais essa criança só para tentar satisfazer o meu instinto materno. Não é justo... – repetiu em prantos, enquanto se trancava no banheiro.

Laura passou mais de uma hora e meia trancada no banheiro, em silêncio. Sentia-se fraca e indisposta, suas roupas de baixo estavam completamente empapadas de sangue. "Deve ser a menstruação que sempre desce após o parto", imaginou. A família batia na porta, a criança chorava, mas ela não pronunciava um 'ai' sequer. Queria apenas ficar sozinha sentindo a água morna do chuveiro caindo sobre seu corpo.

Angustiado, Jorge não voltou para o trabalho naquela tarde. Eduardo, dona Inês e seu Paulo não sabiam mais o que dizer para tentar tirá-la de dentro do banheiro. Já começavam a pensar no pior quando ela finalmente abriu a porta, exalando agradável aroma perfumado, com os olhos delineados a lápis de sobrancelha e os cabelos penteados. Para espanto de todos, parecia refeita. Tomou então o pequeno Pedro Henrique nos braços e o ninou como se nada tivesse acontecido.

Pouco tempo depois, Bartira chegou. As duas se abraçaram com força e saudades. A advogada se emocionou ao ver o sobrinho, que então dormia tranquilo em seu bercinho. Além de aliviar os ânimos da família, sua chegada parecia ter conseguido trazer à tona as últimas reservas de alegria de Laura. Até mesmo Jorge, que tinha lá suas restrições à cunhada, sentiu vontade de agradecer-lhe por chegar naquela hora tão crítica.

Após saborearem um lanche caprichado, com o gosto dos tempos de infância, as duas irmãs se trancaram no antigo quarto de Bartira para conversar.

– Você está tão diferente, Tira... Alguma coisa nos seus olhos me diz que algo de especial aconteceu – observou Laura, notando que a irmã parecia distante.

– Claro! Nasceu Pedro Henrique, meu primeiro sobrinho! – desconversou Bartira, que pensava justamente no psicólogo que conhecera no avião. – Agora me conta – ela começou a tirar suas roupas de dentro da mala e pendurá-las no armário – como é a sensação de ser mãe?

– É... – suspirou Laura – às vezes parece bom, às vezes é insuportável...

– Nem venha me dizer isso agora – tornou Bartira, bem-humorada. – Eu fiz de tudo para que você desistisse dessa bobagem de casar e fosse morar na Inglaterra comigo! Me ofereci até para pagar aquele curso caríssimo que você queria fazer na *Royal Ballet School. Anyway...*

– Pare com essa mania de ficar falando em inglês! Não estou arrependida – respondeu Laura, mudando o tom e levando o olhar para longe –, apenas queria que tudo tivesse sido diferente...

– Te confesso que, vendo o Pedrinho, sou obrigada a admitir que para alguma coisa a sua escolha valeu a pena... – contornou a irmã, ciente dos últimos acontecimentos, tentando evitar que ela voltasse a falar sobre o problema do leite. – Tome! – disse em seguida, estendendo uma bonita caixa para Laura. – Isto aqui é para você...

– Para mim? – surpreendeu-se Laura, tomando o embrulho e desamarrando as fitas. – Mas você já me deu uma barra imensa daquele chocolate com laranjas que eu adoro...

– Chocolate não é presente – tornou Bartira, deliciando-se com a curiosidade da irmã. – Vamos, abra!

Os olhos de Laura sorriram no momento em que ela terminou de desembrulhar o papel de seda que envolvia o delicado presente que Bartira lhe trouxera da Inglaterra. Era uma pequena comodazinha de madeira. Dentro de suas gavetas, havia cinco miniaturas de famosos perfumes franceses e quatro delicadíssimos vasinhos de flores, todos feitos de papel *marché*, cada qual envolvido em papel de seda de uma cor diferente. Após desembrulhar o último deles, Laura encontrou uma pequena caixinha.

– Oh, não! Me dê isso... – tentou dizer Bartira.

Mas Laura não só já havia aberto a caixinha como também acabava de descobrir seu conteúdo: uma pulseirinha de ouro com um nome gravado em letras trabalhadas.

– Você havia mandado fazer para a Larissa, não foi? – constatou, emocionada.

– Desculpe... – lamentou Bartira –, eu procurei essa caixinha por toda parte antes de vir para cá, esqueci que a tinha guardado aí... Mas tome! – disse, estendendo-lhe outros dois pacotes. – Estes aqui são para o Pedro Henrique... Se quiser me devolver a pulseirinha...

– De maneira nenhuma – disse Laura, enquanto abria o primeiro pacote, do qual saíram três lindos macacõezinhos. – Que gracinha! Aposto que esse amarelinho já vai dar nele...

– Olhe, Laura, eu... – ensaiou Bartira.

– Mas quantas mamadeiras... – constatou Laura, com um sorriso amarelo, amassando os pedaços do papel que embalavam o segundo pacote.

– Escute, Laura – Bartira percebeu que o presente não fizera o efeito que ela gostaria –, eu só trouxe isso porque ganhei lá na empresa. Você sabe, são eles que fabricam essas mamadeiras e então pensei que...

– Tira, eu e Jorge decidimos que gostaríamos que você fosse a madrinha do nosso filho – desconversou Laura, tentando disfarçar a tristeza, sem tirar os olhos das mamadeiras. – Você aceita?

– Eu??? – assustou-se Bartira. – Mas...

– Sim, você e o Duda. Como Jorge não tem irmãos, concordou que eu escolhesse os meus dois. Afinal, vocês são tão ligados a mim...

– Mas, Lala – titubeou Bartira –, não acho justo você me escolher para ser madrinha do seu filho sabendo que seu marido não me suporta...

– Você não o suporta – corrigiu Laura –, mas isso não quer dizer que ele não goste de você.

– Tá, vamos fazer de conta que eu acredito. Mas, ainda assim, eu achava que seria melhor se você escolhesse uma outra pessoa. O Duda tudo bem. Com certeza ele vai estar sempre perto de você... Mas eu... Claro que eu adoraria, Lala, mas você já pensou que há quase dois anos eu moro na Inglaterra, e nem sequer tenho um prazo previsto para voltar?

– Você não vai ficar lá a vida toda, vai? – insistiu Laura.

– Sinceramente, eu bem que gostaria, vou fazer de tudo para isso. Você imagina futuro melhor para mim?

– Puxa vida... – entristeceu-se Laura. – Pensei que você ia ficar feliz com o convite... Não consigo imaginar uma outra madrinha para o meu filho...

– Não é que eu não tenha ficado contente, Lala. Você sabe que eu sempre vou amar o Pedrinho como se fosse meu próprio filho. Só que eu acho que a madrinha tem que ser uma pessoa mais presente, alguém que conviva mais com ele, que...

– Madrinha para mim – retificou Laura, sentida – é aquela pessoa a quem a gente confia nosso filho para ser a mãe dele no caso de um dia a gente faltar...

Vendo que Laura estava prestes a cair em prantos novamente, Bartira a abraçou, vencida:

– Claro que eu cuidaria do Pedroca se um dia você faltasse... Talvez até melhor do que se ele fosse meu filho de verdade... Mesmo que eu não fosse a madrinha dele eu faria isso...

– Então você aceita? – insistiu Laura.

– Aceito. Mas com uma condição! – decidiu Bartira.

– Qual? – quis saber Laura.

– Quando ele fizer quinze anos, você o manda para morar uns tempos comigo na Inglaterra. Como se fosse assim... uma espécie de intercâmbio, fechado?

– Fechado! – sorriu Laura.

As duas ainda faziam planos para o futuro de Pedro Henrique, na Inglaterra, quando foram chamadas à realidade pelo choro desesperado do menino, que acabara de acordar, para variar, morto de fome.

– Eu não entendo por que é que ele chora tanto! – desabafou Laura.

– Criança é desse jeito mesmo – explicou dona Inês –, principalmente neném novinho assim como o Pedro Henrique. A fome dói no estomagozinho deles como um monstro devorador. Desacostumados à vida fora da barriga da mãe, pensam sempre que vão ser devorados antes do leite chegar.

– Você vai tentar amamentá-lo de novo? – perguntou Bartira.

– Não! – disse Laura, segurando a blusa como se quisesse fechá-la ainda mais, numa atitude inconsciente de defesa.

Olhou então para o bebê no colo de dona Inês, e se retirou do quarto. Bartira não sabia se ia atrás da irmã ou se ajudava a mãe com o afilhado.

– Talvez seja melhor deixá-la mais um pouco sozinha com seus pensamentos – observou Inês, lembrando-se do incidente do banheiro. – Vá até a cozinha e peça a Jorge para que prepare a mamadeira do Pedrinho.

– Escute, mamãe – insistiu Bartira – conheço um medicamento que serve justamente para fazer o leite descer. É só a pessoa aspirar e...

– Eu já dei a ela vários chás com esta mesma finalidade e nada adiantou... – contou Inês que, como a filha do meio, também era obcecada por medicamentos, desde, porém, que fossem cem por cento naturais.

– Eu podia ir agora correndo até a farmácia e...

– Agora não – decidiu Inês. – Quem sabe mais tarde...

Quando Laura voltou ao quarto, todos estavam em torno do menino, vendo-o mamar no colo de Bartira. Como que percebendo sua chegada, ele então soltou o bico da mamadeira e começou a chorar.

– Estão vendo... – desabafou Laura, nervosa – essa criança não pode me ver que já começa a chorar. O problema dele sou eu – disse, saindo de novo do quarto.

Pedrinho, porém, não se acalmou. Embora Laura, em seu angustiado sentimento de culpa por não o estar amamentando não pudesse perceber, o que ele queria era o seu colo de mãe, que ela mesma lhe desse a mamadeira, hipótese, porém, que sequer lhe passava pela cabeça. Desta vez, Jorge tentou ir atrás dela para conversar, mas ela estava tão transtornada que chegou a irritá-lo.

– Laura, meu amor, ele não chorou por sua culpa. Ele é apenas uma criança... – tentou explicar à esposa.

– Uma criança faminta e malcriada! Eu sei que eu não sirvo para nada – fungou ela, tentando segurar as lágrimas.

– Não é nada disso, meu bem – ele tentou abraçá-la.

– Valho menos do que um saco de farinha – esquivou-se ela – porque, afinal de contas, um saco de farinha serve para alimentar as pessoas...

– Laura, me escute, o Pedrinho é apenas um bebê, ele...

– Pare de repetir a mesma coisa. Eu sei que ele é um bebê! Um bebê que odeia a própria mãe – esbravejou ela, explodindo em pranto –, que não suporta sequer a proximidade da maldita mãe!

– Laura...

– E a culpa nem é dele, não é verdade? – continuou ela, agressiva. – A culpa é toda minha porque fui eu quem o rejeitou na maternidade. Agora, ele está apenas me dando o troco que eu mereço...

– Laura, meu amor... – Jorge tentou novamente abraçá-la, mas ela o esmurrou com raiva.

– A culpa também é sua... – dizia, enquanto lhe socava os ombros o peito. – Foi para realizar o seu sonho que eu desejei uma menininha... O seu sonho... Antes de saber disso eu até desejava um menino...

Naquela noite, depois que Laura adormeceu – após experimentar, sem nenhum resultado, o remédio que Bartira acabara conseguindo encontrar na farmácia – seu Paulo, dona Inês, Jorge, Bartira e Eduardo ficaram horas conversando, tentando encontrar uma maneira de lidar com o problema.

– Eu não sei mais o que fazer – desabafou Jorge, arrasado. – A cada dia que passa ela acorda pior, mais deprimida, mais ansiosa...

– Eu nunca tinha visto a Laura neste estado... Parece que ela está com uma ideia fixa... O tempo todo em que conversamos esta tarde, eu fiquei escolhendo as palavras como se estivesse pisando em ovos. Ela estava tão esquisita que eu tinha a sensação de que a qualquer momento ela iria ter um ataque, que ia começar a gritar, sei lá... – tentou descrever Bartira, que não conseguia parar de pensar nas palavras que ouvira do tio morto, ainda na Inglaterra, embora não ousasse comentar isso com ninguém.

– É – acrescentou Eduardo –, às vezes eu tenho a sensação de que ela não é ela. Não consigo reconhecer a Laura nas coisas que ela fala, no jeito que ela olha para a gente...

– Eduardo tem razão. O que mais me preocupa são os olhos dela... o olhar dela... – observou dona Inês – sinto sempre como se estivesse longe daqui. Tem horas em que parece até que seus olhos vão pular das órbitas de tão concentrados em algo triste e distante. Tenho sempre uma sensação muito ruim quando olho para eles...

– Ela está muito deprimida – asseverou seu Paulo, que até então se mantivera pensativo e calado. – Se ao menos ela tivesse fé em alguma coisa, se orasse a Deus pedindo ajuda...

– E o pior vocês não sabem – continuou Inês, nervosa –, acabo de receber um telefonema do asilo e nem sei o que fazer com a notícia que me deram. Dona Clotilde, aquela velhinha que Laura adorava, faleceu esta tarde...

– Nem pensar em dizer isso a ela, dona Inês – atalhou Jorge de imediato.

– Sim – concordou Paulo –, ela ficaria ainda mais deprimida se soubesse...

– Papai... – interveio Bartira – e se nós a internássemos numa clínica, em algum lugar onde ela pudesse ficar sob a guarda de médicos?

– Talvez Bartira tenha razão – avaliou dona Inês. – Laura está precisando de um tratamento urgente e intensivo...

– Mas interná-la numa clínica? – preocupou-se Jorge. – Ela nunca nos perdoaria...

– E se nós procurássemos aquela moça que era analista da Laura antes de ela se casar com o Jorge? – sugeriu Eduardo, que também não conseguia aceitar a hipótese de que Laura fosse internada.

– Minha vontade era levá-la amanhã a um bom centro espírita, para tentar obter alguma ajuda espiritual, mas sei que ela jamais aceitaria – lamentou Paulo.

– E se eu tentasse levá-la à igreja para conversar com o padre? – cogitou Inês.

– Não, ela também não aceitaria – garantiu Paulo. – O grande problema é que nossa Laura é orgulhosa demais para admitir que precisa de ajuda.

– Ainda acho que o melhor seria que conversássemos com o médico dela, para ver o que ele nos aconselha. Eu, aliás, fiquei de encontrá-lo amanhã mesmo – ponderou Jorge, lembrando-se de que o próprio médico o havia chamado para uma conversa em seu consultório no dia seguinte, sem, porém, associar o fato à questão dos exames, da qual havia até se esquecido em meio a tantos problemas.

Todos concordaram com ele e se retiraram. Apenas Bartira permaneceu na sala, prisioneira de suas inconfessáveis recordações. Em seu íntimo, continuava achando que a internação era o melhor para a irmã. Afinal, e se tio Jonas estivesse mesmo falando a verdade e por trás da depressão de Laura houvesse mesmo uma doença séria? E se fosse a própria depressão a doença a que tio Jonas se referira? De qualquer forma, na clínica poderiam ser feitos exames gerais, qualquer mínimo problema poderia ser detectado a tempo de evitar que tomasse maiores proporções. Sim, embora não quisesse acreditar no que acontecera naquela estranha noite na Inglaterra, algo lhe dizia que havia algum fundamento no aviso recebido.

Por outro lado, Bartira não quisera comentar nada com a família, para não preocupá-los ainda mais, contudo não lhe saía da cabeça um caso que Augusto lhe relatara no avião, de uma moça que conhecera na Inglaterra, a qual, também em estado de depressão pós-parto, chegara ao cúmulo de atirar o filho pela janela.

"Ai, meu Deus", rogou em silêncio, enquanto se encaminhava para o quarto, roendo as unhas nervosamente, "por que será que ele me contou isso? Terá sido apenas uma coincidência? E o que estará acontecendo comigo, que agora, volta e meia, dei para ter sonhos e até conversas que mais parecem premonições?"

Não, definitivamente ela não permitiria que nada parecido acontecesse na família, decidiu, já no quarto, enquanto trocava de roupa para dormir. No dia seguinte, doesse a quem doesse, ela mesma ligaria para o médico de Laura e o convenceria da necessidade de sua internação numa clínica de tratamento. Faria isso pelo bem do afilhado e da própria Laura, garantiu, após engolir um tranquilizante.

Só depois de tomar esta difícil resolução, conseguiu entrar sob as cobertas e relaxar no travesseiro. Em poucos minutos apagou, antes mesmo que o tranquilizante começasse a fazer efeito. Estava exausta.

Embora ela não tivesse percebido, tio Jonas permanecera a seu lado durante toda sua reflexão e já se concentrava para tentar se tornar visível aos olhos espirituais da sobrinha, quando foi chamado por um outro espírito, que penetrou no quarto como um clarão de luz:

– Depressa, Jonas. Estamos precisando de sua ajuda – disse ele.

– Ela piorou de novo? – preocupou-se Jonas.

– Está cercada por entidades trevosas, que querem, a todo custo, convencê-la a desistir de tudo – informou a entidade.

– Meu Deus... – E será que nós teremos condições de ajudá-la, irmão Sólon?

– No momento, nem mesmo seu espírito guardião está conseguindo inspirá-la. Mas, como para Deus nada é impossível, sempre resta uma esperança – respondeu a entidade a quem Jonas chamara de Sólon, antes que os dois desaparecessem no ar numa fração de segundos, provavelmente em direção ao quarto de Laura.

Tão logo os dois saíram, o vulto escuro que Laura vira em seus sonhos atravessou a janela do quarto, aproximou-se do corpo adormecido de Bartira e passou alguns minutos observando-a.

– Não queria... fazê-la sofrer, meu amor – disse ele, com uma certa dificuldade, afagando levemente seus cabelos. Sua voz era baixa e rouca, como se algo na garganta o impedisse de falar normalmente. – Tudo o que quero... é defendê-la... Afastar você daqueles que nos desgraçaram... Um dia... você vai compreender... E então seremos felizes... juntos... como eu sempre sonhei...

Naquela noite, após o exaustivo debate familiar, Eduardo saiu para encontrar os amigos. Não conseguia concatenar as próprias ideias, não podia aceitar, em hipótese alguma, a possibilidade de Laura ser internada numa clínica de repouso. Para ele, a simples palavra internação evocava a ideia de loucura e decididamente ele não achava que a irmã estivesse louca.

"Louca é Bartira, aquela infeliz mal-amada, de querer fazer isso com a própria irmã, e mais loucos ainda estão papai e mamãe para aceitarem essa sugestão absurda", pensou revoltado, enquanto caminhava em direção ao barzinho onde seus amigos costumavam se reunir. Na verdade, Eduardo não odiava a irmã do meio como muitas vezes chegava a parecer. Todavia, sua ligação com ela nem de longe se comparava à que ele tinha com Laura, que era para ele uma espécie de segunda mãezinha, adoçada e idealizada. Laura nunca o julgava precipitadamente, apesar da diferença de quase doze anos entre os dois. Sempre conversava com ele de igual para igual. Quando percebia que Eduardo estava fazendo uma besteira, apenas sugeria sutilmente, sendo que suas observações sempre surtiam mais efeito do que as broncas do pai, da mãe ou mesmo as de Bartira – invariavelmente, as que mais o irritavam.

Eduardo não suportava a mania que Bartira tinha de se meter em sua vida sem ser convidada, chegava a espumar de raiva quando ela dizia: "Você me respeite que eu sou quase dez anos mais velha do que você!". "Dez anos", remoia em seu íntimo, "o que são dez anos para uma garota? Ainda mais para uma garota como Bartira, que passou a vida inteira com a cabeça enterrada num livro e nem sabe o que é a vida...". Para Eduardo, a irmã do meio sempre seria uma garota. Uma garota mimada e implicante.

A infância inteira dos dois fora assim, recheada de discussões acaloradas e de 'lições de moral' de ambas as partes. Assim como ela o rotulava de leviano e inconsequente, ele a tachava de prepotente e egoísta. No fundo, Bartira e Eduardo morriam de ciúmes um do outro, haviam passado a infância e a adolescência disputando a preferência dos pais e até mesmo de Laura. Todavia, gostavam mais um do outro do que admitiam. Tanto que ela se preocupara em procurar no *free shop* o chocolate preferido dele, da mesma maneira como fizera para Laura, sem contar os inúmeros presentes que lhe trouxera da Inglaterra, incluindo os jogos para computador que ele encomendara.

"É... eu não a odeio, estava até com um pouco de saudades dela", admitiu Eduardo quando já se aproximava do bar onde os amigos o esperavam, "apenas gostaria que ela fosse menos radical, menos dona da verdade. E principalmente que não se metesse tanto na vida da Lala. Ainda mais nesse momento tão complicado!"

Batata, o líder da turma, um gordinho de olhos azuis, e Samuca, um negro de sorriso reluzente, estavam sentados sozinhos na praça que ficava em frente ao bar. De longe, pela agitação dos dois, Eduardo logo percebeu que eles estavam tomando *stromboli* – espécie de bebida alucinógena à base de estimulantes e antidepressivos – mas, mesmo assim, decidiu ir até eles antes de entrar para ver o resto do grupo. Há algumas semanas haviam descoberto aquele estranho coquetel por intermédio de um outro colega mais velho com quem costumavam pegar ondas em Ipanema e, desde então, não queriam saber de outra coisa.

Aconselhado permanentemente pela família, e principalmente por Laura, com quem conversara muito sobre o assunto, a tomar muito cuidado com este tipo de mistura, Eduardo foi o único do grupo que não se aventurou a experimentar o *stromboli*, tendo por isso logo sido rotulado pelos amigos de 'careta'. Desde então, a amizade do trio ficara um tanto estremecida, embora houvessem crescido juntos e estudassem na mesma escola.

Naquela noite, porém, Eduardo sentia necessidade de desabafar com alguém e, em nome dos velhos tempos, resolveu se aproximar:

– E aí, beleza, cara? – saudou Batata friamente, ao vê-lo chegar.

– Beleza nada, cara, hoje eu tô 'mauzaço'... – confessou Duda.

– Tá a fim de dar um golinho pra aliviar? – perguntou Samuca, depois de bebericar mais um trago.

– Sei lá... – titubeou Eduardo. – Não gosto muito dessas coisas que fazem a gente ficar alucinado... Mas não quero perder a amizade de vocês por causa disso...

– Então experimenta, cara! – insistiu Batata, pegando a garrafa da mão de Samuca. – Você vai ver que não tem nada demais sair da real de vez em quando, pra dar uma aclarada nas ideias...

– Às vezes eu até tenho vontade – admitiu Eduardo. – Mas hoje, realmente, estou muito deprimido. Tenho medo de ficar pior do que já estou com essa coisa...

– Que é isso, Dudinha? – insistiu Samuca, pegando de volta a garrafa das mãos de Batata. – O *stromboli* só deixa a vida mais bela, não existe essa de depressão!

– É, talvez você tenha razão – respondeu Eduardo. – Quem sabe num outro dia...

Os dois deram de ombros e Eduardo ficou ali, apenas fazendo companhia. Tinha esperança de que Samuca e Batata percebessem a angústia que trazia no olhar e que, mesmo sob o efeito daquela estranha bebida, se dispusessem a conversar com ele sobre seus problemas, assim como tantas vezes acontecera no passado.

– Laura, minha irmã, está numa pior... – ensaiou.

– Ei! Você não está pensando em detonar tudo de uma só vez está? – protestou Batata, vendo que Samuca estava se servindo de mais uma dose. – Não sabe o aperto que eu tive de passar para conseguir os comprimidos!

– Não precisa ficar nervosinho – rebateu Samuca, devolvendo-lhe a garrafa pela metade. – Só peguei mais um golinho pra aumentar a onda!

– Tá, tudo bem, deixa eu experimentar essa coisa! – disse Eduardo, sem conseguir mais resistir.

– É assim que se fala, cara! – comemorou Batata, estendendo-lhe a garrafa.

Eduardo deu uma tragada tão forte que acabou se engasgando. Os dois riram.

– Não é assim que se faz, cara! Isso não é que nem cerveja, tem que beber devagar para fazer efeito, sacou? – ensinou Samuca.

Eduardo tentou novamente e devolveu a garrafa a Batata, já meio zonzo.

– Tô me sentindo tão estranho... – comentou – parece que o chão está andando enquanto eu estou aqui parado...

Eduardo não quis mais. Completamente indiferentes a ele, seus dois amigos passaram algum tempo em silêncio, como que preparando-se para 'a grande viagem' que estavam prestes a iniciar.

Sempre que Samuca tomava o *stromboli*, as ideias passavam-lhe pela cabeça numa velocidade mais rápida do que a habitual, era como se se tornasse subitamente mais criativo e inteligente (embora quase sempre, depois que o efeito passava, ele se desse conta de que muitas das ideias que na hora haviam lhe parecido formidáveis, não tinham lá muito sentido), os sons pareciam impregnar-se de uma maior clareza, o próprio mundo se tornava mais colorido.

– Vocês estão ouvindo uma coruja cantar lá no alto daquela árvore? – perguntou a Eduardo e Batata. – Presta só atenção na melodia, no ritmo... tu... tu... tu... tu... – tentou repetir o som. – Parece até que ela está tentando dizer alguma coisa para nós!...

– Cara! Repara as cores desta noite – respondeu Batata, com os olhos fixos nos edifícios da calçada em frente. – É impressionante como as luzes da cidade podem colorir a escuridão... Como uma simples televisão pode colorir de azul uma janela... um prédio inteiro!

Eduardo, porém, estava tão chateado que o parque ficou até mais escuro depois que ele experimentou o *stromboli*. Aos poucos, sua cabeça começou a ampliar o som emitido por aquela coruja e um pressentimento estranho começou a ganhar espaço dentro de seu coração, que batia muito rápido. Sentia que algo de muito ruim estava prestes a acontecer, que ele precisava correr para evitar o pior. Mas correr para onde? Evitar o quê? Suas ideias pareciam ainda mais confusas. A praça estava muito escura, talvez alguém os estivesse observando por trás das árvores, podia até ser um assaltante. "Era preciso sair dali", gritava o pensamento entorpecido, "algo de muito ruim estava prestes a acontecer", insistia o coração disparado. A sensação foi crescendo, crescendo, a tal ponto que Eduardo de repente deu um salto do banco onde estava sentado e disse aos amigos:

– Acho melhor a gente sair daqui. Tenho quase certeza de que vamos ser assaltados!

– Que paranoia, cara! – respondeu Batata. – Logo agora que eu tô aqui na maior viagem...

– Bom, se querem ficar, tudo bem – falou Duda. – Eu vou lá para o bar ver se consigo pensar em outra coisa! Esse troço é muito forte...

Batata e Samuca não estavam nem aí. Enquanto Batata se divertia comparando os diferentes tons de azul das janelas que tinha diante de si, Samuca 'viajava' na música que vinha do bar. Imaginava-se agora em um superconcerto de *rock*, curtindo uma música enlouquecedora de tão alta. Ele era o baterista e repetia com as mãos o movimento frenético das baquetas, tal como se estivesse realmente diante de uma bateria de verdade.

– Tô muito doido, cara! É bom demais esse *stromboli!* – exclamou ele, com os olhos vermelhos.

Vendo que não havia como argumentar muita coisa, Eduardo os deixou entregues às suas 'viagens' e entrou no bar cujo som alto extasiava Samuca em seu concerto imaginário. Sentia-se profundamente culpado por haver cedido à tentação de experimentar aquela coisa. Sua cabeça não parava de repetir os conselhos que ouvira de Laura na semana em que contou a ela sobre seus amigos: "Acho que a gente não deve fazer nada de que venha a se arrepender depois. Já vi muita gente se afundando por causa de droga, penso que não é uma coisa legal, pode até atrapalhar seus estudos... Depois, todo mundo conhece um cara alucinado, todo mundo percebe. Eu acho que pega muito mal..."

Agora, recordando suas palavras, Eduardo tinha a sensação de que estava carimbado em sua testa que havia experimentado o *stromboli* naquela noite. Envergonhado, chegou a pensar em voltar para casa imediatamente, mas então lembrou-se do pai, da mãe, de Bartira, e, com medo de que eles também percebessem alguma coisa, resolveu ficar mais um pouco, até que a 'onda' passasse. "No escuro do bar será mais difícil alguém reparar", imaginou.

Como acontecia todo sábado à noite, a turma inteira estava lá reunida, numa mesa comprida que tinha quase a extensão de uma parede inteira do bar. A maioria estudava na mesma escola de Eduardo, outros eram conhecidos ali do bairro mesmo. Todos falavam sem parar, suas vozes misturavam-se à música alta que vinha da caixa de som. Em poucos segundos, Eduardo sentiu seus ouvidos meio surdos com tanto barulho. Ainda assim, tinha necessidade de conversar com alguém. Nem que fosse apenas para abafar aquela voz em sua cabeça, que insistia para que ele voltasse para casa o quanto antes. Puxou uma cadeira da mesa ao lado e sentou-se junto de Paçoquinha, um baixinho simpático que era sempre o mais alegre da turma.

– E aí, Paçoca? – cumprimentou Eduardo, acomodando-se à mesa.

– Fala, meu garoto! – respondeu Paçoca, interrompendo rapidamente o inflamado 'debate futebolístico' que mobilizava todo aquele canto do bar.

– Pois eu acho que foi impedimento – sentenciou Orlando, o rapaz da direita.

– Que impedimento?!!! – protestou Cleyson, do outro lado da mesa. – Tinha um jogador adversário na mesma linha que ele!

– Eu acho que... – tentou dizer Eduardo.

– Que na mesma linha, mané! – replicou Orlando, sem sequer notar Eduardo. – O cara tava sozinho na banheira!

– Não, o cara estava... – tentou novamente Eduardo.

– Não tem o que discutir. O juiz deu o gol e pronto. O que vocês não estão conseguindo engolir é que o Botafogo ganhou o jogo! – sentenciou Paçoca, inflamado, atropelando mais uma vez a fala de Eduardo.

– Foooo... go! – alguns rapazes iniciaram uma batucada.

Estavam todos já bastante alcoolizados, o que os deixava ainda mais exaltados na defesa de seus pontos de vista. Ainda um pouco angustiado por efeito do *stromboli*, Eduardo pensou em pedir um chope. Embora não apreciasse o gosto do álcool, sentia que sempre se tornava mais extrovertido e falante depois de beber alguns chopes, o que era útil, sobretudo quando queria paquerar alguma menina a quem, sóbrio, dificilmente teria coragem de abordar. Pensando melhor, porém, achou mais prudente não beber mais nada naquela noite. Aliás, nem queria voltar muito tarde para casa. Algo lhe dizia que Laura poderia precisar dele para alguma coisa.

Uma bandeja de chopes chegou à mesa justamente no momento em que entrava no bar um grupo de meninas muito bonitas que também faziam parte da turma, todas de cabelos compridos, usando salto alto, blusa justa e minissaia. Eduardo era apaixonado por Liana, a mais magrinha de todas, de cabelos louros muito escorridos e grandes olhos castanhos, sempre delineados com lápis preto bem escuro. Vendo-a, quase voltou atrás em sua decisão de não beber. Contudo, a preocupação com a irmã falou mais alto, e ele resolveu não tentar nenhum tipo de aproximação naquela noite. Ficaria apenas observando Liana de longe.

Enquanto isso, do outro lado da mesa, onde as meninas haviam se sentado, Martinha, neta de um senhor amigo do pai de Eduardo, e que por sua vez era apaixonada por ele, pediu um chope com os mesmos objetivos. Conhecidos desde a infância, os dois estudavam na mesma turma e moravam na mesma rua, todavia Eduardo jamais demonstrara o menor interesse por ela. Parecia mesmo que nem a enxergava.

E, no entanto, Martinha era muito mais bonita do que Liana, embora não se desse conta disso. Tinha os contornos do corpo mais desenhados, cabelos pretos bem cacheados e olhos bem puxadinhos da mesma cor. Mas se achava gorda e vivia cheia de recalques. Mesmo assim, estava disposta a conquistar Eduardo naquela noite e por isso não hesitou em tomar chopes e mais chopes até sentir que sua timidez e seus recalques haviam desaparecido por completo.

Lá pelas tantas, cansado de tomar refrigerantes para 'cortar a onda', e de tentar, de longe, encarar Liana, que sempre fugia de seus olhares, Eduardo resolveu ir embora. O efeito do *stromboli* finalmente parecia ter passado e ele estava morrendo de dor de cabeça. "Só pode ser de culpa", deduziu. Já se despedia do pessoal quando Martinha se aproximou, meio cambaleante, e quase caiu por cima dele:

– E aí, Duda – disse com a língua meio enrolada. – Você já tá indo embora? Não vai não...

Eduardo, que passara a noite inteira tentando conversar com alguém sem que ninguém lhe desse a mínima atenção, ficou de alguma maneira sensibilizado com a abordagem de Martinha. Sobretudo ao perceber que ela usava um perfume muito gostoso. Segurou-a com firmeza pelas costas, para evitar que ela caísse, e retribuiu a gentileza:

– Com você vai tudo bem, não é, Martinha?

– Comigo tudo 'djoia' – respondeu ela, puxando a minissaia para baixo, sem conseguir deixar de esticar também o som das letras, de tão tonta que estava.

– Essse bar é m...muito legal, v...você não acha? – continuou ela, querendo ser simpática. – Pensando bem, eu ach...cho que é o bar...r mais legal que eu já fui na minha vvida...

– Você tem certeza de que está bem? – preocupou-se Eduardo, vendo que ela fazia um esforço sobre-humano para se manter equilibrada sobre os sapatos altos.

– Eu t...tô ótima! – respondeu ela zonza. – Só queria saber se você não t...tava a f...fim de dançar um pouquinho comigo...

– Dançar? – estranhou ele. – Mas não tem ninguém na pista...

– Então tttt... tuddo bem... garçom! Mais um chope!

– Não bebe mais não, Martinha – pediu Eduardo, fazendo um carinho em seu cabelos... – Olha, eu tava indo embora, você não quer aproveitar a carona?

– V...você tá de carro? – perguntou ela, animada.

– Não, nem tenho idade pra isso, é só modo de dizer. É que, como moro perto da sua casa, pensei que...

– T...tudo bem... garçom! Susssspende o chope!

Ajudada por Duda, ela tirou algumas notas do bolso para pagar sua conta, e saiu do bar apoiada no braço dele, sentindo-se a mais feliz das mortais. Chegando à praça, não se contendo, ela tentou agarrá-lo ali mesmo, de supetão, mas Eduardo foi mais rápido e segurou-a antes do 'bote':

– Para com isso, Martinha! Não tenho nada contra você, mas acho que não seria legal se rolasse alguma coisa entre a gente com você neste estado...

– Mas eu t...tô super a f...fim de f...ficar com você... Há anosss que eu... – ela tentou argumentar, sem conseguir exercer qualquer tipo de censura sobre as palavras que dizia.

– Olha, definitivamente eu acho que não é o momento. Até porque eu estou estourando de dor de cabeça. Vamos embora pra casa, que é o melhor que a gente faz!

Sem forças para discutir com ele, Martinha deixou que ele a conduzisse pela mão até a entrada do edifício onde morava. Seu estômago já começava a embrulhar e ela pedia mentalmente a Deus para não passar mal antes de chegar em casa.

– Então tá, nós já chegamos – anunciou Eduardo, soltando a mão dela.

– V...você mora aqui? – perguntou Martinha, tentando se situar.

– Não. Você mora aqui. Entra lá que eu quero ver – determinou ele, indicando-lhe a portaria.

– Mas não era eu q...uem ia te levar em casssa? – ela perguntou, confusa, sempre enrolando a língua.

– Quem sabe num outro dia. Hoje você não tinha condições nem de trazer você mesma para casa – suspirou Eduardo. – Agora vai, que eu estou morrendo de sono!

Antes de entrar, Martinha ainda tentou beijar levemente seus lábios, mas ele se esquivou bruscamente e ela quase caiu. Vencida, fez sinal de tchau com a mão e por pouco não bateu com o rosto no vidro da portaria.

– Por favorrr... Não conta nada pro meu avô! – ela ainda se lembrou de pedir a Eduardo, antes de sumir no longo corredor que dava acesso aos elevadores.

Eduardo não pôde deixar de sorrir de sua preocupação, e até de sentir um pouco de pena dela naquele lastimável estado. E pensar que ele poderia ter ficado até pior do que ela se tivesse tomado mais algumas doses do *stromboli*...

Quando finalmente chegou em casa, tinha a sensação de que sua cabeça ia explodir de tanta dor. Antes de entrar em seu quarto, ainda pensou em abrir bem de mansinho a porta do quarto de Laura, só para ver se estava tudo bem, mas foi vencido pelo cansaço. Tirou os sapatos e desabou na cama, sem sequer imaginar o sério momento de crise que a irmã atravessava naquele exato momento.

Novamente assaltada por terrível pesadelo, Laura acordou soluçando. A seu lado, Jorge parecia afogado em seu sono pesado. Sem conseguir voltar a dormir, ela abriu a janela e contemplou o movimento da rua. Eram cinco horas da manhã. Todos dormiam, até mesmo as árvores da calçada pareciam descansar. Longe, bem longe, no outro quarteirão, um carro cortava o silêncio, com sua música alta e seus faróis desbotados. O carro se foi, novamente o silêncio. Era domingo. A madrugada se abria em luz, pouco a pouco a manhãzinha rasgava os céus, com seu sol sanguíneo e intenso.

Agora, de barriga para cima, Jorge roncava profundamente. No bercinho próximo à janela, o bebê Pedro Henrique também soltou alguns grunhidos. Laura foi até ele, ajeitou-lhe as cobertas e observou-lhe o rostinho. Percebendo sua presença, ele se remexeu no berço, preparando-se para acordar. Tomara sua última mamadeira fazia pouco mais de duas horas. Laura inquietou-se. Sabia que dentro de poucos minutos começaria tudo de novo. O choro da criança, sua angústia de mãe, sua irremediável falta de leite.

Definitivamente, ela não se sentia apta para aquele papel, não tinha o menor jeito para isso, deduziu, enquanto observava suas enormes olheiras diante do espelho. E, ainda por cima, estava oito quilos acima do peso, o que significava que tão cedo não poderia retornar ao balé. "Talvez nunca mais eu consiga dançar como antes", concluiu arrasada. Sentia-se horrível.

– Acabe logo com isso – dizia uma voz que ecoava dentro de sua cabeça. – Você não queria... uma chance de desaparecer deste mundo... sem que ninguém percebesse?... Pois então... aproveite a oportunidade!... Sua vida já não tem mais sentido!

Embora Laura nada visse, estava cercada por um grupo de vultos escuros. Um deles, que aparentava ser o líder, era exatamente aquele que aparecera em seu pesadelo no hospital e no que acabara de ter. Estava de tal maneira colado a ela que, nos momentos em que ela aceitava-lhe as sugestões, quase montava sobre seus ombros, para alegria geral dos demais. Cinco entidades desgrenhadas, que giravam em torno dela como se brincassem de roda, cantavam:

– Pula! Pula! Pula!

Próximos ao bercinho do neném, invisíveis aos olhos destas entidades arruaceiras, Sólon, Jonas e o próprio pai de Laura, em espírito, aproveitando os momentos de sono de seu corpo físico, tentavam se manter concentrados numa corrente de oração, formada por uma dezena de seres espirituais de luz, quase todos desencarnados. Ali estavam com a finalidade de vencer as energias pesadas que dominavam o ambiente e estabelecer algum contato com a mente transtornada de Laura. Ao mesmo tempo, atuavam como uma espécie de escudo protetor do bebê adormecido, impedindo que este fosse atingido por essas mesmas energias maléficas.

Laura caminhou novamente até a janela, mas alguma coisa mais forte do que ela empurrou-a para longe de lá. Sentia-se fraca e tonta, não havia comido nada na noite anterior. Lembrou-se então do carinho da mãe, neutralizando temporariamente o som das vozes que ecoavam em sua cabeça.

– Minha filha – acertara-a dona Inês quando ela disse que estava sem fome –, você não quer tanto amamentar seu filho? Pois então coma! Você precisa de verduras, de legumes, de coisas saudáveis que te sustentem e te ajudem a produzir o leite saudável que você tanto deseja.

Sentou-se na poltrona ao lado da cama e, com uma pequena bombinha e um resto ínfimo de esperança, tentou extrair do seio algumas poucas gotas de leite. Quem sabe, pensou, se longe de todos, sem Pedro Henrique chorando, sem medo e sem expectativa, não conseguia tirar ao menos algumas gotinhas de colostro?

Inútil, porém, mais uma vez o seu esforço. Seus seios pareciam ainda mais secos do que na noite anterior.

– Eu devia morrer! – disse baixinho, mastigando a própria raiva.

– Você não vai conseguir nunca – disse de novo a voz maléfica em sua mente, que era quase um sussurro de tão baixa e rouca. – Nem adianta tentar... Você jamais vai conseguir!

– Não tem leite! Não tem leite! – cantarolaram, em roda, as outras entidades que a acompanhavam.

Laura tomou a bombinha com raiva e apertou-a até sentir os estilhaços do plástico cortando-lhe a palma da mão. Lágrimas abundantes escorriam-lhe pela face pálida e abatida. Não havia mesmo solução. Há exatos cinco dias que não fazia outra coisa senão experimentar técnicas e remédios indicados para incitar a lactação. Até chá de galega, planta comumente utilizada para aumentar a produção leiteira das vacas, sua mãe havia providenciado. E também de aneto, de alcarávia, de erva-doce, de urtiga e de todas as plantas ditas galactagogas que dona Inês encontrara em sua enciclopédia botânica, sem que nada conseguisse estimular seus peitos inchados a produzirem o alimento que ela tanto queria dar a seu bebê tão novinho e indefeso. Sem contar o *spray* que Bartira lhe fizera cheirar naquele fim de tarde e que só servira para lhe ferir as narinas.

– Não tem leite! Não tem leite! – cantarolavam agora as entidades trevosas, entre gargalhadas.

Por mais que tentasse, ela não conseguia se conformar com a situação; sentia-se mutilada, como os espíritos lhe sugeriam, castigada pela providência divina de que sua mãe tanto falava, abandonada pelos espíritos protetores que seu pai afirmava existirem. No guarda-roupas, um verdadeiro estoque de protetores de seios, meia dúzia de sutiãs especiais para amamentação e mais de dez vestidos abotoados na frente, destinados a facilitar o ato de colocar os seios à mostra na hora de dar de comer ao bebê, testemunhavam o empenho com que se preparara para receber aquela criança.

E no entanto, agora, ela sentia-se como a pior, a mais incompetente das mães. Logo ela, que tanto sonhara com aquele bebê, que tentara até se submeter a um parto sem anestesia para que ele viesse ao mundo da maneira mais natural possível. "Como ele se tornaria uma criança saudável se nem mesmo o colostro ela tinha para lhe oferecer?" – perguntava-se sem cessar. Lembrou-se então da imagem de Bartira dando a mamadeira para o filho, da conversa que tivera com a irmã na tarde anterior.

– Madrinha é a pessoa a quem a gente confia nosso filho para ser a mãe dele no caso de um dia a gente faltar – ouviu-se dizendo a Bartira.

– Pula! Pula! Pula! – recomeçaram as entidades.

De onde estavam, Sólon, Jonas e Paulo também lhe enviavam uma série de pensamentos impregnados de fé e de esperança, os quais partiam do ponto onde os três se reuniam como fachos de luz em direção a Laura, que, no entanto, não oferecia a menor receptividade.

– Acabe logo com isto! – insistiu o líder das entidades, com sua voz rouca.

Laura enxugou uma lágrima e caminhou novamente até a janela. "Bartira é a pessoa certa para cuidar de Pedro", pensou consigo. "Jorge é um ótimo marido, mas com certeza logo irá se casar de novo. E não quero que meu filho seja criado por uma estranha. Se for para ele chamar alguém de mãe, que esse alguém seja Bartira". Completamente transtornada por pensamentos absurdos, Laura nem olhou para o marido, por quem sempre fora tão apaixonada, antes de prosseguir em sua sinistra determinação. Nem mesmo do bercinho do filho ela voltou a aproximar-se, com medo que ele despertasse e estragasse seus planos. Não. Nunca mais queria ouvi-lo gritar. Queria apenas o silêncio e o esquecimento, desaparecer do mundo como um rastro de pó que a gente esconde debaixo de um tapete e nunca mais se lembra.

Como que conduzida por uma estranha força, sentou-se no parapeito da janela e olhou para a rua vazia. Uma vertigem subiu-lhe dos dedos dos pés descalços, uma dor gelada parecia furá-la bem no meio do peito. Pensou em voltar. Ouviu então uma voz, exatamente como no sonho que tivera, uma voz longínqua e distante, que não era dela, mas parecia vir de dentro dela:

"Laura, não faça isso. Enfrente seus problemas e verá que eles não são tão grandes quanto lhe parecem. Volte!"

A outra voz com a qual ela já estava acostumada, porém, insistiu:

"Pule... Não pense duas vezes... Você já decidiu... Ou será que... nem para tomar uma decisão você tem coragem?... Livre-se agora mesmo de tudo isso... descanse!"

Laura segurou firme no mármore do parapeito. Estava confusa, não sabia o que fazer. A imagem de Duda então invadiu-lhe a mente e ela lembrou-se do bilhete que o irmão deixara preso a um cravo vermelho sobre sua cama. Era como se o tivesse novamente diante dos olhos:

Lala, minha irmã,

Você sabe que é a pessoa a quem eu mais admiro neste mundo. Você sempre me ensinou a ser forte, a superar os problemas com garra, coragem e dignidade. Por favor, não se deixe levar por essa tristeza que eu vi nos seus olhos no dia em que fui visitá-la no hospital. Lute como você me ensinou a lutar, o Pedro Henrique merece isso de você!

Ele nem imagina a mãe maravilhosa que o Papai do Céu escolheu para orientar seus passos aqui neste mundo.

Um beijo enorme,

Do seu irmão que te ama muito,

Duda

P.S.: Ah! E obrigado por me escolher para ser o padrinho do Pedrão. Eu adorei e vou tentar ser um super-padrinho para ele!

Agarrada ao parapeito, Laura chorava baixinho. Sabia que não vinha sendo a mãe maravilhosa que Duda esperava, mal suportava ouvir o choro do filho, sentia muita raiva de si mesma. Por sua culpa Pedro Henrique chorava, por sua culpa ele não se sentira amado logo ao nascer, por sua culpa ele jamais seria uma criança saudável. Quanto mais pensava, mais Laura sentia ódio de si mesma. De sua falta de leite, de sua falta de amor, de sua falta de estrutura para superar o problema e construir uma vida ao lado do marido e do filho.

"Acabe com isso... logo de uma vez!" – gritava a voz perversa em seus ouvidos.

"Não faça isso" – ela ainda conseguiu ouvir, antes de se lançar no ar.

Por alguns instantes, chegou a ter a impressão de voar, mas logo a sensação inicial de coragem e euforia deu lugar ao vácuo, à irremediável e dolorosa sensação de perda que se consumava a cada segundo da descida. Enquanto despencava, a vida inteira voltou-lhe à mente como um filme. O abraço do pai quando chegava do trabalho, as broncas da mãe ensinando-lhe modos, os grandes laços vermelhos com que dona Inês gostava de prender-lhe os cabelos, a brincadeira de pique-esconde com Duda e Bartira, a Páscoa em que ganhou sua primeira bicicleta, a primeira aula de balé, o dia em que foi aprovada para integrar o corpo de baile do Municipal, sua temporada com *O lago dos cisnes* em Porto Alegre – primeira vez em que desempenhou o papel principal de um espetáculo de dança. Em seguida, vieram-lhe à mente os fogos do *réveillon* em que conheceu Jorge, o inesquecível beijo dos dois no meio da multidão, o dia em que pegou o resultado do exame de gravidez, a dor de expulsar Pedro Henrique de dentro de si na mesa de parto. Neste momento, a menos de um metro do chão, Laura se arrependeu de ter pulado. Desejou voltar para casa, ouvir novamente o choro do filho e embalá-lo nos braços com todo o seu carinho de mãe. Mas já era tarde. Era muito tarde para voltar atrás.

Seu Paulo acordou com o estrondo vindo da rua. Estava muito suado e com uma profunda sensação de angústia. No quarto de Laura, o bebê Pedro Henrique chorava.

– Inês... Inês – disse ele, sacudindo a esposa que ainda dormia.

– Ahn? – respondeu ela, despertando.

– O bebê está chorando... Será que devemos ir até lá?

– Não sei... – titubeou Inês, sentando-se na cama. – Laura poderia não gostar... O que você acha?

– Ele está chorando muito – constatou o marido.

– É... – concordou ela, já vestindo o robe por cima da camisola – acho que eu vou até lá.

– Você ouviu o barulho que veio lá de fora? – perguntou Paulo, enquanto ela procurava os chinelos.

– Agora? – quis saber Inês.

– Pouco antes de o bebê começar a chorar.

– Não, não ouvi nada, mas estou sentindo uma coisa estranha... – confessou ela, massageando nervosamente o pescoço em direção ao peito.

– Eu também – confidenciou Paulo, antes que a esposa saísse do quarto.

Chegando ao corredor, dona Inês encontrou Jorge com Pedrinho no colo.

A criança chorava exageradamente.

– Meu Deus! – exclamou a sogra, estendendo os braços para pegar o bebê. – O que há com ele?

– Não sei – tornou Jorge, angustiado. – Parece que está sentindo alguma dor... Será cólica?

– Laura está dormindo? – quis saber Inês.

– Não, faz tempo que percebi que ela não estava na cama. Pensei até que estivesse no quarto com a senhora e seu Paulo...

– Talvez esteja com Bartira – imaginou Inês, embalando a criança, que não parava de chorar.

– Não, no meu quarto ela também não está – afirmou Bartira, que também acordara com a choradeira.

– Alguém está tocando a campainha, será que ninguém está ouvindo? – gritou Eduardo, abrindo a porta de seu quarto irritado. – Está ficando impossível dormir nesta casa!!!

Era a síndica do prédio. Com o ar consternado e trajando amarrotado roupão amarelo, ela vinha avisar à família que Laura estava lá embaixo.

– Senhor Deus! Laura não está bem mesmo! O que é que ela foi fazer na rua a essa hora da madrugada? – Inês se perguntou alto.

A síndica queria explicar que Laura não havia descido da maneira como eles imaginavam, mas estava tão impressionada que as palavras não lhe saíam da boca:

– E... e... ela... – tentou dizer.

– Eu vou até lá embaixo buscá-la – prontificou-se Jorge.

Sem saber como impedi-lo, a síndica o acompanhou cabisbaixa no elevador.

– Eu sinto muito pelo senhor e por ela – foi tudo o que conseguiu dizer, no momento em que Jorge abria a porta do elevador para descer na portaria.

Ele olhou para ela assustado e, com o coração disparado, pressentindo algo de muito ruim implícito em sua fala, saiu voando em direção à rua, enquanto a síndica voltava ao apartamento de Paulo e Inês para tentar, de alguma maneira, prepará-los para a terrível notícia que os aguardava.

Ao atravessar a porta de vidro do prédio, Jorge logo avistou uma pequena multidão de porteiros reunidos. No centro da roda, Laura, muito ensanguentada, agonizava. Jorge ainda teve tempo de abraçá-la e olhar no fundo de seus olhos verdes molhados. Antes de fechá-los para sempre, ela tentou dizer alguma coisa, mas apenas um filete de sangue escorreu-lhe dos lábios. Seu espírito continuava ligado ao corpo, preso por um tênue fio prateado, exatamente como ela havia observado no sonho que dias antes relatara ao pai. Por alguma estranha razão que ela não conseguia entender, porém, ela não se sentia mais dentro de seu corpo físico, mas ao lado dele, a ponto de conseguir vê-lo de fora no lastimável estado em que se encontrava.

– Me perdoa, Jorge, me perdoa... – tentava dizer.

Mas o marido não conseguia ouvi-la. Em seu desespero, Laura viu quando chegou a ambulância e procurou acomodar-se o melhor possível ao lado de seu corpo físico na maca do hospital. "Devo estar em coma", pensou consigo, "por isso Jorge não me escuta". Estava tão desnorteada, que não compreendeu por que os enfermeiros cobriram seu corpo físico com um pano preto antes de colocá-lo na ambulância. "Parem com isso", tentou dizer, "assim vocês vão acabar me sufocando". Todavia, por mais que se esforçasse, sua voz não saía de jeito nenhum, o que a deixava ainda mais angustiada. A seu lado, Jorge chorava desconsolado.

Aos olhos de Laura, tudo parecia um terrível pesadelo, o pior dos pesadelos que já tivera. Queria mostrar a Jorge que estava bem, que ele não precisava ficar nervoso daquela maneira, mas não encontrava meios de fazê-lo. Como se não bastasse a voz presa na garganta, seus braços pareciam congelados, ela não conseguia movê-los em hipótese alguma. Tentou ainda sentar-se na maca, mas suas pernas também não obedeciam a seu comando. "Devo estar mesmo em coma. Só pode ser isso", concluiu mais uma vez.

No alto do prédio, sentado na janela de onde Laura se atirara, o vulto escuro que ela vira em seus sonhos observou satisfeito a ambulância se afastar e, em seguida, a família atordoada entrar no carro que desceu a rampa da garagem conduzido pelo marido da síndica. Como Jorge, Paulo e Inês sequer haviam trocado seus pijamas antes de sair. Eduardo chegava a sacudir os ombros de tanto chorar. Apenas Bartira, parada na porta do prédio com a criança no colo, parecia ostentar uma excessiva calma. Na verdade, aquela aparente apatia era também uma reação ao imenso choque que acabara de levar, potencializada pelo efeito do tranquilizante que ela ingerira antes de dormir.

Quando a família finalmente chegou ao necrotério, Laura, que se imaginava num hospital, tinha a sensação de que suas últimas reservas de força estavam prestes a terminar. Ouvia o rumor das vozes, as exclamações, os atropelos, mas já não assimilava mais nada com exatidão. Mal conseguia distinguir quem era quem entre as tantas vozes que dela se acercavam. Ainda assim, por todos os meios a seu alcance, continuava tentando dizer alguma coisa, aguardando aflita que seu corpo finalmente despertasse e voltasse a obedecer às ordens que ela lhe enviava.

Sentindo-se pouco a pouco tomar por implacável sonolência, notou quando médicos a examinaram, mas já não conseguia mais compreender o que diziam, pois os sons começavam a embaralhar-se em sua cabeça. Percebeu então o toque do pai, que parecia transmitir-lhe uma força diferente. Laura não conseguia vê-lo, dissolvido que se encontrava entre os diferentes matizes de cores que invadiam seus olhos, nem ouvir a oração que ele proferia em silêncio, pedindo a Deus por sua alma exausta. Todavia, sentia profundamente o carinho que Paulo lhe transmitia com seu toque gentil, o contato com suas mãos seguras a confortava. Era como se finalmente alguém houvesse percebido que ela estava ali todo o tempo. Assim, sentindo-se de alguma maneira protegida por aquele toque, teve a sensação de que o pesadelo terminara e deixou-se dormir de verdade.

Neste momento, Inês, inconsolável, aproximou-se do marido e da filha morta:

– Paulo – disse, entre soluços –, liguei para o padre e ele disse que se recusa a ir até a capela encomendar o corpo de nossa Laura...

– Que coisa absurda – revoltou-se Paulo. – E pensar que até a semana passada Laura o estava ajudando em suas obras de caridade...

– Ele disse... – continuou Inês, entre soluços – ele disse que os suicidas... os suicidas não são aceitos no reino de Deus...

– Tudo isso é bobagem, meu bem – disse Paulo, emocionado, abraçando a esposa –, o importante é que nós sabemos que a nossa Laura sempre foi e sempre será uma criatura divina. Deus nunca a abandonará...

Ouvindo isso, Jorge e Eduardo também se aproximaram dos dois. Os quatro se uniram e ficaram ali chorando abraçados.

Parado ao lado do corpo de Laura como atento guardião, o vulto escuro invisível a olhos comuns não pôde deixar de rir com ironia daquela pungente cena familiar.

– Encomendar o corpo... – disse, em sua voz rouca e entrecortada – como se alguém pudesse... encomendar... o que já tem dono!

Não havia gostado muito do momento em que Paulo transmitira, através da prece, sua energia ao espírito transtornado da filha, quando, incomodado com os fluidos luminosos que este enviava à Laura, vira-se obrigado a refugiar-se ao lado do corpo de um indigente que também ali se encontrava. Em nenhum momento, porém, deixara-se abalar pela tristeza que regia o ambiente. Tal qual um frio coveiro, agia o tempo todo como quem executa uma tarefa de rotina, acompanhando com ar de desdém o movimento dos médicos e parentes pela capela, ciente de que o verdadeiro pesadelo de Laura ainda estava por começar.

De fato, a situação de Laura era aterradora. No dia imediato a seu sepultamento, ela acordou invadida por um forte cheiro de carne podre. Fazia apenas algumas horas que seu corpo havia sido enterrado, mas ela não tinha a menor noção de tempo ou espaço, a escuridão era tamanha que não conseguia distinguir onde estava. Sentia falta de luz e de ar puro, a sensação que tinha era de que alguém a havia aprisionado dentro de uma caixa de sapatos apertada. Além do odor fétido e nauseabundo que lhe causava profundo mal-estar, o que mais a angustiava era o frio. Tiritava como se estivesse recoberta de vestes de gelo, como se a houvessem esquecido dentro de malcheiroso frigorífico.

"Meu filho, onde estará meu filho?" foi a primeira pergunta que lhe veio à mente. Com muito custo conseguiu rolar para o lado e fixar os olhos no estranho vulto que havia ali. "Abandonaram-me ao lado de uma pessoa sem banho", pensou contrafeita, percebendo tratar-se de um corpo humano, e aproximou-se do rosto para ver se era alguém conhecido. Não pôde evitar um horrível grito de pavor ao reconhecer um corpo em estado de putrefação, sendo carcomido por centenas, milhares de vermes:

– Ahhhhhhhhhhhhhhhhhhhhhhhhhh!!!!!!!!!!!!!!

Seu grito ecoou pelas alamedas vizinhas, onde, sentados sobre seus túmulos, alguns espíritos conversavam:

– Aposto que foi aquela que enterraram hoje cedo – disse uma negra, que tinha a seu lado uma enorme trouxa de pano. Seu aspecto lembrava o de uma velha lavadeira, recheada de roupas amassadas sob suas vestes.

– É sempre assim, Natércia – respondeu a anciã a seu lado, a qual, apesar do aspecto desleixado, estava inteiramente coberta de joias que ela examinava sem parar, como se tivesse um cacoete –, o despertar é sempre a pior parte da morte... Ainda mais no caso dela... Você não se lembra daquele outro rapazinho que nós tínhamos aqui?

– Aquele do túmulo do anjo, sinhá Ismênia?

– Pois então, Natércia! Esse mesmo! Deu um tiro na cabeça, depois ficou mais de ano gritando como um louco, incomodando todo mundo...

– Nóis nem podia dormir direito, não é mesmo, sinhá?

– Agora vê se pode... Vai começar tudo de novo... – suspirou Ismênia.

Completamente alheia ao que elas conversavam e à sinistra paisagem do local, Laura, extremamente confusa, tentava encontrar uma explicação para o que acabara de ver. "Não, não pode ser", tentava se convencer. "Como posso ter sido deixada ao lado desta pessoa morta se estou viva aqui? Deve ter havido algum engano... E meu filho, onde estará meu filho? Não, não é possível que minha família tenha me abandonado em coma aqui neste lugar escuro, ao lado de uma pessoa morta que eu nem sei quem é... Não, papai jamais me deixaria. Ele não. Com certeza deve ter ido tomar um café aqui perto, logo estará de volta."

Laura fez o possível para pensar em alguma outra coisa enquanto 'o pai não voltava', mas não conseguia desviar os olhos daquele corpo físico em início de decomposição, do qual tentava desesperadamente se afastar. Tal como em seus últimos momentos de vida, porém, suas pernas não podiam mover-se, sentia dores por todo o corpo e estava completamente banhada em sangue.

– Parem com isso, seus bichos malditos! – gritava, beliscando o rosto como se tentasse arrancar os vermes que sentia devorando suas bochechas. – Por que não mordem aquela ali que está morta?

Era um espetáculo dantesco. Sem conseguir levantar-se, Laura contorcia-se pelo chão da sepultura, unhando e beliscando a si própria em absoluto desespero, como se seu corpo inteirinho estivesse coberto de larvas nojentas. Embora fosse agora um espírito e ainda não tivesse percebido isso, sentia tudo o que acontecia a seu corpo morto, ao qual continuava ligada por um grosso fio, de aspecto semelhante a uma corda de borracha em tom fosco e desbotado, que só muito levemente lembrava o colorido prateado com que ela vira esta mesma corda em seus sonhos e no momento imediato após a queda.

Essa corda, que unia as duas Lauras, ramificava-se em milhares de fios no momento em que penetrava no corpo de carne, mais ou menos na altura do umbigo, onde cada um desses fios ligava-se a um dos terminais nervosos ali existentes. O estado de perturbação em que ela se encontrava, porém, não permitia que atentasse para esse detalhe.

Ainda assim, em determinado momento, ela percebeu uma fagulha tosca desprendendo-se do corpo morto a seu lado. Com esperanças de que 'a pessoa' ainda estivesse viva, tentou comunicar-se com ela:

– Senhora, fale comigo, por favor... A senhora está sentindo alguma coisa?

Mas o cadáver nada respondia e ela sentiu-se profundamente só e desamparada. Onde estaria o pai que nunca mais voltava? Logo agora que ela estava tão necessitada de sua presença e de seus conselhos... Que tipo de enfermaria seria aquela onde eles a haviam internado? E quem seria aquela mulher a seu lado, tão malcheirosa? Provavelmente, já deveria estar morta há dias, como ninguém havia se dado conta disso? E seu filho, por que não o traziam para vê-la? Angustiada, procurou por alguma campainha em torno de si, algo com que pudesse chamar alguma enfermeira para ajudá-la. Mas estava tudo tão escuro que ela não conseguiu visualizar nada além do vulto fétido ao lado.

– Por favor, alguém me ajude! Enfermeira! Tem uma pessoa morta aqui ao meu lado! – tentou gritar.

Mas não apareceu ninguém. Tudo era só escuridão e silêncio. Lembrou-se então mais uma vez do pai, de seu bebê tão pequeno ainda, e chorou de saudades.

Pouco tempo depois, junto a uma árvore escura próxima ao túmulo, o mesmo espírito que a incentivara ao suicídio surgiu de repente e, junto com ele, o grupo de entidades arruaceiras que o havia acompanhado naquela noite, as quais logo rodearam o túmulo de Laura, e perscrutaram seu interior com curiosidade. Agora, olhando-as mais de perto, via-se que eram todas mulheres, de aspecto sujo e desgrenhado, cada qual com uma espécie de rombo mais ou menos na altura do estômago.

– Maldita! – disse uma delas, cuspindo sobre o corpo de Laura.

– Traidora! – disse uma outra, imitando o gesto da primeira.

– Assassina! – acrescentou outra, atirando-lhe uma pedra.

– Ai! – gritou Laura, sentindo-se atingida pela pedra. – Quem são vocês? O que estão dizendo? Por favor, me ajudem!

– Ela quer ajuda! – riu-se uma quarta mulher, que até então se mantivera calada.

– Coitadinha dela – riu-se a quinta. – Não aceita um bombonzinho? – ela estendeu a mão para as outras, de maneira a formar novamente uma roda em torno de Laura. – Vamos ajudá-la, meninas?

– Suicida! Suicida! – responderam as outras em coro, tornando a rodopiar e a cantarolar em volta de Laura, a ponto de quase enlouquecê-la com seus gritos.

– Não! – chorava Laura, desesperada, mexendo a cabeça de um lado para o outro como se estivesse num pesadelo. – Eu não sou suicida! Parem com isso! Eu não morri! Papai, me acuda!!!!

Após longo tempo nesta tortura, o líder das entidades caminhou até a sepultura de Laura, e abaixou-se para conversar com ela, sempre aparentando incrível dificuldade de se expressar fluentemente:

– Agora não adianta mais chorar, Desirée... e nem chamar pelo seu 'paizinho'...

– Vingança! – gritaram as mulheres em coro.

Mergulhada em seu pranto e em seu desespero, porém, Laura não conseguia mais ouvi-los. Era como se a simples menção da palavra 'suicida' houvesse acionado um mecanismo dentro dela, que agora se sentia como uma fita sendo rebobinada para trás numa velocidade alucinante, ao mesmo tempo em que sua mente era irresistivelmente atraída para o fundo de um túnel escuro, de cujo interior começou a emergir uma série de imagens.

Sem conseguir controlar o fluxo arrebatador que então invadiu seu pensamento, Laura voltou ao minuto de seu nascimento, passando a visualizar em seguida cada instante importante de sua existência até o momento em que pulara do alto da janela. Reviveu o duro estatelar de seu corpo na calçada, sentiu cada osso seu quebrando-se com o impacto, alguns de seus órgãos explodindo por dentro do corpo. E então sua mente voltou a fixar-se nos bichinhos andando sobre seu rosto, para logo depois reproduzir o momento em que ela se soltara do parapeito, e toda a sequência voltou a se produzir inúmeras vezes, sem que ela conseguisse interromper aquela dolorosa repetição de cenas, num sofrimento interminável que a fazia sentir-se como um disco irremediável e eternamente arranhado.

– Meu filho! Preciso ver meu filho! – era tudo o que ela conseguia dizer, em meio a seu suplício.

Por muitas e muitas vezes, aquele mesmo espírito voltou ao cemitério, sempre acompanhado por seu bando de ajudantes revoltadas, e tentou comunicar-se com Laura, a quem ele insistia em chamar de Desirée, sem que esta sequer notasse sua presença, permanecendo mergulhada em seu horrível sofrimento.

– Sinto falta de ar... não posso mais suportar este cheiro, alguém me ajude – dizia ela, nos raros momentos em que conseguia desprender-se das imagens mentais que a perseguiam inexoravelmente.

Nestas ocasiões, tinha a sensação de que iria 'morrer de verdade', devorada pela fome que fazia seu estômago contorcer-se de dor, e pela sede que deixava sua boca seca como um deserto. Não sabia se o enjoo que sentia era decorrente dos movimentos de seu estômago vazio, do cheiro de carne apodrecida que a cada instante se tornava pior ou do frio cortante que congelava seus membros doloridos.

Quando estava a ponto de desfalecer de tanta angústia e mal-estar, porém, sua mente voltava a ser invadida por aquelas mesmas e terríveis cenas que estavam impressas em sua consciência, numa cobrança implacável que não deixava espaço sequer para o arrependimento. Até que um dia, ao repetir mentalmente a sequência da queda, Laura conseguiu identificar a voz do pai no momento em que seu corpo se preparava para lançar-se no ar mais uma vez:

– Não faça isso!

Tal como ocorrera no dia fatídico, a voz não teve como evitar que Laura repetisse mentalmente a sequência da queda. Desta vez, porém, em pleno ar, ela conseguiu pensar fortemente no pai e enviar-lhe um pedido de socorro. Imediatamente sentiu como se mãos enormes a amparassem no momento em que seu corpo estava prestes a encontrar-se com o chão. Respirou então aliviada e finalmente conseguiu interromper o fluxo contínuo em sua mente, mantendo-se alguns minutos em silêncio. Só então ela percebeu a imensa gama de gemidos que ecoavam em torno dela e voltou a sentir uma sensação não muito agradável.

– Procure não se deixar levar por estes gemidos, meu bem – interferiu uma voz terna de mulher.

Laura sentiu a vibração quente daquela voz, mas não conseguiu registrar mais do que isso, dado o estado de perturbação em que se encontrava. Em seguida, sentiu seus pés gelados serem envolvidos por algo fofo e macio e lentamente foi se deixando levar por aquela sensação morna e aconchegante.

Por breves instantes, liberta das horríveis cenas que povoavam seu cérebro, estava quase adormecendo quando, súbito, foi bruscamente despertada por vozerio ensurdecedor. Era um coro sinistro, composto por centenas, talvez milhares de vozes que falavam ao mesmo tempo sem conversarem entre si. Algumas gemiam, outras queixavam-se, outras blasfemavam, outras reclamavam, outras uivavam, outras gritavam enfurecidas, outras choravam desoladoramente, outras ainda suplicavam raivosas socorro e compaixão. Tudo isso em atropelos desnorteados, sem caracterizar jamais uma frase, fazendo lembrar uma passeata de loucos desvairados.

Angustiada com aquele vozerio, Laura olhou em torno e, em meio à completa escuridão, que nada mais era do que o reflexo das trevas profundas em que mergulhara a sua consciência, percebeu vultos, como os de Natércia e Ismênia, correndo para o interior de grandioso mausoléu de mármore negro. Sentindo cada vez mais próximo o vozerio, empreendeu esforço sobre-humano para fazer o mesmo que aqueles vultos, mas era como se de seu corpo pendessem raízes que a mantivessem fincada ao chão juntamente com aquele corpo de carne. Como se não bastasse, seus músculos pareciam retesados por uma espécie de entorpecimento geral, e seus membros, quase congelados de tão frios, dificultavam-lhe ainda mais os movimentos.

Insistiu, contudo, de tal forma em seu desejo de levantar-se que acabou conseguindo. Ao fazê-lo, cheiro penetrante de sangue e vísceras putrefatas recendeu tão forte que quase a fez desmaiar ali mesmo. "Esta mulher deve estar morta há meses", pensou consigo, "como podem tê-la esquecido aqui a meu lado neste estado? E por que não aparece ninguém para me tirar desta situação? Preciso ver meu filho!"

Após alguns poucos passos, dados com extrema dificuldade, tropeçou em um montão de escombros que nada mais eram do que a terra de uma cova recentemente fechada. Sem conseguir identificar o que lhe impedia o caminhar, abaixou-se para examinar do que se tratava e, ao avistar seus próprios olhos sendo carcomidos por uma barata gigantesca, foi tomada de repentina loucura que imediatamente apoderou-se de suas faculdades, fazendo-a gritar e uivar como as vozes daquela macabra matilha, da qual há pouco tentara se esquivar.

Em seu desespero, Laura sentia tanta dor na alma que nem se lembrava mais de suas pernas quebradas. Aos prantos, cambaleava, apoiando-se nas lápides geladas que encontrava pelo caminho, tentando fugir do vozerio que cada vez mais se aproximava, obstinada em provar a si mesma que não estava morta, que tudo não passava de tenebroso pesadelo.

– Preciso ver meu filho, preciso ver meu filho! – repetia sem parar. Agarrada a este objetivo, com muito custo, conseguiu atingir a porta do cemitério e ganhou a rua. Não via a hora de entrar em casa e cair nos braços do pai, depois tomar seu filho no colo e preparar-lhe, ela mesma, uma nutritiva mamadeira.

Mais de um mês havia se passado desde a morte de Laura. A família, no entanto, ainda encontrava-se completamente atônita com seu ato impensado, como se cada qual houvesse sido deslocado de seu eixo original e caminhasse agora sobre uma corda bamba, em passos ressabiados, na busca de seu próprio chão. A bem da verdade, não fosse pelo choro e pelas solicitações constantes do bebê Pedro Henrique, única lembrança de vida que restara naquela casa, todos os seus habitantes teriam sido tragados pela culpa e pelo vazio interior que se instalara dentro de cada um após o ocorrido.

Em seu íntimo, todos se sentiam de alguma forma responsáveis pelo suicídio de Laura e sofriam muito com isso. Todavia, a despeito de suas angústias particulares, a vida continuava, exigindo que cada um retomasse a função que lhe fora destinada no cenário daquela existência terrestre.

Foi este o quadro que Laura encontrou quando, depois de muito perambular pelas ruas sem ser vista por olhos humanos, conseguiu finalmente localizar aquele que um dia fora seu lar, atraída pelas ondas magnéticas saudosas emitidas por seus pais, seus irmãos e seu marido, que não conseguiam deixar de pensar nela um minuto sequer.

– Eu podia ter conversado mais com ela sobre o problema do leite, devia ter acompanhado mais de perto sua gravidez desde o começo... – refletia Inês diante do fogão, enquanto aquecia o leite do neto, como que desabafando para si própria a angústia que torturava seu coração de mãe tão ressentido. – Meu Deus! Quantas vezes Laura me pediu para ir ao médico com ela e eu aleguei que não podia, em nome de minhas responsabilidades na igreja... E no entanto agora...

De pé ao lado da porta da cozinha, que, para seu espanto, acabara de ultrapassar sem nenhuma dificuldade, apenas impulsionada pelas ondas mentais emitidas por Inês – as quais atuavam sobre ela como se fossem um ímã –, Laura ouviu o desabafo da mãe e sentiu-se profundamente emocionada. Com o coração doendo de saudades e arrependimento, deixou-se levar pelo pranto convulso até notar que a mãe chorava da mesma maneira. De imediato, lembrou-se das tantas vezes em que ela e Inês haviam brigado e depois chorado uma diante da outra, e, por alguns instantes, foi invadida pela grata sensação de que a mãe a estava vendo. Num misto de euforia e tristeza, aproximou-se então da mãe, pronta para o abraço, tal qual uma criança arrependida por suas travessuras:

– Mamãe, me perdoa... Eu juro que nunca mais vou fazer isso – disse, abrindo os braços para Inês.

Para seu desespero, porém, Inês deu-lhe as costas e correu a desligar o leite fervendo, que já entornava pelo fogão, passando imediatamente a vibrar numa outra sintonia, preocupada com o neto:

– Ô, meu Deus, como é que a criança vai beber o leite quente desse jeito... – resmungava ela, enquanto limpava o fogão. – Preciso ficar mais atenta, parar de pensar tanto em Laura... Tenho de me conformar que Laura se foi, que nunca mais vai voltar, concentrar minhas energias sobre os que ficaram e ainda precisam de mim...

– Mas eu estou aqui, mamãe! – protestou Laura, sentida. – Estou toda suja de sangue, preciso muito de sua ajuda! A senhora não imagina a dificuldade que foi para conseguir chegar em casa... Minhas pernas...

Antes que ela terminasse, porém, Inês saiu da cozinha com a mamadeira, deixando-a falando sozinha. Em parte por sua teimosia em não enxergar a verdade, e em parte também pela avassaladora culpa que pesava sobre sua consciência, Laura interpretou isso como um castigo e foi atrás da mãe, cambaleante, repetindo suas lamúrias, exatamente como fazia na infância.

– Mamãe, mamãezinha, me desculpe... Não fica sem falar comigo não... Eu sei que eu errei... Por favor, não me trata assim...

Passando pela porta do quarto de Bartira, contudo, notou que esta e o pai conversavam e, esquecendo-se de todas as suas dores, tentou correr de encontro a eles:

– Papai! Tira! Eu estou de volta! Me ajud...

Suas pernas machucadas, porém, não suportaram o impulso e ela caiu estatelada no chão ao segundo passo.

– Aiii! – gritou, com a voz chorosa.

Ninguém no quarto, porém, conseguiu ouvi-la. Bartira, que conseguira permanecer no Rio até o final daquela semana, cuidando de um processo em que os laboratórios estavam envolvidos, agora arrumava suas malas. Parado a seu lado com um livro de preces espíritas nas mãos, o pai tentava convencê-la da importância de orar todos os dias. Paulo preocupava-se em demasia com a atitude da filha do meio, que não derramara sequer uma lágrima após a morte da irmã, agindo o tempo todo, desde então, como mera advogada da família, encarregada de resolver todos os problemas legais e burocráticos relativos ao suicídio de Laura. O ressentimento e a revolta pelo ocorrido, entretanto, transpareciam em cada um de seus gestos e o pai percebia isso.

– Filha, leve este livro com você, faça dele um aliado de seus momentos difíceis, use-o também quando quiser agradecer a Deus por alguma coisa boa que...

– O senhor acha mesmo que eu tenho alguma coisa a agradecer a Deus depois do que aconteceu? Quero mais é que ele e os seus 'espíritos' esqueçam que eu existo e me deixem em paz! – respondeu ela, enquanto dobrava com mágoa um belíssimo casacão que fora de Laura.

Ainda caída no chão ao lado da porta, Laura tentava entender sobre o que exatamente eles estavam falando, por que não respondiam a seus apelos. Além do mais, questionava-se, por que Bartira estava levando seu casacão para a Inglaterra sem ter lhe pedido autorização?

– Bartira, eu sei que é horrível a dor que você está sentindo aí dentro do seu coração – tornou o pai. – Todos nós estamos sentindo essa dor. Mas não adianta tentar tapar o sol com a peneira, Laura...

– Eu não quero falar sobre isso! – gritou Bartira, nervosa, arregalando os olhos de tão brava.

– Tira... – Laura rastejou em direção à irmã. – O que aconteceu? É por minha causa que...

– Pelo menos ore por ela, Bartira! – insistiu Paulo. – Ela precisa!

– É de mim que vocês estão falando? – quis saber Laura, tentando ficar novamente de pé, com muita dificuldade.

– E o que vai adiantar eu orar por ela? – perguntou Bartira, esforçando-se muito para conter as lágrimas, que lhe escorriam dos olhos contra a sua vontade. – Ela, por acaso, vai poder voltar se eu fizer isso? Ou vai simplesmente aparecer para mim num sonho, que nem o tio Jonas?

– Papai, por favor me explique o que está acontecendo... – Laura tentou abraçar Paulo, mas foi repelida por uma forte luz que emanava dele no momento em que se aproximou, passando a chorar sentida no canto do quarto, com a sensação de que ele a havia empurrado.

Com efeito, ao lado de Paulo estavam Jonas, seu irmão, e Sólon, o guardião espiritual da casa, que, aproveitando-se da boa vibração emitida pelo chefe da família, único que se lembrara de orar ao longo de todos aqueles dias difíceis, pedindo forças a Deus para suportar a dor e a própria revolta, tentavam fazer dele um instrumento para levar conforto e auxílio aos demais habitantes da casa.

– Você tem sonhado com o tio Jonas? – quis saber Paulo.

– E que diferença faria se eu tivesse sonhado? – rebateu Bartira. – Ele morreu, não existe mais. Se existisse, como o senhor quer tanto me fazer acreditar, teria impedido que Laura... que Laura... – Bartira fechou os olhos para tentar, a todo custo, controlar os próprios sentimentos.

– Tira, por favor, me perdoa! – insistiu Laura, ajoelhando-se diante da irmã. – Foi um momento de loucura, eu me deixei levar... Mas não aconteceu nada demais, veja! Eu estou aqui, eu não morri!!!

Paulo se calou. Doía-lhe ver o sofrimento da filha do meio. Em seu íntimo, embora não ousasse confessar isso a ninguém, também se questionava a respeito da ajuda do plano espiritual nos derradeiros momentos de Laura. Esta, por sua vez, sentia-se cada vez mais confusa com o que ouvia. Encolhida no canto da porta, para onde fora repelida mais uma vez pela luz protetora que envolvia Paulo, perguntava-se o que, efetivamente, havia acontecido com ela, como seu corpo podia estar ao mesmo tempo no cemitério, sendo carcomido por aqueles bichos horríveis, e ali, inteiro, embora dolorido e machucado, diante do pai e da irmã. Não, decerto ela não vira direito, não era ela aquela do cemitério, garantia a si mesma. Mas se ela estava ali, viva, por que razão eles não a enxergavam?

– Bartira, minha filha, a quem você pretende enganar? – tornou Paulo. – Pare de bancar a durona, assuma a tristeza que está machucando o seu coração. Não faz bem a gente reprimir os sentimentos desse jeito.

– Eu estou arrependida, papai! – gritou Laura, chorando como uma menininha. – Não queria ter feito aquilo, por favor olhe para mim, me diga que eu não morri, que você está me vendo, que... – engoliu o resto da frase num soluço sofrido.

Sentindo fortemente a vibração da irmã no ambiente, Bartira não conseguiu mais conter as próprias lágrimas e agarrou-se ao pai, deixando finalmente escapar todo o pranto que havia represado dentro de si.

– Chore, filha, chore tudo o que você está precisando – disse Paulo, amoroso, afagando-lhe os cabelos perfumados. – Em certa medida, chorar faz bem. Lava a alma da gente. Faz com que coloquemos para fora aqueles bichinhos que ficam roendo o nosso coração pelas bordas e que, se fossem deixados lá dentro, poderiam acabar semeando doenças no nosso corpo...

– Não, papai, por favor, não diga isso! – gritou Laura, desesperada, voltando a sentir os vermes devorando seu corpo após a simples menção da palavra 'bichinhos'. – Por favor, não deixe eles me devorarem... Não deixa, papai...

Sem conseguir controlar sua mente, em seu desespero Laura começou então a ter visões de seu corpo na sepultura, como se estivesse diante dele naquele mesmo momento. Transtornada com o que via, debatia-se no chão, gritava, pedindo socorro, unhava o próprio rosto como que tentando arrancar algo de dentro de sua pele, mas nem seu pai nem sua irmã conseguiam escutá-la.

– Eu não consigo me conformar, papai... Cada vez que eu penso no que aconteceu, sinto uma pontada tão forte aqui no meu peito... Parece até que vou explodir de tanta dor... Por isso eu tento não chorar, não sentir. Porque se eu assumir o que tem aqui dentro, não sei se vou conseguir suportar minha própria dor...

– Eu entendo exatamente o que você está dizendo, minha filha. Também tenho sofrido muito com as saudades de sua irmã. Não raras vezes me fecho no escritório ou no banheiro para chorar a minha dor sem que ninguém veja. Todavia, eu sei que não posso me deixar levar por essa dor, porque existem muitas pessoas que precisam de mim, porque a própria Laura precisa muito de mim... Na verdade, eu quase posso senti-la gritando meu nome neste momento – ele abaixou a cabeça e fechou os olhos por alguns instantes.

– Socorro, papai! Eles estão me devorando! Não deixa, papai! – gritava Laura, desesperada.

"Pai Nosso, que estás no céu", mentalizava Paulo, "Jesus amigo, mentores da espiritualidade maior... por caridade, ajudem minha filha... Levem conforto, levem luz à minha Laura..."

Modeladas pelos espíritos de luz ali presentes, as vibrações de amor emitidas por Paulo através daquela prece tão simples foram aos poucos adquirindo o aspecto de uma espessa nuvem rosada, invisível a olhos comuns, passando a atuar como compressas mornas sobre os ferimentos de Laura, que lentamente começou a serenar. De tão aliviada, ela chegou quase a adormecer, quando foi novamente despertada pela voz da irmã, que até então se mantivera em silêncio, na muda tarefa de dobrar a pilha de roupas que se encontrava sobre a cama.

– Não entendo, papai... Por mais que eu me esforce, eu não consigo entender o senhor. Entra no meu quarto, sacode meus pensamentos e diz: chora porque sua irmã morreu! Ao mesmo tempo, fala nela, age o tempo todo como se Laura ainda estivesse viva...

– Mas eu estou viva! – protestou Laura, pondo-se de pé novamente. – Por que diabos ninguém me enxerga?!

– Mas Laura está viva, Bartira – asseverou Paulo, sempre muito iluminado por seus protetores. – Sofrendo muito, eu imagino, mas viva, porque somos seres eternos, ninguém morre ao deixar seu corpo de carne...

– Sim, eu estou viva! – gritou Laura. – Estou aqui com o mesmo corpo de sempre, vejam, eu não morri!!!

– Você mesma não acabou de dizer que sonha sempre com seu tio? – insistiu Paulo.

– Não – mentiu Bartira, decidida a não falar sobre aquele assunto. – Só falei aquilo por falar... Escute... O senhor não está sentindo um cheiro estranho aqui no quarto? – perguntou, percebendo inconscientemente a presença de Laura no local.

– Não... – estranhou Paulo. – Eu não estou sentindo nada. Vai ver vem lá de fora – deduziu, olhando através da janela.

– Não, pai, vem daqui mesmo! Estou sentindo até meu estômago embrulhar...

Laura, enquanto isso, cheirava-se toda de forma desesperada, lembrando-se do cheiro horrível que sentira 'naquele hospital'.

– Vem de mim... – constatou. – Não, não pode vir de mim... Eu preciso de um banho... Bartira! – correu até a irmã, tentando puxá-la pelo braço. – Por favor, fale comigo, por favor me ajude...

– Ai, papai... Estou sentindo uma coisa muito esquisita... – confessou Bartira, incomodada. – Não sei explicar o que é. Minha mão direita está tremendo, ao mesmo tempo está me subindo uma angústia aqui no peito, como se eu quisesse falar alguma coisa, como se tivesse algo entalado na minha garganta. E ainda por cima esse embrulho horrível no estômago...

– Filha, por favor, me escute – disse Paulo, tomando seus pulsos com firmeza –, você tem muita sensibilidade, precisa realmente orar para se proteger. Não dê passagem. Eleve seus pensamentos, pense na imagem de Jesus na beira do lago Tiberíades, pregando para seus discípulos. Peça a ele que afaste e ilumine quem quer que esteja perto de você.

Assustada com aquela estranha sensação, Bartira obedeceu ao pai e, em poucos segundos, se sentia mais aliviada; o odor nauseabundo e a sensação de mal-estar desapareceram. Na verdade, Laura, envergonhada, afastara-se dali à simples menção do nome de Jesus, sem sequer chegar a perceber as luzes coloridas que emanaram da irmã em todos os sentidos no momento em que esta se concentrou na figura do Mestre Nazareno.

Deteve-se diante da porta de seu antigo quarto, que a família mantinha trancado desde o seu desencarne, mas não ousou entrar. Na medida do possível, apressou o passo, com medo de que seus pensamentos se fixassem novamente naquela janela, até ganhar novamente a cozinha, agora vazia. Queria tanto ver o filho! E Jorge, onde estaria ele? Em seu coração podia senti-lo chamando por ela. Era uma sensação forte e ao mesmo tempo dolorosa e angustiante, como se cada lágrima derramada por ele queimasse seu coração como uma brasa incandescente.

Caminhou até a sala, sem saber o que fazer, e parou ao avistar uma camisa do marido, pendurada nas costas de uma cadeira. Quanto mais aumentavam as saudades que sentia de Jorge, mais forte ecoava o pranto dele dentro dela, queimando seu coração, seus braços, seus cabelos, toda a sua cabeça por dentro. Esticou os dedos para tocar na camisa. Queria, a todo custo, sentir ao menos o perfume do marido. Ao agachar-se, porém, o maldito odor putrefato recendeu ainda mais forte. Recuou instantaneamente, como que temendo contaminar a camisa com aquele cheiro. Aos poucos, junto com o cheiro e a queimação angustiosa que crescia, a imagem de seu corpo em decomposição começou a tomar conta de sua mente outra vez.

Por mais que tentasse, não conseguia pensar em outra coisa, ao mesmo tempo em que algo dentro dela pedia para que voltasse para o cemitério. Era como se aquele corpo em decomposição que tanto a horrorizara a puxasse para junto de si, como se só lá, ao lado dele, pudesse se sentir inteira de fato. Instintivamente levou as mãos ao local de onde parecia provir aquele irresistível repuxão e só então reparou, estupefata, que um grosso fio turvo saía de sua barriga, mais ou menos dois dedos abaixo de seu umbigo, e atravessava a sala como uma extensão elétrica até o outro lado da porta. Muito assombrada, lembrou-se das explicações que recebera do pai em sua última manhã no hospital onde dera à luz Pedro Henrique.

"Chama-se cordão fluídico" – a voz do pai ecoou em suas lembranças. – "É exatamente o que você definiu, aquilo que prende nosso corpo espiritual ao nosso corpo de carne. Quando morremos, ele precisa ser cortado, assim como o cordão umbilical no momento do nascimento."

– Então isso é mais uma prova de que estou viva – deduziu, olhando fixamente para o cordão, com receio de tocá-lo. – Mas por que será que não está mais prateado e reluzente, do jeito como eu o vi no sonho? E por que as pessoas não respondem quando eu falo com elas?

Neste instante, despertada pelo estrondo da porta batendo, desviou-se depressa, achando que ia ser derrubada por Eduardo, o qual passou por ela como um furacão e se trancou no quarto, em seguida, ligando o som num volume insuportável. Parada diante da porta fechada do quarto do irmão, acabou por concluir, ressentida, que ele também não estava nem um pouco preocupado com ela.

De tão magoada, sentiu novamente aquela forte vontade de voltar para o cemitério. Antes de sair, porém, queria ver como estava o filho. Afinal, fora para isso que lutara tanto para chegar até ali. Já se encaminhava para o quarto da mãe, de onde podia ouvir a voz de Inês ninando a criança com doçura, quando foi impedida por uma espécie de escudo transparente, que vedava sua passagem para aquela parte da casa.

Sólon e Jonas estavam de braços cruzados à sua frente como dois enormes seguranças, mas ela não podia vê-los devido ao estado de completa perturbação em que se encontrava, o qual a impedia de sintonizar-se com a elevada faixa vibracional daquelas duas entidades. Ainda assim, encabulada com aquilo, insistiu duas, três vezes até que, percebendo que era inútil continuar tentando, encostou-se na parede e deixou-se escorregar até o chão, em seu pranto desolado:

– Eu preciso ver meu filho... Por que não consigo chegar até ele? Alguém me explique, por caridade.

Imediatamente, Laura ouviu dentro de si uma voz meiga de mulher, que não era a voz da mãe:

– Querida, por favor, não insista. Seu bebê ficaria muito doente com a sua proximidade. Infelizmente, no momento você está envolta em fluidos muito pesados, que poderiam até apressar o desencarne do pobrezinho se você o tocasse... Você não quer isso para ele, quer?

– Quem fala comigo? – tornou Laura, surpresa, com a voz ainda chorosa. – Por que não posso ver seu rosto?...

– Sou seu espírito guardião, por favor, me deixe ajudá-la... – a voz doce novamente se fez ouvir. – Você não pode permanecer nesta casa, sua família será muito prejudicada, caso você insista...

– Eu não quero a sua ajuda! – gritou Laura irritada. – Quero apenas ver meu filho!

Dizendo isso, passou alguns minutos aguardando uma resposta, que desta vez, porém, não veio. As últimas palavras de seu espírito guardião, no entanto, continuaram ecoando em sua mente e ela acabou chegando à conclusão de que não poderia realmente fazer bem ao filho aproximando-se dele naquele estado.

Triste e envergonhada, Laura abaixou a cabeça e seguiu cambaleante em direção à porta da rua. Embora ainda não aceitasse que havia morrido, entendera que ali não era mais o seu lugar. Sua família não mais a aceitava. E Jorge? Onde estaria Jorge? Precisava muito revê-lo, sabia, sentia que ele não a rejeitaria como o restante da família. Sim, com toda certeza, Jorge a perdoaria, seus chamados pareciam cada vez mais insistentes, todo o seu corpo ardia dolorosamente com as vibrações de saudades emitidas por ele. Fechou os olhos com força e desejou estar onde ele estivesse.

Quando deu por si, estava novamente na porta do cemitério. "Como consegui chegar até aqui?", assustou-se. Seu corpo, porém, seguia mesmo sem o seu consentimento, cambaleando por aquelas alamedas geladas com cheiro de flores murchas, sob um vozerio confuso que a cada passo parecia se tornar mais próximo.

– Jorge! – exclamou ao avistar o marido, que caminhava cabisbaixo por uma alameda paralela àquela em que ela se encontrava.

Neste momento, porém, o mesmo vozerio, que há pouco parecia distante, tornou-se ensurdecedor e Laura se viu diante daquela mesma turba ensandecida de seres queixosos e lacrimejantes, o mesmo coro sinistro de loucos desvairados do qual ela havia conseguido fugir horas antes. Desta vez não havia como escapar.

Sempre gritando por Jorge, Laura ainda tentou seguir na direção oposta, mas em poucos segundos foi irremediavelmente engolfada pela multidão, passando a misturar suas lágrimas aos brados de dor e desespero proferidos por aquela turba horripilante, guardada por silenciosos soldados de olhar bravio, montados sobre cavalos gigantes, portando escudos reluzentes e lanças afiadas. À frente de todos, empunhando um bastão com pequena flâmula vermelha, um comandante liderava o grupo, conduzindo-o por caminhos cada vez mais escuros e trevosos, enquanto o ar ia se tornando pesado e difícil de se respirar.

Naquela madrugada, depois de muito rolarem na cama, sem conseguir pregar os olhos por um minuto sequer, e de investigarem, cada qual a seu turno, cada espaço da geladeira, em busca de alguma guloseima capaz de preencher o imenso vazio que sentiam dentro de si, Paulo e Inês acabaram se encontrando na sala. Ela, que fora a primeira a levantar-se, tricotava um casaquinho de lã quando ele chegou, com um copo de leite morno na mão.

– Também está sem sono? – ela perguntou, sem tirar os olhos da lã que tricotava em gestos rápidos.

– É... – respondeu ele, depois de um gole de leite. – Talvez um pouco preocupado.

Paulo sentou-se ao lado da esposa e os dois permaneceram alguns minutos em silêncio, cada qual concentrado em sua tarefa. Ela a tricotar nervosamente, ele a observar o leite que restara no fundo do copo.

– Você voltou a trabalhar para as obras da igreja? – ele perguntou por fim, quebrando o silêncio.

– Na verdade, não... – respondeu ela, sem parar de tricotar – apenas estou terminando algumas coisas que já tinha começado... Fico com pena das criancinhas que, afinal, não têm culpa de nada...

– Nem todos os padres pensam como padre Antônio... Acho que você não deveria abandonar sua crença e nem o trabalho a que se dedicou durante tantos anos só porque...

– Justamente por ter me dedicado por tantos anos, muitas vezes em detrimento até das necessidades de meus próprios filhos, é que eu não posso perdoar a atitude daquele traidor, de cujo nome eu não gosto nem de me lembrar...

– Ainda acho que você está sendo radical. Afinal, você não se dedicou esses anos todos às obras de caridade da igreja por causa dele, mas em nome da sua fé, do seu Deus, que é muito maior do que qualquer...

– É na minha fé que está o problema – interrompeu Inês, levantando pela primeira vez os olhos do tricô. – Não posso, não quero aceitar que a minha Laura tenha ido irremediavelmente para o inferno por causa de um ato impensado... Deus não seria justo e bom se isto fosse verdade! E, no entanto, é nisso que a igreja quer que eu acredite...

Dizendo isso, Inês voltou a trabalhar freneticamente, como que assustada com as próprias palavras. Paulo, por sua vez, passou alguns minutos meditando antes de responder:

– O inferno, Inês, é acima de tudo uma consequência dos nossos próprios pensamentos, da culpa, do remorso que carregamos dentro de nós. É, na verdade, uma projeção daquilo que a nossa própria consciência imagina como castigo para os nossos atos. O que equivale dizer que é algo que existe acima de tudo dentro do ser, e que se exterioriza de acordo com aquilo que ele aprendeu em vida, quase sempre moldado pelas religiões...

– Vai querer me dizer então que o meu inferno católico é diferente do seu inferno kardecista? – tornou Inês, verificando um ponto malfeito.

– Nós, espíritas, não acreditamos exatamente em um lugar chamado inferno, onde existam almas fadadas a penarem eternamente, mas num estado mental de intensa perturbação, no qual o espírito se sente efetivamente muito infeliz e sofre demasiadamente por aquilo que fez ou deixou de fazer, em meio a diversos outros na mesma situação. Como todo estágio evolutivo, porém, este estado mental é passageiro, podendo se tornar mais ou menos longo de acordo com o tempo que aquele espírito levar para se conscientizar de suas faltas e arrepender-se delas sinceramente.

– Isso significa que, dentro daquilo em que você acredita, a nossa Laura tem chances de um dia conseguir escapar deste inferno que ela mesma criou para si própria? – ponderou Inês, apertando o casaquinho nas mãos.

– É claro que sim, Inês. Mais do que isso, passo meus dias orando e me perguntando o que eu, como pai, posso fazer para ajudá-la nesse sentido.

Inês largou o tricô e, sem levantar a cabeça, esticou um braço até o marido, que apertou firme sua mão até que ambos ficassem com as faces banhadas em lágrimas, exatamente como no dia em que assistiram à primeira apresentação de balé de Laura, quando ela contava apenas cinco anos. Lembravam-se tanto desta cena! Era quase como se pudessem vê-la agora, rodopiando pela casa com seu tutu cor-de-rosa. Ela sempre gostara tanto de dançar... Os dois passaram mais algum tempo em silêncio, naquela comunhão de sentimentos, até serem chamados de volta à realidade pelo choro que vinha do quarto. Implacável em seus horários, Pedro Henrique reclamava sua mamadeira da madrugada.

Prestativo, Paulo apressou-se em preparar o leite do neto, enquanto a esposa ia buscá-lo no bercinho, que agora ficava no quarto dos avós. Nestas ocasiões, o pequeno resistia tanto quando Inês o tomava nos braços, que o casal tinha a sensação de que ele estava, à sua maneira, reclamando a ausência daqueles a quem aprendera a amar ainda dentro do útero. Não bastasse a morte da mãe, Jorge também pouco se interessava pela criança desde que a esposa partira, como se aquele pinguinho de gente de alguma forma fosse responsável por tudo o que acontecera.

– Como está Jorge? – perguntou Paulo, depois que o bebê finalmente conseguiu se acalmar e aceitar a mamadeira oferecida pela avó.

– Voltou da rua com aquela mesma cara de menino desamparado, tomou outro tranquilizante e apagou no escritório. Mal olhou para o Pedrinho... – relatou ela, desolada.

– Talvez fosse melhor que desocupássemos o escritório, para que Jorge pudesse ter novamente um quarto para ele. Estou pensando em transferir todos os livros para o quarto que foi de Laura.

– Acho uma ótima ideia – concordou Inês, sorrindo para o bebê que, enquanto mamava, encarava os avós como se entendesse tudo o que eles diziam. – Achava bom também que você conversasse com a Bartira e a convencesse a não dar mais nenhuma caixa de tranquilizantes para Jorge.

– Tem toda razão. Você chegou a conversar com ele? – quis saber o marido.

– Tentei, mas ele me pediu para que por favor não tocasse no assunto. Disse que não aguentava mais se culpar. Fiquei com tanta pena dele, Paulo!

– Eduardo está na mesma situação, embora tente disfarçar – tornou o marido, visivelmente preocupado. – Sinceramente, Inês, não sei quando este pesadelo vai acabar. Fico me perguntando onde foi que nós erramos na educação dessas crianças, e o que vamos fazer com Jorge, que não se interessa mais nem pelo trabalho...

– Ele me confessou hoje que passa as tardes no cemitério – informou Inês.

– No cemitério? – assustou-se Paulo. – Mas isso é a pior coisa que ele podia fazer! A vibração num lugar destes é horrível! Ele pode até fazer uma besteira... Precisamos impedir que ele continue com isso!

– Mas se ele não escuta ninguém, Paulo!

– Não sei o que é pior... O Jorge que passa os dias dopado para não ouvir nada, ou o Eduardo, que cultiva a surdez com aquela música insuportavelmente alta.

– Estive pensando, meu bem... – continuou Inês, ajeitando o bebê no ombro para que ele arrotasse –, será que não seria bom se o Eduardo fosse passar uma temporada na Inglaterra com a Bartira? Foi ela mesma quem sugeriu, acho que seria muito bom para os dois... Talvez até conseguissem se entender melhor, sentindo-se mais unidos pelo que aconteceu... – cogitou Inês.

– E os estudos? Ele não estava pretendendo prestar o vestibular este ano? – lembrou o pai.

– E você acha que ele teria alguma chance de passar depois de tudo o que aconteceu? Ainda mais morando nesta casa, vendo Pedro Henrique e Jorge o tempo todo, lembrando da irmã... Em contrapartida, quem sabe se, na Inglaterra, com as ideias no lugar, vendo Bartira trabalhar e estudar o tempo todo, ele não toma juízo e decide fazer o mesmo?

– Você tem razao – concordou Paulo. – Talvez seja mesmo a melhor saída. E você acha que ele aceitaria?

– Não custa tentar... – obtemperou Inês, ninando o bebê sonolento.

– Pena não possamos fazer o mesmo com Jorge – lamentou o marido.

Quando Inês voltou para o quarto com o bebê, Paulo pediu-lhe para que apagasse as luzes e permaneceu sentado na sala, entregue a seus pensamentos. Não gostava de demonstrar nada aos filhos e nem à esposa, mas também sentia-se ressentido quanto à sua fé. Espírita convicto há mais de trinta anos, todas as noites, desde a morte de Laura, questionava em seu íntimo a ajuda dos amigos espirituais em quem sempre confiara. “Por que não o haviam, de alguma maneira, intuído?”, perguntava-se.

Por mais que se esforçasse, porém, em seus raros momentos de solidão não podia evitar que certas cobranças lhe viessem à mente. “Por que não havia conseguido ler nos olhos de Laura a mínima fagulha que indicasse o ato funesto que ela tencionava praticar? Como não percebera a que nível chegava a sua depressão? Por que não tentara conversar com ela sobre a angústia que ela sentia por não conseguir amamentar o filho, em vez de manter-se na retaguarda, acreditando que Laura por si só acabaria superando aquela situação? Por que não deixara ao menos seu exemplar de *O evangelho segundo o espiritismo* ao lado de sua cama? Ela poderia tê-lo aberto no momento de seu desespero e..."

Eram tantos porquês, tantas hipóteses que Paulo tinha a impressão de que sua cabeça ia explodir de tanto pensar. Questionava-se sobretudo por não haver conseguido legar a nenhum dos filhos um pouco da fé religiosa que impregnava tanto ele quanto a esposa, embora professassem religiões diferentes. Jamais imaginara que o ateísmo de Laura pudesse chegar a tal ponto.

Paulo conhecera o espiritismo no dia em que completara dezoito anos, por incrível que pareça, pelas mãos de um padre, o padre Almerindo, de quem ele jamais se esqueceria. Descendente de família católica, crescera na igreja, ajudando nas missas como coroinha, sempre muito próximo de padre Almerindo, que cultivara nele as primeiras noções sobre Deus e religião. Até que, no dia de seus dezoito anos, este o chamou na sacristia, após celebrar a missa da tarde, e disse:

– Paulo, desde que seu pai morreu, eu sempre te criei como um filho, o filho que eu nunca pude ter. É, portanto, com afeto de pai que hoje venho te dizer: a verdade vai muito mais além de tudo o que você aprendeu comigo aqui na igreja. A vida não se restringe a uma única experiência na Terra. A maioria dessas pessoas que você vê nas missas ainda não se encontra preparada para se aprofundar nestas verdades, por isso continuo e continuarei sempre minha pregação junto a elas, tentando ajudá-las a se aproximarem cada vez mais do Criador. Esta é a minha missão. Mas você é diferente e por isso quero te mostrar uma coisa – anunciou ele, enquanto abria um pequeno armário que mantinha sempre trancado a chave na sacristia. Dentro dele, para espanto de Paulo, estava a coleção completa das obras de Allan Kardec, que padre Almerindo, segundo lhe confidenciaria depois, estudava todas as noites após o jantar.

Desde então, Paulo passou a estudar junto com o padre e, por ocasião de seu desencarne, poucos anos depois, deixou de frequentar a igreja, passando a assistir aos cultos realizados em um centro espírita recentemente inaugurado na pequena cidade do interior de Minas onde vivia.

Paulo foi ativo nesse centro até mudar-se para o Rio para estudar e trabalhar. Estava buscando outra casa onde continuar seu aprendizado, quando conheceu Inês e apaixonou-se por ela.

Ainda fortemente ligado a seu passado católico, Paulo acabou aceitando casar-se na igreja com a esposa, como ela queria, mas nunca escondeu de Inês sua crença. Tanto que, logo após o casamento, ele finalmente encontrou uma casa espírita com que se afinou, e passou a frequentá-la assiduamente sem qualquer oposição da mulher.

Sempre dentro deste clima de respeito mútuo, quando as crianças nasceram, ele e Inês decidiram agir de maneira democrática, dando liberdade aos filhos para que escolhessem a religião com que mais se identificassem. Assim, tanto Laura quanto Bartira e Eduardo foram levados várias vezes à igreja católica frequentada pela mãe e também ao centro espírita onde o pai costumava ir.

Houve uma época, inclusive, em que, influenciada por algumas colegas, Bartira chegou a assistir, com a permissão dos pais, a alguns cultos em uma igreja de testemunhas de Jeová, mas logo desistiu da ideia, alegando não ter se sentido muito à vontade depois de presenciar o pastor 'expulsando o demônio' de uma pessoa. Foi ela a única que demonstrou a mínima preocupação em buscar uma crença religiosa em que pudesse se sentir mais perto de Deus, tendo acabado por seguir o culto da mãe, embora sem tanta dedicação e assiduidade. Raramente ia a missas, mas sempre que alguém lhe perguntava sua religião, ela afirmava-se católica apostólica romana.

Quanto à Laura, esta desde pequena mostrara-se avessa a qualquer religião, embora sempre demonstrasse uma certa curiosidade pelas coisas que o pai explicava a respeito do mundo espiritual. Tal como ocorrera no hospital, porém, na maioria das vezes acabava rindo e desfazendo daquilo que não conseguia compreender.

Paulo lamentava amargamente não ter sabido, até por respeito à esposa e à sua fé, ensinar aos filhos tudo o que aprendera com o espiritismo. Quando pequeno, Eduardo, é verdade, chegara a demonstrar forte simpatia pela crença do pai, tendo até assistido a algumas aulas de evangelização no centro.

Naquela época, empolgado com o enorme manancial de conhecimentos, que descortinava dia após dia através das obras codificadas por Allan Kardec, Paulo organizara até um grupo de amigos, que frequentava sua casa todas as terças-feiras à noite para estudar a doutrina. Nestas ocasiões, muitas vezes encontrava Bartira e Eduardo escondidos atrás do sofá, perscrutando, curiosos, tudo o que se passava na reunião. Bartira, por sinal, era louca por Américo, um amigo de Paulo que sempre participava das reuniões. Logo que os estudos se encerravam, corria para sentar-se no colo dele, que jamais se esquecia de trazer jujubas para as crianças. Mas Laura era diferente. Sempre cética, sequer se aproximava da sala em noite de reunião.

Pouco tempo depois, o mesmo grupo decidiu criar na casa espírita um serviço de assistência à população carente, a princípio restrito à preparação de uma sopa, servida nas noites de sexta-feira, sempre acompanhada de uma curta discussão sobre uma página do evangelho.

A ideia foi um sucesso até chamar a atenção de um outro grupo de trabalhadores da casa, o qual não tardou alçá-la à categoria de um megaprojeto – que previa alfabetização, cursos profissionalizantes e até banhos forçados e sessões de catação de piolho nos que por lá apareciam, sem se preocuparem, no entanto, com a questão da evangelização destas pessoas, que em nenhum momento eram conclamadas a sequer agradecerem ao Pai pelo atendimento que recebiam.

Desde então, Paulo começou a sentir-se insatisfeito com o trabalho, inicialmente tão prazeroso, sobretudo ao constatar que o que antes era uma forma de caridade havia se tornado um instrumento político de disputa de poder, numa época em que a casa se preparava para eleger sua nova diretoria.

O clímax dessa triste situação aconteceu quando, numa sexta-feira, logo após a eleição da nova diretoria, Paulo chegou para trabalhar e encontrou a cozinha vazia, com um papel afixado na parede, notificando que o projeto havia sido temporariamente suspenso, sob a alegação de que os trabalhos estavam sendo muito dispendiosos para a casa e que agora passariam a ser realizados apenas aos domingos. Foi a gota d'água. Ferido em seus brios, Paulo não pensou sequer em se unir aos colegas do grupo original para tentar defender seu ponto de vista. Juntou os livros e os pertences que costumava deixar no local, e nunca mais voltou, passando, desde então, a professar a doutrina à sua maneira, estudando por conta própria e praticando a caridade sempre que possível, mas sem a regularidade e o compromisso de um trabalho contínuo.

Nesta época, influenciado pela atitude do pai, Eduardo, que acabara de completar nove anos, também decidiu que não queria mais frequentar as aulas de evangelização. Na ocasião, dona Inês bem que tentou convencê-lo a conhecer o curso de catecismo da igreja, chegando mesmo a oferecer-lhe doces e balas para que a acompanhasse nas missas. Mas Eduardo mostrou-se irredutível. Acreditava em Deus, mas não queria saber de nenhuma religião.

Com o tempo, Eduardo foi se distanciando cada vez mais, a ponto de, nos últimos anos, possivelmente até por influência da irmã mais velha, declarar-se 'ateu de carteirinha' como se isso fosse uma vantagem, um trunfo pessoal, uma prova de sua 'superioridade intelectual' sobre o resto da Humanidade.

Pensando em tudo isso, Paulo agora sentia-se de certa forma culpado pela postura do filho, recriminava-se por não ter escondido de Eduardo seu desgosto, por não ter procurado outra casa espírita onde tanto ele quanto o garoto pudessem continuar seu aprendizado, ou até mesmo por não ter lutado mais por seus ideais, dentro daquela casa que ele aprendera a amar. Mais do que nunca, sentia falta dos antigos companheiros de trabalho, das reuniões de estudo, das palestras que invariavelmente o faziam voltar para casa sentindo a alma alimentada e fortalecida. Daria tudo agora para ter alguém com quem discutir seu problema à luz da doutrina espírita, lamentava cada um dos telefonemas amigos que, por orgulho, não quisera atender, por ocasião de seu desligamento da casa.

No fundo, ele era mais radical do que a esposa, a quem questionara há pouco. Embora a tivesse aconselhado a deixar de lado a atitude retrógrada do padre para continuar seu trabalho em nome de um Deus muito maior do que todas as pequenas vilezas humanas, ele próprio não conseguira superar sua mágoa, não conseguira perdoar os colegas do centro pelo triste ocorrido. Ao mesmo tempo, percebia que, sozinho, não dispunha de forças para ajudar aqueles a quem tanto amava, e sentia-se vergar sob o peso de toda a teoria que aprendera por si só, a qual, no momento de maior dificuldade já experimentado, não conseguia colocar em prática nem para si próprio.

Cansado com tantas reflexões, Paulo sentiu saudades do tempo em que ainda era menino, na casinha simples do interior de Minas, do carinho dos pais, da mesa cheia nos almoços de domingo, quando toda a família se reunia e as crianças corriam sadias e endiabradas por entre as cadeiras, atrapalhando a conversa dos adultos, sem qualquer medo ou preocupação. Como que magicamente transportado de volta a esse tempo por suas lembranças, acabou adormecendo ali mesmo no sofá, sem ter a mínima ideia da surpresa que o aguardava naquele fim de noite.

Na antiga casa onde Paulo crescera, dona Maria Augusta, sua mãe, estava acabando de preparar a mesa quando este apontou na porta da cozinha que, como nos tempos de infância, permanecia sempre aberta. Tudo parecia igual a antigamente, a casa amarela com seus janelões e suas portas altas, a comprida mesa de madeira, a velha toalha de renda portuguesa que um dia fora parte do enxoval que sua avó Angelina trouxera para o Brasil. Contudo, em vez de pratos, copos e talheres sobre a mesa, como era habitual, esta agora era composta apenas por alguns livros, empilhados na cabeceira, uma jarra de água cristalina e um belíssimo vaso de flores do campo recentemente colhidas, em cujas pétalas ainda brilhavam inúmeras gotas de orvalho.

– Meu filho querido! – a senhora correu a seu encontro. – Há tempos eu o esperava, que bom que veio!

– Minha boa mãezinha! – Paulo a abraçou emocionado. – Quantas saudades...

– Como o tempo te deixou bonito! Por dentro e por fora... – comentou ela com ternura.

Paulo abaixou os olhos, envergonhado com o elogio, e só então percebeu que não era mais um menino, mas o mesmo homem casado e pai de filhos que todas as manhãs via no espelho.

– Meu Deus! – exclamou surpreso – então não é apenas um sonho. Eu estou mesmo aqui, conversando com a senhora...

– Mas é claro que sim! – respondeu a mãe sorridente. – Afinal não foi isso o que você desejou antes de dormir? Deus escuta os nossos mais secretos pedidos.

– Só não entendi uma coisa... – tornou Paulo, olhando ao redor – como pode morar numa casa igualzinha à que nós morávamos quando todos ainda estávamos juntos em Guapé, se essa mesma casa foi destruída, quando nossa cidade foi inteiramente coberta pelas águas para a construção da represa de Furnas? E papai? Também mora aqui? E Jonas, e vovó Lilina... E padre Almerindo?

– Calma, Paulo! Uma pergunta de cada vez! Não precisa agir como um menino só por estar a meu lado – brincou ela.

– Desculpe, mamãe. É que ver a senhora, depois de tanto tempo, aqui nesta casa, me deixa tão eufórico... De certa forma, é como se eu tivesse mesmo voltado à infância!

– Aqui na espiritualidade – continuou ela – tudo funciona de acordo com a nossa vontade, com a força do nosso pensamento e de acordo com o nosso merecimento...

– Então quer dizer que bastou à senhora desejar uma casa igual à que vivia na Terra para que...

– Paulo, meu filho, não seja tão afoito – repreendeu-o com doçura Maria Augusta. – Me deixe explicar! Na verdade, esta casa foi um presente de alguns espíritos muito iluminados que vivem aqui neste plano à sua avó Lilina, um espírito também de imenso merecimento, que muito se doou na Terra, quando encarnada, e também aqui no plano espiritual, depois de seu retorno.

– Um presente? – estranhou Paulo.

– Sim. Como na Terra, aqui também é comum o hábito de se presentear àqueles que amamos. Como mamãe sempre se referia com muito carinho a esta casa, onde dizia ter passado os momentos mais felizes de sua última existência, com base nas suas lembranças, espíritos amigos plasmaram, quer dizer, modelaram os fluidos emitidos pelas recordações dela, acrescidos daqueles emitidos por seu próprio desejo amoroso de presenteá-la, e assim conseguiram construir esta casa.

– E a senhora já vivia aqui nessa época?

– Não! Cheguei aqui muito depois de mamãe, que por sinal encontra-se agora estagiando em um plano mais evoluído.

– Então quer dizer que ela não vive mais aqui?

– Não, não vive – respondeu Maria Augusta. – Mas, sempre que pode, ela vem para nos visitar e nos comunicamos constantemente através de pensamentos amorosos, exatamente como você faz com a sua filha.

– A senhora está falando de Laura? – espantou-se Paulo.

– Por que tanto susto? Você não procura sempre transmitir pensamentos de força e coragem para ela?

– Sim... mas, sinceramente, nunca tive a certeza de que meus pensamentos pudessem chegar até ela, embora fosse esse o meu desejo – admitiu Paulo.

– E como não chegariam se até eu que sou sua mãe posso sentir daqui o amor que você está constantemente endereçando a sua filha, a sinceridade com que você tantas vezes me pede para auxiliá-la onde quer que ela esteja?... O grande problema dos encarnados é não acreditarem, assim como você, na força de suas próprias palavras, terem frouxa a fé...

– Ô, mamãe, mamãezinha... – disse Paulo, beijando as mãos daquela que um dia fora sua genitora – nem sei como agradecer a Deus por estar aqui agora, ouvindo tudo isso da senhora no aconchego de nosso antigo lar. Para dizer a verdade, nem sei se sou digno de tamanha bênção...

– Se não fosse, não a estaria recebendo, disto você pode ter certeza – garantiu Maria Augusta. – Agora tome seu lugar na mesa porque logo, logo, todos estarão aqui para iniciarmos nossa prece.

Sem conseguir entender direito o que a mãe estava dizendo, mas sem querer incomodá-la com tantas perguntas, Paulo tomou assento à mesa, no mesmo lugar onde costumava sentar-se quando criança, e ficou rememorando suas últimas palavras, como se ao repeti-las para si próprio pudesse captar melhor o seu significado. Quem seriam 'todos' a quem sua mãe se referira? E que prece seria aquela da qual participariam?

Quando elevou seus olhos em direção à porta, metade de suas dúvidas logo se dissipou. Para sua alegria, percebeu a mãe e a avó se cumprimentando em efusivo abraço, que logo se estendeu a ele também. Era incrível como aqueles abraços faziam com que se sentisse renovado interiormente. Vovó Lilina era uma corrente elétrica viva, contagiava todos com sua luz e sua doçura. Em seguida, chegaram seu pai, alguns tios e primos há muito desencarnados, padre Almerindo, sempre trajando sua batina, e ainda algumas pessoas que ele não conhecia.

Entre essas pessoas, chamou-lhe a atenção sobremaneira uma senhora, que sorria para ele com muita ternura. Após receber muitos abraços emocionados de toda família, Paulo, muito intrigado, decidiu descobrir quem era ela:

– A senhora me desculpe, mas não me recordo de tê-la visto antes...

– É verdade, filho, nunca nos encontramos pessoalmente na Terra, mas Inês e Laura sempre me falaram muito de você. Sou Clotilde, a enferma do asilo a quem sua mulher e sua filha deram tanta assistência. Você nunca ouviu falar de mim? – ela perguntou, sem desfazer o sorriso doce nos lábios.

– Dona Clotilde! – ele constatou surpreso – mas é claro que sim! Elas falavam muito na senhora! – ele parou pensativo por alguns instantes. – Mas... só não entendo uma coisa... A senhora desencarnou há tão pouco tempo... Como pode estar aqui? Não deveria estar se recuperando?

– Em sua última encarnação – interferiu Maria Augusta, que até então observava a cena de longe –, Clotilde foi inestimável servidora do bem. Passou a vida ajudando os pobres e doentes, e foi morar no asilo porque doou sua casa a um grupo de freiras que cuidavam de soropositivos terminais.

– Maria Augusta, por favor, pare com isso – pediu Clotilde envergonhada.

– Estou impressionado... – comentou Paulo. – Nem Inês, nem Laura haviam comentado nada comigo.

– E nem podiam! – continuou a mãe de Paulo. – Clotilde sempre foi obreira silenciosa e humilde, jamais comentou seus nobres atos com ninguém. E no entanto, não fosse pela ajuda de Laura e Inês, teria morrido doente e esquecida naquele asilo...

– Maria Augusta... – insistiu Clotilde, tentando fazer com que a boa amiga parasse de enumerar suas qualidades morais. – Se passei por tudo isso foi porque muito me endividei em vidas passadas... Laura e Inês foram presentes que Deus me deu para ajudar-me a atravessar a parte mais difícil de minha existência, que foi aquele curto espaço de tempo em que me vi enfraquecida pela pneumonia.

– A recuperação dela foi muito rápida aqui no espaço – prosseguiu Maria Augusta. – Pouco tempo depois, já estava engajada em tarefas de auxílio a irmãos necessitados.

– Laura me ajudou muito. Sem ela, sem o seu carinho naquele momento em que me sentia tão frágil, talvez eu tivesse perdido todos os meus créditos, revoltada com a terrível solidão a que me vi renegada de uma hora para outra. Mas ela não deixou que isso acontecesse. Foi minha neta, minha filha, foi toda a família que eu nunca tive, aqueceu meus pés e meu coração... – relembrou Clotilde, emocionada.

– É realmente incrível – comentou Paulo, boquiaberto. Nunca soubera verdadeiramente o quanto sua filha havia se envolvido com o trabalho de caridade da mãe. – E no entanto, agora – ele continuou, entristecido – ela sofre sozinha em algum lugar do espaço, sem ter ninguém para ajudá-la. Fico imaginando como deve ter sido triste o seu despertar...

– Não diga isso, querido – atalhou Clotilde –, Laura tem muitos amigos que, assim como eu, se importam com ela e a visitam sempre que possível. Aliás, estamos todos aqui reunidos para enviar-lhe forças.

Antes que Paulo pudesse entender o que Clotilde estava tentando dizer, a um silencioso sinal de vó Lilina, cada um dos presentes tomou um lugar à mesa, e aquela que um dia fora a matriarca da família proferiu sentida prece de agradecimento a Deus por haver permitido aquela reunião familiar, rogando ao Pai para que a corrente que então seria iniciada pudesse alcançar o fim almejado.

Finda a prece, ela tomou então um livro que se encontrava sobre a mesa, passando a lê-lo em voz alta:

> Os espíritos sofredores clamam por preces, e elas lhes são proveitosas, porque, ao verem que são lembrados, sentem-se mais reconfortados e menos infelizes. Além disso, a prece tem para eles uma ação mais direta: reanima sua coragem, estimula neles o desejo de elevarem-se pelo arrependimento, pela reparação e pode desviá-los do pensamento do mal. É nesse sentido que ela pode aliviar e abreviar-lhes o sofrimento.
>
> O espírito culpado e infeliz pode sempre salvar-se a si mesmo e a Lei de Deus lhe mostra quais as condições para isso. Na maioria das vezes, o que lhe falta é a vontade, a força e a coragem. Se, por nossas preces, nós lhe inspirarmos essa vontade, se o ampararmos e encorajarmos; se, por nossos conselhos, conseguir as luzes de que necessita, em vez de solicitar a Deus a abolição de sua lei, tornamo-nos os instrumentos de outra lei também sua, a de amor e de caridade, da qual nos permite participarmos para darmos, nós mesmos, uma prova de caridade.

Extremamente sensibilizado pelas palavras proferidas pela avó materna, Paulo esforçou-se para tentar ver a capa do livro que ela tinha nas mãos e, qual não foi a sua surpresa quando identificou *O evangelho segundo o espiritismo*.[4]

[4] *O evangelho segundo o espiritismo*, de Allan Kardec. Petit Editora, 1999, capítulo XXVII, itens 18

"Meu Deus", pensou, "há tantos anos leio este livro e sempre acabo descobrindo trechos novos, ou mesmo antigos trechos dos quais havia me esquecido, e que vêm exatamente ao encontro de minhas necessidades..."

Em seguida, vó Lilina pediu a todos para que se concentrassem na imagem de Laura, passando a ler a prece pelos suicidas, também contida no *Evangelho*,[5] e encerrou a reunião rogando por todos os parentes encarnados da bisneta, em especial por seu marido, Jorge de Seixas Carvalhal, e seu filho, o pequeno Pedro Henrique Cunha Carvalhal.

Ao abrir os olhos, sentindo-se intimamente fortalecido por aquela chuva de bênçãos que inundara o ambiente durante a prece de Angelina, Paulo percebeu deslumbrado que a sala, ou melhor, a cozinha de Maria Augusta, estava repleta de perfumadas pétalas de rosas das mais variadas cores – algumas até inexistentes na Terra, indescritíveis de tão belas – que agora formavam uma espécie de tapete, o qual se dissolvia à medida que os espíritos passavam por ele.

Quando se viu novamente sozinho com a mãe, esta entregou-lhe alguns livros, que padre Almerindo deixara para que lesse, e afagou seu rosto com os olhos brilhando. Paulo entendeu que era hora de partir e também não pôde conter as lágrimas.

– Mamãe, queria apenas lhe fazer uma última pergunta antes de partir – disse, depois de abraçá-la com força.

– Se estiver a meu alcance responder... – hesitou Maria Augusta.

– Não é nada demais. Queria apenas saber como está Jonas. Afinal, foi a única pessoa desencarnada da família que não vi aqui e... ele está bem?

De fato, Paulo tivera sempre muita preocupação com o irmão mais novo, que desencarnara aos trinta e dois anos, vítima de um súbito acidente automobilístico. Maria Augusta sorriu antes de beijar a testa do filho e respondeu:

– Está ótimo, querido. Não há motivos para preocupação. Aliás, seu irmão encontra-se bem mais perto do que você imagina. Peça ajuda a ele quando precisar. Agora vá. Sua família encarnada precisa de você.

Paulo abraçou mais uma vez a mãe na porta da casa e se viu então diante de um gramado imenso, muito verde, que parecia se estender até o infinito.

---

a 21.

[5] Idem, capítulo XXVIII, item 72.

Um tanto sonolento, abraçou contra o peito os livros que recebera da mãe, e começou a caminhar por aquele campo, como que atraído por um ímã invisível. À medida que ele caminhava, a atração ia se tornando cada vez mais forte até que, em dado momento, Paulo percebeu que seus pés flutuavam sobre a grama verde como um aeroplano rente ao solo. Este movimento foi aos poucos se tornando mais e mais rápido, até que Paulo estremeceu, sentindo-se fortemente impelido de volta a seu corpo material adormecido.

– Que sonho maravilhoso – ele exclamaria no dia seguinte, ao despertar no sofá da sala, com o coração apertado de saudades de sua boa mãe e de todos aqueles espíritos simpáticos com quem passara suas horas de sono físico.

Depois de dar mais de cinco voltas pelas movimentadas ruas de Ipanema, Bartira finalmente conseguiu encontrar uma vaga onde estacionar o carro do pai. Estava profundamente angustiada, tinha necessidade de ver o mar, caminhar um pouco, sentir a areia sob seus pés.

Desde a conversa com Paulo, no dia anterior, sentia-se sem chão. Não conseguia parar de pensar na irmã, seu coração doía ao imaginar que nunca mais ouviria a voz dela, nunca mais encontraria uma mensagem sua no computador. De certa forma, era como se só naquela tarde tivesse realizado dentro de si própria que Laura havia morrido, como se só naquele momento Laura houvesse efetivamente partido.

O luto pesava sobre seu corpo. Mesmo à beira da praia, em meio a crianças correndo de um lado para outro e pássaros alegres sobrevoando os céus em revoadas, Bartira sentia-se como um elefante cansado cortando a paisagem, tamanha era a dor que carregava no peito. Até mesmo quando a água morna banhava seus pés, molhando a barra de seu vaporoso vestido preto de crepe, a sensação que tinha era de que as lágrimas que trazia entaladas na garganta fugiam-lhe pelos dedos dos pés.

E pensar que tantas e tantas vezes pisara aquela mesma areia na companhia da irmã, trocando sonhos e planos para o futuro... Muitas vezes, as duas haviam parado para observar suas marcas no chão, comparando quem tinha o pé mais bonito ou o dedão mais comprido.

Agora, olhando para suas pegadas solitárias naquele chão que afundava sob seu peso, sentia vontade de cavar um buraco bem fundo – "até o Japão", como ela e Laura diziam na infância – e se enterrar até que a dor passasse. Por mais que pensasse em coisas tristes, porém, o sol brilhava firme no horizonte, esquentando seu corpo e seus cabelos, de alguma maneira impedindo que ela se deixasse envolver pelas trevas oriundas do âmago de seu próprio ser, ao mesmo tempo que a água salgada do mar neutralizava as vibrações deletérias que emanavam de seu corpo. Assim, à medida que caminhava, Bartira aos poucos ia se sentindo mais leve, mais confortada, como se o movimento das ondas batendo na areia fosse paulatinamente lavando o rastro de tristeza e angústia que ela ia deixando para trás.

Lembrou-se então de uma conhecida mensagem popular, onde um homem, em sonho, caminha com Jesus por uma praia, onde estão marcadas na areia as pegadas correspondentes a diversas cenas de sua vida, e observa curioso que, ao longo de quase toda sua existência, havia sempre um par de pegadas ao lado do seu, à exceção dos momentos de maior dificuldade, onde aparentemente suas pegadas caminhavam sozinhas. Revoltado, ele então diz a Jesus:

– Senhor, dissestes que se eu vos seguisse, andaríeis sempre comigo, mas, nos momentos mais difíceis, me deixastes sozinho, como mostram estas pegadas...

– Aí é que você se engana – responde o Mestre Nazareno, com a tranquilidade que lhe era habitual. – Nestas passagens difíceis a que você se refere, as pegadas que você vê na areia são as minhas e não as suas. Porque, nesses momentos, eu o carreguei em meus braços.

Bartira ganhara certa vez de uma colega de escola um pequeno *poster* com estes dizeres, dos quais jamais se esquecera. "Será que Jesus neste momento está me carregando no colo?"– pensou ao pular uma onda que quase estourou em seus pés. A este simples pensamento, sentiu como se os raios de sol envolvessem o seu coração e seus olhos se encheram de lágrimas. "Sim, eu sinto que Ele está perto de mim, talvez até mais perto do que nunca", concluiu esboçando um pequeno sorriso, o primeiro que conseguia dar desde a morte da irmã. Era um sorriso diferente, um sorriso puro, quase um sorriso de criança. Mesmo sem ver o próprio rosto, Bartira podia perceber isso no movimento de seus músculos da face, espontâneo e inesperado.

Sentia-se muito mudada desde a morte de Laura, sobretudo desde o momento em que conversara com o pai, na tarde anterior. Era como se todos os seus valores, todas as frivolidades a que ela antes dava tanta importância houvessem perdido o sentido diante da realidade que ora se impunha, de que um dia, sem quê nem porquê, partimos, e tudo no mundo continua do mesmo jeito, no mesmo lugar, à exceção daquele que se foi.

Para Bartira, Laura não havia simplesmente se suicidado, tivera seu ato condicionado por uma doença, uma disfunção hormonal a que as pessoas comumente chamavam de depressão pós-parto. Por isso, enxergava a morte de Laura como uma fatalidade e não como um ato voluntário, pelo qual a irmã teria de responder perante Deus.

"E aquele sonho maluco com Tio Jonas?", questionava-se. Teria, afinal, um espírito a capacidade de prever algo tão imprevisível quanto um suicídio? Por que ela não conseguia simplesmente esquecer esse episódio? E a tal doença a que ele se referira? Será que os espíritos poderiam se enganar em suas previsões? "Mas também", raciocinou, "de que me adiantariam agora todas essas respostas?" O fato é que sua irmã estava morta. Irremediavelmente morta.

Pensou então em seu trabalho, no quanto vinha se dedicando com absoluta exclusividade a processos, contratos e causas jurídicas desde que entrara para a faculdade. A nenhuma pessoa, nem mesmo à irmã, ela havia dedicado mais amor do que aos assuntos que diziam respeito a seu trabalho. À exceção talvez dos miosótis que cultivava no quintal de sua casa na Inglaterra. Talvez fossem eles os únicos testemunhos silenciosos da enorme quantidade de sentimentos que ela escondia dentro dela, a que eles retribuíam com a pujança de sua esplendorosa floração.

E no entanto, se ela morresse agora, subitamente tragada por uma onda da praia, nem mesmo eles poderiam atestar o afeto que ela mesquinhamente negara aos seres humanos, porque logo as garrafas de vidro que ela deixara emborcadas nos canteiros secariam, e ela não tinha sequer um amigo que frequentasse seu apartamento e se dispusesse a enchê-las novamente de água. Logo encontrariam alguém para substituí-la no trabalho e nada mais restaria dela neste mundo. A não ser o carinho que crescia gratuito no coração de seus pais. Sim, só eles eram capazes de amá-la incondicionalmente sem pedir nada em troca. Mais do que ninguém, eles mereciam o seu amor. Mas será que isso bastava na existência de um ser humano, amar e ser amado por seus pais, estendendo esse amor no máximo até seus irmãos de sangue, seus sobrinhos e alguns parentes menos simpáticos?

Lembrou-se então de sua conversa com Augusto no avião. "O principal desafio evolutivo é conseguirmos amar a todos, indistintamente, sobretudo àqueles que, por alguma razão, nos incomodam", ele dissera. Todavia, não era desse amor abnegado que ela, Bartira, acreditava necessitar para evoluir.

Não. No fundo ela sentia falta de algo mais, de alguém a quem doar a nata mais genuína de seu amor, sua dedicação mais despretensiosa e absoluta. Talvez um marido, filhos... "Não", rebelou-se contra os próprios pensamentos, ela não havia sido feita para isso. Amaria o sobrinho com todas as suas forças, transferiria para ele todo amor de mãe que havia dentro dela, criá-lo-ia, a partir do momento em que pudesse viver com ela na Inglaterra, como se fosse seu próprio filho. E só. Talvez no futuro pudesse até adotar uma criança para fazer companhia a Pedro Henrique. Mas jamais se permitiria amar um homem que fatalmente a acabaria traindo depois. Ela tinha certeza disso, não precisava nem experimentar para saber.

Contraditoriamente, enquanto Bartira pensava sobre isso, veio-lhe outra vez à mente a imagem de Augusto e um desejo incontrolável de vê-lo de novo, de encontrá-lo, ainda que fosse apenas por mais uma única e última vez. Gostaria tanto de conversar com ele sobre Laura... e até sobre ela mesma, por que não? Ele tinha um jeito tão especial de olhar para ela e fazer com que seus mais recônditos pensamentos se desprendessem, como num passe de mágica, da muralha de pedras que cercava seu coração...

"Vai ver que é porque ele é psicólogo. Sim, talvez eu esteja precisando apenas de um bom terapeuta", imaginou. Ainda assim, procurou-o com os olhos tão logo cruzou o canal que separava o bairro de Ipanema do Leblon, e até sentou-se num quiosque mais ou menos na altura da rua onde sabia que ele estava hospedado, só para observar melhor os banhistas que por ali passavam. "Não, eu não quero encontrá-lo", tentou enganar-se enquanto esperava que o funcionário do quiosque trouxesse a água de coco que ela havia pedido. Após o primeiro gole, porém, não resistiu e virou a bolsa toda ali mesmo, em cima da mesa, à procura do guardanapo que Augusto lhe dera, assegurando a si mesma que queria apenas confirmar o nome da rua.

Bartira ainda estava debruçada sobre o monte de papéis, chaves, canetas, maquiagens e embalagens de comprimidos que tirara da bolsa, concentrada na busca do guardanapo desaparecido, quando, súbito, todo seu corpo estremeceu ao ouvir uma voz masculina conhecida, pedindo um chope no quiosque. Imediatamente virou-se e ficou surpresa com a peça que seu próprio inconsciente lhe pregara: não era Augusto, mas Eduardo, seu irmão.

– Você por aqui? – os dois disseram quase ao mesmo tempo.

– Bem, de certa forma eu estou de férias, mas quanto a você... não deveria estar na aula? E ainda por cima tomando chope a essa hora? – Bartira não conseguiu deixar de comentar.

– É... – enrolou-se Eduardo. – Na verdade eu não tenho ido à aula desde que... – ele baixou os olhos e percebeu que a irmã havia deixado cair uma cartela de antidepressivos.

Bartira sentiu pena dele.

– Sente-se aqui – convidou, enquanto voltava as coisas para dentro da bolsa.

– Estou enganado ou você procurava um alfinete no meio desta bagunça? – perguntou Eduardo, em seu tom irônico habitual, guardando sutilmente a embalagem de comprimidos no bolso sem que a irmã percebesse.

– É isso mesmo, seu enxerido – disse Bartira, ainda ajeitando suas coisas na bolsa. – Eu estava procurando um alfinete e encontrei você, uma agulha no meio do palheiro...

– Não é séria aquela história de você me levar para a Inglaterra, é? – questionou Duda, incisivo, após um gole de chope.

– Mamãe conversou com você? – perguntou Bartira, com os olhos no zíper da bolsa, que parecia emperrado.

– É. Ela andou tentando me convencer como seria "lindinho eu apreciar seu exemplo na Inglaterra" – repetiu ele em tom de deboche.

– Pelo visto você não gostou nem um pouco da ideia... – deduziu Bartira, finalmente conseguindo fechar a bolsa.

– Pra dizer a verdade, eu não tenho a menor vontade de morar na Inglaterra. Para ser mais sincero ainda, eu odeio falar inglês – asseverou Eduardo, agressivo, tomando mais um gole em seguida.

– Odeia ou, digamos assim, não consegue compreender muita coisa porque matou quase todas as aulas do curso que o papai paga para você há anos? – alfinetou Bartira.

– Tá vendo? – reagiu Eduardo, fazendo menção de se levantar. – Não dá para conversar com você. Se nem aqui a gente consegue se entender, quanto mais na Inglaterra... Pra mim essa hipótese tá completamente descartada! Descartada, entendeu? Nem pensar!

– Espera aí! – Bartira o segurou pelo braço. – Eu não queria te ofender, vamos conv...

– Não queria, mas ofendeu – disse Eduardo puxando o braço. – Não quero papo contigo...

– Por favor, Eduardo! – ela se colocou em sua frente e fez uma cara de 'olha o vexame'. – Pela Laura, vamos conversar!

Eduardo a encarou no fundo dos olhos, virou de um só gole o que restava de seu chope, e só então contrapôs:

– Tudo bem. Vamos tentar de novo. Só que eu não tô a fim de ficar aqui parado ouvindo você me ofender. Se quiser, a gente pode ir andando em direção ao ponto do ônibus, mas pode ter certeza de uma coisa: se ofender de novo, vai ficar falando sozinha no meio da rua, não quero nem saber...

– Está certo – concordou Bartira –, meu objetivo não é brigar com você, muito pelo contrário até. De mais a mais, eu estou com o carro do papai, a gente pode ir andando pelo calçadão até lá, depois eu te dou uma carona, você não vai pra casa?

– Ainda não sei. Onde você estacionou?

– Na praça Nossa Senhora da Paz, é muito longe para você?

Eduardo deu de ombros. Esperou Bartira pagar o coco que havia bebido e os dois saíram caminhando em silêncio pelo calçadão. "Meu Deus, por que é tão difícil conseguir me entender com ele?", pensava Bartira, enquanto caminhavam, "queria tanto ter com Eduardo uma relação sadia como a que eu tinha com Laura, mas ele parece sempre pronto para me agredir... Até quando eu quero ajudá-lo, ele reage de maneira agressiva... Ah, Senhor, o que é que eu faço?".

"Ela pensa que é o máximo só porque mora na Inglaterra e fala inglês com aquele jeito de quem tem língua presa", pensava Eduardo, irado. "Eu não falo inglês porque não gosto, e daí? Frequento aquela droga de curso, quase não mato aula, só Deus sabe o sacrifício que faço para aguentar aquele bando de metidinhos filhinhos-de-papai que tem na minha turma... Que culpa eu tenho se não consigo gostar daquele jeito de falar? É muito chato, não entra na minha cabeça. A professora fala, fala, e quando eu vejo já estou pensando em outra coisa... Agora o que é que eu vou fazer num país onde todo mundo só fala essa língua horrível que eu não consigo aprender de jeito nenhum? E ainda por cima a professora disse que, na Inglaterra, se a pessoa não perguntar direito, usando a entonação e as palavras exatas, eles simplesmente fingem que não entenderam. Não, definitivamente não tem a menor condição. Se lá ainda tivesse pelo menos uma praia legal, pra pegar umas ondas de vez em quando... Mas nem isso! As praias de lá são péssimas, todo mundo sabe disso!"

– Você não tem surfado? – perguntou Bartira, quebrando o silêncio.

– Minha prancha empenou outro dia, tive que mandar pro conserto – respondeu ele, seco.

– Ah... – entendeu Bartira.

Os dois caminharam mais um trecho em silêncio, até que ela tomou coragem para voltar a insistir:

– Sabe, uma das razões por que eu achava que você deveria ir comigo para a Inglaterra era porque lá, ouvindo as pessoas falando o tempo todo, fica muito mais fácil de aprender. Me desculpe se eu...

– Aposto que você não teve a menor dificuldade de se adaptar – deduziu Eduardo.

– Tive, sim. No começo é um pouco difícil, mas logo a gente se acostuma.

– Você tem amigos por lá? – Ele quis saber.

– Um monte, o pessoal lá é muito bacana... Conheço até alguns brasileiros – mentiu Bartira, pensando em Augusto, e ao mesmo tempo tentando parecer uma pessoa legal para Eduardo.

"Meu Deus, onde estou com a cabeça?", ela recriminou-se, tão logo acabou a frase. "Como fui dizer uma coisa dessas? E com que cara eu vou ficar quando ele chegar e descobrir que é tudo mentira, que eu não conheço nem a minha vizinha de porta?"

"Que mentirosa", pensava Eduardo, em contrapartida. "Aposto que ela disse isso só para me agradar. Lembro bem da Laura comentando que morria de pena da Bartira, que nem nos finais de semana ela saía de casa. Se nem aqui tinha amigos, quanto mais lá... Às vezes eu também morro de pena dela. Deve ser muito triste viver sozinha lá naquele país horrível, sem ter nem um amigo para conversar... Será que nós íamos acabar nos tornando amigos de verdade se eu aceitasse ir para lá?"

– Até quando você precisa da resposta? – arriscou ao avistar o carro do pai estacionado.

– O mais rápido possível – ela respondeu animada. – Mas ainda é preciso tirar seu passaporte... Provavelmente eu vou ter que ir antes e esperar por você lá.

Neste momento, Augusto, que estava saindo de uma padaria ali perto, avistou Bartira e foi andando, satisfeito, em sua direção, sem que ela percebesse. Deteve-se, porém, ao notar que ela estava acompanhada, e ficou observando-a do outro lado da rua.

– Você quer mesmo que eu vá? – perguntou Eduardo.

– É claro que eu quero, Dudinha – ela o abraçou ternamente na porta do carro. – Mais do que isso... Eu acho que pela primeira vez na vida eu preciso de alguém a meu lado... Estou sentindo tanto a falta da Lala... – seus olhos se encheram de lágrimas.

– Eu também – admitiu Duda, também emocionado, abraçando-a com força.

Vendo-os assim abraçados, Augusto não conseguiu esconder sua decepção. "Uma mulher tão bonita", pensou, antes de virar-se na direção oposta, para retomar seu caminho, "é claro que deveria ter um namorado. Por isso não quis me dar seu telefone. Bobo fui eu de perder meu tempo sonhando com ela..."

Augusto seguiu cabisbaixo em direção ao Leblon. Se tivesse se voltado novamente para trás, veria que, antes de entrar no carro, depois de soltar-se do abraço do irmão, Bartira, como que levada por uma intuição, olhou exatamente para o ponto de onde, minutos antes, ele a observava, e procurou-o uma última vez entre a multidão que atravessava a rua naquele ponto. A essas alturas, porém, ele já havia cruzado praticamente o quarteirão inteiro com seus passos rápidos e desiludidos.

Tal como acontecia todas as tardes, Jorge desceu do ônibus e entrou na floricultura que havia em frente ao cemitério. Pediu uma braçada de margaridas e, ao abrir a carteira para pagá-las, constatou entristecido que seu dinheiro estava no fim.

– Talvez amanhã eu leve só uma rosa – informou ao desinteressado atendente da loja, que sequer ergueu os olhos para ele na hora de entregar o troco.

Desde a morte da esposa não voltara mais ao trabalho, limitara-se a ir até lá apenas para devolver o carro da empresa que costumava usar. A bem da verdade, embora nada houvesse sido declarado oficialmente, sabia que não tinha mais um emprego. Mas andava sempre tão dopado, que nem isso o preocupava.

E pensar que tempos atrás ele se irritava com a mania de remédios da cunhada... Não fosse por ela e seus tranquilizantes, talvez ele não tivesse conseguido suportar tanta dor. Tudo em que conseguia pensar agora, no entanto, era no laudo que recebera do obstetra de Laura, logo depois de a esposa cometer aquela loucura, e que não tivera coragem de mostrar a ninguém.

Se dependesse dele, ninguém jamais saberia que Laura estava com câncer, que mesmo que ela não houvesse feito o que fez, teria, no máximo, mais alguns meses de vida, dado o estágio em que já se encontrava a doença. Por isso ela tivera uma gravidez tão difícil, por isso não tivera uma só gota de leite para dar ao filho. O fato de ela ter conseguido gerar o menino, a despeito da doença, por si só, já era um milagre.

"Mas como o médico só desconfiara de algo poucos dias antes de a criança nascer, quando lhe pedira aqueles fatídicos exames de sangue que Laura tanto relutara em fazer, segundo o próprio doutor Walter?", questionava-se em silêncio, enquanto caminhava pelas alamedas do cemitério com seu buquê de margaridas nas mãos. "Como um profissional sério poderia ter deixado passar algo tão grave, como não reconhecera os sintomas de uma leucemia?"

"No fundo ela talvez suspeitasse de tudo", imaginava, "por isso não quisera contar nem a ele sobre os exames pedidos pelo médico, que acabou colhendo seu sangue contra sua vontade, no próprio momento do parto. Sim, Laura sabia que ia morrer", acreditava, sem imaginar, no entanto, que esta se negara a fazer os exames simplesmente por não acreditar na possibilidade de nenhuma doença, de tão empolgada que estava com os planos para a chegada do bebê.

A certeza de que a esposa sabia de tudo deixava Jorge ainda mais deprimido. Em seu delírio desesperado, olhar para aquele laudo fazia com que se sentisse prestes a perder Laura de novo. Quem o visse caminhar com seu passo lento e descoordenado por ação dos inúmeros calmantes consumidos habitualmente, imaginaria que ele também fosse portador de alguma doença incurável. Estava irreconhecível. Quase dez quilos mais magro, a roupa muito larga, a barba crescida e mal tratada, os cabelos embranquecidos, os olhos sem brilho, fixos em algum ponto de um passado distante.

A sepultura da esposa, em compensação, parecia um jardim de tão florida. Jorge arrumou calmamente as flores que trouxera no pequeno canteiro, depois sentou-se ao lado da árvore que havia em frente ao túmulo e ficou um tempo observando-as. Sua Laura gostava tanto de margaridas...

"Ah, meu amor, sinto tantas saudades..."– disse à esposa em pensamento, ouvindo mentalmente a canção de Frank Sinatra de que eles tanto gostavam. "O bebê Pedro Henrique está um tourinho de tão forte. Sua mãe cuida muito bem dele. Todos os dias, quando volto, ele pergunta por você. Ele não fala, mas eu entendo tudo o que ele diz com seus olhinhos. Ontem ele deu seu primeiro sorriso... você ia ficar louca se visse... Mas nada disso tem graça sem você, meu amor... Para te ser sincero, eu mal consigo olhar para ele, de tanto que ele me lembra você... Ah, Laura, é tão horrível a vida sem você!" Ele não conseguiu mais segurar o pranto.

A seu lado, a estranha entidade que acompanhara Laura em seus últimos momentos na Terra e seu bando rolavam no chão de tanto rir.

– Coitadinho dele! – debochava uma das mulheres.

– Está com tantas saudades da mulherzinha... – continuava a outra.

– Então por que não se junta a ela, e nos ajuda a concretizar mais uma parte de nossa vingança? – desafiava a outra.

– Isso é para você aprender... a não tramar nunca mais contra os outros... – gritou o líder, com sua voz falha e rouca, cuspindo-lhe no rosto em seguida.

Enquanto aquelas entidades se divertiam às suas custas, Jorge apenas registrava-lhes as sugestões em seu inconsciente, como quem respira a fumaça do cigarro alheio. À medida que o tempo ia passando, porém, essas sugestões iam fazendo cada vez mais efeito sobre ele. "E se eu me jogasse da ponte Rio-Niterói?", começou finalmente a pensar, para êxtase daqueles espíritos perturbados que o cercavam.

– Para que ir até a ponte Rio-Niterói, imbecil? – gritou uma das mulheres aos seus ouvidos.

– Se tem tanto ônibus passando aqui na porta... – riu a mais galhofeira de todas.

– Você nem precisa entrar no ônibus – ironizou outra.

– Basta se jogar... na frente dele! – sugeriu, com o olhar maléfico, a entidade com problemas na garganta, a quem as outras chamavam Cirino.

– Seria um lindo espetáculo!!! – complementou a galhofeira.

"E se eu me jogasse na frente de um ônibus?", pensou Jorge, de imediato captando-lhes as sugestões. "Assim poderia logo encontrar-me com minha Laura..."

– Não! – gritou Jonas, colocando-se à sua frente. – Desta forma você jamais conseguiria o que deseja! Ao contrário, ia demorar anos, talvez séculos para poder vê-la de novo!!!

Completamente envolto nas vibrações deletérias emitidas por aquelas entidades, Jorge nada percebeu. Cirino e seu bando, contudo, embora não pudessem ver Jonas, sentiram, de alguma forma, a sua presença.

– Quem está aí? – gritou Cirino. – Quem ousa... se intrometer nos assuntos de meu bando?

Angustiado, Jonas já se preparava para responder à provocação do líder daquelas entidades infelizes, chegando quase a se tornar visível a elas, quando foi rapidamente puxado por Sólon, que observava tudo à distância.

– Controle seus pensamentos, irmão! – disse a Jonas, muito sério.

– Mas... – tentou dizer Jonas.

– Concentre-se e ore! – determinou Sólon.

Vencido, Jonas então abaixou a cabeça, envergonhado, e concentrou-se numa prece a Deus, enquanto Cirino e seu bando vasculhavam o local, irritados.

– Não adianta confrontá-los – explicou Sólon ao ver que Jonas havia recobrado seu equilíbrio. – Mesmo porque, você ainda não se encontra preparado para este tipo de embate.

– Perdoe-me, irmão – respondeu Jonas, humilde. – Sei que ainda me encontro em fase de estágio nesta tarefa, que devo obediência e respeito a você, que tão generosamente me recebeu como pupilo no orbe terrestre. Mas me senti tão desesperado quando...

– O desespero é sempre mau conselheiro – ensinou o orientador de Jonas. – Nunca se deixe levar por ele. Olhe para Jorge e veja o exemplo vivo do que estou lhe dizendo. De mais a mais, não se trata de uma questão de obediência, mas de experiência. No longo tempo a que venho me dedicando à tarefa de auxílio e proteção a diversas famílias como a sua, aprendi que o enfrentamento direto não é uma boa técnica, já que requer de nós um profundo desgaste e dificilmente nos conduz aos objetivos almejados.

– Mas então – tornou Jonas ansioso – como faremos para evitar que...

– Graças a Deus – Sólon o interrompeu novamente – podemos dispor de outros meios para ajudar o irmão encarnado. Venha comigo.

Os dois seguiram pelas alamedas do cemitério, deixando Jorge aos cuidados de Rutílio, seu espírito protetor, o qual se encontrava a poucos metros de seu protegido – repelido pelas emanações emitidas pelo próprio Jorge – mas ainda assim acenou-lhes com a cabeça, em sinal de que podia manter a situação sob controle por algum tempo.

– Precisamos encontrar ajuda e rápido! – informou Sólon.

– Veja, irmão! – mostrou Jonas, ao avistar Natércia e sinhá Ismênia sentadas na escadaria do mausoléu onde costumavam ficar. – Há duas entidades ali adiante, quem sabe se...

– Observe-as bem antes de terminar sua frase – instruiu Sólon.

Jonas fixou bem o olhar no ponto onde as duas se encontravam e só então percebeu que ambas estavam envoltas por uma camada preta e viscosa, que rodeava seus corpos espirituais como uma aura.

– Escute o que estão dizendo – continuou o instrutor, direcionando a concentração de seu pupilo, que fixou seu pensamento nas duas e logo passou a ouvir suas vozes como se estivessem falando a seu lado.

– Eu o deixei aqui, tenho certeza! – afirmou Ismênia, tateando os degraus de mármore do mausoléu em busca de algo.

– Mas eu não peguei seu anel, sinhá! Juro por tudo quanto é mais sagrado! – tornou a outra, ajeitando a trouxa de roupa que lhe pesava dentro da blusa.

– Pegou sim, sua negra safada, eu sei que você pegou! Agora pode me devolver!!!

– Mas eu não peguei... – insistia Natércia.

Antes de se afastarem dali, Jonas e Sólon ainda puderam perceber um terceiro espírito, de um escravo magrelo, de olhar muito matreiro, escondido atrás do mausoléu e se divertindo muito à custa das duas.

– Aposto como foi ele quem pegou o anel que ela tanto procura – arriscou Jonas, enquanto caminhavam em direção às capelas.

– Pode ter certeza de que sim – garantiu Sólon. – Conheço bem essas três entidades. Estão ligadas há muitos séculos. Embora na última encarnação tenham vindo em condições sociais diferentes, a mais velha como patroa e os outros dois como seus escravos, os três encontram-se ainda no mesmo patamar evolutivo. São entidades muito mesquinhas, que ainda cultivam a revolta e o egoísmo em seus corações.

– De onde as conhece? – tornou Jonas, curioso.

– Inúmeras vezes, integrei caravanas de socorro que tentaram ajudá-las, mas elas ainda não estão preparadas para receber auxílio. Na grande maioria das vezes sequer notaram nossa presença.

– E por que aquela senhora usa tantos anéis? E a outra, então, que anda cheia de roupas por dentro da roupa... Sempre pensei que na espiritualidade as pessoas não mais precisassem de bens materiais...

– Você ainda tem muito o que aprender, Jonas. Afinal, este ainda é seu primeiro estágio na Terra como espírito protetor. Na verdade, essas entidades não precisam de bens, mas encontram-se ainda de tal maneira apegadas à matéria, que não se deixam afastar de seus antigos invólucros de carne, só para não perderem seus pertences de vista. Por isso não conseguem receber ajuda.

– Mas como podem incorporar esses bens a seus corpos perispirituais? – quis entender Jonas.

– Muito simples. Você não sabe que tudo no plano espiritual se cria a partir da força da mente, até mesmo a aparência física dos espíritos?

– De fato – raciocinou Jonas. – É por isso que muitos espíritos adquirem uma aparência mais jovem depois de desencarnados.

– Pois então. Essas entidades encontram-se tão ligadas a esses bens materiais, com os quais, aliás, foram enterradas, que não conseguem visualizar a si próprias sem eles.

– Que coisa... – comentou Jonas. – É o mesmo que acontece com os suicidas...

– Também não, necessariamente. A maioria permanece nessa situação por algum tempo, mas, depois, quase todos acabam sendo levados para o vale dos suicidas, onde se concentra enorme número de espíritos que desafiaram as leis de Deus, atentando contra a própria vida carnal.

– Mas sempre ouvi dizer que o suicida fica ligado a seu corpo de carne até que se extinga toda a energia vital acumulada no cordão fluídico, o que geralmente equivale ao número de anos que ainda faltavam para completar sua missão interrompida – lembrou Jonas.

– Diz *O livro dos espíritos* que a persistência prolongada e tenaz do laço que une o espírito ao corpo do suicida deriva do fato de estar quase sempre esse laço na plenitude da sua força no momento em que é partido, ao passo que, no caso da morte natural, ele se enfraquece gradualmente e muitas vezes se desfaz antes que a vida se haja extinguido naturalmente.[6] Mas existem casos e casos. A misericórdia divina procura levar em conta nossos mais insignificantes atos no bem para tentar aliviar, o quanto possível, o sofrimento dessas criaturas – elucidou Sólon.

– E no caso de minha sobrinha, cuja vida deveria se extinguir naturalmente em pouco tempo, dada a doença que já tomava conta de seu corpo, embora ela ainda não soubesse de nada? – insistiu Jonas.

– Numa outra hora conversaremos sobre isso – respondeu Sólon, com os olhos fixos na jovem que saía de uma das capelas. – Acho que acabo de encontrar o auxílio de que necessitávamos.

[6] *O livro dos espíritos*, de Allan Kardec. Ed. FEB, 1997, pergunta 957.

Jonas voltou-se imediatamente para a jovem que caminhava tranquila rumo à saída do cemitério. Era uma moça muito bonita, de pele amulatada cor de chocolate e cabelos cacheados num corte *chanel*. Parecia portadora de uma força mágica, a qual transparecia em seus passos e gestos. De seu semblante sereno emanava, em todos os sentidos, uma forte luz rosada – invisível a olhos comuns –, que era, na verdade, um reflexo dos pensamentos emitidos por ela naquele fim de tarde.

"Que Deus de amor e bondade ilumine o espírito desta minha amiga que acaba de deixar este mundo", orava ela, em seu leve caminhar, "fazendo com que possa ser auxiliada neste momento tão doloroso pelos irmãos socorristas da espiritualidade maior, e dando força e luz a seus parentes que aqui ficaram, ajudando-os a entender que esta separação é apenas provisória, que em breve todos estarão novamente juntos na pátria espiritual. Faça, Senhor, com que eles compreendam que Maria Amélia só foi embora porque terminou sua missão aqui na Terra, e que não seria bom para ela se eles se mantivessem na postura revoltada em que agora se encontram..."

– Que bom se todos os encarnados pudessem sair de um velório com pensamentos elevados como os dessa irmã – Jonas não pôde deixar de observar.

– Que bom se ao menos aqueles que se dizem espíritas pudessem agir, na prática, como ela – acrescentou Sólon.

Em seguida, os dois se aproximaram da protetora da jovem, que caminhava lado a lado com ela e, após obterem sua permissão, concentraram-se por alguns instantes e impuseram as mãos sobre a moça, fazendo com que sentisse uma súbita vontade de visitar o túmulo de sua mãe antes de sair do cemitério, embora já começasse a escurecer.

– Como sabia que o túmulo da mãe dela ficava exatamente ao lado do túmulo de Laura? – tornou Jonas, curioso, enquanto a seguiam.

– Enquanto fazia sua oração, ela não pôde deixar de pensar na mãezinha falecida há poucos meses e, por um condicionamento natural, projetou na mente a imagem do túmulo onde os despojos desta foram guardados. Com a ajuda de Deus, que está sempre atento e presente em tudo o que se passa em toda parte, me lembrei de ter visto Jorge encostado justamente neste túmulo e então tive a ideia de intuí-la desta forma – explicou o generoso orientador e protetor da família de Laura.

– Será que conseguiremos fazê-la conversar com Jorge? Ou melhor, será que conseguiremos fazer com que Jorge a escute? – voltou a inquirir Jonas, sentindo aumentar sua preocupação à medida que voltavam a se aproximar do túmulo de Laura. – Me sinto angustiado só de imaginar a hipótese de fracassarmos novamente e...

– Façamos a nossa parte e deixemos que Deus se encarregue do resto – sentenciou Sólon, com a tranquilidade que lhe era habitual.

No momento em que chegavam à alameda em que haviam deixado Jorge, um outro espírito, que não era o protetor de Jorge, veio correndo ao encontro dos dois:

– Graças a Deus que chegaram, irmãos! Sou Jomar, amigo de Rutílio. Ele me pediu que ficasse aqui e os avisasse de que não conseguiu impedir que Jorge se deixasse dominar pelas sugestões daquele grupo de irmãos infelizes!

– E onde estão eles agora? – quis saber Sólon.

– Ao que tudo indica, foram para um ponto de ônibus que fica logo na saída do cemitério e dá para um movimentado túnel. Rutílio ficou de me manter informado, caso saíssem de lá, mas até agora não enviou nenhum sinal.

– Meu Deus! O que faremos? – agitou-se Jonas, sem tirar os olhos da moça encarnada, que orava ao lado do túmulo da mãe.

– Em primeiro lugar mantenha a calma! – repreendeu-o Sólon mais uma vez.

– Podemos ajudar em alguma coisa? – perguntou Celeste, a protetora da moça.

– Que Deus a abençoe por sua prestimosidade, irmã! Sim, creio que precisaremos e muito da ajuda de sua tutelada. Dada sua superioridade moral e os bons fluidos por ela emanados, que a mantêm em sintonia com o mais alto, ela é a pessoa ideal para nos auxiliar neste momento.

– Talvez seja nossa última esperança! – acrescentou Jonas, ansioso.

Sólon voltou a repreender Jonas com o olhar, antes de colocar Celeste a par do que acontecia, e esta rapidamente se dispôs a sussurrar aos ouvidos de Glória, sua protegida:

– Querida, não há o menor sentido em parar ao lado do túmulo de sua mãe para orar por ela. Você sabe, melhor do que ninguém, que ela não se encontra mais aí, e que pode lhe dirigir preces de qualquer outro lugar. De mais a mais, a noite já começa a cair e logo o cemitério estará escuro.

"É melhor eu me apressar para tomar o ônibus para casa", pensou Glória, captando as ponderações de sua protetora.

Para alívio daquelas quatro entidades dedicadas, Jorge ainda estava no ponto do ônibus, quando Glória parou a seu lado. Ao cruzar acidentalmente seu olhar com o dele, ela não pôde deixar de notar o ar transtornado com que ele observava o movimento dos carros e sentiu em seu íntimo que ele estava precisando de ajuda. "Quem sabe perdeu algum parente querido, que está sendo velado neste momento", pensou consigo, "mas o que eu poderia dizer para me aproximar?"

– Pergunte a ele se faz muito tempo que passou o último ônibus para Copacabana – sussurrou Celeste a seu ouvido.

Sentindo uma vontade muito forte de fazer o que lhe acabava de ser sugerido, Glória obedeceu de imediato à sua protetora.

– Copacabana? – repetiu Jorge, como que despertando de um transe.

– Não é possível! – reverberou Cirino, irritado, sentindo a vibração doce que emanava do olhar de Glória. – Por que é... que esse maldito exército do bem... tem sempre que aparecer... nas horas erradas?

– Onde eles estão? – perguntou uma das mulheres de seu bando, procurando em torno de si.

– Não posso vê-los... mas sei... que estão aqui – respondeu Cirino, contrariado. – Mantenham-se atentas!

– E nosso prisioneiro? Não vamos mais convencê-lo a pular debaixo do ônibus? – insistiu outra das mulheres.

– Interrompam o ataque por alguns instantes – determinou Cirino, com sua voz rouca. – Vamos aguardar... Logo vão pensar que fomos embora.

Glória continuava olhando para Jorge com piedade, esperando por uma resposta. Ele, no entanto, parecia não ter noção sequer de onde estava.

– Copacabana... – repetiu pensativo. – Foi lá que conheci Laura...

– Me desculpe, mas o senhor está se sentindo bem? – insistiu Glória.

– Laura me deixou... – continuou Jorge, com seu olhar distante. – Estava muito doente a minha Laura...

– Entendo – tornou Glória, gentil. – Imagino que deve ter sido muito difícil para o senhor... O enterro foi hoje?

– Não – respondeu Jorge com a voz embargada, escondendo o rosto entre as mãos. – Para dizer a verdade, não sei... – ele começou a chorar.

– Senhor... por favor, não chore – disse Glória, tocando delicadamente em suas costas. – Escute, não gostaria de se sentar um pouco em algum lugar para conversarmos? Venha, vamos sair daqui – ela tomou a iniciativa, vendo que ele não tinha condições de decidir nada.

Muito irritados, Cirino e seu bando tentaram segui-los, mas foram fortemente repelidos pela intensa luz que provinha de Glória em direção a Jorge, de maneira a envolvê-lo por completo.

– Droga! – protestou Cirino. – Desta vez eles venceram... Mas não perdem por esperar... Tenho esse idiota aqui... na minha mão... Então eles vão ver... com quantos paus se faz uma canoa! Ou melhor, rá, rá, rá, cof, cof, cof – ele sempre se engasgava quando tentava rir – com quantos suicidas... cof... se faz um inferno familiar!!!

– Mas e aquela moça impregnada com aqueles fluidos horríveis? – quis saber uma das mulheres.

– Deixem a moreninha gastar seu tempo com ele – determinou Cirino. – Ela não vai poder... estar sempre ao lado dele... Ou vai?

– Não!!!! – responderam em coro as entidades de seu bando.

– Além do mais – tornou Cirino, com os olhos fixos na saída do cemitério –, estou pensando em preparar... uma surpresinha... Vejam só quem vem lá! Fiquem onde estão! Eu mesmo... vou falar com ela...

Alheio a toda aquela discussão, Jorge, ainda atônito, não conseguia entender direito o que estava acontecendo. Mas, mesmo assim, se deixou conduzir por Glória pelas movimentadas ruas de Botafogo até uma aconchegante casa de chá, ali perto. Alguma coisa nela lhe lembrava Laura.

"Devo estar ficando maluca", pensou Glória, depois de acomodá-lo numa cadeira. "Nunca vi este homem antes, o que estou fazendo aqui? E se for tudo mentira, se ele não passar de um bandido, um aproveitador?..." Ao vê-lo sentado, com seu ar de menino desamparado, porém, teve a certeza íntima de que seria incapaz de fazer-lhe qualquer mal. "Ele é o meu próximo e precisa de ajuda. É nisso que preciso pensar", decidiu, lembrando-se da parábola do bom samaritano.[7] Assim como Jorge, no entanto, ela sentia uma estranha sensação de familiaridade em sua presença. Alguma coisa no fundo do olhar dele fazia com que Glória intuísse que ele não era apenas um ilustre desconhecido.

---

[7] *O evangelho segundo o espiritismo*, de Allan Kardec. Petit Editora, 1999, capítulo XV, item 2.

Lendo seus pensamentos, Sólon e Celeste logo entenderam o que se passava e, surpresos pela maneira como haviam servido de instrumentos para aquele encontro, não puderam deixar de se admirar da sábia maneira com que a providência divina colocava as pessoas certas nos lugares exatos, de maneira a sempre concorrer para a realização do que estava previsto.

"Não, tudo isso só pode ser fruto de minha imaginação romântica", pensou Glória, antes que Jorge começasse a contar-lhe sua triste história.

Nem eles e nem o grupo de desencarnados que os acompanhava perceberam, porém, quando Bartira, que também acabara de passar rapidamente no cemitério para deixar algumas flores para a irmã antes de sua viagem, parou na porta daquela mesma casa de chá, conduzida por Cirino e seu bando, e, boquiaberta, de imediato reconheceu Jorge sentado ao lado daquela moça morena.

Naquele mesmo dia, logo após o almoço, tomado por uma forte intuição, Paulo sentiu muita vontade de sair para dar uma caminhada. Decidiu ir até a praça Saens Peña, a quatro quarteirões de casa, para espairecer um pouco. Desde aquela manhã, tinha a sensação de que precisava fazer alguma coisa de muito importante, mas não sabia exatamente o quê. De pé a seu lado, padre Almerindo concentrava-se, tentando fazer com que se lembrasse da necessidade de estudar para entender melhor a situação que ora vivenciava.

Enquanto calçava os sapatos, Paulo procurava recapitular o sonho que tivera com a mãe naquela noite e que o deixara tão emocionado ao acordar. Por mais que se esforçasse, no entanto, tudo o que conseguia visualizar eram fragmentos de cenas que não compunham exatamente um enredo. Lembrava-se de ter conversado com sua mãe na antiga cozinha da casa onde crescera, no interior de Minas Gerais, mas não do tema da conversa, embora intuísse tratar-se de algo relacionado a Laura. Pela primeira vez desde que esta falecera, aliás, sentia-se mais leve, sem experimentar tanta necessidade de se questionar pelo ocorrido.

Lembrava-se também da chegada da família, do abraço que recebera da avó, do olhar carinhoso de padre Almerindo, de todos reunidos, sentados em torno da comprida mesa da cozinha como nos velhos tempos em que lá viviam, muito antes de sua cidade ser inundada para a construção da hidrelétrica. Para Paulo, que vivera anos com a sensação de que todo seu passado havia sido destruído com a inundação de Guapé, e que jamais voltara à cidade mesmo depois de sua reconstrução, só para não ter de sentir a tristeza de constatar que todas as referências de sua infância haviam sido apagadas, era extremamente grata a lembrança que ele tinha daquele sonho, ainda que vaga. Era quase como se tivesse voltado ao útero materno, para de lá emergir novamente forte, seguro e protegido.

Imaginava agora que provavelmente deveriam ter comido alguma coisa, já que acordara com uma sensação tão profunda de saciedade que não quisera sequer tomar seu café da manhã, mas também não conseguia recordar-se de nenhum prato específico. Ao pensar em padre Almerindo, especialmente, sentia dilatarem-se as fibras de seu coração numa fina saudade, como se seu espírito de alguma maneira pressentisse a presença daquele amigo tão dedicado ali a seu lado.

Contudo, a imagem mais forte que lhe ficara na lembrança era a de uma pilha de livros que lhe teria sido entregue por sua mãe. "Estranho", pensou, enquanto esperava o elevador, "mamãe mal fora alfabetizada quando encarnada, como poderia agora gostar tanto de ler?"

– Que bobagem, meu filho – disse padre Almerindo –, então você já não aprendeu que o espírito recupera todas as capacidades adquiridas em outras vidas, após o desencarne? E quem disse a você que sua mãe foi sempre analfabeta?

Captando-lhe os ensinamentos como se fossem elucubrações de seu próprio cérebro, Paulo sorriu antes de responder alto a si mesmo:

– É claro que mamãe não foi sempre analfabeta. Apenas experimentou essa condição em sua última existência por alguma necessidade evolutiva. É... às vezes precisamos vivenciar a ignorância cultural para exercitarmos a humildade e, ao mesmo tempo, desenvolvermos outras potencialidades de nosso espírito.

Ao dizer isso, teve a nítida sensação de que aquelas palavras não eram suas, mas logo lembrou-se de ter estudado este tema na época em que frequentava o centro e concluiu que aquele, como tantos outros conhecimentos, estavam guardados em sua memória e a simples necessidade destas noções havia feito com que viessem à tona. Novamente, então, a pilha de livros que vira em seu sonho estampou-se em seus pensamentos como um enigma pedindo para ser decifrado.

Além desta imagem, Paulo trazia na mente um nome, letras que se repetiam sem parar como um trecho de uma música acidentalmente gravada na memória. Ivo, Ivon, Ivan, não sabia ao certo. Com muito esforço e a ajuda dos fluidos emitidos por padre Almerindo, conseguiu visualizar um livro de capa alaranjada, com algo sombreado desenhado no alto. Por via das dúvidas, resolveu que entraria na primeira livraria que encontrasse pelo caminho e tentaria ver se havia algo parecido nas prateleiras. Padre Almerindo sorriu satisfeito: conseguira o que queria.

Ao chegar à praça Saens Peña, qual não foi a surpresa de Paulo quando, antes mesmo de chegar à livraria que tencionava investigar, ele deparou-se com uma imensa feira do livro, que acabara de se instalar ali naquela manhã. Animado, começou então a percorrer as variadas barracas. Embora não soubesse nem o título, nem o nome do autor do livro misterioso que aparecera em seus sonhos, sentia que a qualquer momento se depararia com ele, era só uma questão de tempo e paciência.

Eram quase quatro horas da tarde quando, após inúmeras voltas na feira, Paulo começou a se sentir desanimado. Investigara cuidadosamente todas as barracas do local, à exceção das que estavam fechadas, e tudo o que conseguira encontrar de interessante fora um livro de mensagens psicografadas por Divaldo Pereira Franco, intitulado *Momentos de decisão*,[8] que estava sendo vendido por um preço irrisório numa banquinha de usados.

Já desanimado, preparava-se para refazer o caminho de casa, quando novamente um pensamento que parecia não ser seu ecoou em seu cérebro:

– Descanse um pouco, por que tanta pressa?

De fato, Paulo sentia-se tão cansado que decidiu sentar por alguns instantes num dos bancos da praça, para que seus pés ao menos parassem de doer um pouco. Sempre intuído por seu amigo espiritual, sentiu então uma forte vontade de folhear o livro que tinha nas mãos e, abrindo-o ao acaso, deparou-se com a seguinte mensagem:

> Acuado por uma circunstância imprevista, no momento de culminar um plano em andamento, não abandone a ação, vencido pelo desânimo. A validade de um esforço é considerada pela força da perseverança na sua sustentação infatigável.[9]

Admirado com a 'coincidência' entre o que ia em seu íntimo e o que acabara de ler, elevou os olhos, reflexivo, e percebeu então um rapaz tirando o pó de alguns livros numa barraca que havia permanecido fechada ao

---

[8] *Momentos de decisão*, de Divaldo Pereira Franco, pelo espírito Marco Prisco. Ed. LEAL, 1995.
[9] Idem.

longo de quase toda a tarde. A barraca ficava do outro lado da praça e o primeiro pensamento que lhe passou pela cabeça foi "meus pés estão doendo tanto... e se eu chegar lá e mais uma vez não encontrar nada?" A mensagem, no entanto, voltou-lhe à mente como uma paulada, e ele se sentiu na obrigação de fazer uma última tentativa.

Nem bem havia chegado à barraca quando o rapaz, de espanador em punho, tomou nas mãos um livro de capa alaranjada, que chamava a atenção à distância. "Não acredito!", pensou Paulo, apressando o passo. Ansioso, tirou das mãos do rapaz o exemplar e constatou, estupefato, que era exatamente o livro que havia ficado gravado em sua memória espiritual. Tratava-se de *Memórias de um suicida*, de Yvonne A. Pereira.[10] O desenho da capa, o nome da autora, e o próprio tema do livro encaixavam-se perfeitamente em tudo o que ele procurava. Perplexo com tantas 'coincidências', abriu-o e pôs-se a folheá-lo ali mesmo.

– Como não pensei nisso antes? Há tantos anos que escuto falar neste livro, chegamos mesmo a discuti-lo certa vez na casa espírita, e nunca tive a curiosidade de lê-lo... – falou para si.

– Como disse, senhor? – perguntou o vendedor.

– Disse que estou profundamente feliz em encontrar esse livro, meu bom rapaz – respondeu, contente. – Vou levá-lo. Quanto é?

– Tenho aqui também alguns outros livros que falam sobre este tema. Se quiser dar uma olhada... – convidou o rapaz, intuído por um espírito que sempre o acompanhava, o qual era uma espécie de bibliotecário invisível, cujo trabalho era justamente iluminar a percepção dos encarnados que se aproximavam daquela barraca, de forma a atraí-los para os títulos capazes de ajudá-los em seus momentos de vida.

Sempre inspirado por padre Almerindo e pelo espírito bibliotecário ali presente, Paulo folheou interessado os vários livros que lhe iam sendo indicados pelo rapaz da banca.

– Vou levar todos! – disse por fim, extasiado com a descoberta.

– O senhor vai encontrar muita coisa sobre o assunto também em *O céu e o inferno*, de Allan Kardec,[11] e no próprio *O livro dos espíritos*[12] – voltou a informar o vendedor, enquanto separava o troco.

---

[10] *Memórias de um suicida*, de Yvonne A. Pereira, pelo espírito Camilo Cândido Botelho. Ed. FEB, 1985.

[11] *O céu e o inferno*, de Allan Kardec. Ed. FEB, 1997.

[12] *O livro dos espíritos*, de Allan Kardec. Ed. FEB, 1997.

– Claro, claro! – concordou Paulo, lembrando-se novamente de suas reuniões de estudo. – De coração, muito obrigado pela sua atenção! Você não imagina o quanto me ajudou! – despediu-se satisfeito.

No caminho de volta para casa, segurando aquela pilha de livros apertada contra o peito, sentia-se uma outra pessoa. Nem mesmo a dor nos pés o incomodava mais. Era como se, ao encontrá-los, tivesse recebido um sinal da espiritualidade maior, um sinal de que não estava sozinho, de que os bons amigos não o haviam esquecido. Essa sensação redespertava a enorme fé que carregava dentro de si, fazia-o sentir-se forte e amparado. "Obrigado, meu Deus", era tudo o que conseguia mentalizar. Quanto mais ele emitia este pensamento, mais intensa se tornava sua fé e mais forte ele se sentia.

– Agora que você já encontrou o que necessitava, eu preciso ir. Que Deus te abençoe, meu filho – despediu-se o padre Almerindo.

Neste momento, Paulo sentiu um aperto no coração e lembrou-se com um amor tão profundo daquele padre, a quem tanto admirava, que seus olhos se encheram de lágrimas. Mas, ao perceber entre os dedos aquela pilha de livros, a sensação de tristeza logo se dissipou e ele voltou a se sentir como um menino que acabara de receber um presente muito desejado.

Estava tão realizado que decidiu parar em uma lanchonete para comer um sanduíche – coisa que não fazia desde os tempos em que os filhos ainda eram crianças –, aproveitando assim para dar mais uma olhada nas obras que acabara de adquirir.

Agora, sim, poderia fazer algo de concreto por sua filha, imaginava, no momento em que o dono da lanchonete gentilmente o convidou para se retirar, anunciando que era hora de fechar o estabelecimento. Só então Paulo percebeu quanto tempo havia se passado desde que ali chegara e apressou o passo. Mal podia esperar para se sentar em seu próprio escritório e devorar todas aquelas informações que tinha nas mãos.

Ao descer do elevador em frente à porta de seu apartamento, porém, por volta das sete e meia da noite, foi obrigado a adiar seus planos de imediato. O choro alto e intermitente de Pedro Henrique já denunciava que algo de muito grave estava acontecendo.

– Jorge! – ele disse alto para si, enquanto apalpava nervosamente os bolsos em busca da chave.

– Jorge não tinha esse direito! – gritava Bartira, transtornada, sob o choro constante da criança no colo da avó. – Não tem nem dois meses que minha irmã morreu!!!!

– Paulo! – exclamou Inês ao ver o marido. – Ainda bem que você chegou!

– O que está acontecendo aqui? – ele perguntou assustado, enquanto depositava a pilha de livros sobre a mesa da sala. – O que houve com Jorge?

– O que houve com Jorge? – repetiu Bartira irada. – Ele é um miserável, papai! Nem bem nos recuperamos da morte de Laura e já...

– Tenha calma, filha – interrompeu Inês. – Você tem certeza de que era mesmo ele?

– Mas é claro que sim, mamãe! E pensar que aqui dentro de casa ele fica só rastejando de um lado para o outro, com aquela cara de pobre-coitado...

– Alguém pode me explicar afinal o que está acontecendo? – insistiu Paulo, quase gritando.

– A Bartira, Paulo... – Inês chacoalhava a criança nervosamente, tentando fazê-la parar de gritar –, chegou aqui jurando que viu Jorge numa casa de chá em companhia de uma moça...

– Graças a Deus! – Paulo respirou aliviado, sem nem atinar direito com o que dizia.

– O que é isso, Paulo? – Inês estranhou. – Bartira diz que viu Jorge com uma outra mulher e você diz "graças a Deus"? Você enlouqueceu ou fui eu que...

– Não foi isso o que eu quis dizer – consertou Paulo. – É que pela depressão em que ele se encontrava, por um minuto pensei que...

– Que depressão, que nada! Está é de sem-vergonhice por aí! E ainda por cima com uma negra, papai! – completou Bartira, revoltada, gesticulando e andando de um lado para outro. Estava cercada por três mulheres do bando de Cirino, que riam sem parar em torno dela, e, de tempos em tempos, sugeriam-lhe segredinhos ao ouvido. – Decerto já vinham tendo um caso desde antes de Laura morrer! Vai ver até foi por causa disso que...

– Bartira, pare! – o pai voltou a elevar o tom de voz, segurando-a com firmeza.

Seu grito ecoou no ambiente fazendo com que todos, até mesmo o bebê e as entidades galhofeiras experimentassem breves instantes de silêncio.

– Em primeiro lugar, não julgue as pessoas precipitadamente – ele retomou a palavra com autoridade –, em segundo, não seja preconceituosa para que nem eu, nem sua mãe venhamos a sentir vergonha da educação que lhe demos!

Enquanto a família discutia se era lícito ou não era lícito que Jorge arrumasse uma namorada em tão pouco tempo depois da morte de Laura, e ainda por cima morando debaixo do mesmo teto que os pais da esposa falecida, este, completamente alheio a tudo o que era dito a seu respeito, vivia momentos de tranquilidade e reflexão ao lado daquela simpática desconhecida.

– Não entendo... – ele comentou pensativo, logo após sorver um gole de chá morno e reconfortante – como você pode se sentir tão em paz, tão resignada depois de sair do velório de sua melhor amiga, como consegue não derramar nem uma lágrima sequer ao falar de sua mãe que morreu há menos de um mês?...

Glória olhou para ele e sorriu com carinho, antes de responder:

– Na verdade, essa minha postura faz parte de toda uma filosofia de vida. Você já ouviu falar em Allan Kardec e na doutrina codificada por ele?

– Sim – respondeu Jorge – quer dizer, mais ou menos. Meu sogro é espírita, mas nunca conversamos muito sobre isso. Agora, falando com você, me dei conta de que ele realmente foi quem menos se revoltou com a morte de Laura, embora tenha ficado bastante abalado.

– Nós, espíritas, não acreditamos na morte da maneira como a maioria das pessoas a entendem, o que não quer dizer que não possamos ser pegos de surpresa, como imagino ter acontecido com seu sogro. Para nós, esta existência é apenas um capítulo no livro da vida de cada ser, uma etapa, um estágio destinado ao aprendizado e ao aprimoramento da alma – explicou Glória.

– Assim como se fosse uma temporada na escola... – deduziu Jorge.

– Sim, a Terra é como uma escola, mas é sobretudo um grande hospital de almas, já que a grande maioria dos que transitam encarnados por este planeta ainda se encontra cheia de vícios e imperfeições, que são como doenças gravadas em nosso espírito – complementou a moça.

– Por isso temos a necessidade de "voltar tantas vezes" como vocês espíritas dizem?

– Exatamente. A cada nova existência desenvolvemos novas aptidões e aparamos antigas arestas de nosso espírito, numa progressão infinita até atingirmos um estado de pureza tal que não precisemos mais encarnar para continuar nossa evolução. Assim como o estudante que consegue atingir os graus superiores da ciência após ter percorrido todas as séries que conduzem até lá – elucidou ela.

Jorge consultou o relógio e lembrou-se de que era hora de seu calmante. Apalpou o bolso da calça à procura do envelope de comprimidos que trazia sempre consigo e ficou apertando as pontas do alumínio por alguns instantes, sem tirar a mão do bolso, matutando se deveria ou não ingerir o medicamento. "Estou me sentindo tão bem aqui e agora", pensou consigo, intuído por seu espírito guardião, "para que então me dopar?" Largou o envelope e colocou para fora a pergunta que estava entalada em sua garganta desde que Glória começara a falar aquelas coisas sobre a necessidade da encarnação:

– E no caso de Laura, que se suicidou? Será que Deus a considera uma covarde por causa disso?

– Deus não é esse tirano implacável que muitas pessoas imaginam, muito pelo contrário. É tão bom, tão justo e tão misericordioso, que está sempre pronto a nos dar uma nova oportunidade – respondeu Glória, depois de sorver um gole de chá.

– Mas até mesmo um suicídio pode ser perdoado por Deus? – duvidou Jorge.

– O suicídio pode ser definido como uma falta de coragem moral, que quase sempre acomete as pessoas sem fé, que não creem na continuidade da vida após a morte do corpo e se deixam desesperar por algum desgosto, algum problema aparentemente sem solução, e acabam descobrindo, da pior maneira possível, que nem a vida e nem os sofrimentos se encerram com este triste ato. Em determinado momento, porém, depois de muito sofrerem, estas pessoas acabam se arrependendo e se voltando humildemente para o Criador, que então lhes oferece novas chances para repararem os erros cometidos.

– Mas então Deus só olha para aquela pessoa depois que ela, digamos assim, pede desculpas pelo que fez?

– Não. Frequentemente o suicida é visitado por espíritos em melhor situação, ligados a ele por verdadeiros laços de amor, os quais tentam ajudá-lo. Todavia, sufocado pela própria culpa, ele não consegue enxergar esse auxílio. Somente no momento em que a pessoa se abre para receber ajuda, que ela realmente deseje ser amparada, o socorro pode ser realizado, o que, quase sempre, só acontece depois que a revolta dá lugar ao arrependimento sincero.

– E depois de receberem o socorro necessário, terão de 'repetir de ano' na escola da vida? – perguntou Jorge interessado.

– De certa forma, sim, visto que antes de virem ao mundo essas pessoas haviam se comprometido a passar pelos sofrimentos dos quais tentaram fugir através do suicídio, com vistas ao seu aprimoramento pessoal. Assim, cedo ou tarde, terão de passar novamente por provas semelhantes àquela que as fez sucumbir, a fim de que possam mostrar que realmente aprenderam com seus erros e que estão aptas a continuarem seu caminho evolutivo, entendeu?

– Acho que sim – respondeu Jorge com o olhar distante, como quem procura fichas sobre um determinado assunto dentro do próprio cérebro. – Tudo isso parece novo para mim... Preciso pensar a respeito... – ele voltou a concentrar os olhos em Glória. – E se uma pessoa se suicidar para tentar ajudar um outro suicida?

– Jorge, por favor, entenda de uma vez por todas. Laura fez uma bobagem e, se você fizer uma bobagem igual, não terá a menor condição de ajudá-la, nem agora, nem nunca! Seria o mesmo que pular dentro de uma represa sem saber nadar para salvar alguém que está se afogando. Vocês dois iriam se afogar!!! Nesse momento, tudo o que você pode fazer pela Laura é cuidar de si mesmo, cuidar do filho que vocês tiveram, e orar por ela com o coração tranquilo e equilibrado, com a certeza de que um dia, que chegará muito antes do que você imagina, vocês irão se encontrar e novamente vivenciar aquele amor tão forte que os unia. Se você realmente quer que esse dia chegue, nunca mais pense nisso!

– Você tem toda razão – ele concordou. – Nem sei como te agradecer, estou me sentindo uma outra pessoa depois de tudo o que nós conversamos. Pode ficar despreocupada que eu não vou fazer nenhuma bobagem.

Glória respirou aliviada, agradecendo mentalmente a Deus pelo auxílio recebido.

– Bem, agora que se sente melhor, acho que devemos ir – anunciou, consultando o relógio. – Já são quase nove horas da noite, ainda tenho uma pilha de provas para corrigir...

– Você é professora? – surpreendeu-se Jorge.

– Sim, dou aulas para o primeiro grau na escola General Costa Mares.

– Que coincidência – exclamou ele. – Já morei ao lado dessa escola!

Antes que Glória entrasse no ônibus que a conduziria ao bairro de Copacabana, onde morava, Jorge sentiu muita vontade de pedir seu telefone. Estava tão grato a ela, ao mesmo tempo era tão difícil encontrar uma pessoa agradável com quem conversar. Ainda mais para um sujeito caladão e introspectivo como ele. Enquanto o ônibus dela não chegava, ficou ali se questionando, pensando se ficaria bem, se deveria, se Laura não ficaria chateada com sua atitude.

A seu lado, Glória também pensava o quanto seria bom vê-lo novamente, mas desta vez não ousou tomar nenhuma iniciativa. Não queria que ele confundisse sua boa ação daquela tarde com algum interesse pessoal, tinha horror dessas mulheres que se aproveitam de qualquer oportunidade para se oferecerem.

Assim, quando o ônibus dela chegou, eles acabaram se despedindo de uma maneira formal e definitiva, que não combinava nada com os momentos de completa afinidade que haviam partilhado naquela tarde.

– Adeus e obrigado por tudo – disse ele, ajudando-a a subir no ônibus.

– Que Deus o ilumine sempre – ela respondeu de dentro do ônibus. – Seja feliz...

Por ironia do destino, neste mesmo instante, em casa, Bartira lutava para convencer os pais exatamente do oposto do que de fato ocorria entre Jorge e Glória.

– Tudo bem que a gente não deve julgar as pessoas pela cor – argumentava ela, com sua lábia de advogada. – Reconheço que foi uma fraqueza minha fazer essa afirmação, provavelmente fruto da revolta que senti ao ver o homem que a minha irmã tanto amava feliz ao lado de uma outra completamente diferente de Laura...

– Bartira! – interferiu Paulo. – Como pode deduzir tantas coisas se você mesma nos confessou que apenas viu Jorge sentado em uma mesa na companhia de uma moça e saiu correndo?

– Podia ser uma amiga de faculdade... – aventou Inês.

– *For God's sake*, mamãe! – redarguiu Bartira indignada. – Tenha a santa paciência! Como é que alguém pode ter uma amiga de faculdade se nem sequer cursou uma faculdade?

– Esqueci, filha... quis dizer de escola ou talvez...

– Não – tornou Bartira, com um ódio tão profundo que ela mesma não sabia de onde vinha –, aí tem coisa. Eu sei, eu sinto que estava rolando alguma coisa ali naquela mesa...

– Bartira, ainda acho que você... – Paulo se interrompeu ao ouvir o barulho da chave girando na porta.

De imediato Bartira levantou-se, passando a encarar Jorge com uma fisionomia inquisidora, enquanto Inês corria até o quarto para mais uma vez tentar acalmar o neném, cuja incomum agitação daquele dia refletia o clima da casa.

Ao lado de Jorge, Sólon, Rutílio e Jonas perceberam o verdadeiro jato de energias pesadas que Bartira lançou ao cunhado com um simples olhar. Continuava cercada por aquelas três entidades que faziam de tudo para deixá-la ainda mais transtornada com a situação. O jato, porém, não conseguiu atingir Jorge, que se encontrava numa outra sintonia, ainda contaminado pela força das palavras de Glória.

– Parece que 'os bons' vieram junto com ele – observou uma das acompanhantes invisíveis de Bartira.

– Talvez fosse melhor avisarmos Cirino – ponderou outra.

– Fiquem quietas! – gritou a terceira. – A ordem que recebemos foi de que permanecêssemos aqui até que Bartira expulsasse Jorge de casa! De mais a mais, Cirino está cuidando de outros assuntos de nosso interesse.

As duas outras entidades obedeceram e as três logo voltaram a se colocar em torno de Bartira, dispostas a aumentarem ao máximo toda aquela confusão – coisa que, aliás, lhes era extremamente prazerosa.

– Jorge! – exclamou Paulo. – Por onde andou? Estávamos todos preocupados!

– Desculpe, seu Paulo – respondeu o rapaz envergonhado. – Tive uma tarde difícil... Nem sei como contar tudo o que me aconteceu... – deparou-se então com o olhar reprovador de Bartira e tentou se justificar. – Na verdade estive quase todo o tempo no cemitério...

– Mentira! – Bartira não conseguiu se conter. – Eu estive no cemitério e você não estava lá!

– Isto mesmo! – aconselhou a entidade líder daquele grupo. – Chame-o de hipócrita, de dissimulado. É isso mesmo o que ele é!

– Por que insiste em tentar nos convencer com essa sua cara falsa de sofredor incondicional? – continuou Bartira, cada vez mais cheia de ódio. – Por que não assume de uma vez que nunca amou Laura, que você não passa de um hipócrita dissi...

– Bartira! – repreendeu Paulo. – Por que você não vai lá para dentro e me deixa conversar com Jorge de forma civilizada?

– De maneira alguma! – gritaram as entidades em coro.

– De maneira alguma! – repetiu Bartira. – Faço questão de permanecer na sala e ouvir tudo o que este canalha tem a dizer.

Jorge a olhava, incrédulo, sem conseguir entender uma palavra do que ela dizia. A sensação que tinha era de que havia entrado no apartamento errado.

– Então queira, pelo menos, nos fazer o obséquio de se manter calada até que Jorge termine sua explicação. Quando ele acabar, então será sua vez de falar, combinado assim? – determinou Paulo.

Bartira teve de se render. Embora ela fosse a advogada da família, Paulo ardilosamente havia se colocado na posição de um juiz de tribunal e ela entendera sua mensagem. Como advogada que era, sabia que todo réu tem direito a se defender, antes de ser atacado pelo promotor. Fechou os olhos e respirou fundo, pedindo a Deus que a ajudasse a suportar aquele momento tão difícil para ela.

Enquanto isso, no plano invisível, aproveitando-se da trégua provisória oferecida por Bartira, que, por intermédio daquela rápida prece conseguira por alguns alguns instantes silenciar sua mente, deixando então de se sintonizar com os espíritos maléficos que a rodeavam, Sólon e seus ajudantes ergueram uma espécie de redoma de luz em torno dos membros daquela família, de maneira a isolá-los provisoriamente da influência daquelas três entidades vingativas ali presentes. Sem se dar conta disso, estas não deixaram de fazer suas sugestões, todavia, não conseguiam mais se fazer ouvir, nem por Bartira, nem por ninguém.

– O que foi que eu fiz? – Jorge conseguiu perguntar, após alguns minutos de pesado silêncio. – Por que Bartira me acusa deste jeito?

– Ela diz que o viu esta tarde sentado em uma casa de chá em Botafogo, em companhia de uma moça... – ensaiou Paulo.

– Não é possível... – Jorge deixou-se cair sentado no sofá, imaginando a dificuldade que teria para convencer a família do que efetivamente acontecera.

– Diga toda a verdade! – aconselhou Sólon, a seu lado.

Jorge e Paulo passaram mais alguns minutos em silêncio, sob o olhar atento de Bartira. O marido de Laura sem saber por onde começar, o sogro pedindo ao Mestre Nazareno que o iluminasse para que não partisse para cima do genro, caso este confirmasse as suspeitas levantadas por Bartira.

– Você está... namorando alguma moça? – Paulo finalmente arriscou.

– De jeito nenhum! – Jorge respondeu de imediato. – Foi tudo um acaso, uma desagradável coincidência... – conseguiu definir.

Muito envergonhado, porém intensamente iluminado pelo trio de espíritos que o acompanhara todo aquele tempo, Jorge passou então a narrar ao sogro com detalhes tudo o que efetivamente acontecera naquela tarde até o momento de seu 'quase suicídio', quando Glória apareceu.

– Meu filho! Então eu não estava errado quando intuí que... – Paulo interrompeu-se neste ponto. – Como pôde pensar em fazer isso? Em nenhum momento imaginou o quanto prejudicaria Pedro Henrique com esta atitude? O quanto magoaria a mim e a Inês que o queremos como a um filho? O quanto toda a nossa família já sofreu com o ato impensado de Laura, para você ainda cogitar em repeti-lo?

Constrangido e humilhado, Jorge pensava o quanto era desagradável ter de ouvir tudo aquilo do sogro, e ainda suportar aqueles olhares de Bartira, justo no momento em que conseguira recuperar, a duras penas, uma parte ínfima de seu equilíbrio. E o pior de tudo é que ele tinha a sensação de já ter vivido exatamente aquela situação em algum lugar do passado que ele não conseguia identificar. "É uma prova, só pode ser uma prova", repetiu mentalmente. Algumas explicações de Glória voltaram-lhe então à memória como um feixe de intensa luz: "Às vezes precisamos passar por situações semelhantes àquelas que nos fizeram sucumbir algum dia, a fim de provarmos que realmente aprendemos com nossos erros e mostrar que estamos aptos a continuar nosso caminho evolutivo", dissera ela.

– Eu estava desnorteado, seu Paulo – justificou Jorge com humildade. – Não conseguia pensar em ninguém, só na saudade que eu sentia de Laura, naquele maldito exame... Mas isso nunca mais vai voltar a acontecer. De hoje em diante vou...

– Você falou em exame? – estranhou Paulo.

– Ai, falei... – recriminou-se Jorge.

– Que exame é esse, Jorge? Você está com algum problema de saúde?

Jorge respirou fundo e fechou os olhos, sentido, antes de responder:

– Logo depois que Laura morreu, estive no consultório do dr. Walter e fiquei sabendo que ela estava com leucemia. Pronto, falei – desabafou por fim.

– Leucemia???? – repetiu Bartira chocada, imediatamente lembrando-se do aviso que recebera do tio. – Não pode ser...

– Por Deus! – exclamou Inês, que entrava na sala neste momento, depois de finalmente conseguir fazer o menino dormir. – Será que ela sabia disso?

– Não sei, dona Inês. Tenho me perguntado isso todos os dias, desde o momento em que saí do consultório do médico...

– Nós poderíamos ter tentado um transplante de medula... – imaginou Paulo, reflexivo e distante.

– Por isso aqueles sangramentos durante a gravidez... aquela fraqueza toda... – deduziu Inês, ao mesmo tempo.

– E a doença já estava em um estágio muito adiantado? – quis saber Paulo, voltando à realidade.

– Pelo que me disse o médico, sim. Laura já estava com mais de cem mil leucócitos por milímetro cúbico de sangue e, ao que tudo indica, não teria muitos meses de vida pela frente...

– Como pode ser? – repetia Bartira, atônita. – Não, isso não pode ser verdade...

– Não creio que ela soubesse – ponderou Paulo. – Do contrário não teria se surpreendido tanto com sua falta de leite.

– O senhor tem razão – admitiu Jorge. – Eu não tinha pensado nisso antes... Na verdade, o médico me disse que ela se negou a fazer os exames, alegando ter certeza de que não tinha nada.

– Pobre Laura... – choramingou a mãe.

– Como ele podia saber? – questionava-se Bartira, referindo-se a Jonas.

Este, aproveitando a espontânea sintonia que a sobrinha criou ao se lembrar dele, aproximou-se dela delicadamente e aplicou-lhe um passe magnético calmante, o qual isolou ainda mais as entidades que tentavam perturbá-la.

– Acho melhor irmos embora daqui – comentou a primeira.

– Sim, sinto que o cerco está se fechando contra nós – reforçou a segunda.

– Vocês têm razão – concordou a líder –, os bons tomaram conta do ambiente. Vamos procurar Cirino antes que eles nos aprisionem.

Dizendo isso, as três desapareceram dali como que por encanto, enquanto Bartira, perplexa com aquela revelação e levemente anestesiada pelos fluidos magnéticos que lhe haviam sido aplicados por Jonas, esqueceu completamente o ódio que há poucos instantes sentia por Jorge.

– Agora que já está tudo esclarecido, você gostaria de perguntar mais alguma coisa a Jorge, Bartira? – convidou Paulo.

– O exame... – respondeu ela, ainda pasma – gostaria de ver o exame...

Com o olhar triste, Jorge então tirou da carteira o envelope amassado pelo manuseio constante e o entregou à cunhada. Ela passou alguns instantes fazendo sinal de não com a cabeça enquanto olhava para o exame contido no envelope, depois dobrou-o novamente e o deixou sobre a mesa.

– Peço desculpas a todos pelo meu papelão – disse, levantando-se, com os olhos cheios d'água. – Amanhã cedo embarco para a Inglaterra, deixando todos vocês livres das minhas trapalhadas...

– Bartira, minha filha... – Inês tentou ir atrás dela. Paulo, porém a impediu:

– Deixe-a refletir um pouco. Amanhã conversamos com ela no caminho para o aeroporto.

– Seu Paulo... dona Inês... – ensaiou Jorge. – Também sinto muito por...

– Não há nada o que desculpar, meu filho – disse Paulo, batendo-lhe nas costas de forma paternal. – Gostaria apenas que entendesse que você não está sozinho... Que nós o amamos como um filho...

Emocionado com as palavras de Paulo, Jorge abraçou-o com força, tentando abafar os próprios soluços.

– Agora vá dormir você também. Mais do que ninguém, você precisa descansar – sugeriu Paulo, ainda abraçando-o.

– E faça o favor de não tomar mais nenhum calmante, ouviu? – completou Inês, fazendo um carinho em seus cabelos.

– Não se preocupe, dona Inês. De hoje em diante eu vou ser um outro homem, a senhora vai ver. Amanhã mesmo vou sair para procurar um emprego.

– Ô, meu filho – ela também o abraçou comovida –, graças a Deus!

Como sempre, depois que todos foram dormir, Inês ainda continuou acordada por um bom tempo, tentando concentrar-se em suas peças inacabadas de tricô. Embora se esforçasse para não pensar no pior, sentia que algo de muito ruim estava acontecendo com Eduardo, e aguardava ansiosa a chegada do filho.

Martinha estava linda naquela noite, nem mesmo Eduardo pôde deixar de perceber isso. Ao contrário do que quase sempre acontecia, estava vestida de maneira completamente diferente das outras garotas, com um vestido curto e esvoaçante cor de salmão, que combinava com o corte moderno que dera nos cabelos cacheados. Embora estudassem na mesma sala, desde a noite daquele fatídico porre, ela e Eduardo não haviam mais se visto, já que este não voltara mais à escola após a morte da irmã, enquanto ela, envergonhadíssima pela maneira como agira naquela noite, se fechara em si mesma para reavaliar seus valores, passando quase dois meses longe do barzinho frequentado pela turma.

Alguma coisa mudara dentro dela e isto parecia estampado na sua fisionomia. Na verdade, fora até ali naquela noite apenas para se despedir dos amigos. Na tarde seguinte partiria para a Europa, onde seus pais, separados há dois anos, a esperavam para uma nova tentativa de reestruturar a família. Embora sentisse ter de abandonar o avô, seu grande amigo nesses anos todos, Martinha estava eufórica com a possibilidade de ver seus pais juntos de novo.

Enquanto ela conversava com os colegas, contando-lhes seus planos para a viagem, Eduardo a observava de longe, com um copo de chope na mão. Também estava muito mudado, a começar pela fisionomia. Não alterara o corte dos cabelos e nem a maneira de fazer a barba, ainda rala, mas algo em seu rosto denunciava que ele não era mais o mesmo Eduardo de sempre. Seu olhar tornara-se triste e ao mesmo tempo adquirira um brilho estranho, um brilho distante que lhe dava um ar revoltado, fazendo lembrar o olhar de Cirino.

Abraçado a Eduardo como um grande amigo, este, por sinal, parecia estar adorando toda aquela bagunça. Olhava as garotas que passavam de um lado para o outro com suas roupas justas, deliciava-se com os casaizinhos que se amassavam em beijos intermináveis nos cantos de parede, em meio a bandos de espíritos que lhes infundiam pensamentos de sexo desvairado.

– Que coisa maravilhosa! – Cirino não pôde deixar de comentar. – Adoro esses ambientes de muito álcool... e muito sexo! No meu tempo era tudo tão diferente... E pensar que eu nunca pude dar nem um beijo... no rosto de sua irmã...

– Nós viemos aqui para concretizar a nossa vingança ou para você ficar aí beijando com a boca alheia? – interferiu uma das duas mulheres que o acompanhavam. – Se quer saber, estou odiando este lugar, que só me faz lembrar do nosso passado...

– Não precisa ficar nervosa, Brigite – interferiu Cirino com seu ar de espertalhão. – Você nunca ouviu falar... que vingança é um prato que se come frio?

– Sei. Estou achando é que você está se identificando demais com o rapazinho aí – reclamou ela.

– É – concordou a outra –, pelo que eu saiba, nós estamos aqui para ajudá-lo a acabar com ele e não para assistir a você se divertindo na companhia dele!

– Não vejo a hora de ver o maldito trio reunido no cemitério, assistindo ao espetáculo da decomposição dos corpos! – riu Brigite com sua gargalhada assustadora.

– Parem com isso! Vocês estão atrapalhando a minha transmissão de pensamentos. Vamos fazer uma coisa? Você, Brigite, e você, Naná... vão até o apartamento... ver como anda o trabalho das outras três. Enquanto isso... fico aqui cuidando do garoto – sugeriu Cirino, com sua voz rouca e sussurrada, como se lhe faltasse ar entre as palavras.

Um tanto contrariadas, as duas obedeceram, enquanto Cirino tentava concentrar-se na tarefa de sugerir a Eduardo que pedisse algo mais forte para beber.

– Que tal uma vodca com limão? – sussurrou ao ouvido do rapaz, que prontamente encomendou uma ao garçom que passava por ali naquele instante.

No momento em que Eduardo tocou no copo que lhe fora trazido pelo garçom, porém, ouviu atrás de si uma voz tão doce que o fez estremecer e deixar cair o copo no chão sem sequer experimentar seu conteúdo:

– Eduardo, será que nós poderíamos conversar um minutinho?

Antes mesmo de virar-se, ele reconheceu o perfume de Martinha e sorriu. Já estava bastante alterado pelo álcool, conversar com ela era tudo o que ele queria naquela noite.

– Você ficou uma gata com esse cabelo – comentou, no momento em que seus olhos se encontraram.

– E que gata! – concordou Cirino, ao lado dele.

– Obrigada... – ela respondeu sem graça.

– Mas está tão envergonhada... – Eduardo observou. – Nem parece a mesma Martinha que eu tirei daqui naquele dia.

Martinha abaixou os olhos. "Droga", pensou, "eu sabia que ele ia me tratar com ironia. E agora, o que é que eu faço?"

– Não precisa ficar chateada por causa disso – disse Eduardo, notando que a tinha deixado constrangida. – Eu só falei por falar...

– Olha, Eduardo, desde aquele dia eu estava mesmo querendo te pedir desculpas... Você não imagina como me senti no momento em que acordei no meu quarto, sem saber nem como é que eu tinha chegado até lá... Só no decorrer do dia as coisas que tinham acontecido começaram a voltar na minha cabeça e...

– Que coisinha... – disse Cirino, imitando o jeito dela de falar. – Agarra ela, garoto... o que você está... esperando?

De um só bote, Eduardo enlaçou-a com os dois braços e a beijou de uma maneira sôfrega, quase agressiva, que nem de longe lembrava a cena por que ela tanto havia esperado.

– Ai... assim você está me sufocando – ela disse, finalmente conseguindo libertar-se daquele abraço de tamanduá.

– Não resisti... – respondeu Eduardo com seu olhar distante e esquisito.

– Eu... eu... – ela tentou se recompor.

– Não precisa se justificar... eu sei que você gostou! – ele disse mordendo os lábios, como que se preparando para atacar novamente.

– Olha, Eduardo, as coisas não são bem assim como você está pensando não! Se você continuar desse jeito, eu acho que não vai dar pra gente conversar. Nem hoje nem nunca mais! – ela ameaçou sair.

– Espere, gata – ele a segurou pela mão –, eu estou mesmo um pouco alterado... vamos comigo até ali fora, tomar um pouco de ar...

Martinha ficou sem saber o que fazer. Por mais que ele lhe parecesse estranho naquela noite, ainda era o mesmo Eduardo por quem ela fora apaixonada durante tantos anos, que estava ali agora, nitidamente necessitado de uma força. Suas amigas, aliás, já haviam comentado o quanto ele ficara esquisito depois da irmã ter se matado daquele jeito horrível. Durante o tempo em que ficaram afastados, ela havia pensado mil vezes em procurá-lo, embora a timidez tivesse falado mais alto em todas essas vezes. Por outro lado, no dia em que ela passou de seus limites depois de exagerar no álcool, ele a tratara com tanto respeito, tanto carinho... Ela sentia-se na obrigação de fazer o mesmo por ele.

– Tudo bem, vamos até lá fora. – Martinha acabou concordando. – Você parece estar mesmo precisando de um pouco de ar puro.

– Você não está bebendo nada? – ele perguntou, intuído por Cirino, enquanto caminhavam por entre a multidão de jovens que dançava freneticamente em torno das mesas.

– Não – respondeu ela alto para que ele pudesse ouvi-la apesar da música. – Prometi a meu avô que nunca mais ia voltar pra casa tonta!

Ao chegarem à porta do bar, a primeira coisa que Cirino avistou foi a garrafa de *stromboli* sendo tragada, no próprio gargalo, por Batata e Samuca no lugar de sempre.

– Veja seus amigos! – ele falou ao ouvido de Eduardo, a quem continuava abraçado. – Você não vai se juntar a eles?... Aposto como ficará... muito mais fácil... agarrar essa garota depois que vocês dois derem uma... calibrada nas ideias!

– Vamos até ali. – Eduardo puxou Martinha pela mão.

– Eduardo, não... – ela resistiu, mas se deixou puxar. – Todo mundo sabe que o Batata e o Samuca andam metidos com o que não deviam...

– O que é que tem? Eu só vou dar um golinho e a gente sai fora... Até porque desta vez eu tenho direito... Fui eu que contribuí com as 'bolas'.

– Eduardo, por favor, não! – ela estancou no meio do caminho.

– Que é isso, Martinha? Vai dizer que nunca experimentou o *stromboli*? – Eduardo estranhou.

– Não, não experimentei, nem quero experimentar – ela respondeu decidida.

– Sabe o que é? Não fica chateada não, mas eu tô muito a fim de ir até lá. Minha cabeça está muito confusa, tô precisando dar uma relaxada nas ideias...

– Se você quiser ir, vá, mas eu vou ficar aqui – ela fincou pé.

– Você promete que me espera?

Martinha queria dizer que não, que ia embora para casa, pois não estava se sentindo nem um pouco à vontade naquele lugar, mas, ao mesmo tempo, estava cada vez mais preocupada com Eduardo. Ela o amava tanto, como poderia deixá-lo sozinho no meio daqueles garotos barra-pesada? Depois, Eduardo já estava tão alto... E se passasse mal com o tal *stromboli*?

– Eduardo, não vai não... Vamos embora daqui comigo... – ela pediu.

– É só um minutinho – ele disse fazendo sinal com a mão, enquanto andava de costas em direção ao banco onde Samuca e Batata estavam sentados. – Um minutinho só!

De longe, Martinha ouviu quando Eduardo pediu para dar 'uma tragadinha'; quase chorou quando o viu levando a garrafa à boca e depois tossindo, engasgado com a quantidade de líquido que tentara ingerir de um só gole. A seu lado, porém, estavam seu espírito protetor e também o espírito protetor de Eduardo, que a acalmaram com seus bons fluidos.

– Você precisa tirá-lo daqui o quanto antes – sussurrou-lhe o protetor de Eduardo.

– Mas não se arrisque – aconselhou seu guardião. – Tente mais uma vez, se ele não quiser atendê-la, volte para casa assim mesmo.

Cirino, por sua vez, levou um susto ao constatar que Samuca e Batata também não estavam sozinhos. Em torno dos dois havia dezenas de espíritos que se batiam para aspirar o bafo quente e alucinógeno que os garotos lançavam no ar enquanto conversavam.

– O doidão pode ficar, mas você sai fora porque já tem gente demais no pedaço – disse o líder do bando, olhando ameaçador para Cirino.

– Ah, é? – desafiou Cirino, valentão. – E quem vai... me tirar daqui?

Antes mesmo de terminar sua resposta desaforada, Cirino sentiu três espíritos truculentos pularem sobre ele e acabou sendo escorraçado dali como um cachorro sem dono, debaixo de muitos socos e pontapés. As cinco mulheres que sempre o acompanhavam, as quais haviam se encontrado a poucos metros dali, vieram correndo em seu socorro.

– Eu bem que avisei que tinha horror a esse tipo de ambiente – protestou Naná.

– É melhor... sairmos daqui – disse Cirino, muito machucado, vendo que os três espíritos que o haviam espancado continuavam encarando-o de longe. – Esses caras não estão... para brincadeiras... Não demora, resolvem... pegar também... vocês! – de tão ofegante, ele parecia estar com falta de ar.

– E o garoto? – perguntou Brigite.

– Amanhã... quando ele sair... para beber... nós voltamos... e cuidamos dele – determinou Cirino, com muita dificuldade de respirar.

Como que pressentindo toda aquela movimentação de espíritos a seu redor, Martinha, enquanto isso, ia ficando cada vez mais nervosa.

– Vamos, Eduardo! – gritou de longe. – Eu estou morrendo de sono!

– Peraí, gata! – ele respondeu de onde estava. – Só mais um pouquinho!

"Eu vou contar até vinte", decidiu ela, "se ele não vier, eu vou embora". Martinha contou até cento e vinte e Eduardo nada. Com os olhos cheios d'água, olhou então uma última vez para onde os garotos estavam e viu quando eles se encaminharam até um fusca amarelo, parado do outro lado da praça, em cujo interior havia mais dois rapazes. "Que Deus cuide de você, Eduardo", ela pensou, enquanto se virava na direção oposta, disposta a chegar em casa o quanto antes, mal conseguindo esperar a hora de agarrar seu travesseiro e chorar tudo o que estava com vontade. Pouco antes de chegar até a primeira esquina, porém, ouviu os gritos de Eduardo, que viera correndo atrás dela:

– Martinha, espere!

Estava, contudo, tão fora de si que, na pressa de alcançá-la, acabou atropelando um gelo baiano que havia no caminho, sendo arremessado a metros de distância.

– Eduardo! – ela correu ao vê-lo estendido no chão. – Você se machucou?

– Minha cabeça – respondeu ele, ainda deitado, levando as mãos à testa ensanguentada.

– Está sangrando muito... – ela constatou nervosa. – Ai, meu Deus, o que é que eu faço agora? – angustiou-se, enquanto tentava limpar o sangue com a barra do vestido.

– Você vai estragar seu vestido – observou Eduardo, ainda zonzo.

– Não tem problema – ela beijou-lhe a testa ensanguentada –, o importante é que você fique bem... Será que consegue se levantar? Tem uma farmácia aqui perto, podemos fazer um curativo...

Carinhosamente ela o ajudou a se colocar de pé, depois abraçou-o com cuidado e o ajudou a mancar até a farmácia, a duas quadras dali.

– Acho que meu joelho também está sangrando – ele avisou.

– Se você tivesse ido embora comigo na hora em que eu pedi, nada disso teria acontecido...

Para alívio de Martinha, ao chegarem à farmácia, o farmacêutico de plantão constatou que Eduardo apenas sofrera um pequeno corte na testa e ralara os braços e os joelhos na queda.

– Mas por que sangra tanto, moço? Será que ele vai precisar levar ponto? – ela perguntou preocupada.

– Não há necessidade, o corte foi muito pequeno – explicou o farmacêutico. – Qualquer ferimento na região da cabeça sangra muito, é normal.

Desta vez foi ela quem o levou até a porta do prédio.

– Não precisa me levar até lá, eu já estou bem... – Eduardo quis poupá-la, antes que entrassem na rua onde os dois moravam.

– Não adianta. Só vou dormir tranquila depois de ver você entrando na portaria, do mesmo jeitinho que você fez comigo naquele dia.

– Mas o seu prédio fica na outra esquina, não vou deixar que...

– Eduardo – interrompeu ela –, quem eram aqueles caras que chegaram naquele fusca amarelo?

– Era o Riquinho, um amigo do Batata lá de Ipanema, e mais um colega deles que eu não conheço.

– E o que é que vocês tanto ficaram conversando?

Eduardo olhou para ela, depois abaixou a cabeça e não respondeu. Os dois caminharam mais um pouco até que, quase chegando à frente do edifício, ela insistiu:

– Você não pode me contar?

– Eles estavam combinando de subir o morro para pegar um pouco de droga – Eduardo respondeu finalmente. – Mas eu não quis ir.

– Eduardo! Você não pode...

– ... Não quis ir para ficar com você – ele continuou, enlaçando-a num beijo em seguida, um beijo terno e caloroso, bem diferente do que ele havia forçado no barzinho.

– Ah, Eduardo, eu gosto tanto de você – ela disse em seguida, acarinhando-lhe o rosto. – Não queria que...

– Nossa! – ele percebeu que o vestido dela estava todo sujo. – O que o seu avô vai dizer quando vir você desse jeito?

– Não se preocupe – ela sorriu com seus dentes bonitos –, eu estou sóbria o bastante para explicar tudo a ele. Na hora em que eu entrar eu coloco a bolsa na frente e...

– Você vai contar que fui eu? Seu avô conhece o meu pai e...

– Fique calmo. Eu não vou dizer nada que foi você.

– Como não descobri você antes? – ele disse, beijando-a novamente.

Estava tão bom o namoro que Eduardo acabou convencendo Martinha a acompanhá-lo até uma loja de conveniência ali perto para fazer um lanche, e, sentindo-se mais sóbrio, depois foi levá-la até a porta do prédio em que ela morava. Sua vontade era não sair de perto dela nunca mais.

– A gente podia combinar de pegar um cineminha amanhã – ele propôs, quando ela fez menção de subir.

– Amanhã? – ela se surpreendeu. – Mas eu não vou estar mais aqui amanhã!

– Não vai estar mais aqui? Como assim?

– Ué? Então você não sabe que eu estou indo morar na França com meus pais?

– Na França? – Eduardo não conseguia acreditar. – Se ainda fosse na Inglaterra...

– E por que na Inglaterra? – Martinha quis saber.

– Minha irmã mora lá – ele respondeu, chateado. – Bom... então...

Os dois se beijaram mais uma vez. Martinha ficou tão emocionada que não conseguiu segurar as lágrimas antes que o beijo terminasse.

– Não fica assim não – ele beijou seus olhos. – Quem sabe a gente ainda se encontra por lá...

– É... quem sabe... Até lá gostaria que você me prometesse não se meter mais com essas coisas barra-pesada...

– É... quem sabe... – rebateu Eduardo. – Juro que eu vou fazer o possível.

– Enquanto isso, eu vou te escrever sempre – Martinha prometeu.

Depois que ela finalmente subiu, Eduardo ainda ficou um tempo na porta do prédio, lembrando-se da última vez em que a deixara ali, lamentando por não ter ficado com Martinha desde aquele dia, imaginando como seria bom se pudesse passar todo o resto daquela noite abraçado com ela, apenas sentindo o calor de seus braços e seu agradável perfume.

Laura perdeu completamente a noção do tempo naqueles dois anos que sucederam à sua morte. Não pôde acompanhar o desenvolvimento do filho, que agora já corria pela casa; não teve como compartilhar da alegria de Jorge quando, depois de muito esforço, conseguiu finalmente um emprego no setor de contabilidade de uma antiga empresa brasileira que fora comprada por estrangeiros; não viu o maravilhoso *poster* dela, em sua primeira noite de gala no balé, que Bartira mandou fazer para pendurar em sua sala de visitas na Inglaterra.

Às vezes imaginava estar ali apodrecendo, literalmente, há séculos, outras vezes acreditava ter pulado da janela há apenas poucas horas, tão fortes ainda eram as visões da queda que trazia impressas na memória. No triste lugar onde vivia desde que fora capturada por aquele estranho bando no cemitério, não havia relógios nem calendários, nem mesmo o sol aparecia para anunciar o raiar de um novo dia. Tudo era desolação, sujeira e escuridão naquele pântano de almas desesperadas que se julgavam esquecidas pela providência divina para sempre.

Em meio às trevas que a rodeavam permanentemente, Laura não conseguia identificar sequer o rosto daqueles que dividiam espaço com ela naquela fétida e fria caverna, que mais parecia um túmulo incrustado em sinistro edifício mortuário, ocupado por seres que, como ela, choravam e gritavam o dia inteiro, prisioneiros de traumáticas recordações. Para piorar ainda mais a situação, frequentemente a caverna era invadida por vozes aterradoras. Algumas vezes ela os julgavam como implacáveis juízes de um tribunal, outras, apenas se divertiam apontando-lhes o dedo em riste e insultando-os até fazer com que se sentissem piores do que vermes asquerosos e insignificantes.

– Suicidas miseráveis! – dizia uma das vozes.

– Vocês merecem sofrer, porcos imundos! – gritava outra.

– Entupam-se com o cheiro da carne de seu próprio corpo! – convidava uma terceira.

– O nada, para onde tentaram fugir, não existe. O nada são vocês, que valem menos do que um punhado de excrementos de animais, seus fedidos! – complementava uma quarta.

Impregnadas de ódio, nojo e desprezo, tais palavras os açoitavam como vorazes verdugos numa espécie de juízo final. Depois de ouvi-las, a maioria dos seres que viviam naquela caverna e nas outras vizinhas quase sempre entrava em crise, gerando uma completa balbúrdia de prantos, vozes e uivos de desespero, que só aumentava a sensação de desamparo e angústia que todos sentiam.

O pior de tudo era que nessas ocasiões em que os desesperos se misturavam, Laura voltava a ter visões não apenas das cenas de seu próprio suicídio, mas também dos momentos que marcaram os últimos instantes da existência daqueles que a cercavam naquele lugar fétido e desolador. Via corpos se debatendo contra as águas em pleno afogamento, outros lutando para respirar como que sufocados por invisível substância, outros que, como ela, cortavam os ares em agonia como que atraídos por vácuo profundo, outros ainda que, completamente deformados, recolhiam seus membros ensanguentados sob as rodas de carros, outros tentando desesperadamente estancar o sangue que jorrava dos próprios pulsos num espetáculo horrível, impossível de ser imaginado sequer pelos que padecem das mais dolorosas provações na Terra.

Contudo, no aparentemente eterno blecaute físico e moral daquele lugar a que os verdugos chamavam de vale sinistro, em certas ocasiões Laura conseguia divisar ao longe as vozes dos entes amados que deixara na Terra, e sentia-se reconfortada por alguns raros instantes. "Tudo isso um dia vai passar, minha filha, tenha fé", dizia a voz de seu pai. "Laura, querida, o que quer que aconteça, lembre-se de que nós a amamos, nós sempre a amaremos", dizia a voz de Jorge. "Você só precisa abrir o seu coração para receber socorro, não desanime", dizia uma voz de mulher que ela não conseguia reconhecer.

Outras vezes ainda, ela sentia a vibração de mensagens confusas, que pareciam provir de sua mãe, de Bartira e de Eduardo, as quais, no entanto, em vez de reconfortá-la como as que provinham de seu pai, de Jorge e daquela mulher desconhecida, ardiam como se alguém despejasse um balde de ácido sulfúrico sobre seu corpo machucado e ferido, fazendo-a sentir-se ainda mais angustiada. "Não me conformo", era o único conteúdo que ela conseguia extrair destas mensagens.

E neste incontrolável suceder de angústias, pontuadas por fugazes momentos de conforto, se passavam os dias de Laura. Até que certa vez, quando mancava pelo lodaçal que rodeava a área das cavernas, em busca de um recanto qualquer onde pudesse refugiar-se por alguns minutos sem ouvir nenhum lamento, seus olhos divisaram, deslumbrados, uma fileira de seres vestidos de branco, cujas roupas pareciam confeccionadas em um tecido fosforescente que brilhava em meio à escuridão. Traziam um emblema à altura do peito, uma cruz azul celeste que resplandecia à distância, onde estava escrito "legião dos servos de Maria".

Seguindo aquela fileira de seres iluminados, Laura percebeu que vinham de veículos que pareciam compridas ambulâncias azuladas, estranhamente desprovidas de rodas, e enfileiradas como vagões de um trem, embora nada prendesse uma às outras.

Guiados por uma voz clara e intensa, que parecia vir de um alto-falante que ela não conseguia localizar, os estranhos visitantes que saíam das ambulâncias iam entrando em cada caverna do vale, onde curvavam-se, cheios de piedade, junto àquele fétido lodaçal, e examinavam atenciosamente cada um dos seres que encontravam no interior. Em seguida, acomodavam alguns desses infelizes em macas e os conduziam rapidamente para o interior dos veículos estacionados adiante.

Sentada sobre uma pedra, concentradíssima no que via, Laura não chegou a perceber quando uma senhora, que não usava roupas fosforescentes como os demais, aproximou-se dela e, com gestos muito precisos, aplicou uma espécie de pomada sobre seus ferimentos. Era, na verdade, dona Clotilde. Em seguida, a boa senhora afastou com cuidado a lama que cobria seus pés machucados e, depois de mergulhá-los numa bacia com um líquido dentro, cobriu-os com delicados sapatinhos de lã, exatamente como costumava fazer quando Laura ainda vivia nos limites do cemitério.

Como ela, havia dezenas, talvez centenas de enfermeiros invisíveis, que perambulavam pelo local ministrando socorros aos que não estavam sendo recolhidos pelas macas, sem que estes notassem sua presença.

À medida que as macas iam saindo das cavernas em direção aos veículos, uma pequena multidão de desgraçados ia se juntando ao redor dos enfermeiros enfileirados. Pela maneira como gritavam, revoltados com os visitantes, Laura pôde perceber que não era a primeira vez que aquela expedição estacionava no vale.

– Por que os estão levando e não a mim? Por que sempre me ignoram? – ecoava uma voz de homem na escuridão.

– Socorro! – respondia uma voz de mulher. – Por favor, me levem também nessas macas! Eu não sou esse ser abjeto que vocês imaginam!

– Malditos! – gritava outra voz. – Por que não ajudam todos?

– Queremos justiça! – bradava a pequena multidão em uníssono.

Assombrada, Laura viu quando alguns seres desceram de dentro dos veículos, paramentados como mergulhadores, e estenderam uma espécie de toldo ao longo do caminho que dava acesso às diligências, no exato momento em que a multidão revoltada dos que se imaginavam não socorridos começava a apedrejar os visitantes. Embora formado por uma rede aparentemente muito fina, de aspecto brilhante, esse toldo tinha o poder de repelir todas as pedras lançadas, antes mesmo que estas o tocassem, fazendo-as retornar ao ponto de onde haviam partido e levando seus arremessadores a urrarem de dor.

Numa fração de segundos, os estranhos visitantes acomodaram-se então no interior dos veículos com os 'escolhidos' e, tal qual modernos ônibus espaciais, as ambulâncias silenciosamente começaram a se mover, cortando becos e vielas como flechas de luz, enquanto a multidão desvairada gritava enfurecida, suplicando compaixão e exigindo que os deixassem seguir com os demais.

De seu posto de observação, Laura também não conseguiu conter as lágrimas no momento em que as luzes da caravana desapareceram completamente na escuridão, e o angustioso brado dos descontentes voltou a preencher todos os espaços daquele triste vale.

Disposta a chegar em casa o quanto antes, Bartira apertou o passo em direção ao ponto do ônibus. Eram quase seis horas da tarde e o céu estava carregado de nuvens pesadas. De novo era verão na Inglaterra, o dia fora extraordinariamente quente. Agora, a julgar pela forte umidade que rapidamente ia tomando conta da atmosfera, a chuva não demoraria a cair. Ao avistar o enorme arranjo de rosas vermelhas na vitrine daquela movimentada rua de Londres, porém, Bartira não resistiu e entrou na loja, tentada a levá-las consigo.

Eram rosas gordas e polpudas, de um tom intenso que jamais vira no Brasil. Tantas eram as gotas de água que brilhavam como faíscas de estrelas sobre suas enormes pétalas que ela sentia vontade de mordê-las, atraída por sua aparente maciez suculenta. Afagou-as com carinho e perguntou à vendedora quanto custavam. Quase caiu para trás com a resposta. Eram caríssimas, talvez o preço de mais de seis dúzias no Brasil. Pensou por alguns instantes antes de estender à moça seu cartão de crédito. Quando deu por si, já estava assinando o recibo. Sentia profunda necessidade de presentear-se com algo especial após aquele exaustivo dia de trabalho.

Não era um dia como outro qualquer. Era seu aniversário. Bartira estava completando vinte e oito anos e jamais, em toda sua vida, havia recebido um buquê como aquele. Certamente, se no Brasil, onde viviam sua família e os poucos amigos que cultivara até então, ninguém nunca lhe presenteara com rosas, não ia ser na Inglaterra que alguém se lembraria de fazer-lhe tal gentileza. Até porque, naqueles quase quatro anos em que vivia em Londres, ainda não conseguira estabelecer qualquer vínculo mais íntimo com nenhuma pessoa.

Naquele dia, no entanto, sentia-se frágil como um delicado frasco de perfume. Em parte, porque Laura também fazia aniversário naquela mesma data, a qual marcava ainda os dois anos de sua morte, completados poucos dias antes, mas sobretudo por causa do sonho que tivera naquela noite. Um inesperado e despropositado sonho de amor que contagiara todo o seu dia, impregnando cada pequeno gesto seu com a lembrança daquela cena que não lhe saía da cabeça.

Ela e um rapaz muito alto, de cujo rosto não conseguia se recordar exatamente agora, estavam sentados lado a lado numa praia pequena e deserta, cercada de rochedos por todos os lados, uma praia ao mesmo tempo desconhecida e familiar para ela. As ondas batiam sobre a estreita faixa de areia, quase lambendo seus pés, e as mãos quentes do jovem apertavam suas mãos geladas e trêmulas, diante de um imenso portal de pedra, que se erguia, imponente, no meio das águas. Não diziam nada, mas ela podia ler em seus olhos tudo o que lhe passava pela mente e vice-versa, como se os olhos de ambos fossem velhos conhecidos.

Nessa linguagem íntima e silenciosa, ele lhe pedia que tivesse paciência, garantia que o momento tão esperado por ambos já era quase uma realidade, de tão próximo. Colhia então seus lábios titubeantes e inseguros em longo e ardoroso beijo, e ela se sentia flutuar como um balão, impulsionada por um calor terno que ardia em seu peito. Até que abriu os olhos e se viu sozinha em seu quarto, cercada pelos objetos de sempre.

A impressão deixada em seu íntimo por aquele estranho, ao mesmo tempo tão misterioso e tão familiar, assim como a praia, fora tão forte que naquela manhã, ainda sonolenta, ela chegara a procurá-lo, em vão, por entre as cobertas. "Foi apenas um sonho", dissera a si própria, enquanto tateava com os pés o chão frio, buscando os chinelos que sempre fugiam para debaixo da cama. "Até porque", tentara enganar-se, "tudo o que eu não quero é me apaixonar. Nem neste momento, nem nunca".

Depois de levantar-se da cama, Bartira bem que tentou retomar a sua vida normal. O sonho, porém, ficou gravado no seu coração de uma tal forma que ela não conseguiu pensar em outra coisa o dia inteiro. E sempre que lhe vinham à mente as palavras que lera nos olhos daquele estranho, seus lábios sorriam involuntariamente, sem que ela pudesse controlá-los.

Agora, carregando o imenso buquê de rosas vermelhas sob a chuva fina que começava a cair, depois de recordar pela enésima vez seu insólito amanhecer, sem querer lembrou-se de Augusto, o psicólogo do avião. "É claro que não era ele", repreendeu-se mentalmente, "não sei por que não esqueço de vez este rapaz. Vai ver até já nem mora mais em Londres"...

Após esta forçada conclusão, sentiu-se tão inexplicavelmente frustrada que decidiu engolir a seco um comprimido de vitamina que tinha na bolsa, e andar mais um pouco antes de voltar para casa, apesar da chuva. Estava na famosa Picadilly, avenida central muito movimentada, conhecida por seus magazines famosos, como a *Lillywhites*, especializada em artigos desportivos, a monstruosa *Fortnum & Mason*, uma das maiores lojas de departamentos do mundo, frequentada até pela família real, e a *Swaine*, *Adeney*, *Brigg & Sons*, onde podem ser encontrados equipamentos de hipismo, artigos em pele, guarda-chuvas e... Bartira estancou diante da loja, maravilhada com uma clássica capa de chuva exposta na vitrine. Era uma dessas capas compridonas que aparecem em filmes, toda acolchoada por dentro. "Este vai ser meu presente de aniversário", decidiu, antes mesmo de perguntar o preço ao vendedor.

Foi preciso tirar o modelo da vitrine, já que não havia outro no interior da loja. E valeu a pena o sacrifício, já que, além de perfeita no tamanho, a capa ficou linda em Bartira, cujos cabelos castanho-acobreados não podiam combinar melhor com aquela seda especial bege, toda pespontada em vermelho. Ao se ver no espelho, Bartira ficou tão apaixonada que, para espanto da vendedora, decidiu que ia embora com a capa nova, apesar do calor que ainda fazia lá fora. De quebra, ainda comprou um guarda-chuva, da mesma cor que a capa, e saiu da loja atrapalhada e satisfeita, carregando a pasta de trabalho, o novo guarda-chuva e as rosas vermelhas.

Passados os primeiros minutos de euforia, porém, voltou a sentir-se uma idiota por haver pensado o dia inteiro em alguém que sequer existia. "E, se existisse, com certeza não me mandaria flores, nem me convidaria para jantar. Talvez nem se lembrasse do meu aniversário", dizia alto para si própria, quase com raiva daquele estranho que invadira seu sonho, enchendo-a de expectativas que, por vontade própria, jamais cultivaria. Será? "Eu devia era processá-lo por danos morais!", desabafou, a poucos metros do ponto do ônibus de dois andares que costumava pegar para voltar para casa.

Exibiu seu *ticket* de passagem na entrada do ônibus e acomodou-se ao lado de uma janela no segundo andar. Metódica, gostava de sentar-se sempre no mesmo lugar. Dois bancos atrás do motorista na ida, para ficar mais fácil de descer, e no terceiro banco do segundo andar na volta, para relaxar do trabalho, apreciando a vista. Em nome deste capricho, andava duas quadras para trás todos os dias, só para pegar o ônibus no ponto final e encontrar vazio o seu lugar. Muitas vezes seus colegas de trabalho haviam estranhado o fato de ela nunca pegar o metrô – o *underground*, como eles diziam por lá – mas Bartira nem costumava pensar nesta hipótese. Era louca por aqueles ônibus vermelhos de dois andares, adorava ver a vista de Londres de sua janelinha.

Naquele dia, porém, tendo tomado a condução bem mais adiante do que o habitual, encontrou seu lugar ocupado e, bastante contrariada, teve de contentar-se em acomodar-se nas imediações. Ao vê-la passando com seu vistoso buquê de rosas vermelhas, naquele casaco maravilhoso, o rapaz que estava sentado em seu assento favorito e o outro à frente dele não puderam deixar de acompanhá-la com o olhar.

– Por favor, senhorita, poderia me informar que horas são? – perguntou o mais jovem com forte sotaque lusitano, tentando puxar conversa depois de cochichar qualquer coisa ao ouvido do companheiro.

– Sinto muito, senhor, mas não consigo entender o que diz – mentiu Bartira, bancando a inglesa preciosista.

– Perguntei que horas são! – insitiu o rapaz, mostrando o pulso.

– Desculpe. Não posso entender o que diz. Com sua licença – ela desvencilhou-se, levantando-se em seguida.

– O que tem de bonita, tem de orgulhosa – observou o mais velho, que até então se mantivera calado.

– Deixa estar que deve estar com história[13] – concluiu o outro, despeitado, em sua língua pátria.

Incomodada com a despropositada abordagem, pendurou no braço o longo guarda-chuva, abraçou suas flores e dirigiu-se ao andar de baixo muito irritada. "Com tanto lugar no ônibus esses dois portugueses inconvenientes tinham de se sentar justamente no meu banco e ainda me aborrecerem com esta abordagem mais que batida? E logo no dia do meu aniversário?",

[13] Expressão portuguesa que significa menstruada, "naqueles dias".

pensou, enquanto se sentava numa poltrona solitária, bem ao lado da porta, no andar de baixo. "Tudo por culpa dessas flores chamativas. Maldita a hora em que resolvi comprá-las..."

Era sempre assim. Embora em seu íntimo desejasse ardentemente encontrar alguém especial, não suportava ser paquerada de forma alguma. Ainda blasfemava mentalmente contra as rosas, os rapazes, a chuva e tudo quanto pudesse servir para encobrir sua verdadeira frustração, quando subitamente o ônibus freou em uma parada não obrigatória, pouco antes do ponto onde ela deveria descer.

De tão perplexa e estarrecida, Bartira mal pôde encontrar o que dizer no minuto em que seus olhos identificaram o rapaz que estava parado na chuva, mais ensopado do que um pinto molhado, remexendo os bolsos nervosamente em busca de algo. Era Augusto. Seus óculos pareciam tão embaçados que era quase impossível acreditar que ele tivesse conseguido enxergar o letreiro do ônibus antes de fazer o sinal.

– Sinto muito, mas acho que perdi meu bilhete de passagem – ele disse alto ao motorista, em inglês. – Será que, só por esta vez, eu não poderia viajar sem ele?

Diferente do que acontece no Brasil, em cidades como Londres, as pessoas não podem pagar suas passagens dentro do próprio ônibus, devendo comprá-las com antecedência em máquinas especiais encontradas nas estações do metrô ou junto a jornaleiros. No momento em que entram no ônibus não precisam mostrar nada – a menos que queiram, como era o caso de Bartira, mas podem ser surpreendidas a qualquer momento por fiscais, que aparecem de vez em quando e então passam de assento em assento, checando se todos os passageiros estão de posse do passe que lhes dá direito à viagem.

– Lamento, senhor, mas não posso fazer nada para ajudá-lo – respondeu secamente o motorista, já apertando o comando para que a porta se fechasse.

– Espere um momento, por favor! – gritou Bartira, levantando-se de um ímpeto, deixando cair a pasta de trabalho e o guarda-chuva. – Eu vou descer neste ponto!

Sentindo-se fulminada pelo olhar de repreensão do motorista, na pressa de recolher os volumes que haviam caído no chão para poder descer, acabou esquecendo suas rosas vermelhas sobre o banco onde estava sentada.

Naquela mesma noite, enquanto isso, na Tijuca, Paulo lutava consigo próprio para levar a cabo uma importante decisão. Depois de muito pensar em uma maneira para homenagear as duas filhas que então aniversariavam, acabou concordando em aceitar o convite de um amigo que encontrara recentemente na rua para assistir à palestra que renomado médium proferiria, justamente no centro espírita que ele outrora frequentara.

– Há tempos venho pensando em procurá-lo para levar-lhe meu apoio – disse-lhe o amigo, na ocasião – contudo, todas as vezes em que me colocava em seu lugar, imaginava que a última coisa que eu gostaria, numa situação como aquela, era que um amigo batesse em minha porta para falar sobre o que eu queria esquecer...

– É... – concordou Paulo. – Diante do inesperado, nossa primeira reação é de isolamento...

– Ao mesmo tempo – continuou o outro –, pensava no quanto seria importante ter um amigo com quem pudesse se abrir, pricipalmente em se tratando de alguém que compartilhasse da sua mesma fé... Mas aí me lembrava de toda aquela confusão lá no centro, sentia-me envergonhado por ter acreditado no grupo que acabou destruindo nosso projeto... Não sabia como você iria me receber... No fim das contas, acho que acabei agindo como um covarde...

Paulo sorriu ao perceber o quanto era contraditória a sua situação. Américo, seu amigo desde a época em que trabalhavam juntos como engenheiros no mesmo banco, e que, cerca de dez anos mais velho do que ele, vinha a ser exatamente o avô de Martinha, colega de seu filho na escola, captara em cheio seu dilema. Se por um lado passara todo aquele tempo ansiando pela ajuda dos amigos, por outro, ainda traumatizado com os acontecimentos que haviam culminado em seu afastamento daquela casa, colocara-se numa posição que dificultava qualquer tentativa de aproximação.

– Não se recrimine tanto, Américo. Deus sabe o que faz. Talvez só agora tenhamos nos encontrado porque só agora eu esteja preparado para receber auxílio – admitiu Paulo. – Você continua frequentando a casa?

– Bem, logo que aquela diretoria que se dizia tão inovadora sucumbiu, ao sinal das primeiras dificuldades, me senti tão frustrado que também cheguei a me afastar por uns tempos. Mas, quando o presidente renunciou ao cargo e os antigos companheiros me convocaram em esquema de emergência para evitar o fechamento do centro, eu...

– Não acredito! – surpreendeu-se Paulo. – Então eles renunciaram depois de tudo?

– Sim, na época ligamos diversas vezes para você, obstinados em conseguir também o seu auxílio, mas infelizmente você nunca... – Américo interrompeu-se, sem saber como prosseguir.

– É, eu andava bastante ocupado com problemas familiares – Paulo, envergonhado, tentou se justificar, lembrando-se de quantas vezes pedira à esposa e aos filhos para dizerem que ele não estava em casa quando os antigos amigos lhe telefonavam.

– E como estão Bartira, Inês e Eduardo? – quis saber Américo, que durante anos frequentara aquela família e sempre tivera um carinho especial pela filha do meio de Paulo.

– Estão todos bem, à medida do possível – respondeu Paulo. – Bartira, como você sabe, continua trabalhando na Inglaterra...

– Meu Deus, como o tempo passa depressa... Ainda me lembro como se fosse ontem de quando nos reuníamos em sua casa para estudar *O livro dos espíritos* e ela queria porque queria ficar sentada no meu colo...

– É, todos lá em casa sempre gostaram muito de você – lembrou Paulo. – Às vezes tenho vontade de voltar no tempo só para reviver aquela época.

– Mas o importante é que, graças aos bons amigos espirituais, nós estamos aqui agora conversando sobre tudo isso. – Américo tentou dar novo rumo ao colóquio.

– Fico pensando... – tornou Paulo, depois de alguns minutos em silêncio. – Como é que uma briga de poder desse nível pode acontecer dentro de uma casa espírita. Não que eu queira justificar a forma errada como agi, deixando-me melindrar daquela maneira, mas...

– Paulo, meu amigo – Américo o interrompeu, adivinhando seus pensamentos –, na verdade nossa casa espírita, como qualquer outra, é apenas um reflexo, um microcosmo da sociedade em que vivemos, um lugar onde se reúnem homens imperfeitos, alguns mais suscetíveis à influência dos bons espíritos, outros ainda sintonizados com entidades pouco evoluídas, preocupados apenas com as aparências, interessados em praticar a caridade apenas para mostrar às outras pessoas o quanto são 'bons'.

– Muitas vezes esquecendo-se de que aqueles que fazem o bem só com o intuito de parecerem grandes aos olhos da multidão já recebem aqui mesmo a sua paga – complementou Paulo.

– Sim, mas é importante que essas coisas aconteçam de vez em quando para testar a nossa perseverança no bem. Sinto que, depois de todos estes lamentáveis contratempos, nossa equipe tornou-se mais forte, mais unida, mais coerente em seus objetivos – observou Américo. – A propósito, o que tem para fazer depois de amanhã à noite?

E foi assim que Américo convenceu Paulo a voltar novamente à casa espírita. "Tinha de ser Américo", pensou Paulo, no momento em que ganhava a rua em sua melhor camisa. Talvez nenhuma outra pessoa tivesse um poder tão forte de persuadi-lo quanto aquele amigo. Apesar dos anos que haviam passado afastados, a amizade entre os dois era tão forte, tão verdadeira que nem mesmo o pior dos desentendimentos poderia destruí-la. Até porque ele jamais brigara frontalmente com Américo. Os dois apenas haviam assumido posturas diferentes diante de um mesmo problema. Em compensação, ao reencontrá-lo, sentira-se tão à vontade em sua presença que era como se houvessem passado apenas algumas horas sem se falar.

Na verdade, Paulo não podia imaginar, mas Américo era apenas um elo da resplandecente teia de amigos que o envolvia naquele momento, os quais, ligados a ele pelos mais magnânimos fios de simpatia e amizade que podem existir, haviam se esmerado ao máximo para reconduzi-lo àquela casa onde ele ainda tinha tanto a aprender. A Américo coubera apenas o ato de lembrar-se de Paulo tão logo soube da palestra, para que, aproveitando-se de seu intenso desejo de rever o amigo, Sólon e Jonas pudessem promover aquele encontro aparentemente casual e inspirá-lo, no momento exato, a convidar Paulo para a reunião daquela noite.

Agora, enquanto caminhava para o centro, acompanhado por Sólon e Jonas, Paulo se sentia como um estudante, ansioso e ao mesmo tempo ressabiado diante da perspectiva de voltar à escola após um longo período de férias.

No momento em que cruzou o portão de entrada, seu coração batia descompassado. Logo, Américo e diversos outros companheiros encarnados e desencarnados, que integravam o antigo grupo de estudos que se reunia às terças-feiras em seu apartamento, vieram abraçá-lo e num piscar de olhos Paulo já se sentia em casa novamente.

Foi tão grande a nostalgia nele despertada por aquele efusivo encontro entre amigos que, do auditório, onde se sentou quinze minutos antes do início da palestra, ele chegou a sentir um aperto no peito quando viu seus antigos companheiros acomodarem-se, concentrados e em prece, à comprida mesa que ficava no centro, com vistas a criar o ambiente propício ao início da reunião. Sua vontade era de sentar-se lá, junto com eles, exatamente como nos velhos tempos.

Passavam poucos minutos das oito horas da noite, quando, após a leitura de uma mensagem de Emmanuel, psicografada por Chico Xavier, enunciada com o objetivo de uniformizar o padrão vibratório local, Américo proferiu comovida prece e o palestrante finalmente passou ao tema da reunião: a diferença entre parentesco corporal e parentesco espiritual.[14]

Paulo, que fora até ali movido sobretudo pelo amor que sentia por suas duas filhas, a quem queria homenagear em suas preces daquela noite, mesmo sabendo que estas pouco se importariam com esse tipo de homenagem, chegou a ficar arrepiado ao ouvir o comentário evangélico sobre este assunto, que parecia escolhido a dedo para responder aos questionamentos que duelavam em seu íntimo nas últimas horas:

> Os espíritos que encarnam numa mesma família, sobretudo como parentes próximos, são, as mais das vezes, ligados por anteriores relações, que se expressam por uma afeição recíproca na vida terrena. Mas, também pode acontecer, sejam completamente estranhos uns aos outros esses espíritos, afastados

[14] *O evangelho segundo o espiritismo*, de Allan Kardec. Ed. FEB, 1996, capítulo XIV, item 8.

entre si por antipatias igualmente anteriores, que se traduzem na Terra por um mútuo antagonismo, que aí lhes serve de provação. Não são os da consanguinidade os verdadeiros laços de família, e sim os da simpatia e da comunhão de ideias, os quais prendem os espíritos antes, durante e depois de suas encarnações. Segue-se que dois seres nascidos de pais diferentes podem ser mais irmãos pelo espírito, do que se o fossem pelo sangue. Podem então atrair-se, buscar-se, sentir prazer quando juntos, ao passo que dois irmãos consanguíneos podem repelir-se, conforme se observa todos os dias; problema moral que só o espiritismo podia resolver pela pluralidade de existências.

Há, pois, duas espécies de famílias: as famílias pelos laços espirituais e as famílias pelos laços corporais. Duráveis, as primeiras se fortalecem pela purificação e se perpetuam no mundo dos espíritos, através das várias migrações da alma; as segundas, frágeis como a matéria, se extinguem com o tempo e muitas vezes se dissolvem moralmente, já na existência atual.

Ao recordar esta passagem evangélica pela voz do palestrante, Paulo imediatamente começou a refletir sobre as diferentes formas de ligação que tinha com cada um de seus filhos e até mesmo com sua esposa. Acabou constatando que, embora amasse profundamente cada um, inclusive Eduardo, o mais rebelde de todos, não experimentara com nenhum deles uma relação de intensa e legítima afinidade. Nutria afeto, amizade e muita preocupação por eles, mas não aquela afinidade, aquela simpatia que a gente sente por um amigo especial, a quem podemos passar anos sem ver, mas que no próximo encontro sempre nos faz sentir como se estivéssemos estado juntos no dia anterior. Jonas, seu irmão, e padre Almerindo eram pessoas assim, Américo também. Em compensação, em sua família encarnada, sempre experimentara tanta dificuldade no convívio com os filhos...

"Muitas vezes", lembrou o palestrante, "nos reaproximamos de almas com quem vivemos em conflito em outras existências através dos laços de paternidade sanguínea, a fim de que, no aconchego da família, aprendamos o exercício do amor. O que, no entanto, não é nada fácil. Ao contrário, o contato diário com seres a quem um dia odiamos é uma prova terrível, diante da qual muitas vezes fracassamos, abandonando os compromissos assumidos na espiritualidade antes de aqui chegarmos. Por outro lado, quando conseguimos nos manter perseverantes nas boas resoluções, podemos converter em amigo o inimigo, quiçá há muitas encarnações, já que nossas faltas nos colocam em falta perante nós mesmos.

"Só assim", continuou ele, "se explicam os ódios e repulsas instintivas que alguns filhos demonstram por seus pais e vice-versa, os quais nenhum ato cometido nesta encarnação parece justificar. Para compreendê-los, precisamos voltar nossos olhos para o passado e aceitar que, se estão aqui juntos neste momento, reunidos numa mesma família, certamente não é à toa. Afinal, Deus jamais se engana.

"É engraçado como, sempre que se fala em reencarnação, todo mundo tende a se imaginar no desempenho dos mais nobres papéis de nossa história. Todo mundo tem a certeza de que já foi Cleópatra, Júlio César, Pedro Álvares Cabral, Henrique VIII, Camões... Mas ninguém sequer cogita a possibilidade de já ter sido bandido, assassino, ladrão... Ora, meus amigos, se com todas as condições evolutivas que já conseguimos atingir nos dias de hoje, quando, além de beneficiados pelo progresso material e científico, já temos consciência até da continuidade da vida após a morte, nós ainda nos pegamos dizendo 'ah, eu mato fulano de tal' nos momentos de raiva, ou tramando ardilosos planos de vingança diante das mais insignificantes situações, imaginem o que nós não dizíamos e fazíamos numa época como a Idade Média, por exemplo, onde não havia polícia, nem leis, onde não havia luz elétrica e nem banheiros, onde as pessoas sequer podiam se dar ao luxo de tomar banho uma vez por semana, onde qualquer mínima contenda era resolvida por meio de duelos mortais?

"Sim, meus amigos, somos todos seres endividados, que viemos a este mundo para resgatar nossas dívidas com os irmãos a quem um dia, em nome de nossa ignorância, prejudicamos. Em contrapartida, para ajudar-nos nessa tarefa tão difícil, é que existem os nossos amigos pelo espírito, que aparecem em nossas vidas como um vizinho, um amigo de escola, um colega de trabalho ou até mesmo como a pessoa que trabalha em nossa casa, ajudando nas tarefas domésticas. São eles que levantam nossas forças nos momentos mais difíceis, é com eles que dividimos nossas mais nobres aspirações. Foi a essas pessoas, que se afinam conosco na mais perfeita sintonia de sentimentos e princípios, que Jesus Cristo se referiu quando disse: 'todo aquele que faz a vontade de Deus, esse é meu irmão, minha irmã e minha mãe.'"[15]

---

[15] *O evangelho segundo o espiritismo*, de Allan Kardec. Ed. FEB, 1996, capítulo XIV, item 5.

Ao término da sessão, enquanto a pequena multidão deixava o salão entre barulhos de cadeiras sendo arrastadas, cochichos e murmúrios, Paulo, ainda sentado em seu lugar, refletia sobre tudo o que ouvira. Sua vontade era de que o salão logo se esvaziasse para que ele pudesse ir até a mesa onde estava Américo e abraçá-lo com toda sua emoção.

Tão logo percebeu que o fluxo de pessoas havia diminuído um pouco, levantou-se então e, ansioso, tentou caminhar no sentido oposto ao da multidão que deixava o auditório. Estava quase chegando à mesa dos médiuns quando, subitamente, seus olhos se arregalaram ao avistar um casal que também tentava cruzar o corredor formado pelas pessoas que saíam do salão, provavelmente para pegar um pouco de água fluidificada no filtro que havia perto da janela. Eram Jorge e a moça negra que Bartira vira na casa de chá após a morte de Laura, não havia a menor dúvida.

Conversando empolgados como dois autênticos parentes espirituais, mais uma vez eles nem notaram que estavam sendo observados. Em seu espanto, Paulo, porém, não deixou de notar que eles caminhavam de mãos dadas.

Ao descer do ônibus, Bartira ficou frente a frente com Augusto que, com os óculos completamente embaçados, não pôde reconhecê-la de imediato. Continuava remexendo os bolsos, à procura de seu *ticket* de passagem.

– Não é possivel... – resmungava para si. – Eu tenho certeza de ter pego um passe na gaveta hoje à tarde.

Bartira, por sua vez, estava tão agitada, tão surpresa com o que acabara de fazer, que sequer se lembrou de abrir o guarda-chuva. Ficou ali parada, na chuva, tentando encontrar algo para dizer.

– Augusto? – ensaiou.

Só então ele percebeu sua presença e, mal podendo acreditar no que via, tirou os óculos antes de abrir um largo sorriso:

– Bartira! Não acredito!

Ambos sentiram uma vontade imensa de se abraçarem, chegaram quase a levantar os braços para isto, mas acabaram se contendo, constrangidos.

– Você acreditaria se eu te dissesse que passei o dia todo pensando em você?

– Sério? – duvidou ela, retomando seu jeito cético.

– Não seria melhor nós sairmos da chuva? – ele propôs. – Você está toda molhada... – e vendo o guarda-chuva que ela mantinha fechado. – A menos que você goste de apanhar chuva...

Surpresa, ela se deu conta de que tinha nas mãos um guarda-chuva e tentou disfarçar a ansiedade que a fizera esquecer-se completamente disso:

– Meu Deus! Que cabeça, a minha! – disse, abrindo o guarda-chuva. – Acabei de comprar esse guarda-chuva e me esqueci de... Minhas flores! – exclamou desolada.

– O que você disse? – Augusto não entendeu.

– Comprei uma dúzia de rosas, caríssimas e, na pressa de descer, acabei deixando-as no ônibus...

– Puxa vida... – lamentou Augusto a seu lado, sob o guarda-chuva, inebriado com o cheiro do perfume que exalava do pescoço molhado de Bartira. Tinha vontade de agarrá-la ali, naquele momento, e beijá-la no meio da chuva com toda a ansiedade com que esperara por aquele encontro ao longo daqueles dois anos. Mais uma vez, porém, conseguiu se conter.

– Escute – ele conseguiu dizer –, conheço um *pub* bastante aconchegante aqui perto, você não gostaria de ir até lá para tomar alguma coisa quente? Sinto que, se não fizermos isso imediatamente, acabaremos pegando um 'baita' resfriado.

– Você tem razão – Bartira sorriu, ainda sem conseguir acreditar no que estava acontecendo. Perdera completamente o controle sobre suas emoções. Seu coração batia tão forte que ela, por um instante, sentiu medo de que ele percebesse isso.

– Se ao menos pudéssemos conseguir uma toalha para você enxugar seus cabelos... – ele comentou, logo que começaram a caminhar.

– Espere! – ela parou de novo. – Eu moro a uma quadra daqui. Se você não se importasse, poderíamos ir até lá em casa e...

– Se *você* não se importar – ele grifou – eu acho perfeito! Você tem lá um bom vinho?

– Bem... eu... – ela ficou sem jeito. Não era exatamente isso o que ela tinha querido dizer ao sugerir que passassem em sua casa. Pensava apenas em tomar um banho, trocar de roupas e sair para ir ao tal *pub* que ele mencionara. Mas, pensando melhor, o que haveria de mal em tomar um vinho com ele em sua casa? Será que ele ousaria tentar alguma coisa que ela não quisesse?

– Se você preferir, eu posso esperar na sala enquanto você troca de roupa, e saímos em seguida – ele adivinhou seus pensamentos. – Só gostaria que me emprestasse uma toalha...

– Vamos até lá e depois a gente resolve – ela decidiu.

No caminho para casa, dividindo o guarda-chuva com Augusto, quase abraçada com ele, Bartira só conseguia pensar em Laura e nos conselhos que a irmã lhe dava quando ainda era viva. "Por que você não experimenta se apaixonar uma vez na vida para ver como é bom?", dizia a voz de Laura em suas lembranças. "No dia em que você encontrar alguém capaz de fazer o seu coração bater mais rápido, ferver com um simples olhar, vai entender o que eu lhe digo. Amar é uma coisa maravilhosa, Bartira, você não pode se negar esse direito. Só espero que quando esse momento acontecer em sua vida, você não fique cheia de 'frescuras' e desconfianças a ponto de acabar espantando a pessoa."

Ainda assim, Bartira se esforçou para disfarçar o quanto podia a enorme atração que sentia por Augusto. "Ele é só uma pessoa com quem gostei de conversar", tentava repetir para si própria.

– É interessante este condomínio – observou Augusto, quando ela lhe mostrou sua casa de longe. – Estes telhados tortos dão um charme especial às casas... E estes tijolinhos são a coisa de que eu mais gosto aqui em Londres!

– Você não mora por aqui? – ela quis saber.

– Não, na verdade moro do outro lado da cidade, em Wimbledon, você já esteve lá?

– Você vai rir de mim se eu te contar que não conheci quase nada em Londres nestes quase quatro anos em que vivo aqui – admitiu Bartira, enquanto procurava as chaves na bolsa. – Tenho sempre tanto trabalho e...

– Eu acho ótimo! Assim vou ter a oportunidade de mostrar a você todos os meus lugares favoritos. A casa do artista William Hogarth, o Museu de Freud, o Hyde Park...

– Mas afinal de contas – interferiu Bartira, tentando mais uma vez controlar sua emoção, no momento em que abria a porta de casa – se você mora tão longe, o que estava fazendo naquele ponto de ônibus?

– Meu orientador, meu grande mestre de psicologia, mora em um condomínio aqui perto. Estamos retrabalhando um capítulo de minha tese e... Uau! Mas que bela casa! Você é uma decoradora e tanto!

Depois de entregar-lhe um comprimido antigripal, uma toalha e a maior camiseta de malha que tinha no armário, Bartira deixou Augusto na sala saboreando um licor e subiu, preocupadíssima, para tomar um banho. Estaria fazendo a coisa certa? E se seus pais soubessem que ela trouxera um homem para dentro de casa?

Apesar da comichão no estômago provocada por sua ansiedade, saber que ele estava ali fazia com que se sentisse segura e protegida. Com esta sensação, acabou relaxando debaixo do chuveiro. "Que coisa incrível...", pensou enquanto se arrumava diante do espelho, com a toalha ainda envolvendo-lhe os cabelos molhados, "como posso confiar tanto numa pessoa que nem conheço direito? Meu Deus, se alguém me contasse que estou fazendo isso, juro que não acreditaria..."

Por mais que se esforçasse para trazer à tona seu lado frio e racional, não conseguia controlar os sentimentos de alegria e satisfação que haviam tomado conta de todo seu corpo, como se um melodioso bolero estivesse tocando dentro de seu peito, fazendo-a rir à toa diante do espelho.

Abriu o armário e escolheu sua roupa mais simples. Uma calça *jeans* e uma blusa de malha vermelha, de decote quadrado. Não estava frio, mas também não fazia mais o mesmo calor de durante o dia. A temperatura caíra bastante com a chuva. "Será que deveria escolher alguma coisa mais quente?", pensou, ainda vasculhando os cabides que tinha diante de si. Ao deparar-se com o espelho, porém, se descobriu tão atraente que decidiu não mudar nada. Colocou na orelha os brincos dourados que ganhara de Laura no último Natal que passaram juntas, contornou os olhos com uma sombra bem clarinha, destacou os cílios com um pouco de rímel e olhou-se novamente no espelho, enquanto espargia um pouco de perfume pela nuca. Há tempos não se sentia tão bonita. Era como se algo de dentro dela se irradiasse para todos os lados, iluminando sua fisionomia.

Nesse meio tempo, o telefone tocou. Bartira tentou correr, mas, ao chegar na sala, onde ficava a base do aparelho sem fio, a secretária eletrônica já havia atendido à chamada e Augusto, sem outra alternativa, ouvia a mensagem e descobria seu segredo:

"Então, filhinha", dizia a voz emocionada de sua mãe do outro lado da linha, "que Deus te abençoe neste dia especial, e que os anjinhos possam realizar todos os desejos do seu coração. Amanhã eu ligo de novo. Parabéns!"

– Você está linda! – ele observou ao vê-la descendo as escadas. – Então quer dizer que hoje é seu aniversário e você não me disse nada?

– O que você queria? – ela sorriu. – Que eu dissesse, 'oi, Augusto, hoje é meu aniversário, você não vai me dar os parabéns'?

Ele segurou suas mãos para ajudá-la a descer os últimos degraus da escada.

– O que eu queria mesmo era tornar o seu dia verdadeiramente especial – ele respondeu, com os olhos brilhantes. – Já decidiu onde gostaria de jantar?

– Mas nós não íamos...

– Pelo pouco que a conheço, sinto que você iria se questionar a noite toda se nós ficássemos aqui. Você já foi generosa demais me trazendo até sua casa, me emprestando roupas secas... Agora é hora de comemorar!

Deslumbrada com a maneira como Augusto conseguia decifrar suas mais secretas ansiedades, Bartira vestiu a nova capa impermeável que deixara secando nas costas de uma cadeira e os dois ganharam novamente a rua, alegres e falantes.

Por insistência dela, acabaram optando pelo *pub* que Augusto conhecia nas imediações onde, além de assistirem a um *show* de *jazz* maravilhoso, puderam saborear um delicioso carneiro com brócolis ao molho de hortelã, acompanhado por um vinho tinto francês de textura inigualável.

– Não acredito que você nunca tenha experimentado este prato! – comentou Augusto, após emitir com a boca um sinal típico de que seu paladar estava em êxtase com aquela iguaria. – É uma das melhores especialidades da cozinha britânica!

– É realmente delicioso – concordou Bartira, após uma garfada. – Mas confesso que sou meio avessa a novidades.

– Acho que nem preciso dizer que sou o oposto – comentou Augusto.

Como na primeira vez em que se encontraram no avião, a afinidade entre os dois era algo indescritível. Depois de conversarem sobre os mais variados assuntos, Augusto acabou por convencê-la a dançar no momento em que, já encerrando seu *show*, a banda homenageava um clássico do cinema, o filme *Casablanca*, de Michael Curtiz, entoando *As Time Goes By*, a inesquecível canção que condensa todo o romantismo da trama.

– Você tem o dom de me convencer a fazer coisas que eu nunca fiz antes na vida – ela comentou, no momento em que ele quase a beijava.

– Você não imagina há quantos anos eu espero por alguém como você...

– Vamos voltar à mesa? – ela pediu, a poucos acordes do final da canção, vendo que não iria conseguir resistir por muito tempo àquela proximidade.

Paciente, Augusto atendeu a seu pedido. Não conseguia entender por que ela resistia tanto a suas investidas. "E olha que eu estou agindo quase como um colegial, nunca fui tão inocente em toda minha vida...", pensava com seus botões. "Mas ainda hei de descobrir o que a faz tão inatingível. Pode ter certeza de que vou."

– Você tomaria mais uma garrafa de vinho? – ele perguntou, consultando o relógio.

– Por que está consultando o relógio? – ela se mostrou desconfiada. – Tem algum compromisso ainda hoje?

– Bobinha – ele respondeu, fazendo-lhe um carinho no rosto. – Meu único compromisso desta noite é com você! Queria apenas ver quanto tempo ainda temos. Não sei se você sabe, mas os *pubs* aqui fecham pontualmente às onze...

– É mesmo! Tinha me esquecido! – ela consultou também o relógio. – Ainda são quinze para as dez. Acha que ainda dá tempo de tomarmos mais um vinho?

Quanto mais vinho os dois bebiam, mais à vontade se sentiam na presença um do outro. Augusto tomou coragem e perguntou-lhe por que não o havia procurado no Rio; Bartira, relaxada, confessou-lhe sua frustração no dia em que descobriu que havia perdido o guardanapo com seu endereço e telefone. Ele acabou querendo saber quem era o rapaz que a acompanhava naquela tarde em Ipanema.

– Aquele era meu irmão! – ela respondeu surpresa.

– Seu irmão? E pensar que eu logo imaginei que...

– Você não imagina o quanto eu desejava falar com você naquele dia... Estava me sentindo tão sozinha, tão desnorteada com o que aconteceu à minha irmã...

– E o que aconteceu com a sua irmã? – ele estranhou.

Bartira respirou fundo e tomou mais um gole de vinho antes de dizer:

– Ela se suicidou. Quatro dias depois de dar à luz um bebê que é a coisa mais linda deste mundo.

Lágrimas escorriam de seu rosto quando ela contou a Augusto sobre sua relação com Laura, seu sonho de trazê-la para a Inglaterra para estudar na *Royal Ballet School*, seus pesadelos com Jorge, o horrível dia em que ela o viu naquela casa de chá em Botafogo em companhia daquela moça.

– O pior de tudo é que nem eu mesma sei por que eu o odeio tanto. Às vezes, quando estou longe do Brasil, como agora, sinto até pena dele, vejo que ele nem é tão má pessoa quanto eu imagino sempre que fico ao lado dele... ou quando acordo daqueles pesadelos...

– Você já cogitou alguma vez em experimentar fazer algum tipo de terapia? – perguntou Augusto, que até então a escutara praticamente em silêncio.

– Lá vem você outra vez com suas teorias sobre regressão de memória – ironizou Bartira, depois de tomar mais um gole de vinho.

– Não estou falando de regressão de memória. Pelo menos, não ainda – tornou Augusto, sério. – Refiro-me a uma terapia convencional, freudiana, lacaniana, gestaltiana, enfim, dentro da linha com que você mais se identificar.

– Por quê? Você está achando que eu sou louca? – divertiu-se Bartira, sorvendo mais um gole de vinho em seguida.

– De forma alguma. Apenas acho que, como a grande maioria das pessoas, você traz em seu inconsciente algumas situações traumáticas que a impedem de ser plenamente feliz.

– Você está se referindo à minha infância ou às minhas vidas passadas? – questionou Bartira, que já estava começando a se sentir ligeiramente tonta com o vinho.

– É curioso como quando as pessoas querem falar de algum assunto, mesmo sem ter uma perfeita consciência desta necessidade, elas sempre encontram uma maneira de se reportar indiretamente ao tema de seu interesse... – observou Augusto, deliciando-se com a insistência de Bartira em mencionar a possibilidade de vidas passadas, como que tentando provocá-lo com esta postura.

– Definitivamente eu não entendi nada desse seu discurso psicologizante! – admitiu a moça.

– Eu acho que, antes de pensar em outras vidas, devemos investigar a existência atual para buscar a raiz de nossos problemas – ponderou Augusto, retomando o âmago da questão. – Você, conscientemente, se lembra de algum fato vivenciado na infância que possa, de alguma maneira justificar essa raiva que você sente do seu cunhado? Quem sabe algum atrito com algum namorado de sua irmã na adolescência, ou mesmo a situação de disputar com ela um mesmo rapaz na época em que...

– Você está me analisando ou é impressão minha? – protestou Bartira. – É claro que eu nunca paquerei nenhum namorado da minha irmã! A bem da verdade, eu nunca nem tive... – ela se interrompeu antes de confessar que jamais tivera sequer um namoradinho ao longo de toda sua adolescência.

– Continue! – incentivou Augusto, cada vez mais curioso por desvendar os mistérios de sua personalidade.

– Nunca tive interesse por nenhum namorado de Laura, eu quis dizer – ela rearticulou rapidamente seus pensamentos. – Daqui a pouco você vai querer me fazer voltar ao útero da minha mãe aqui nesta mesa de bar!

– Agora você tocou em uma questão chave para os defensores da terapia de vidas passadas! – comemorou Augusto.

– A volta ao útero? – estranhou Bartira.

– Sim. Você acredita que, sob hipnose, as pessoas possam se recordar de tudo aquilo que vivenciaram quando ainda se encontravam no útero de suas mães?

– Por que quer saber minha opinião? O psicólogo aqui afinal é você ou sou eu? – Bartira tentou esquivar-se da questão com sua malícia de advogada.

– Acredita ou não acredita? – insistiu Augusto.

– Acredito... Quer dizer, acho que sim... – ela não tinha ainda uma opinião formada sobre aquele assunto.

– Pois então me explique: como pode um bebê, um feto, um embrião, pensar, ouvir, sentir, perceber e captar coisas se seu cérebro, de acordo com a ciência, não apresenta ainda perfeitas condições de funcionamento?

– Sei lá... Um bebê pode realmente fazer tudo isso? – Bartira estava confusa.

– Sim – Augusto serviu-se de mais vinho. – Milhares de pessoas já passaram por esta experiência, tendo depois comprovado os resultados com depoimentos de seus próprios pais.

– *That's nice!* – ela não conseguia evitar pronunciar palavras em inglês no meio de uma discussão. – E o que os 'regressistas', quer dizer, os tais adeptos da terapia de regressão comprovam com isso?

– Que tais experiências podem ser consideradas como uma prova de que existe um espírito capaz de perceber, desde o início, tudo o que se passa em torno de seu corpo carnal em formação! – empolgou-se o psicólogo.

– Mas aonde você quer chegar com tudo isso? Está querendo insinuar que eu já vivi outra vida ao lado do meu cunhado? – deduziu Bartira.

– Quem sabe? – arriscou Augusto.

– E você, por acaso, já assistiu a alguma dessas sessões de terapia de vidas passadas para acreditar que isso é real ou apenas leu tudo isso nos livros?

– Uma, não. Já acompanhei mais de vinte tratamentos utilizando esse método. Meu orientador é justamente um terapeuta de vidas passadas.

– Isto você já me disse... – observou Bartira, descrente. – E você assistiu a essas pessoas voltando ao passado?

– Sim. Depois de saberem da finalidade de minha pesquisa, a maioria dos pacientes concordou em que eu gravasse as sessões, para utilizá-las posteriormente em minha tese.

– E você mesmo já fez uma regressão?

– Particularmente não, mas tive uma experiência bastante interessante nesse sentido, que numa outra ocasião eu te conto – prometeu Augusto.

– Mas você nunca sentiu vontade de voltar ao passado e descobrir suas outras existências, já que acredita tanto nisso?

– É claro que sim, mas não sei se estou preparado para isso. Como venho tentando te dizer desde o início desta discussão, este tipo de tratamento só é recomendado quando a pessoa tem realmente um problema sério, algo grave que a atrapalhe em sua vida cotidiana, sem que possa ser detectada nenhuma causa concreta e atual para isso – grifou o pesquisador.

– Me dê um exemplo para ver se eu consigo entender – pediu Bartira.

– Tá – sorriu Augusto. – Vou te dar um exemplo bem simples que estive estudando há poucas semanas. Uma jovem de trinta e cinco anos vivia angustiada por um medo grave e crônico de asfixia. Não suportava usar nada em volta do pescoço. Nem colares, nem echarpes, nem mesmo uma simples blusa de gola *roulée*. As golas de suas blusas ficavam deformadas de tanto serem puxadas. Se fossem abotoadas, ela jamais fechava o último botão. Então, através de uma única sessão de terapia utilizando a técnica de regressão, descobriu-se que ela tinha sido decapitada na guilhotina em outra encarnação,[16] tendo daí se originado todos os medos e angústias que ela apresentava nesta existência.

– E ela passou a poder usar coisas no pescoço depois de descobrir isso?

– Sim. Para surpresa do terapeuta que a assistia, ela concordou em fechar o último botão da blusa no próprio consultório, logo após voltar da hipnose. Em geral, uma vez descoberta a raiz do problema, a consequência, o efeito imediato desaparece como que por encanto.

– Então me conte outro caso – Bartira parecia querer testá-lo.

– Já que você insiste – Augusto aceitou o desafio –, outro caso interessante é o do rapaz asmático, alérgico a pelos de gato e penas de

---

[16] Este caso, verídico, é narrado no livro *A cura através da terapia de vidas passadas*, de Brian L. Weiss, ed. Salamandra, 1996.

galinha, atormentado por insaciável apetite. Pesava cinquenta quilos a mais do que o normal para sua idade, e nenhum esforço para reduzir o peso dava resultado.

– E o que ele tinha sido numa outra vida, para desencadear todos esses problemas? – perguntou Bartira, afastando o copo para que Augusto não o enchesse novamente de vinho.

– Sob hipnose ele se viu como um marinheiro – narrou o jovem psicólogo – a bordo de um navio americano, em 1781. No meio do Atlântico, os suprimentos acabaram e, alucinado e faminto, ele furtou uma galinha do capitão, depenou-a e a devorou em seguida...

– Crua? – espantou-se Bartira.

– Sim, crua. Um gato do navio, porém, percebeu tudo e veio miando pedir a sua parte, mas o marinheiro faminto respondeu com um pontapé...

– Que nojo! – disse ela. – E o que aconteceu depois?

– Os protestos do gato acabaram chamando a atenção para o ladrão de galinhas que, como castigo, recebeu trinta chibatadas com o chamado 'gato de nove rabos', um chicote de tiras de couro, com bolinhas de chumbo na extremidade, muito usado na época...

– E depois de se lembrar disso ele também ficou curado... – deduziu Bartira.

– Sim. Após o tratamento hipnótico, tanto a asma, quanto a alergia a pelos de gato e penas de galinha desapareceram. Em pouco tempo, o apetite do rapaz também voltou ao normal, e ele se viu finalmente livre da compulsão de ter de comer a toda hora.[17]

– Inacreditável... – observou Bartira, longe, girando o copo entre os dedos, ainda visualizando a cena do rapaz devorando a galinha crua.

– Casos como este são muito comuns. Atualmente existem até dependentes em tóxicos que fazem este tratamento para tentar apagar do cérebro a matriz que determina a dependência – acrescentou Augusto.

Após deixarem o *pub*, Bartira e Augusto ainda passaram mais de meia hora conversando sobre regressão na porta da casa dela.

– Nossa, como esfriou! – ela constatou, batendo o queixo. – Você não quer entrar e tomar um chá quente?

---

[17] Este caso, também verídico, é narrado no livro *Você já viveu outras vidas*, de Kurt Allgeier, Ediouro, 1979.

– Você quer mesmo que eu entre? – ele perguntou, olhando-a no fundo dos olhos.

– Bem... – ela desconversou, morrendo de medo de seus próprios desejos. – Acho que já é um pouco tarde, talvez seja melhor continuarmos essa conversa em um outro dia.

– É... – Augusto suspirou, vencido. – Você promete que dessa vez não vai desaparecer de novo? – ele segurou suas mãos geladas.

– E como eu poderia? Você agora sabe meu endereço – ela respondeu, empurrando a porta.

– É verdade – ele abriu aquele mesmo sorriso que havia cativado Bartira no avião. – Então... – disse beijando-lhe as mãos com ternura – até muito breve, senhorita Esquivança... E um feliz aniversário, do fundo do meu coração! – acrescentou, fazendo uma mesura como se lhe tirasse o chapéu antes de se afastar.

De sua varanda envidraçada, Bartira ficou sorrindo enquanto acompanhava seus passos em direção à saída do condomínio.

– Senhorita Esquivança... – repetiu alto, levando as mãos até os lábios. Elas pareciam impregnadas pelo perfume de Augusto. "Seria ele o rapaz com quem havia sonhado naquela noite?", não pôde deixar de se perguntar antes de fechar as cortinas.

Jorge e Glória haviam se encontrado durante todo aquele tempo. Logo depois do flagrante de Bartira, ele havia tentado se segurar ao máximo para não procurá-la de novo, achando que esta não seria uma atitude digna de alguém que acabara de perder a esposa tão amada. Todavia, à medida que os dias foram passando, ele começou a sentir que não tinha forças para controlar sozinho a depressão que teimava em rondá-lo. Por mais que lutasse contra os próprios pensamentos, não conseguia tirar da cabeça a ideia de acabar com a própria vida para ir ao encontro de Laura.

Por várias vezes tentara conversar sobre isso com Paulo, mas sempre que se aproximava do sogro, este encontrava-se ocupado no escritório, debruçado sobre uma pilha de livros e, com vergonha de incomodá-lo, Jorge recuava, indo buscar equilíbrio na companhia do filho. Nas poucas vezes em que Paulo notara sua presença, em vez de chamá-lo para sentar-se a seu lado, apenas se limitara a perguntar: "E então, já conseguiu algum emprego?" "Ainda não", Jorge respondia, e logo se retirava, envergonhado e humilhado. Sua cabeça, no entanto, encontrava-se ainda tão embaralhada que ele não conseguia sequer organizar um plano diário neste sentido, do tipo "hoje eu vou sair e deixar meu currículo em tal e tal empresa, depois verificar este e aquele anúncio de jornal". A bem da verdade, não conseguia nem mesmo concentrar-se para ler um jornal.

Até que numa tarde, sentindo-se quase enlouquecer com a ideia fixa de pular pela mesma janela de onde Laura se lançara, tomou um banho gelado para tentar se acalmar e decidiu procurar Glória na escola em que ela trabalhava. Precisava desesperadamente conversar com alguém.

Glória o recebeu com todo o carinho e, desde então, os dois iniciaram uma sólida amizade. Pouco a pouco ela foi mostrando a ele que o suicídio era a pior alternativa para alguém que deseja livrar-se de uma dor moral muito grande, que a morte do corpo jamais aniquila a consciência da personalidade, que ele poderia ajudar muito mais à esposa a quem tanto amava se mantendo onde estava, orando por ela e perdoando, de coração, o ato funesto que ela praticara.

Todas as tardes, Jorge ia buscar Glória na saída da escola e os dois passavam horas discutindo sobre as razões que levam uma alma a decidir reencarnar na Terra e o que acontece com aqueles que desertam do compromisso assumido para fugir das provas que eles mesmos haviam escolhido.

– Você não imagina como nossa volta à Terra é minuciosamente preparada na espiritualidade – ela explicou-lhe, numa dessas ocasiões. – Para que nosso pedido seja aceito, antes de mais nada, é necessária a intercessão de inúmeros benfeitores mais evoluídos, que atuam como fiadores da alma que quer reencarnar. São espíritos amigos que ficam torcendo para que tudo dê certo, vibrando a nosso favor e, não raras vezes, nos acompanham ao longo de toda nossa existência carnal.

– São sempre pessoas conhecidas esses espíritos? Pessoas de nossa família que morreram antes de nós chegarmos aqui?

– Às vezes sim, às vezes não. Temos também muitos amigos de outras vidas que nem sempre reencarnam na mesma família que nós, e também amigos que fazemos na própria espiritualidade, enquanto elaboramos planos para uma possível volta – elucidou Glória.

– Quer dizer que nós elaboramos assim... uma espécie de projeto, antes de reencarnarmos? – quis saber Jorge.

– Em muitos casos, sim, embora haja também uma infinidade de espíritos endividados, que são enviados à Terra mesmo contra a vontade. Em geral, porém, o espírito, auxiliado por seus mentores na espiritualidade, planeja todas as dificuldades por que terá de passar na presente existência, com o intuito de aproveitar ao máximo a nova temporada, em termos evolutivos.

– Então tudo o que nos acontece na Terra, cada pequeno detalhe é planejado com antecedência como se fosse o *script* de uma novela? – comparou ele.

– Não, nem tudo. Apenas as vigas mestras, os fatos determinantes pelos quais teremos de passar são previamente programados. No mais, o homem tem livre-arbítrio para agir de acordo com a sua consciência, com o aprendizado e os conselhos que recebeu na espiritualidade antes de reencarnar e que ficaram gravados em seu subconsciente – esclareceu Glória.

– Então a morte de Laura, que aconteceria em breve mesmo que ela não tivesse se suicidado, era uma provação pela qual eu tinha de passar? O que eu poderia ter feito em outra vida para merecer todo esse sofrimento? – tentou entender Jorge.

– Somente sua intuição poderá dizer. Em geral, a partir de nossas tendências instintivas podemos ter uma vaga ideia daquilo que fomos no passado. Muitas vezes, porém, experimentamos determinadas dificuldades que são provas pelas quais decidimos passar, dispostos a testar nossa firmeza e o correto aprendizado das lições recebidas na espiritualidade – destacou Glória.

Jorge passou alguns instantes tentando fazer uma síntese das características de sua personalidade, mas não conseguiu concluir nada de imediato.

– E no que se refere ao nosso corpo, uma pessoa muito feia ou portadora de uma deficiência física também planejou isso antes de nascer? – insistiu, lembrando-se de uma antiga colega de escola.

– Sim! Quando estamos no plano espiritual, temos a consciência plena de nossas fraquezas e sentimos necessidade de vencê-las, embora na Terra muitas vezes nos revoltemos contra nossos próprios projetos. Assim, por exemplo, uma pessoa que abusou da beleza em determinada vida, pode pedir para nascer muito feia na próxima, a fim de não recair no mesmo erro – elucidou Glória.

– Você sempre diz que a pessoa *pede* para nascer assim ou assado... Mas pede a quem? – a curiosidade de Jorge parecia não ter fim.

– Na espiritualidade existem departamentos que cuidam especificamente dos assuntos que se referem à reencarnação, onde trabalham seres encarregados do planejamento de nosso corpo físico de acordo com as nossas necessidades evolutivas. São verdadeiros engenheiros genéticos que, de posse da informação sobre o material hereditário disponível naqueles que nos receberão como pais, farão o projeto do corpo físico que envergaremos aqui, atendendo às mais minuciosas necessidades da tarefa que teremos a desempenhar na Terra.[18]

[18] Para maiores detalhes sobre o assunto, ver o capítulo 12 do livro *Missionários da luz*, de André Luiz, psicografado por Francisco Cândido Xavier (1995), e também o capítulo VII da parte 2 de *O livro dos espíritos*, de Allan Kardec (1997), ambos publicados pela ed. FEB.

– Então quer dizer que uma pessoa como Laura, por exemplo, que viria a se tornar uma grande bailarina na Terra, teoricamente já nasceria com os músculos e os membros previamente talhados para este tipo de atividade? – quis saber Jorge.

– Não necessariamente. Uma coisa é o dom da dança, algo que ela provavelmente já trazia de outras existências, e outra é o fato de ela ter reencarnado com um corpo saudável e perfeito. Como todos os que chegam à Terra nessas condições, sua missão era sobretudo usar bem esse corpo no cumprimento de suas tarefas. Da mesma forma, alguém que nasça com um potente aparelho fonador não precisará necessariamente se tornar um cantor, mas deverá, sim, obrigatoriamente, usar bem a sua voz no que quer que faça – exemplificou a estudiosa moça.

Quanto mais conversava com Glória, mais Jorge aprendia e sentia necessidade de aprender. Ela falava tudo sempre de um jeito tão simples, tão claro, que parecia até que visitava assiduamente a tal 'espiritualidade', da qual tanto falava. Logo ele começou a frequentar também o mesmo centro espírita onde ela ia assiduamente, que por 'coincidência' ficava na Tijuca e vinha a ser o mesmo onde Paulo trabalhara por tantos anos, embora Jorge não tivesse notícia disso.

Com seu jeito doce e meigo, Glória aos poucos deu novo rumo à vida de Jorge. Além do centro, eles iam também ao cinema, ao teatro e faziam sempre muitos programas juntos. Foi por intermédio dela, aliás, que ele conseguiu o cargo na empresa onde agora trabalhava. Assim, em meio a tantos momentos compartilhados, a atração entre eles surgiu naturalmente.

Quem não gostou nada disso foram Cirino e seu bando que, vendo Jorge se afastar cada vez mais de seu campo de influência, viviam sempre à espreita de uma oportunidade para semearem a discórdia entre os dois, dispostos a reconduzir Jorge ao caminho do suicídio, e concretizar, assim, mais uma parte de seu maléfico plano de vingança.

Como todas as tentativas junto a Jorge viessem se revelando infrutíferas nos últimos tempos, já que, permanentemente cercado por amigos espirituais elevados, este sequer viesse lhes registrando a menor sugestão, em determinado momento o bando decidiu se dividir.

– Vai ser preciso um trabalho... de muita paciência... junto a este idiota. Mas em algum momento... 'os bons' vão se afastar dele... Aí será a nossa vez... de atuar novamente... – imaginou Cirino.

– E o que faremos então? – quis saber Brigite.

– Esperar... e agir... ao mesmo tempo! – continuou Cirino.

– Como assim? – perguntou Naná.

– Muito simples... Desta vez, você, Naná... e Brigite... ficarão acompanhando Jorge de longe. Enquanto isso eu... Zuzu... Margô e Georgete... cuidamos do garoto. Mas atenção:... ao menor indício de recaída, vocês enviam o sinal, combinado?

E assim, Naná e Brigite passaram meses e meses acompanhando de longe os passos de Jorge. É verdade que, nos dias em que este ia ao centro junto com Glória, elas não entravam. Alertadas por Cirino de que não deviam ultrapassar aquele portão em hipótese alguma, ficavam sempre do lado de fora, aguardando-o. Todavia, nas vezes em que Jorge e Glória se reuniam na casa dela para estudar *O evangelho...* ou *O livro dos espíritos*, elas acabavam ouvindo-lhes os comentários e não raras vezes se pegavam depois pensando nos ensinamentos indiretamente adquiridos.

Mais do que os ensinamentos, tocava-lhes fundamente o exemplo de Glória, que estava sempre se esforçando para dominar seus impulsos inferiores e ajudando todas as pessoas próximas. Aos poucos, sem perceberem, Brigite e Naná começaram a sentir uma certa identificação com a situação dela, que logo evoluiu para uma espécie de simpatia por suas atitudes, até que timidamente passaram a torcer por seu romance com Jorge, esquecendo-se de que a finalidade de estarem ali era justamente a de provocar o rompimento entre os dois.

Jorge não amava Glória com a mesma paixão, a mesma intensidade avassaladora com que se envolvera com Laura. Contudo, ela lhe transmitia uma paz jamais experimentada, uma sensação de segurança e bem-estar que era tudo o de que ele necessitava naquele momento tão difícil de sua vida.

Glória, no entanto, amava-o com todas as suas forças, como jamais imaginara amar alguém um dia e, embora se esforçasse para não cobrar nada de Jorge, muitas vezes se ressentia por precisar esconder do mundo aquele amor que ela sentia crescer cada vez mais dentro de si.

Naqueles dois anos de intenso convívio, Jorge não lhe dera sequer o número do telefone de sua casa, jamais permitira que ela visse, nem mesmo de longe, o pequeno Pedro Henrique. Para que ninguém desconfiasse de nada, agia sempre com a máxima dissimulação, substituíra o nome de

Glória pelo nome de um amigo fictício de trabalho, o Abelardo, com quem dizia sempre em casa que ia se encontrar.

Era sobre isso que os dois discutiam naquela noite, no momento em que deixaram o centro, seguidos de longe pelo olhar desencantado de Paulo. Pressentindo a possibilidade de um conflito iminente, Sólon seguiu junto com o casal, a quem logo se juntaram Brigite e Naná, enquanto Jonas permaneceu ao lado do irmão, tentando emitir-lhe pensamentos de calma e aceitação em seu trajeto de volta para casa.

– Sabe, Jorge – disse Glória, no momento em que chegavam ao outro lado da rua –, depois de ouvir essa palestra, tenho a certeza de que nós estamos ligados há muitas vidas, muitas encarnações...

– Somos 'irmãos pelos laços do espírito' – definiu Jorge, utilizando os conceitos que aprendera naquela noite.

– Sim, creio que sim – concordou Glória. – Mas acho que isto não implica em termos de esconder nosso relacionamento pelo resto da vida. Afinal, você é um homem viúvo, eu sou solteira, nada mais natural do que...

– Glória, por favor, não me venha de novo com esse assunto – interrompeu Jorge. – Já te expliquei, mais de mil vezes, que não tenho como assumir abertamente um relacionamento com você. Embora viúvo, eu vivo na casa dos meus sogros, não posso sair de lá porque não quero me afastar de meu filho, que é a coisa mais importante que eu tenho na vida.

Os dois entraram em um restaurante com a fisionomia contrariada, sentaram-se a uma mesa, olharam o cardápio, e fizeram o pedido sem muito entusiasmo. Parecia que uma barreira havia se instalado subitamente entre eles, erguida pelas próprias vibrações de defesa emitidas por cada um. De tão envolvidas com a situação, Brigite e Naná nem perceberam que a redoma de luz que habitualmente costumava envolver Jorge e Glória, protegendo-os contra influências daninhas, ia se tornando fina como uma casca de ovo à medida que eles se alteravam.

– Você podia alugar um apartamento, agora que já está empregado, e levar o Pedro Henrique para morar com você... Ele é seu filho, ninguém pode te negar este direito – ensaiou Glória, tentando retomar o assunto.

– Seria uma leviandade, uma ingratidão tirar o menino do convívio dos avós depois de tudo o que eles fizeram por ele. Me admira você me propor isto! – rebateu Jorge. – De mais a mais, quem iria olhar o Pedro Henrique enquanto eu trabalho? Você já pensou que eu não poderia nem sair mais à noite com você, caso assumisse a guarda do meu filho?

Glória abaixou os olhos, entristecida. Ao ouvi-lo falando assim, sentia desmoronarem todos os castelos de sonho que ela construíra em sua imaginação, onde ela, Jorge e o menino viviam como uma família unida e feliz, embasada sobre os alicerces da doutrina espírita. Ao mesmo tempo, doía em seu coração perceber que, para Jorge, ela era apenas um passatempo, uma amiga para as horas difíceis, uma amante proibida e ilegítima.

– Não fica assim – ele afagou seus cabelos, percebendo a tristeza da moça. – Eu nunca te enganei...

– Não, Jorge, você nunca me enganou. Quem se enganou fui eu, achando que a seu lado eu tinha chances de ser feliz algum dia.

– Mas você não é feliz a meu lado? Eu não te levo a todos os lugares aonde você quer ir, não venho até o centro com você toda semana?

– Jorge, por favor, não inverta as coisas – ela disse, fazendo o possível para não se alterar. – Você vem ao centro porque é bom para você também e não porque eu precise de que você venha comigo.

– Tudo bem, você tem razão – ele concordou. – Me desculpe. É que só de pensar em ficar longe do meu filho, eu...

– Eu não quero te ofender. Só Deus sabe o quanto eu te adoro, o quanto você é importante para mim. Mas, Jorge, no fundo, no fundo, sabe o que eu acho?

– O quê? – ele a enfrentou como se estivesse pronto para a briga.

– Que você age o tempo todo como se ainda fosse casado com a Laura, como se eu fosse a 'outra' no seu relacionamento com ela.

– E o que você queria que eu fizesse? Que me casasse com você e a levasse no colo para passar a noite de núpcias na casa dos meus sogros?

– Não é nada disso! – protestou Glória, irritada. – Queria apenas que você me assumisse, poxa! Não como esposa, mas como namorada, pelo menos! Será que é pedir muito? Já faz dois anos que a Laura morreu! – desabafou a moça, sem conseguir evitar que lágrimas lhe pulassem dos olhos.

Tentando evitar que o clima piorasse ainda mais, Rutílio, o protetor de Jorge, e Celeste, a protetora de Glória, seguiam as orientações de Sólon e procuravam enviar-lhes os mais puros fluidos de paz e amor que, contudo, não conseguiam atravessar a barreira de mágoas que se erguera entre os dois. Preocupava, sobretudo, às entidades de luz ali presentes a sintonia que o casal começava a oferecer aos espíritos sofredores que também os acompanhavam.

Todavia, contrariamente ao que era de se imaginar, em vez de instigarem a discussão entre os dois e aproveitarem a oportunidade tão esperada para tirar partido de uma fraqueza de Jorge, Brigite e Naná começaram a chorar junto com Glória.

– É sempre assim – dizia Brigite, referindo-se a Laura. – Ela consegue fazer o mal mesmo quando não está presente... Traidora... Depois de tudo o que fizemos por ela, ainda se deu ao luxo de nos envenenar daquela maneira cruel... Ai... eu não queria mais pensar nestas coisas, mas não consigo... Quantas encarnações será que precisaremos viver até podermos cicatrizar essa ferida que continua sempre latejando dentro de nós? – continuou, sem perceber os ensinamentos que já haviam se cristalizado dentro dela.

– Oh, meu Deus – complementou Naná, por sua vez, sem se dar conta de que, pela primeira vez, depois de quase um século, pronunciava o nome do Pai celestial –, até quando vai durar esse sofrimento? Sinceramente, eu não aguento mais esta vingança que não termina nunca... Se ao menos pudéssemos ter morrido de verdade no dia em que ela nos envenenou...

Neste momento, aproveitando-se do descuido das duas, que sem querer haviam aberto uma brecha em seus corações, tornando possível a aproximação de entidades mais iluminadas, Sólon se fez visível ao lado de Naná e observou com a máxima ternura:

– A irmã parece cansada, machucada, incompreendida... Será que vale a pena prolongar por tanto tempo esta dor apenas para concretizar uma vingança?

– Estamos exaustas – desabafou Brigite, entre lágrimas. – Tudo o que queríamos era poder retomar as nossas vidas do ponto em que as interrompemos... Ou que fomos obrigadas a interromper...

– E em meio a tudo isso nos deparamos com a história desta moça, que luta com todas as suas forças para superar o mesmo drama que tantas vezes vivemos em nossa última existência... – desabafou Naná.

– Sim – complementou Brigite –, ela não é uma prostituta como nós, mas vive sendo maltratada por todos, até pelas amigas da escola onde trabalha, só porque é negra, porque é bonita, porque é solteira e não deve nada a ninguém!

– E no entanto está sempre tentando ajudar, sempre desejando o bem... – continuou Naná. – Ela não merecia o que Jorge está fazendo com ela. Fez tudo por ele, deu tudo o que tinha de melhor dentro de si para que ele se reerguesse, para, no final das contas, em vez de reconhecer isso e se esforçar para fazê-la feliz, ele tratá-la como se ela fosse um objeto, um livro velho que ele já leu e não quer mais! – acrescentou Brigite, trazendo para a situação de Jorge e Glória reminiscências de sua própria experiência em sua derradeira encarnação.

– Entendo, irmãs – tornou Sólon, compreensivo. – Pode não parecer, mas posso avaliar o quão horrível vem sendo esse sofrimento ao longo de todos estes anos.

– Imaginávamos – continuou Naná – que ao forçar aquela outra a abandonar a vida, do mesmo jeito que ela fez conosco tempos atrás, estaríamos colocando um ponto final em toda essa dor...

– Mas, mesmo depois que conseguimos que ela pulasse pela janela – disse Brigite, novamente se referindo a Laura –, não experimentamos um minuto sequer de paz.

– O que vocês precisam, neste momento, é esquecer o passado e perdoar a essa moça. Tudo isso já passou, vocês necessitam agora de muito repouso, carinho e cuidado – sintetizou Sólon.

– Mas quem nos daria carinho e cuidado se não nos restou mais ninguém, a não ser nossos companheiros de sofrimento? – questionou Brigite.

– Sim, e o que dirá Cirino, quando souber que nós fraquejamos? – lembrou Naná.

– Admitir que necessita de ajuda, irmã, não é fraquejar. Ao contrário, é dar-se a oportunidade de fortalecimento, de refazimento em todos os sentidos...

– Você teria a coragem de enfrentar Cirino e as outras para nos dar esta ajuda?

– Não se preocupem com Cirino e as outras. No tempo certo, eles também receberão o auxílio de que necessitam – Sólon tentou tranquilizá-las, no mesmo instante em que quatro enfermeiros apareciam no local e se acercavam daquelas entidades sofredoras.

– Então vão mesmo nos levar para recebermos um tratamento em algum hospital? – quis certificar-se Brigite, ao perceber os enfermeiros.

– Essa é nossa intenção – respondeu Sólon –, a menos que as irmãs não queiram ser socorridas.

– Por Deus! É tudo o que eu quero – confessou Naná entre lágrimas.

– Será que eu poderia fazer uma última coisa antes de partirmos? – perguntou Brigite emocionada.

Antes que Sólon pudesse responder, ela se aproximou de Glória e preparou-se para dar-lhe um beijo no rosto. Um dos enfermeiros chegou a fazer menção de impedi-la, mas deteve-se a um sinal de cabeça de Sólon.

– Obrigada por nos iluminar com seu exemplo – ela disse carinhosamente a Glória, já se deixando conduzir pelo enfermeiro.

Neste momento, esta, que continuava lacrimejando de cabeça baixa, brincando com alguns palitos ao lado de Jorge, sentiu-se preenchida por uma força descomunal, um calor revigorante que invadiu todo o seu corpo e a fez elevar novamente os olhos e dizer com firmeza:

– Pois bem, Jorge. Cheguei à conclusão de que não quero, não posso mais continuar a viver esta farsa junto com você. Gosto demais da sua companhia, mas preciso me dar uma chance de tentar ser feliz com alguém que queira a mesma coisa que eu...

– Mas eu preciso de você! – reagiu Jorge. – Se não fosse por você eu...

– Podemos continuar amigos, eu sempre vou estar pronta a ouvi-lo, todas as vezes em que você precisar de mim...

– Não, Glória, eu...

– Contudo – continuou ela, decidida – eu quero mais do que isso. Quero alguém com quem eu possa efetivamente construir um relacionamento, quero muito formar uma família algum dia...

– Isso eu não posso te dar – Jorge admitiu, vencido.

– Eu sei, e não te recrimino por isso. Pode ter certeza de que não vou guardar nenhum rancor – ela disse, levantando-se. – Apenas acho que preciso me resguardar um pouco, me afastar por uns tempos para que essa paixão que eu sinto por você não acabe se tornando uma obsessão. Tenho que retomar o meu equilíbrio enquanto é tempo...

– Glória, espere, eu... – ele ainda tentou dizer.

Glória, no entanto, manteve-se irredutível em sua decisão. Fizera tudo o que podia por ele, agora precisava ser fiel a si própria. Jorge quase não acreditou quando a viu virar-se de costas e sair, deixando-o sozinho naquele restaurante com aquela imensa sensação de culpa e de vazio interior.

No apartamento de Paulo e Inês, Cirino se contorceu de ódio ao saber da notícia. Já andava desconfiado de que algo não ia bem com Brigite e Naná. Há dias não conseguia comunicar-se com elas através de pensamentos, da maneira como sempre costumara fazer. Por isso, naquela mesma noite, ordenara à Zuzu que as localizasse onde quer que estivessem e descobrisse o que de fato estava ocorrendo.

– Eu não pude fazer nada – Zuzu, nervosa, tentava explicar. – Quando consegui chegar ao restaurante, elas já estavam fazendo aquele papel ridículo, quase ajoelhadas diante daquele emissário dos bons... Pensei que se eu me aproximasse poderia ser pior e...

– Cambada de abobadas... é isso... que vocês são! – gritou Cirino, espumando. O ar sempre lhe faltava quando estava nervoso, dificultando ainda mais sua expressão. – Idiota fui eu... de acreditar... que um bando... de descerebradas... como vocês... pudesse me ajudar... em alguma coisa!

– Ele acaba de entrar no banho – interferiu Margô, vindo do quarto de Eduardo.

– E o que é que você quer... que eu faça... sua songa-monga?... Que entre no chuveiro... para ajudá-lo... a ensaboar-se?

Alheia ao bate-boca que acontecia em pleno corredor de acesso aos quartos, Inês, sentada na sala, aguardava a chegada de Paulo, enquanto terminava mais uma remessa de agasalhos de lã. Não frequentava mais a igreja, mas todo final de mês enviava sua contribuição por intermédio de uma outra senhora do grupo que morava ali perto.

Em seu íntimo, sofria com saudades dos tempos em que ia quase todos os dias à igreja para coordenar o grupo de senhoras encarregado de assistir os necessitados da paróquia, mas ainda não conseguira encontrar forças em si mesma para perdoar a atitude daquele padre por ocasião da morte de Laura. Com o tempo, porém, acabara descobrindo que o simples fato de contribuir à distância para aquela obra em que tanto acreditava, a despeito de todas as divergências que a haviam afastado do convívio dos fiéis da paróquia, fazia com que se sentisse em paz consigo própria. "Pelo menos estou fazendo a minha parte", dizia a si mesma, sem sequer imaginar a imensa proteção espiritual que aquele trabalho caritativo, feito com tanto amor e dedicação, criava em torno dela.

– Não sei onde é... onde é que nós vamos parar! – protestava Cirino, enquanto isso, como sempre engasgado com as próprias palavras. – Não bastasse essa infeliz... tricotando para os mortos de frio... o outro agora... voltou a frequentar a casa dos bons... Até Jorge!... A culpa é de vocês, suas incompetentes... Não sabem provocar... não sabem tirar uma pessoa... do sério!

– Calma, Cirino – atalhou Georgete, que até então se mantivera calada. – Afinal, nossa meta principal agora não é destruir o rapazinho? Pelo menos com ele nós já temos meio caminho andado...

Inês levantou os olhos do tricô ao perceber a chave girando na porta.

– E então, como é que foi lá no centro? – perguntou, tão logo Paulo entrou.

Numa fração de segundos, ela percebeu que havia algo de errado com o marido. Ao vê-la com suas lãs espalhadas pelo sofá, Paulo sentiu uma imensa vontade de sentar-se a seu lado como fazia sempre, e contar-lhe sobre a cena que acabara de presenciar. Todavia, no caminho de casa, havia decidido não dizer nada à esposa enquanto não tivesse uma posição equilibrada sobre o assunto e, naquele momento, seus conceitos ainda se encontravam completamente embaralhados em sua cabeça.

– Foi tudo bem – ele disfarçou, sentando-se em uma poltrona do outro lado da sala.

– Você me parece preocupado... – ela insistiu.

– Impressão sua – mais uma vez Paulo desconversou. – A palestra foi maravilhosa, estou apenas tentando recapitular mentalmente tudo o que ouvi...

– Ele está desnorteado! – Margô correu a avisar Cirino.

– Quem está desnorteado, além de você... criatura dos infernos? – gritou ele agressivo, no máximo volume que conseguia atingir com sua voz afônica.

– Paulo! – continuou Margô empolgada. – Parece que a ida ao centro, em vez de aproximá-lo dos bons, acabou por facilitar nossa ligação com ele.

– Você conseguiu... ler seus pensamentos? – Cirino mostrou-se curioso.

– Não completamente, a sintonia ainda está muito ruim. Mas, mesmo assim, já deu para perceber que ele está com muita raiva de alguém!

– Só vendo... para crer! – duvidou Cirino.

Sempre seguido por Margô, Zuzu e Georgete, ele então correu para a sala, já disposto a tirar partido da situação. Os quatro dispuseram-se em torno de Paulo, mas não puderam aproximar-se dele o quanto gostariam. Um tênue fio de luz impedia que chegassem mais perto. Em determinados momentos, o fio parecia que ia se quebrar, bombardeado por pequenas bolas negras e voláteis produzidas pelos pensamentos de Paulo, mas quase que imediatamente em seguida este voltava a emanar fagulhas brancas fosforescentes, que destruíam as bolas negras como alfinetes estourando balões de ar, e iam depositar-se sobre o fio de luz que o envolvia, fortalecendo-o.

– Ao que tudo indica... ele está em crise – diagnosticou Cirino. – Vamos ficar... em guarda!

Parado atrás de Paulo, Jonas mantinha-se concentrado na tarefa de enviar-lhe pensamentos luminosos. Em parte, o sucesso daquela verdadeira transfusão de fluidos explicava-se pelo fato de o próprio Paulo estar intimamente lutando contra a raiva que sentia do genro, mas que não queria sentir, ao mesmo tempo em que pensava no irmão desencarnado, pedindo-lhe ajuda para vencer as próprias emoções.

"Não posso condenar Jorge", pensava consigo, enquanto a mulher tricotava nervosamente. "Afinal, ele ainda é jovem, tem o direito de reconstruir sua vida... Mas me dói tanto pensar que ele encontrou uma substituta para minha filha tão depressa... E que ainda por cima mentiu para nós durante todo esse tempo... Sinto-me traído, ultrajado, ferido em meu amor de pai... Se ao menos a moça ainda fosse um pouco parecida com Laura... Mas não! Ela é tão diferente... Como Jorge pôde escolher alguém tão diferente para colocar no lugar da minha filha? E quando ele a trouxer para dentro de casa? O que faremos?"

Paulo não queria admitir para si próprio, mas no fundo, assim como Bartira, a quem tanto criticara no dia do escândalo, também trazia dentro dele um certo preconceito. Glória era negra e, por mais que tentasse negar, isso o incomodava. Não tinha nada contra as pessoas de cor, mas era tão estranho imaginar uma moça negra ao lado de Jorge, ocupando o lugar de sua filha...

"Não julgue as pessoas pela cor", Jonas dizia-lhe em pensamentos, "afinal, você é espírita. Sabe, melhor do que ninguém, que a cor da pele é apenas uma característica temporária que escolhemos para experimentar nossas conquistas morais adquiridas. É preciso vencer o preconceito e entender que todos nós, negros, brancos, vermelhos ou amarelos, somos almas eternas, filhas de um mesmo Pai..."

"Acho que estou apenas inventando uma desculpa para encobrir meus sentimentos de pai traído... De sogro traído", concluiu Paulo, captando em seu íntimo as ponderações do irmão a seu lado. "Mal ou bem esta moça tem um grande mérito. Conseguiu tirar Jorge da depressão horrível em que ele se encontrava, levou-o até um centro espírita para receber auxílio e informação, coisa que eu, aliás, não consegui fazer por nenhum dos meus filhos... Isso eu não posso negar..."

– Paulo, você está tão distante – observou Inês, levantando os olhos do tricô. – Tem certeza de que não gostaria de dividir comigo o que o aflige?

– Está tudo bem – ele levantou-se e beijou a testa da esposa. – Estava apenas me lembrando de Laura... Agora, se não se importa, eu vou para o escritório. Estou precisando ler um pouco...

– É, ficou muito agradável o escritório no antigo quarto de Laura. – Inês ainda comentou, tentando puxar assunto, mas Paulo não chegou a ouvi-la. Estava absorto demais em seus pensamentos.

– Não acredito! – protestou Cirino. – Nós o perdemos... de novo!

– Aposto como vai se trancar outra vez naquele quarto e passar horas folheando aqueles livros desagradáveis – observou Georgete.

– Malditos livros espíritas que só servem para atrapalhar nosso trabalho! – complementou Zuzu. – Odeio quando ele começa a ler aquelas coisas sobre os suicidas...

– O garoto já saiu do banho – avisou Margô, que vivia perambulando pela casa como um vigia. – Escutem: já ligou até o aparelho de CD!

– É... Vamos deixar o idiota-chefe para lá... e cuidar do que interessa – determinou Cirino.

Com suas calças rasgadas nos joelhos, a jaqueta encardida de tanto uso e os cabelos completamente desalinhados, Eduardo nem parecia ter saído do banho. Resolvera não ir para a Inglaterra ao encontro da irmã, a fim de terminar seu cursinho no Rio, perto dos amigos. Não obstante desde que ela partira, há dois anos, não tocara mais em um livro. Ia às aulas de vez em quando, apenas para se encontrar com o pessoal e para não ouvir bronca dos pais no final dos bimestres, quando a diretoria sempre chamava à escola os responsáveis por aqueles que raramente apareciam na classe.

"Também", pensou consigo, enquanto calçava o tênis branco mais do que roto, "mesmo que eles soubessem, não iam dar muita importância. Mamãe só tem tempo para o Pedrinho e para seus agasalhos da igreja, papai só vive metido no escritório, lendo e relendo seus livros espíritas... Como se isso pudesse trazer Lala de volta..."

Ao lembrar de Laura, chutou com força um dos gavetões de madeira que havia debaixo da cama. Por mais que o tempo passasse, não conseguia se conformar com a morte da irmã que lhe dava tanta atenção. Naquele dia, particularmente, estava revoltado contra a Humanidade inteira. Não por causa de Laura, mas de Martinha, que há mais de um mês não lhe escrevia uma linha sequer.

Desde que ela fora morar na França, os dois trocavam correspondências pelo computador quase que diariamente. Eduardo chegou mesmo a se afastar dos amigos por um bom tempo, de tão apaixonado que ficou. E no final daquele primeiro ano, quando Martinha lhe contou que viajaria nas férias com os pais até a Inglaterra, fez de tudo para que o pai o deixasse ir a seu encontro, disposto a passar uma temporada na casa de Bartira, mas desta vez Paulo se opôs, alegando que "aluno que repete de ano não tem que ser premiado com viagem ao exterior".

Às vezes Eduardo sentia muita raiva do pai, que parecia estar sempre contra ele. Bastava ele querer alguma coisa, para que Paulo fosse contra. E quando ele desistia de tudo, o pai ficava no seu pé, dizendo que era preciso ter um objetivo na vida.

"Vai entender..." – retrucou, enquanto tirava do armário uma mochila velha e começava a enchê-la de roupas. Ia passar o final de semana em

Visconde de Mauá com um monte de amigos, numa verdadeira mansão que pertencia aos pais de Batata. Que, por sinal, estavam viajando, e nem imaginavam nada parecido.

Por mais que tentasse se animar, porém, não conseguia tirar Martinha da cabeça. "Desde que conseguiu ser aceita por aquela tal faculdade francesa de jornalismo, ela nunca mais fora a mesma", pensou consigo, enquanto socava as roupas dentro da mala para tentar fechar o zíper.

Embora não pudesse admitir isso para si mesmo, na verdade ele fora o primeiro a esfriar com ela, espaçando cada vez mais a correspondência eletrônica desde então, frustrado por ela ter passado à sua frente nos estudos, tendo ficado ainda mais irritado quando ela lhe contou que estava saindo com um pessoal mais velho da faculdade, que produzia um programa para a TV a cabo de lá.

A notícia deixou-o tão contrariado e enciumado em todos os sentidos, que ele demorou quase quinze dias para responder, e, ainda por cima, de forma tão ríspida, tão seca, tão despeitada que acabou achando melhor não enviar. Depois disso, Martinha não voltou mais a escrever. Pelo menos nos últimos trinta e nove dias, como ele fazia questão de contar.

Eduardo abriu a gaveta da escrivaninha e pegou novamente a última mensagem de Martinha, impressa em um papel já amarrotado pelo constante manuseio:

Du, você não pode imaginar a coisa fantástica que me aconteceu – dizia ela, no parágrafo que mais o incomodou –, conheci um pessoal muito legal do último período e estou me afinando às mil maravilhas com eles. Imagine só, eles têm um programa em um canal a cabo daqui, uma espécie de "acredite se quiser" que focaliza sempre casos envolvendo a participação de espíritos na vida das pessoas. É um barato. Às vezes parece até coisa de filme de terror, outras vezes, as cenas fazem a gente pensar sobre essa coisa de continuidade da vida após a morte... Quem está adorando isso é meu avô, que já me enviou uma porção de livros sobre espíritos, você acredita? Ah, esqueci de te contar que o pessoal me convidou para ajudar na edição dos programas, acharam que eu tenho o maior jeito para isso só por causa de um palpite que eu dei, não é o máximo?

– Aposto como ela está de caso com o responsável pelo programa – Cirino, cruel, disse-lhe em pensamentos. Expressando-se desta forma não ficava afônico.

– Vai ver até já andou dormindo com ele. Afinal, onde já se viu conseguir uma vaga assim tão depressa? – Margô aproveitou a deixa.

– Pois é. Sorte assim não existe – completou Zuzu, maliciosa. – Ela mal acaba de entrar para a faculdade e já recebe um convite para trabalhar?

Sintonizado com aquelas entidades por seus pensamentos de raiva e revolta, Eduardo captou-lhes de imediato as sugestões e ficou ainda mais irritado, como eles queriam. Amassou a carta com ódio, depois rasgou-a em mil pedacinhos.

– Que falta de consideração desta moça... Se eu fosse você, tomava um porre para compensar! – Cirino prosseguiu em sua tática.

– Você não merecia isso! – Reforçou Georgete. – Se guardou todo esse tempo para, no final das contas, acabar sendo traído desse jeito.

Ao contrário do que Eduardo imaginava, Inês, sua mãe, estava muito preocupada com ele há tempos. Naquela noite, inclusive, planejava conversar com Paulo sobre a possibilidade de enviá-lo para a Inglaterra, ainda que fosse no meio daquele ano letivo. Mas Paulo havia chegado tão estranho que ela não teve como introduzir o assunto. Sua inquietação de mãe, no entanto, crescia enquanto ela ouvia o filho se arrumando no quarto, ao som daquela música desagradável e ensurdecedora. Embora não fosse espírita e nem acreditasse nessas coisas, Inês sentia em seu coração que algo de muito errado estava acontecendo com o filho. Tinha uma intuição muito forte de que ele estava andando com más companhias.

– Você vai viajar a essa hora? – ela perguntou apreensiva, no momento em que o viu cruzando a sala com a mochila na mão.

– Vou – ele respondeu seco. – Segunda-feira é feriado.

– Mas, meu filho... Não é perigoso pegar uma estrada assim tão tarde? Quem é que vai dirigir? Para onde você vai? – Inês insistiu.

– Não tem erro, não. O cara que vai no volante é fera – despistou Eduardo.

– Mas para onde...

– Tchau. Segunda à noite estou de volta. Dá um beijo no Pedrinho – ele bateu a porta e saiu, sem o menor constrangimento, seguido por Cirino e seu bando.

Inês ficou chorando na sala. Sua vontade era pular sobre o filho, aplicar-lhe umas boas palmadas no bumbum e proibi-lo terminantemente de sair. Mas como ela poderia fazer isso com um rapaz de dezenove anos que tinha quase o dobro do tamanho dela? E por que ela não conseguia parar de sentir aquele aperto no peito, como se algo horrível fosse acontecer com o filho naquela noite?

– Oh, Laura, minha filha, me sinto tão sozinha e impotente... – Inês disse alto no meio da sala. – Onde quer que você esteja, ajude seu irmão...

Em sua ingenuidade, ela não podia nem de longe imaginar o mal que aquela sua solicitação, feita com fé e determinação, poderia causar à filha, no estado em que esta ainda se encontrava.

Bartira acordou com o barulho insistente da campainha. Era domingo, um sol desbotado penetrava timidamente pelas venezianas da janela de seu quarto. Pulou da cama e saiu caçando, descalça, o robe e os chinelos pelo quarto, enquanto a pessoa insistia na porta. Encontrou apenas o robe, desceu assim mesmo. Sentia-se estranha, tinha a sensação de ter discutido com alguém a noite toda, mas não conseguia lembrar-se de nada do sonho que tivera. A imagem de Eduardo desacordado, contudo, não lhe saía da cabeça.

Ainda tentando buscar de onde lhe vinha aquela estranha imagem, abriu finalmente a porta e deu de cara com Augusto, que trazia nas mãos um imenso buquê de miosótis azuis.

– Vim buscá-la para saudar a chegada do outono! – ele exclamou, estendendo-lhe o buquê.

– Não acredito – ela respondeu, ainda sonolenta, tomando as flores nos braços com o mesmo cuidado com que se segura um bebê recém-nascido.

– Não vai me dizer que já tem programa para o dia de hoje? – ele perguntou, após beijá-la no rosto com ternura adolescente.

– Eu... não... quer dizer... tinha pensado em aproveitar o dia para ler alguns contratos que a empresa precisa fechar esta semana e...

Os dois ficaram muito próximos na soleira da porta, seus olhos se encontraram, por pouco não se beijaram ali mesmo. Bartira chegou a entreabrir os lábios, à espera do inevitável, mas desta vez foi Augusto quem conseguiu se conter. Queria muito beijá-la, é verdade, mas não ali, assim, como quem rouba uma fruta no pomar do vizinho.

– Você não vai me oferecer nem um café? – foi tudo o que ele encontrou para dizer.

– Cla-claro – Bartira respondeu sorridente. – Entre...

– Meu Deus! – ele comentou, vendo os incontáveis montes de papéis que estavam espalhados pela sala. – Parece que sua casa foi invadida por um furacão esta noite...

– Ah, me desculpe... – ela depositou as flores sobre a mesa e agachou-se para recolher a primeira das pilhas que havia pelo caminho. – É que ontem tirei o dia para colocar meus relatórios em ordem e...

Ele a deteve quando ela se curvava para pegar a segunda pilha:

– Vamos fazer um acordo? Hoje você está proibida de dizer as palavras 'contrato', 'processo' e 'relatório', e eu, de falar em tese, faculdade e doutorado, combinado?

– Combinado – ela sorriu bem-humorada. – Agora me deixa pelo menos terminar de recolher essa papelada e...

– Pra que recolher se eu tenho certeza de que você vai espalhar tudo de novo na hora em que voltar para casa? Deixa tudo isso aí e vai se arrumar depressa, porque temos um dia maravilhoso pela frente!

Bartira obedeceu. Não sabia por quê, mas não conseguia resistir à força das palavras dele. Não que se sentisse dominada por Augusto, não era isso. Mas tudo nele, o tom de sua voz, o brilho de seu olhar por trás daqueles pequenos óculos, seu sorriso franco, cada pequeno detalhe de sua personalidade despertava uma confiança dentro dela mesma, uma confiança imensa que ela nunca sentira por ninguém, nem mesmo pelos pais ou por Laura, sua grande amiga de todas as horas. Deixou tudo onde estava e voou para o quarto. Estava morrendo de vergonha por estar vestindo aquele robe velho e, ainda por cima, descalça. Mal podia imaginar o quanto Augusto a estava achando linda daquele jeito.

– Você já sabe aonde vai me levar? – ela perguntou, já do alto da escada, antes de entrar no corredor que dava acesso aos quartos no andar de cima.

– Já – ele respondeu, examinando uma revista que havia sobre a mesa ao lado das flores.

– E eu posso por acaso saber? – ela insistiu.

– Não – ele disse, sem tirar os olhos da revista , é surpresa.

Quinze minutos depois, os dois se preparavam para tomar café juntos na cozinha. Vestida com uma alegre blusa florida que ganhara de Laura no último aniversário que passara no Rio antes de mudar-se para a Inglaterra – sempre que estava com Augusto, ela sentia necessidade de usar algo que tivesse vindo de Laura, como se isso a deixasse mais corajosa –, Bartira estava tão radiante que até se esqueceu da imagem de Eduardo que emergira naquela manhã de seu nebuloso sonho.

Pela primeira vez na vida, nem se preocupou em dar à mesa um aspecto impecável, ideal para visitas. Sem preciosismos, arrumou-a do jeito como fazia todos os dias. A toalha xadrez, a cesta para pães, o bule de chá, xícaras para chá e café. Apenas teve o cuidado de arrumar o vaso com as flores no centro da mesa, o que deu à cozinha um aspecto ainda mais caseiro e aconchegante. "Que coisa mais fantástica é abrir o armário para pegar mais uma xícara", pensou consigo, enquanto tirava os pãezinhos que pusera no forno, "é tão bom ter alguém para o café da manhã..." Augusto tinha o raro dom de fazer com que ela se despojasse das muralhas e armas psicológicas que ela carregava habitualmente e de fazer vir à tona seu lado mais jovial e delicado.

– Sua casa é toda cheia de pequenos detalhes... – ele comentou, enquanto examinava distraidamente um simpático armarinho de miniaturas de louças, que estava pendurado numa das paredes da cozinha.

– É... Na verdade eu tenho loucura por quadros, enfeites, coisinhas... – respondeu Bartira, enquanto arrumava os pães numa delicada cesta. – Acho que herdei isso da minha mãe. Ela também adora pequenos detalhes.

– Aquela bailarina do *poster* da sala é sua irmã? – perguntou Augusto, puxando uma cadeira para sentar-se.

– Sim – os olhos de Bartira encheram-se de lágrimas. – Aquela foi a primeira vez em que ela se apresentou como bailarina no Municipal, no espetáculo *Gisele*... Foi uma noite linda, você não pode imaginar...

– Você nem me disse se gostou das flores... – ele desconversou ao perceber a emoção de Bartira. – Mas esse café é uma coisa de louco... Parece até que estou de novo no Brasil... – disse estalando a língua de contentamento.

– Mas é brasileiro! Mamãe sabe que eu odeio o café daqui e me manda sempre alguns pacotes do Brasil por uma aeromoça, filha de uma amiga dela e...

– Então eu preciso urgentemente conhecer essa aeromoça – brincou Augusto. – Mas você não gostou mesmo das flores...

– Você nem me deixa falar! – protestou Bartira. – São minhas favoritas, eu...

– Mentira, você está dizendo isso só para me agradar – duvidou Augusto.

– Ah, é? – disse ela, largando na mesa o pão que acabava de abrir com a faca. – Então vem cá que eu vou te mostrar uma coisa – ela se levantou da mesa e abriu a porta que dava acesso ao quintal.

Augusto ficou boquiaberto. Os canteiros de miosótis de Bartira eram dignos de serem reproduzidos a óleo por um artista plástico famoso.

– Estou encantado... Jamais imaginei que...

– Que eu gostasse de flores? Não se preocupe, ninguém imagina. Todo mundo pensa que eu só saberia cultivar flores de pedra por causa desse meu jeito duro.

– Você não é dura, é apenas fechada e receosa, senhorita Esquivança.

– É melhor parar por aqui porque eu odeio ser interpretada por analistas – ela observou séria, porém mantendo o tom de brincadeira.

– Sei... odeia ver descoberto seu lado frágil... – definiu Augusto, com olhos perspicazes. – Mas fora de brincadeira, você conhece a lenda dos miosótis?

– Lenda dos miosótis? – ela estranhou. – Não, nunca ouvi falar...

– É uma lenda inglesa, quem me contou foi um paciente que atendi por algum tempo aqui em Londres – os dois voltaram até a mesa.

– Você também já clinicou aqui? – quis saber Bartira.

– Você quer ou não ouvir a lenda? – protestou Augusto.

– Desculpe, pode falar, sr. Protestança!

Augusto teve que rir antes de começar a falar. Com seu jeito tranquilo e sua entonação pausada, sempre intercalada por pequenos goles de café, ele parecia até um velho avô contando uma história para a neta:

– Bem, certa vez um cavaleiro passeava às margens de um rio com sua dama. Os dois iam muito apaixonados, muito satisfeitos até que, em determinado ponto do caminho, ela avistou algumas flores na beira da água e não se conteve – Augusto imitou a voz da moça – "Oh, amor, eu queria tanto aquelas flores..."

Bartira sorriu com os olhos por trás da xícara que tinha diante da boca e ele continuou:

– Como era de se esperar, o cavaleiro não teve como negar aquele pedido tão doce. Ansioso por agradar sua amada, ele então esticou o braço para apanhar as flores, mas, no exato momento em que as retirava da terra, escorregou e caiu no rio...

– Não... – Bartira não pôde segurar o comentário, passando a mexer nervosamente em uma pequena flor que caíra do vaso.

– Sim – prosseguiu Augusto. A pesada armadura impediu-o de nadar e ele foi levado rio abaixo, mas não sem antes atirar as flores para ela e dizer: "Não te esqueças de mim..." – Augusto imitou a voz do rapaz sendo levado pela correnteza. A donzela jamais o esqueceu e, em sua memória, chamou aquelas flores, que eram na verdade miosótis, de "não-me-esqueças"...

– Que história triste! – lamentou Bartira, apertando o miosótis contra o peito.

– Depende do ponto de vista porque, afinal de contas, se ela não o esqueceu realmente, como quer a lenda, eles podem muito bem ter se encontrado numa outra vida e continuado a história de amor que iniciaram no passado... – opinou Augusto com uma certa ironia, que mascarava a seriedade daquele comentário.

– Lá vem você com suas histórias de outras vidas... Eu gosto dos miosótis simplesmente porque são singelos e perfumados – desconversou Bartira.

– Você é mesmo um osso duro de roer, não? – observou Augusto. – E pensar que ainda assim, olhando para você, eu tenho a certeza de que já... – ele esbarrou na xícara e entornou café na toalha – Ai, meu Deus! Eu sou mesmo um desastrado!

– Não se preocupe – disse Bartira, pegando rapidamente uma pedra de gelo no congelador. – Num instantinho eu limpo isso...

– Com gelo???? – surpreendeu-se Augusto.

– É tiro e queda contra manchas de café! – sorriu Bartira. – Aprendi com minha mãe.

– Você é a mulher ideal! Tem sempre remédio para tudo! – brincou o rapaz aliviado. – Nossa! Falando nisso, esqueci de trazer sua camisa!

– Você sabe que eu posso mandar te prender por causa disso, não sabe?

– Se você fosse me visitar todos os dias na cadeia, sabe que eu nem me importaria? – Augusto a encarou com paixão.

– Mas aonde é, afinal, que você pretende me levar? – desconversou novamente Bartira, sem graça.

Mesmo sem acreditar na lenda dos miosótis, Bartira jamais conseguiria esquecer aquela tarde especial que Augusto preparara para ela. Aproveitando o tímido sol que marcava aquela entrada do outono na Inglaterra, ele a levou para dar uma volta de barco no canal Regent, um dos mais belos resquícios do complexo sistema de transportes fluviais que antecedeu o período ferroviário na Inglaterra. O local estava cheio, parecia até que todo mundo decidira sair de casa naquele dia para um passeio comemorativo.

– Acho engraçado esse hábito dos ingleses, de valorizarem tanto a chegada do outono... – comentou Bartira.

– O outono é tempo de resolver coisas em Londres. A aproximação da temporada de compras, o início do ano acadêmico e o novo ano parlamentar, aberto pela rainha, tudo isso faz com que os ingleses fiquem agitados nesta época do ano – destacou Augusto.

Sem parar de conversar um minuto, eles atravessaram de barco a magnífica área verde cortada ao norte pelo canal, o Regent's Park, o mais movimentado dos parques reais; ficaram fascinados com os vetustos castanheiros inteiramente cobertos de ouro e vermelho, que mais pareciam labaredas de fogo. Em seguida, decidiram conhecer o jardim zoológico de Londres, que também fica às margens do mesmo canal.

– Segundo diz aqui no guia – disse Augusto, consultando o pequeno livro de indicações sobre a cidade, que sempre carregava consigo – este zoológico foi inaugurado em 1828 e tem como uma de suas principais atrações um aviário ao mesmo tempo gótico e moderno, projetado por lorde Snowdon em 1964...

– Que engraçado... todas as vezes que entro num zoológico, eu me lembro do meu irmão. Quando éramos pequenos, papai nos levava sempre à Quinta da Boa Vista... Eduardo ficava louco, tinha paixão pelos hipopótamos, queria passar o tempo todo olhando-os entrando e saindo da água. – Bartira comentou, no momento em que cruzavam a entrada que dava acesso às jaulas dos animais.

– Pude perceber naquela tarde em que os vi juntos que vocês são muito agarrados um com o outro – observou Augusto.

– Eu e Eduardo? – divertiu-se Bartira. – Rá... – ela deu uma risadinha – muito pelo contrário... Engraçado... – ela parou de repente.

– O que foi? – quis saber Augusto.

– O sonho... – disse ela com ar assustado.

– Sonho? – Augusto não entendeu.

– É. Esta manhã, na hora em que você chegou, eu tinha acabado de ter um sonho estranho com Eduardo... Uma coisa ruim, não me lembro direito. Inclusive, quando eu abri a porta, eu estava tentando rememorar as cenas desse sonho...

– E conseguiu? – perguntou ele, interessado.

– Não... – os dois pararam junto ao espaço reservado a algumas aves pernaltas. – Para dizer a verdade, até agora tudo o que eu consigo me lembrar é de ter discutido muito com alguém e de ter visto Eduardo num estado deplorável, caído no chão como se estivesse desacordado... Espere!

– Lembrou mais alguma coisa? – adivinhou Augusto.

– Sim. Era meu tio Jonas quem estava comigo, e havia também um padre, que não conheço... Não sei por quê, tio Jonas sempre aparece em meus sonhos... Acho que ele estava me cobrando... Queria que eu fizesse alguma coisa para ajudar o Eduardo... Ai, só de pensar no tio Jonas me dá arrepios...

– Você não gosta dele? – imaginou Augusto.

– Não, não é isso, é que, alguns dias antes de Laura morrer, eu tive um experiência muito estranha... Até hoje não sei direito se foi um sonho, um pesadelo ou...

– Ou?

– Ou uma visão – respondeu Bartira, misteriosa. – O pior é que nessa visão ele me deu um aviso, que, para meu desespero, acabou se confirmando algum tempo depois...

Incentivada pelo interesse de Augusto, Bartira então narrou-lhe com detalhes seu inusitado encontro com Jonas, e tudo o que aconteceu até a descoberta do câncer de Laura.

– Você acha possível que ele soubesse da doença de Laura e tivesse vindo me avisar?

– Bem... – refletiu Augusto, olhando fixamente para a tromba de um elefante – nas experiências de regressão de que participei, muitas vezes ouvi narrativas de pessoas que se encontravam com seus familiares no momento em que eram desligadas de seus corpos carnais, ao término de uma existência. Me lembro particularmente do relato de um homem, também portador de uma doença incurável na encarnação que estava recordando. Ele contou que estava na sala com a mulher e os filhos, quando, de repente, viu a mãe, já desencarnada, entrando no quarto e foi atrás dela. No minuto em que ele a abraçou, olhou para trás e viu seu corpo morto estendido sobre a cama.

– Nossa! Só de ouvir estas coisas fico nervosa. Na verdade eu odeio falar sobre esses assuntos – admitiu Bartira.

– Você tem medo de morrer? – perguntou Augusto.

– Você não tem? – rebateu ela.

– Sim e não. Na verdade eu já vivi uma experiência de quase-morte – confessou o pesquisador.

– Você? – espantou-se Bartira – E como foi isso?

– Eu tinha vinte e quatro anos, ainda estava na faculdade de engenharia, quando sofri um acidente de carro e entrei em coma. Na verdade, foi este acidente que me fez ver que eu não tinha nada a ver com engenharia.

– Meu Deus! – instintivamente ela sentiu medo de perder Augusto.

– Foi uma sensação incrível, diferente de tudo o que você possa imaginar. Poucos instantes após a batida, me senti flutuar e vi meu corpo lá embaixo, sendo resgatado por uma ambulância, sob os olhares de uma multidão de curiosos. Eu não estava entendendo nada do que estava acontecendo. De repente, percebi que estava sendo atraído para dentro de um túnel, muito escuro e apertado.

De tão apreensiva, Bartira quase suspendeu a respiração enquanto ouvia Augusto narrar sua experiência. Seus olhos chegaram a ficar saltados para fora, de tanto espanto, era quase como se dissessem: “e então, o que aconteceu?”

– A sensação que eu tinha era de que estava nascendo de novo, porém, às avessas. Foi quando avistei uma luz dourada, a princípio pequenininha, na extremidade do túnel, e essa luz foi crescendo, crescendo, até me envolver por inteiro, trazendo-me uma paz, um bem-estar...

– E como foi que você voltou? – antecipou-se a moça.

– No meio dessa luz surgiu um vulto comprido, um ser de fisionomia sábia e angelical, que se apresentou como meu bisavô... – seus olhos pareciam distantes. – Só de lembrar eu fico todo arrepiado – Augusto trouxe os olhos de volta à realidade e mostrou-lhe seu braço.

– E o que foi que ele disse? – insistiu Bartira.

– Ele me abraçou e olhou no fundo dos meus olhos. O engraçado é que, só de olhar nos olhos dele, eu podia ouvir a sua voz dentro de mim. Ele então me explicou que ainda não havia chegado a minha hora de deixar a Terra, que eu ainda tinha muitas coisas a aprender e realizar por aqui, que eu precisava voltar para o meu corpo. Instantes depois, eu me senti como que sugado por uma força estranha e, quando dei por mim, estava dentro da ambulância, a caminho do hospital... – ele fez uma pausa. – Foi a partir desse dia que eu decidi que queria fazer psicologia e estudar as possibilidades de sobrevivência da alma após a morte do corpo... – ele percebeu que agora era Bartira quem parecia estar longe dali. – Ei, você está me ouvindo?

– Não sei por quê – ela voltou de seu aparente transe – ouvindo você falar nisso, me lembrei de novo do Eduardo. É como se eu sentisse que alguma coisa de errado, de muito errado estivesse acontecendo com ele neste momento...

– Você não gostaria de ligar para casa para saber? Acho que vi um orelhão na entrada do zoológico – lembrou Augusto.

– Não. Deve ser bobagem minha – imaginou Bartira. – Não vamos estragar nosso passeio.

Ela ainda pensou em Eduardo por mais um tempo, mas acabou se distraindo novamente no momento em que Augusto se abaixou na beira do canal para colher um ramo de miosótis, tendo todo o cuidado para não ser visto por nenhum guarda.

– Pelo amor de Deus, não vá cair na água como o cavaleiro da lenda – brincou Bartira, com o coração galopando de emoção.

– Não se preocupe – ele respondeu no mesmo tom de brincadeira. – Minha armadura nesta encarnação é bem mais leve...

Após passearem pelo zoológico, os dois foram almoçar em um *pub* vitoriano, que durante 24 anos foi a casa do teórico socialista Friedrich Engels, quando este era visitado frequentemente por seu amigo Karl Marx.

– É incrível como tudo aqui em Londres tem história – Bartira comentou fascinada.

– Você ainda não viu nada – respondeu Augusto, consultando novamente seu guia. – Aqui perto fica também uma vila medieval chamada Marylebone, onde se encontra a maior concentração de casas georgianas finas da cidade... – ele fechou o guia. – Ainda não tive a oportunidade de conhecer essa vila, mas já estive no Museu Sherlock Holmes, numa rua próxima, que é uma coisa fantástica! Para você ter uma ideia, os visitantes são recebidos pela 'governanta' do detetive e conduzidos até seus 'aposentos' no primeiro andar...

– Que legal... Pelo que vejo, você é perito em diversões na capital da Inglaterra – brincou Bartira, olhando-o com admiração.

– É verdade, sou um curioso inveterado. E ainda por cima, adoro essa cidade. Mas devo confessar que com você, até uma simples viagem de metrô se torna um programa superinteressante...

Bartira abaixou os olhos, envergonhada com o galanteio. No fundo, porém, sentia o mesmo. No início da noite, quando ele a deixou em casa, ela chegou a sentir uma dor no peito por aquele dia tão maravilhoso estar terminando.

– Não gostaria de entrar para um chá? – ela tentou prolongar o encontro por mais alguns quartos de hora.

– Para ser sincero eu adoraria, mas não posso. Preciso preparar um seminário para apresentar amanhã cedo na universidade, perdi meu dia inteiro de trabalho ontem pensando nesse nosso passeio... – ele a encarou com olhos brilhantes.

Bartira não sabia o que fazer. Tinha vontade de se jogar nos braços dele e confessar que estava completamente apaixonada, mas ao mesmo tempo sentia tanto medo de fazer isso que seu corpo tremia. Ela nunca havia sequer beijado um rapaz em toda aquela sua existência.

– Você está tremendo ou é impressão minha? – percebeu Augusto.

– É que esfriou de repente... estou com muito frio – mentiu ela, tentando vencer os próprios impulsos. – Acho que vou entrar...

Augusto também estava receoso. Nunca tivera dificuldade em abordar uma moça, mas Bartira era tão especial que o deixava sem saber como proceder. Tinha medo de seguir seus instintos e acabar sendo rejeitado por ela. Na dúvida sobre o que fazer naquele momento, lembrou-se de um velho conselho da avó, que sempre dizia: "Na vida, meu filho, nunca se precipite. O melhor é ir comendo o mingau pelas beiradas."

– É... já é tarde... – ele finalmente se decidiu, tomando, como da outra vez, as mãos dela e levando-as aos lábios. – Mas não pense que vou esquecê-la...

De sua varanda envidraçada, Bartira mais uma vez acompanhou seu trajeto até que ele desaparecesse no infinito. Era tão forte a emoção que sentia que seus olhos chegaram a encher-se de lágrimas no momento em que entrou na cozinha e deparou-se com o vaso de miosótis sobre a mesa. Augusto tinha razão. Era como se seu amor por ele já existisse muito antes de os dois terem se encontrado 'casualmente' naquele avião. Talvez até existisse mesmo vida após a morte, como ele tanto queria convencê-la. Só então ela se lembrou de novo de Jonas e de Eduardo e angustiosa preocupação voltou a tomar conta de seus pensamentos.

Naqueles últimos dias, Laura vinha se sentindo estranhamente fraca, mal conseguia levantar-se do chão na fétida caverna onde costumava se abrigar. Sua sensação era comparável à de alguém que está perdendo muito sangue, sentindo as forças irem paulatinamente se esvaindo, quase desmaiando de tanta fraqueza e sonolência. Pela primeira vez, desde que desencarnara, o estranho cordão que lhe saía do ventre parecia completamente murcho e sem vida.

Ao mesmo tempo, sentia crescer dentro de si, junto com as saudades do filho e de seus entes queridos, uma consciência maior do erro que havia cometido. Olhava para todas aquelas pessoas desnorteadas a sua volta e não mais se revoltava como antes. Quanto mais se assegurava de que havia feito uma bobagem, mais chateada consigo própria ficava, chegando mesmo a achar que merecia estar em um lugar como aquele, como castigo por ter atentado contra o bem mais precioso que possuía.

Em meio a todas essas reflexões ela começou a pensar em Deus, no misericordioso Pai de todos os seres do universo de Quem seus pais terrenos tanto falavam. Sufocada pela escuridão permanente que a rodeava, Laura lembrou-se do sol radioso que aquecia suas manhãs quando ainda vivia ao lado de seus familiares; das ondas do mar que molhavam seus pés na época em que ela costumava caminhar na praia com Bartira; do cheiro da chuva que caía de tempos em tempos, aliviando a atmosfera; do verde das plantas e da beleza das flores que a cercavam por todos os lados quando encarnada, trazendo uma sensação de paz e tranquilidade para quem as observasse. Era realmente incrível a ordem da natureza terrena, onde cada animal, cada vegetal, cada pequeno inseto tinha sua função na cadeia biológica de preservação das espécies. Sim, como Paulo tantas vezes tentara mostrar-lhe, era impossível que tudo isso existisse sem a participação de um ser maior, responsável pela idealização e pela conservação de toda essa ordem.

Pensando nisso e comparando a situação mental daqueles seres miseráveis que agora a rodeavam com a sua própria situação no momento em que tomara aquela irrevogável atitude, chegou à conclusão de que não era por acaso que ela havia sido conduzida para aquele local aparentemente destituído das bênçãos do Criador. Tal como aquelas criaturas, ela também não soubera valorizar o dom da vida, agira como uma cega, como uma louca, no momento em que se viu contrariada em seus mais íntimos desejos.

Mas, se existia mesmo um Deus de amor, bondade e sabedoria regendo todos os destinos do Universo, permitiria Ele que ela ficasse encarcerada para sempre naquele abismo de pranto e ranger de dentes? Não haveria um lugar em Seu coração misericordioso para perdoar aqueles que, como ela, haviam violado suas leis? Afinal, se até seus pais terrenos a perdoavam quando ela fazia algo de errado, como Aquele que era considerado o maior dentre todos os pais poderia punir suas criaturas com um castigo eterno?

Quanto mais pensava sobre isso, mais Laura ia sentindo dentro de si uma necessidade de reconciliar-se com o Criador. É certo que nunca havia orado quando encarnada, mas sentia agora uma vontade tão forte de transmitir-Lhe, de alguma maneira, as palavras de arrependimento que enchiam seu coração... Será que Ele um dia aceitaria seu pedido de desculpas?

Assim, pouco a pouco, embora achasse sempre que estava fazendo tudo errado, Laura foi se habituando a orar para conseguir suportar a dor de sua imensa culpa. Suas preces foram se tornando ainda mais frequentes à medida que se intensificava a sensação de enfraquecimento de seu corpo espiritual. Sentia como se fosse morrer de novo, apesar de saber ser isso impossível. De tão exaurida fisicamente, raramente conseguia sequer terminar uma oração, tamanha era a sonolência que a dominava nos últimos tempos.

Não bastassem, porém, a culpa e a sonolência que dificultavam seu contato com o Ser Supremo, nos últimos dias Laura vinha se sentindo permanentemente invadida por um chamado intenso, angustioso e constante que parecia vir de dentro dela. A princípio, ela não soube identificar-lhe a procedência, mas, com o passar do tempo, foi conseguindo, com muito custo, concentrar-se naquela sensação até poder identificar a voz da mãe clamando por ela insistentemente: "Laura, me ajude! Eduardo está correndo perigo, por favor, me ajude!"

Aquelas palavras queimavam-na como labaredas de fogo. Desesperada, ela queria levantar-se dali e correr ao encontro de seus familiares. Contudo, era como se, tal qual no dia em que se atirara pela janela, seu corpo debilitado não atendesse mais a seu comando.

Eduardo, enquanto isso, vivia a mais radical de todas as suas aventuras. No dia imediato de sua chegada a Mauá, saíra com Batata e Samuca para uma 'caminhada ecológica' pelas montanhas locais, onde o grupo acabou descobrindo uma inesperada substância alucinógena, que os deixou extasiados antes mesmo de experimentá-la: cogumelos dos mais variados formatos e tamanhos.

Sempre incentivados pelo bando de entidades que usualmente os acompanhava – entre as quais Cirino e suas ajudantes finalmente haviam conseguido se inserir de maneira pacífica, embora sempre olhados com uma certa reserva por aquele grupo de desencarnados –, os jovens passaram a tarde de sábado colhendo cogumelos nas montanhas e, naquela mesma noite, imaginando-se sozinhos na cozinha dos pais de Batata, enquanto os outros integrantes da turma se divertiam em animado forró nas imediações, decidiram fazer um caprichado chá alucinógeno com todo o material recolhido.

– Vai ser uma bomba nas ideias – imaginava Batata, enquanto picava um comprimido de antidepressivo para misturar ao '*stromboli* aperitivo' que estava sendo preparado por Samuca.

– Conheço um cara que tomou um chá desses e ficou tão 'maluco' que inventou até um programa de computador – narrou Samuca, empolgado, ao mesmo tempo em que enchia três sofisticados copinhos de licor com uma especial pinga com mel que haviam acabado de comprar em uma lojinha ali perto.

Enquanto eles conversavam, vários espíritos se revezavam em torno do fogão, já se deliciando com a fumaça que exalava do chá. Cirino e suas ajudantes, por sua vez, preferiam aspirar profundamente o odor que vinha dos copinhos de cachaça, ao passo que o restante dos espíritos aguardava ansioso que os rapazes ingerissem o *stromboli*, a fim de se beneficiarem com as emanações mentais que produziam quando alucinados por aquela bebida.

– Desde que chegamos aqui, ainda não fiquei careta nem por um minuto... Se a Martinha nos visse agora, preparando esse chá, acho que terminaria tudo comigo no ato – imaginou Eduardo, que, mesmo 'doidão', não conseguia parar de pensar nela.

– Terminar o quê, Mané, se vocês nem começaram? – debochou Samuca, virando, em seguida, seu copinho de um só gole.

– É mesmo – concordou Batata, acendendo um cigarro –, a menina passou o maior tempão no teu pé e você nem aí pra ela... – Agora, que ela virou francesa... – foi soltando lentamente a fumaça, disputada a tapas por todos os seres invisíveis que o cercavam – você fica aí, arrastando um caminhão pra ela...

– A Martinha é a menina mais especial que existe neste planeta... A mais doce, a mais terna, a mais bela, a mais... – tentou definir Eduardo, com olhos de apaixonado, sorvendo lentamente sua dose de *stromboli*.

– Aí o cara... – riu Samuca, fazendo coro com os espíritos alucinados que integravam o grupo. – Antigamente, pelo que eu me lembro, você era amarradão na Liana.

– Falando nisso, a Liana sumiu – comentou Batata. – Aquela sim, era uma verdadeira gata... – ele apagou o cigarro e também virou seu drinque de um só gole.

– Parece que entrou para medicina – informou Eduardo. – Mas ela não me interessa mais. Não era amor de verdade o que eu sentia por ela.

– Ai, meu Deus! Falando desse jeito você até parece ator de novela mexicana – comparou Samuca, sempre irônico.

– O chá já tá pronto! – avisou Batata. – Vocês vieram aqui pra conversar ou pra ficar doidões?

Eduardo e Samuca estenderam suas canecas, que Batata encheu até a boca antes de derramar prazerosamente o líquido em sua própria caneca, bem maior. Contudo, na hora de provar a droga, o anfitrião foi mais comedido, saboreando-a em pequenos golinhos, preocupado em experimentar-lhe o efeito. Evitara comentar com os amigos, para não bancar o careta, mas já ouvira histórias escabrosas de amigos que haviam se empanturrado de chá de cogumelo. Samuca, que não era bobo, ficou um tempo observando Batata antes de levar o copo à boca, e acabou imitando-lhe o gesto.

Talvez por ser o mais inexperiente de todos, Eduardo foi o único que virou tudo de um só gole, tal como costumavam fazer com o *stromboli*. O efeito, potencializado pela dose alucinógena que haviam acabado de ingerir, foi quase imediato. Em poucos minutos, sentiu como se seu cérebro estivesse se dilatando, a sensação era de que uma bomba de gás havia estourado dentro de sua cabeça. Sentindo-se meio zonzo, levantou-se do banco onde estava sentado e caminhou até a sala.

Chegando lá, porém, foi surpreendido por um estranho casal que estava sentado, lendo jornal, nas duas poltronas que ficavam diante da televisão. Eduardo sentiu vontade de perguntar a Batata quem eram aquelas pessoas, mas não conseguia comandar sua voz, como se esta estivesse encarcerada entre suas cordas vocais, conforme a imagem que lhe veio à cabeça. Tomado de curiosidade, aproximou-se um pouco mais e qual não foi sua surpresa quando identificou os próprios pais sentados naquela poltrona.

– Eduardo, seu sem-vergonha – disse-lhe o pai, em sua imaginação, já levantando o braço para bater nele.

Seu primeiro ímpeto foi de impedir o gesto do pai, mas, no minuto em que tocou seu braço para tentar contê-lo, percebeu que Paulo era todo feito de jornal. Na ânsia de segurá-lo, acabou por arrancar-lhe um pedaço do braço, que, embora feito de jornal, pulsava em sua mãos como se fosse um braço de verdade.

Sem saber o que fazer, Eduardo correu até a cozinha, em busca de um recipiente com gelo, enquanto a mãe, também toda feita de jornal, reclamava aborrecida:

– Eduardo, seu bruto! Veja o que você fez com seu pai.

Chegando à cozinha, porém, esqueceu-se do gelo e até mesmo do braço do pai ao ver Samuca e Batata, ainda sentados na mesa, sendo sugados por um grupo de estranhos vampiros. Desesperado com aquela visão, Eduardo correu até a porta, lançando para longe o braço imaginário do pai que tinha nas mãos. Em seguida, ganhou a rua e saiu correndo em direção a uma cachoeira que ficava, mais ou menos, a uns dois quilômetros da casa.

Em seu caminho, sentia como se seu coração batesse na testa, que por sua vez parecia que ia explodir de tanta pressão. "Tudo isso é efeito daquele chá", pensava, tentando correr cada vez mais depressa, "preciso parar de pensar, preciso tomar um banho frio urgentemente..." E quanto mais ele corria, mais longe parecia estar da tal cachoeira.

Em determinado ponto, decidiu seguir um atalho de terra que vislumbrou por entre as árvores e entrou pelo meio do mato, guiado apenas pelo barulho da água. Estava quase chegando à cachoeira, quando ouviu uma voz ofegante atrás de si, que dizia:

– Não corra... tanto... infeliz!... Elas ficaram... para trás!

Eduardo estancou bruscamente ao perceber que havia um homem correndo atrás dele, o coração quase fugiu pela boca de tanto susto quando ele o encarou. Era Cirino. Entorpecido pelos cogumelos, o rapaz podia enxergá-lo nitidamente. Ele era assustador de tão deformado. Sua cabeça, muito inchada, parecia desproporcional ao corpo, seus olhos eram saltados para fora e, em torno de seu pescoço havia um laço de corda arrebentado. Além disso, toda sua roupa estava emplastrada de lama. Parecia até um zumbi desses filmes de terror.

– Que... que... quem é você? O que... que... quer de mim? – Eduardo conseguiu dizer com muito custo, sentindo todo seu corpo gelar-se de medo

– Não precisa ter medo – respondeu Cirino, também entorpecido. – Apenas pedi... que esperasse... para que elas... pudessem... nos alcançar.

– E-e-elas que... quem? – gaguejou novamente Eduardo.

– Zuzu, Georgete e Margô... ora essa! – respondeu Cirino, com naturalidade, sem sequer atinar para o fato de estar se comunicando diretamente com Eduardo. – Acho que elas... desmaiaram no caminho – informou, olhando para trás em busca de algo. – Não estão acostumadas... a esse tipo de droga...

Eduardo fechou os olhos e esforçou-se para se concentrar: "Isso não está acontecendo comigo", tentava se fazer acreditar, "é apenas alucinação. Eu nunca deveria ter tomado este chá. Agora eu vou respirar fundo e, quando eu abrir os olhos..."

– Por que você... não gosta... da minha companhia? – inquiriu Cirino, com sua voz rouca e entrecortada, interrompendo-lhe a concentração. – Está querendo... se livrar de mim?

– Na-na-não! – respondeu Eduardo, ainda mais gelado de medo. – Estava apenas...

– Eu sei exatamente o que você estava fazendo... seu idiota! – Interrompeu Cirino, irritado, sentindo novamente dificuldade em respirar. – Posso ser asqueroso... mas não sou surdo!

– Ma-ma-mas eu na-na-não... – Eduardo tentou novamente responder.

– Chega de tanto tre-lê-lê... Não estou interessado... em suas explicações gagas. Vamos até a cachoeira! – determinou a cruel entidade.

– Ma-ma-mas... – o rapaz tentou resistir.

– Eu disse vamos até a cachoeira! – ordenou Cirino empurrando-o. Seus olhos estavam ainda mais aterradores.

Sem ter como resistir, Eduardo acabou obedecendo. Estava morrendo de vontade de chorar, queria fazer alguma coisa para escapar, mas sua cabeça não conseguia raciocinar. Era como se toda sua capacidade de pensar houvesse sido embotada pela droga.

Depois de muito caminharem, chegaram por fim às margens da cachoeira. Era quase meia-noite, o local estava completamente deserto. Eduardo olhou para as imensas quedas d'água que jorravam pesadas sobre uma piscina natural de aspecto turvo, que mais parecia uma garganta profunda, e sentiu uma vertigem incontrolável.

– Pule! – ordenou Cirino.

Eduardo não se mexeu, hipnotizado pela imagem da água batendo sobre o poço turvo e profundo.

– Eu disse pule! – repetiu Cirino, ameaçando empurrá-lo.

Eduardo apenas olhou para ele, muito pálido, e desmaiou em seguida. Seu corpo desgovernado rolou pela ribanceira que havia em torno do poço, estancando quase que milagrosamente sobre um monte de pedras, a poucos metros da água.

Cego em sua ira, Cirino não pôde perceber que um grupo de espíritos iluminados, entre os quais se destacava a figura de padre Almerindo, espalhara uma trilha de colchões fluídicos, invisíveis a olhos comuns, no caminho que acabara de ser percorrido por Eduardo.

Eram quase quatro horas da madrugada de domingo, o mesmo domingo em que Bartira acordaria angustiada com seu indecifrável sonho, quando Eduardo finalmente conseguiu voltar a si. Durante todo aquele tempo, seu espírito havia ficado desmaiado ao lado do corpo, entorpecido e paralisado de medo. Agora, lembrando de tudo o que havia acontecido, sentia-se sem coragem para abrir os olhos. Só muito lentamente foi deixando as pálpebras se esgarçarem. Estava muito, muito escuro, não dava para ver muita coisa. Ainda bastante ressabiado, reuniu forças e elevou a coluna de maneira a sentar-se. Seu corpo parecia tão mais leve...

Só então percebeu que seu corpo continuava estendido no chão.

– Caramba! – exclamou preocupado. – O que será que aconteceu comigo? Será que eu morri?

Eduardo debruçou-se sobre o próprio corpo de carne e notou que ainda respirava normalmente. Notou também o fio intensamente prateado que unia as duas partes como um cordão elástico.

– Não é possível... Será que ainda estou alucinado?

Olhou para as árvores da mata que o rodeava e, pela maneira como viu mexerem seus galhos como se fossem braços, verificou que sim. Ainda estava sob o efeito daquele maldito chá de cogumelos.

– E agora, o que é que eu faço?

Seu desespero aumentou ainda mais quando ele constatou que aquele ser repugnante roncava ao lado de seu corpo desacordado. "Preciso fugir daqui", pensou, preocupado em não fazer ruídos capazes de despertar Cirino. "Mas como posso sair daqui e deixar meu outro corpo dormindo ao lado desse maluco?"

Ainda tentava imaginar uma maneira de voltar para dentro de seu corpo e escapar dali o quanto antes quando, súbito, teve sua atenção voltada para um ruidoso bando de seres que atravessava a mata em tremenda arruaça. Pensou em pedir ajuda, mas logo reparou, pelas gargalhadas assustadoras que o bando emitia, que eles também estavam alucinados. Fixando os olhos no ponto onde estavam – sua capacidade visual parecia incrivelmente dilatada – percebeu que arrastavam uma espécie de rede fechada, atada por muitas cordas, em cujo interior estavam aprisionados três seres que gritavam como loucos. Eram Margô, Georgete e Zuzu, que haviam sido capturadas pelo bando de espíritos dependentes que sempre acompanhava os amigos encarnados de Eduardo.

O estranho grupo já estava quase desaparecendo no meio da mata, quando Cirino começou a se mexer, também despertado por suas vozes. Eduardo correu para o lado de seu corpo adormecido e agarrou-se a ele como um bichinho assustado.

– Ahhhhh! – Cirino abriu a boca de sono e Eduardo encolheu-se ainda mais ao lado de seu corpo carnal.

O bando, a essas alturas, já havia sumido completamente por entre as árvores escuras.

– Ora, ora – Cirino disse, ainda sonolento. – Vejo que você... despertou antes de mim...

– Por favor, eu não tenho nada contra o senhor, me deixe sa... – tentou dizer Eduardo.

– Será que você ainda está... com medo de mim? – questionou Cirino, debochado.

– Não, eu apenas... – Eduardo levantou-se, preparando-se para sair correndo.

– Nem pense... em fazer isso – Cirino o segurou pelo braço com mãos firmes. – Temos um servicinho... para terminar!

Eduardo ouviu o barulho das águas pesadas desabando sobre o poço em meio à escuridão e lembrou-se da ordem que recebera daquele ser medonho antes de desmaiar. Desesperado, pensou então em Laura e gritou por ela, pedindo socorro:

– Laura! Me ajude! Eu não quero morrer! Laura...

– Ah – disse Cirino, sem largar seu braço – então você pensa... que sua irmãzinha pode... contra mim...

– Não toque no nome da minha irmã! – protestou Eduardo, tentando soltar-se.

– Por que você... não me disse antes... que queria vê-la?... Pois se era justamente isso... o que eu estava tentando fazer por você... – rebateu o verdugo, cínico, segurando-o ainda com mais força.

– Você está me machucando, eu...

– Quem sabe se vendo-a... você não se anima a ir... mais depressa para junto dela? Ela está... precisando tanto de você... – cogitou Cirino, sempre sarcástico e rouco, puxando-o para dentro da mata.

Eduardo tentou protestar o quanto pôde, mas aquele ser horrível parecia dotado de uma força descomunal e saiu arrastando-o pela escuridão, deixando seu corpo carnal desacordado na beira da cachoeira. Em determinado momento, quase enlouquecido de tanta dor, Eduardo teve a sensação de que entravam em uma caverna muito úmida e em seguida desciam por uma rampa íngreme, como se penetrassem no interior da Terra.

Depois de muito andarem, Eduardo sempre arrastado por Cirino, chegaram a uma espécie de vale ainda mais escuro do que a mata, onde o ar era pesado e havia vozes gritando e chorando por toda parte. Em determinados pontos, surgiam subitamente labaredas enormes, e podiam-se então avistar bandos de seres lutando com espadas e bastões em angustiosa algazarra.

Não bastasse essa aterrorizante visão, de todos os lados daquela estranha floresta acorriam vultos desnorteados, que se moviam desordenadamente e sem destino, em urros lancinantes e soluços desesperados, causando profunda sensação de mal-estar no rapaz. Ao cruzar com tais criaturas, imagens de cenas horríveis – frutos da projeção mental que as atormentava – invadiam, como *flashes*, os olhos de Eduardo, mostrando o momento em que um trem dilacerava as carnes de uma pessoa deitada sobre os trilhos, a corda alçando o pescoço de um enforcado, a onda colossal tragando um corpo na imensidão dos mares.

– Ahhhhhh! Me tire daqui! – gritou o rapaz, angustiado. – Eu vou enlouquecer se continuar vendo essas coisas, pelo amor de Deus, me tire daqui!

A resposta de Cirino foi um forte puxão que fez com que o rosto do rapaz fosse arrastado por sobre uma lama gosmenta com cheiro de sangue apodrecido.

– Nunca mais... diga esse nome... na minha presença... ouviu bem? – alertou Cirino, levantando-o com outro puxão.

Controlando-se ao máximo para não chorar, Eduardo abriu novamente os olhos e viu que haviam entrado novamente em uma caverna escura como breu, de cuja entrada Cirino espreitava o movimento lá fora. Eduardo já começava a acostumar seus olhos à escuridão e até a identificar alguns vultos que passavam por eles – alguns correndo, outros mancando, outros ainda se arrastando pelo chão, todos urrando como desvairados – quando Cirino o puxou de repente para trás de algo que parecia uma pedra gigantesca:

– Chegamos em hora errada! – exclamou contrariado. – Maldito exército... de socorristas do bem!

Imitando o gesto de Cirino, que inclinara a cabeça de modo a poder ver o que se passava do lado de fora da caverna, Eduardo identificou então o bando de enfermeiros reluzentes que transitava de um lado para outro carregando macas em direção àquele atípico conjunto de 'ambulâncias-vagão', orientados por uma voz firme que ecoava por toda parte, enunciando uma extensa lista de nomes, cada qual seguido por um estranho endereço:

"Antonio Palhares Pelúcio... caverna 8, compartimento 9... Betina Soares Leitão... caverna 15, compartimento 19... Carlos Proença Medeiros... caverna 18, compartimento 2..."

Estupefato, Eduardo ouviu quando a voz citou o nome da irmã: "Laura Lemos Cunha... caverna 23, compartimento 11", e mal pôde acreditar quando a viu desacordada, quase irreconhecível, sendo conduzida em uma maca por dois enfermeiros. Ele sentiu uma emoção tão forte dentro de si que, aproveitando um momento de descuido de Cirino, saiu correndo e gritando em direção à irmã:

– Laura! Laura! O que fizeram com você?

A poucos metros do caminho por onde passavam os enfermeiros, porém, foi detido por uma tênue rede, quase invisível, que emitia choques quando tocada.

Ao lado de Eduardo, centenas de seres deformados também gritavam:

– Por que sempre se esquecem de mim? – dizia um.

– Uh!! Preciso sair daqui! – dizia outro, urrando de dor após levar um choque na rede.

– Queremos ir com vocês! – gritava uma terceira voz, que por sua vez era seguida por uma quarta, uma quinta e inúmeras outras que se misturavam, produzindo insuportável falatório que fazia lembrar o inferno descrito por Dante.

Eduardo chorava desconsolado em meio à turba de loucos, sentindo-se novamente invadido por aquelas horríveis visões, quando percebeu a mão forte de Cirino apertando-lhe o braço já machucado.

– Só existe uma maneira de ajudá-la – ele disse, fitando o fundo de seus olhos com seu olhar esbugalhado – ... de impedir que eles a levem... para um lugar de onde nunca... nunca mais poderá sair...

– E qual é esse meio? Para onde eles a estão levando? – perguntou Eduardo, entre soluços.

– Precisamos arrebentar este fio – respondeu Cirino, indicando o cordão prateado que se esticava até o corpo de carne de Eduardo estendido na mata.

– Não! – gritou Eduardo, protegendo a barriga com a mão que Cirino deixara livre, inconscientemente intuindo que a continuidade de sua vida como encarnado estava, de alguma maneira, ligada à existência daquele cordão. – Eu não vou deixar!

A um sinal de Cirino, porém, vários indivíduos daquela estranha multidão de seres monstruosos se juntaram a ele, passando a ajudá-lo a puxar o cordão que pendia de Eduardo, como se estivessem numa brincadeira de cabo-de-guerra. Sentindo dores indescritíveis, Eduardo estava quase desfalecendo quando subitamente se lembrou da imagem de Jesus no quadro que havia na parede do escritório do pai e gritou, com todas as forças que ainda lhe restavam:

– Jesus! Pelo amor de Deus, me ajude! Me tire daqui, por misericórdia, me leve de volta a meu corpo de Eduardo!!!

Ao acabar de pronunciar estas palavras, Eduardo imediatamente sentiu estancar a pressão que esticava seu cordão fluídico ao ponto de quase arrancá-lo, e se deixou conduzir pela força de atração natural daquele fio. Era como se mãos invisíveis o impulsionassem para uma espécie de vácuo, deixando para trás toda aquela sinfonia macabra de vozes. Em seguida, sentiu-se mergulhar em profundo silêncio, que só foi quebrado pelo suave barulho das águas de um rio batendo sobre as pedras, entre pássaros que cantavam alegremente.

– Parece que ele está acordando – ouviu dizer uma voz conhecida.

Só então abriu os olhos e percebeu que estava novamente em seu corpo carnal, estirado no chão sob uma intensa manhã azul de sol, cercado por diversos colegas do grupo com quem viajara para Mauá.

– Você está bem, Eduardo? – perguntou um dos rapazes.

– Pode nos ouvir? – acrescentou uma das moças.

Eduardo queria levantar-se e abraçar todos, tão satisfeito estava de poder estar ali de volta, completamente desperto daquele horrível pesadelo. Contudo, ao tentar sentar-se, percebeu que não conseguia tirar a coluna do chão e nem mexer o braço direito.

– Está doendo muito – informou aos colegas – acho que quebrei alguma costela.

– Talvez seja melhor levá-lo para um hospital – avaliou o rapaz que estava a seu lado.

– Mas como iremos tirá-lo daqui? – perguntou a moça.

– Vai ser preciso chamar uma ambulância – opinou outro rapaz do grupo.

– E como vamos nos responsabilizar por ele? – quis saber outra moça. – Os únicos maiores de idade do grupo, além de Eduardo, são Batata e Samuca, e os dois estão apagados no quarto, completamente dopados...

– Acho que vamos ter que chamar os pais dele – disse o rapaz ao lado de Eduardo, ignorando seu olhar de “pelo amor de Deus, não faça isso”. – É a única solução...

– Aquele moleque! Onde está aquele moleque...

Paulo parecia transtornado no momento em que entrou naquele hospital, acompanhado de Jorge. Cirino, que os esperava tranquilamente num dos bancos do saguão, exultou de contentamento ao ver o pai de Laura completamente fora de seu eixo, discutindo com a atendente da pequena clínica onde Eduardo estava internado, em Visconde de Mauá.

– A senhora poderia, por obséquio, desligar este telefone e me atender! – tentava impor, de maneira agitada, o desnorteado pai do rapaz.

– Procure manter a calma, seu Paulo – pedia Jorge, educado e solícito.

– Por gentileza, o senhor aguarde um minutinho – pediu ela, sem sair da linha.

– Mas como aguarde um minutinho? Eu tenho urgência de ver o meu filho que está internado aqui nesta clínica!

– Seu Paulo, por favor – tentava mais uma vez Jorge, que nunca vira o sogro tão exaltado.

– Ei!!! Vamos parar com este falatório na recepção! Isto aqui é um hospital! – protestou a atendente, mal-lapidada, recolocando o fone no gancho. Nome...

– Meu ou do meu filho? – confundiu-se Paulo, cujas mãos tremiam sem que ele pudesse controlar.

– Quem é o paciente? – devolveu a enfermeira, empurrando os óculos ligeiramente abaixo dos olhos para sublinhar seu olhar irônico.

– O nome do paciente é Eduardo Lemos Cunha – interferiu Jorge.

– Ah! O garoto do chá de cogumelo... – ela fez um ar de desdém antes de consultar o número do quarto na listagem que tinha diante de si.

Os olhos de Paulo quase pularam das órbitas ao ouvir isso. Ele chegou a abrir a boca para começar a discutir novamente com a atendente, por sua falta de respeito, mas ela o interrompeu antes que conseguisse articular seu protesto:

– Está no quarto 315, mas antes de liberar a visita eu precisava que o senhor passasse na tesouraria para acertar alguns detalhes. Sabe como é que é, ninguém até agora assinou como responsável pela internação. Isto aqui é uma clínica particular... – sugeriu ela, agora lixando as unhas.

– Mas isso é um absurdo, uma falta de cortesia da senhora, me atender desse jeito! Afinal de contas eu sou um pai, um pai morrendo de preocupação com o que aconteceu com seu próprio filho! A senhora acha que eu vim até aqui para fugir sem pagar a conta?

– Isso é o senhor quem está dizendo. Eu só estou repetindo o que está escrito aqui na ficha – ela respondeu, sem parar de lixar as unhas.

– Que mulherzinha... mais mesquinha! Que humilhação, seu... panaca! – atiçava Cirino, ao lado do pai de Laura.

– Seu Paulo! O senhor vai acabar tendo um troço se continuar nervoso desse jeito! – Jorge pôs as mãos nas costas do sogro, como que tentando deter de alguma maneira a irritação crescente de Paulo.

– Mande este idiota... calar a boca! – insistiu Cirino, tentando jogá-lo contra o genro.

Insuflado por suas sugestões, Paulo chegou a encher o peito de ar para começar a discutir também com Jorge, mas este o deteve a tempo. Estava fortemente iluminado por Sólon, Jonas e padre Almerindo, que também os acompanhavam.

– Vamos fazer o seguinte? – propôs. – O senhor vai até a tal tesouraria, resolver o problema dos termos de responsabilidade. Enquanto isso, eu vou indo até o quarto, ver como está o Eduardo... Mas pelo amor de Deus, procure se acalmar!

Paulo respirou fundo antes de concordar. Cirino seguiu em seu encalço.

– Eu, se fosse você... não pagava conta nenhuma... – sugeria, perverso, ao pai de Eduardo. – Ele é que tinha que se virar... para pagar o preço de sua... irresponsabilidade!

Quando Eduardo abriu os olhos, despertado pelos passos que vinham do corredor, a primeira coisa que lhe veio à cabeça foi: "Meu pai, o que é que eu vou dizer para o meu pai?..." Mal pôde acreditar quando viu Jorge abrindo a porta. Havia fraturado três costelas, tivera de ser operado para recolocar uma delas no lugar, e ainda quebrara o braço direito em dois pontos. Mas sua dor maior era pensar na decepção que os pais teriam com ele, quando soubessem de tudo.

– Ai, Jorge! Que alívio! – foi tudo o que conseguiu dizer, no momento em que o cunhado entrou no quarto. – Estava morrendo de medo que fosse o papai...

– Eduardo, Eduardo... Onde é que você estava com a cabeça quando se meteu nesta encrenca? – Jorge perguntou bem-humorado, parado agora ao lado da cama.

– Nem sei o que dizer – ele sentia-se muito envergonhado. – Neste momento só consigo agradecer a Deus por ter sido você o escolhido para me socorrer nesta hora e não... O papai e a mamãe já sabem?

Jorge caminhou alguns passos pelo quarto, pensando se deveria dizer a verdade ao cunhado. Todavia, percebendo a angústia do rapaz, achou melhor tentar acalmá-lo primeiro, antes de dar-lhe a notícia de que seus pais já estavam a par de todas as suas tresloucadas estripulias, e que Paulo estava lá fora, nervosíssimo, cuidando dos detalhes de sua remoção de helicóptero para o Rio.

– Mais cedo ou mais tarde você terá de conversar com eles – respondeu, sem chegar a mentir. – Por ora, no entanto, acho que seria legal se você se abrisse comigo... É verdade o que seus amigos me contaram, sobre você ter bebido uma mistura de cachaça com antidepressivos e um chá de cogumelos antes do acidente?

Eduardo abaixou os olhos antes de admitir:

– É... Quer dizer, eu não faço isso sempre, foi a primeira vez que...

– Olha, Eduardo, não sou ninguém para julgar você, até porque já perdi as contas da imensidão de bobagens que fiz nessa vida. Imagino, aliás, que deve estar sendo horrível para você ter que assumir essas coisas perante todo mundo de uma hora para outra... Mas já pensou bem no que está fazendo com você mesmo?

– Eu sei que estou errado... – admitiu Eduardo. – Mas também não sou um drogado como você, e provavelmente o papai e a mamãe estão pensando. Juro por tudo quanto é mais sagrado nessa vida que foi a primeira vez que experimentei o chá...

– Tudo bem, cara – prosseguiu Jorge. – Eu não estou aqui para saber quantas vezes você usou ou deixou de usar isso ou aquilo. Mas acho que o meu papel como teu cunhado, como teu amigo de verdade, é te questionar sobre o porquê de você vir experimentando esse punhado de substâncias alucinantes, te fazer pensar até que ponto isso adianta alguma coisa para resolver os teus problemas... Faz três anos que você está batalhando para entrar para uma faculdade...

– Na verdade, desde que Laura morreu, ou melhor, desde que Laura entrou em crise, eu fiquei tão maluco... Queria alguma coisa que me ajudasse a relaxar, a não me sentir tão impotente diante daquela situação...

– E adiantou alguma coisa, eu te pergunto novamente? – insistiu Jorge.

– Não... não adiantou – respondeu Eduardo, triste. – Na verdade, eu até hoje não consegui me conformar... Acho que foi até por isso que tive uma alucinação horrível envolvendo a Laura, quando estava caído lá no meio do mato... Mas me fala do papai... O que foi que ele disse quando soube que eu estava aqui? Ele já sabe, não é?

– Estou mais preocupado com essa operação que você teve de fazer de emergência. Você tomou anestesia geral? – Jorge mais uma vez desconversou, procurando ganhar tempo, sem imaginar que, naquele momento, o sogro acabava de resolver todos os assuntos pendentes na tesouraria do hospital, e se encaminhava para o quarto do filho.

Enquanto subia as escadas em direção ao terceiro andar, Paulo procurava as palavras certas para dizer a Eduardo. Por mais que tentasse se controlar, porém, sua vontade era de tirar o cinto ali mesmo e aplicar uma bela surra no garoto. "Onde já se viu? Depois de tudo o que nos aconteceu, ele ainda se reserva o direito de nos dar mais esse desgosto?", pensava consigo, sem conseguir controlar sua raiva e sua decepção. A seu lado, Cirino esforçava-se por instigar-lhe ódio pelo filho em pensamentos:

– É mesmo um safado! Você fez tudo por ele, pagou as escolas mais caras para que tivesse a melhor instrução e ele o apunhala pelas costas! Além de não conseguir terminar os estudos, ainda se mete com drogas!

Captando-lhe as sugestões, Paulo sentia crescer cada vez mais sua raiva, completamente esquecido de todas as teorias espíritas que já aprendera na vida. No momento em que finalmente chegou ao terceiro andar, porém, num esforço conjunto, Jonas e padre Almerindo conseguiram chamar sua atenção para um *poster* que havia afixado na pequena sala de espera que ficava em frente às escadas, fazendo com que se detivesse ali por alguns instantes.

Era um cartaz convocando a população local a participar de uma campanha de doação de alimentos, roupas, medicamentos e cobertores, em prol das famílias que haviam perdido tudo com as fortes chuvas que recentemente haviam destruído uma cidade ali perto. No centro do *poster*, destacava-se a foto de uma mãe com água até a altura dos seios, segurando, com dificuldade, duas crianças pequenas nos braços, sob os dizeres: "Muitas pessoas enfrentam problemas mais graves do que o seu neste momento: faça sua parte!"

Aquela imagem e aquelas palavras calaram fundo no íntimo de Paulo. Quanto mais ele pensava na situação das famílias que, como a mulher mostrada na foto, haviam perdido tudo com as chuvas, menor ia se tornando a dimensão de seu problema. Lembrou-se então dos tempos em que participava da distribuição de cobertores no centro que frequentava. Vieram-lhe à mente as fisionomias de todos aqueles irmãos necessitados a quem ele sempre atendera com tanto carinho, muitos dos quais não tinham sequer um teto onde se abrigar. "É...", refletiu consigo, "eu fico achando que meu problema é o pior do mundo, enquanto milhares de pessoas não têm nem um cobertor com que se cobrir nas noites de frio... Enquanto outros perdem até seus filhos nas enchentes..."

– Filho, procure se acalmar – disse-lhe padre Almerindo, em pensamento. – A raiva e o rancor nunca foram bons conselheiros. Quem sabe se seu menino não está precisando apenas de um pouco de atenção?

– Eduardo é perverso! Não tem a menor... consideração com os pais! – gritou Cirino, percebendo que estava perdendo a sintonia com Paulo.

Mas Paulo não pôde mais ouvir suas sugestões. Havia conseguido recuperar seu padrão vibratório até poucos minutos desequilibrado pelos pensamentos de revolta emitidos pela sua mente. Fora vencido pela piedade que brotara espontaneamente de seu coração. Sentindo-se mais tranquilo e confortado, aproximou-se da porta entreaberta do quarto do filho e estancou maravilhado ao ouvir os ensinamentos que Jorge tentava transmitir a Eduardo.

– Empurre esta porta! – gritava Cirino. – Discuta com ele!!!

Mas suas palavras nem entravam nos ouvidos de Paulo, ocupados em prestar atenção no que se passava lá dentro do quarto.

– Você me diz que decidiu experimentar o tal *stromboli* inconformado com a atitude de Laura – dizia Jorge a Eduardo, sem que nenhum dos dois notasse que Paulo os espreitava pela fresta da porta. – Agora, em algum momento, você pensou que também está cometendo suicídio, embora de maneira mais lenta, ao fazer uso de substâncias capazes de lesar o seu cérebro? Todo desrespeito que nós praticamos contra nosso corpo, seja através da bebida, das drogas, do cigarro, da comida exagerada ou até mesmo de sentimentos de ódio, de raiva, de inconformismo com os problemas que precisamos enfrentar, todo desequilíbrio que nós causamos é uma forma de suicídio indireto!

– Pelo que sei, você também andou pensando em se matar, algum tempo atrás... – lembrou Eduardo, tentando diminuir sua culpa.

– É verdade. Mas graças a Deus encontrei uma pessoa, o meu amigo Abelardo – Jorge corrigiu depressa –, que me mostrou que eu não tinha esse direito, que eu só iria piorar a minha situação e a de Laura fazendo isso... Se Deus permitiu que eu continuasse na Terra depois que ela partiu, foi porque eu tenho ainda uma missão a cumprir aqui, ainda que seja apenas aprender a viver, apesar do que ela fez, cuidando de tudo o que ela deixou para trás, inclusive do nosso filho. Agora, se ela encerrou a missão dela antes do tempo, isso é um problema dela, pelo qual ela terá de responder algum dia... Mas não nos cabe ser irresponsáveis também só porque ela foi, você não acha?

– Se soubesse como estou arrependido por tudo... Ai... – ele sentiu os pontos da operação. – Se pudesse voltar no tempo eu...

– Sabe, Eduardo – interrompeu Jorge – passei muitos anos da minha vida repetindo essa frase, sem, no entanto, fazer nada para mudar o rumo das coisas...

– Mas eu estou falando sério – insistiu Eduardo. – Queria mesmo poder passar uma borracha em cima de tudo e...

– Só que não basta a gente passar uma borracha em cima de tudo. Se simplesmente superamos nossas agruras fingindo que elas não aconteceram, corremos sério risco de fazer um monte de bobagens de novo. Devemos aprender com nossos próprios erros, assumir nossas fraquezas com humildade e trabalhar nosso íntimo, a fim de mudarmos realmente nossa atitude diante da vida...

– Eu sinceramente gostaria de fazer isso – confessou Eduardo – mas nem sei por onde começar... Nem sei como encarar meu pai – lágrimas escorriam-lhe dos olhos, quando ele disse isso. – O que é que eu vou dizer pra dona Inês, que pensa que eu sou um menino ótimo?... – ele escondeu o rosto com as mãos, antes de soltar o soluço que tentava manter preso na garganta.

Neste momento, Paulo empurrou a porta e entrou no quarto, também com os olhos cheios de lágrimas.

– E você é um menino ótimo, meu filho! Estamos aqui para ajudá-lo! – foi tudo o que conseguiu dizer.

– Pai! – Eduardo não podia parar de chorar. – Queria tanto que o senhor me perdoasse...

Os dois se abraçaram e Jorge ficou assistindo à cena, emocionado. Amava tanto a família de Laura... Às vezes, olhava-os como se Paulo fosse também seu pai e Eduardo seu irmão mais novo.

– Faça alguma coisa de sério!... Você não pode... ser tão panaca assim! – protestava Cirino, andando inutilmente ao redor de Paulo.

– Sabe, filho, nada nessa vida ocorre por acaso – ponderou Paulo, de volta a seu equilíbrio habitual. – Quem sabe se não te aconteceu tudo isso para obrigá-lo a reavaliar as atitudes que você vem tomando nos últimos tempos? E também para me fazer perceber que, como pai, eu tenho sido bastante falho na educação, no cuidado com meus filhos...

– Não é possível! Eu não estou... acreditando nisso! – protestava Cirino, mais que revoltado.

– Não diga isso, pai – respondeu Eduardo, sem conseguir conter as lágrimas que novamente escorriam abundantes sobre seu rosto envergonhado. – O senhor sempre foi um ótimo pai... Tanto que está aqui agora, me dando a maior força depois de tudo o que eu fiz... Eu é que...

– Não se culpe tanto, Eduardo – interferiu Jorge. – O importante é que você conseguiu perceber que não estava indo por um caminho legal e está disposto a mudar... Só não sabemos a que nível chegou sua dependência. Você já pensou em fazer um tratamento numa dessas clínicas especializadas?

– Não! – Eduardo respondeu de imediato. – O *stromboli* não é uma droga, eu não sou um dependente! Posso parar na hora em que eu quiser!

Jorge e Paulo se entreolharam preocupados. Embora nenhum dos dois quisesse tocar no assunto, para não deixar Eduardo ainda mais constrangido, ambos temiam que o garoto andasse envolvido com algum outro tipo de droga mais pesada.

– Podem acreditar em mim – insistiu Eduardo. – Não experimentei mais nada além do que vocês já sabem, e nem quero experimentar! Prometo que nunca mais vou me meter com...

– Ele está mentindo! – insistiu Cirino, aos ouvidos de Paulo que, porém, se mantinha inacessível a seus apelos, inteiramente sintonizado com as energias positivas que lhe eram emitidas pelos benfeitores que os rodeavam.

– Eu acredito em você, filho – tornou ele, enxugando a ponta do nariz com o fino lenço que sempre trazia no bolso da calça. – Só me preocupo um pouco em pensar que seus amigos também estejam nessa triste situação, na possibilidade de algum deles fazê-lo voltar atrás em sua decisão...

– Eu não vou voltar atrás, pai, confia em mim! Até porque já havia prometido isso antes a uma pessoa que é muito importante para mim. Acho que só agora me dei conta do quanto essa pessoa estava coberta de razão – disse Eduardo, lembrando-se de Martinha.

– Quem sabe se ele se matriculasse em outro cursinho, seu Paulo, se formasse um novo grupo de amigos em uma outra escola? – cogitou Jorge.

– Talvez isso fosse bom, sim – considerou Eduardo. – Estou realmente disposto a mudar, vocês podem até não acreditar, mas estou com muita vontade de retomar seriamente meus estudos, de aproveitar esse tempo que terei de ficar em casa 'de castigo' para mergulhar de cabeça! Meter a cara mesmo nas matérias em que eu não consegui passar das outras vezes...

– Se você fizer mesmo isso, quem sabe até eu não reconsidero aquela proposta de te mandar para a Inglaterra? – disse Paulo de estalo.

Os olhos de Eduardo brilharam ao ouvir isso. Ele tinha certeza de que se fosse para a Inglaterra, fatalmente iria acabar encontrando Martinha de novo. Até porque a França é muito perto da Inglaterra, e ele tinha o endereço dela, em um daqueles *e-mails* que guardava impressos dentro de uma caixa na gaveta.

– Mais tarde conversaremos sobre isso com sua mãe. – Paulo o trouxe de volta ao chão. – Agora, pelo que o médico me explicou, você não tem condições nem de ir até a esquina de casa... Precisará ficar no mínimo dois meses de repouso.

– Eu tô sabendo... – confirmou o rapaz com humildade.

Sempre iluminados pelos benfeitores espirituais ali presentes, tanto Jorge, quanto Paulo e Eduardo pareciam ter descoberto novas forças dentro de si depois daquela conversa. Ao contrário, irritadíssimo com toda aquela cena de reconciliação familiar, Cirino não cabia em si de tanto ódio. Em sua ira, andava de um lado para o outro do quarto, chutando os objetos e blasfemando contra aqueles que mais uma vez haviam atrapalhado seus planos:

– Eles estão aqui!... Só podem estar!... Malditos! Malditos emissários do bem.!.. Eu odeio vocês!!!!... Mas isso não vai ficar assim!

Imunes a suas palavras, Paulo e Jorge ajudaram os enfermeiros a acomodar Eduardo na maca e seguiram em direção ao helicóptero, deixando Cirino no quarto falando sozinho. Quando estavam prestes a embarcar, enquanto os enfermeiros acomodavam o acidentado no helicóptero, Paulo tocou no ombro de Jorge e agradeceu:

– Obrigado por tudo o que disse a meu filho. Realmente essa moça fez muito bem a você, me perdoe por tê-los julgado mal...

– Mas... – Jorge, surpreso, nem sabia o que dizer, não tinha a menor ideia de que o sogro soubesse de seu relacionamento com Glória. – Na verdade nós...

– Você não tem que me dar nenhuma explicação – afirmou Paulo. – Queria apenas que soubesse que desde que os vi juntos pensei muito e hoje, ouvindo-o conversar com Eduardo, cheguei à conclusão de que não tenho o menor direito de me opor a seu relacionamento com ela...

Jorge não conseguiu dizer nem que sim, nem que não. Estava pasmo com as palavras do sogro. Seu Paulo era efetivamente uma pessoa surpreendente! E justamente agora, que Glória terminara tudo com ele... Talvez, se ela não lhe tivesse cobrado tanto uma posição, as coisas tivessem se ajeitado por si só.

Mas será que era mesmo o momento certo de assumir um relacionamento sério com alguém? Ele ainda amava tanto Laura... E quanto à dona Inês, à Bartira e ao próprio Eduardo? Será que reagiriam da mesma maneira que Paulo, quando soubessem? Na verdade, sentia bastante a falta de Glória, mas não sabia ainda com certeza se queria apresentá-la um dia à família de Laura, se era ela a pessoa com quem ele gostaria de reconstruir sua vida num futuro próximo, se teria condições de fazer isto algum dia.

Por mais que se esforçasse, Jorge não conseguia chegar a uma conclusão. Justamente por isso, respeitara o pedido dela e não a procurara mais desde aquele dia no restaurante. No entanto, agora, sentia uma imensa vontade de vê-la, de aconselhar-se com ela sobre o problema do cunhado, de ouvir sua voz delicada explicando-lhe coisas sobre o céu e a Terra...

De tão absorto em seus pensamentos, Jorge nem percebeu quando Glória, que aproveitava seu feriado numa caminhada em torno da Lagoa, parou junto à grade que cercava o pequeno heliporto no momento em que ele descia da aeronave, seguido por Paulo, enquanto os enfermeiros de uma ambulância, que já os aguardava na pista, entravam na cabine para pegar Eduardo.

— Eu nunca mais quero ver a cara do Jorge na minha frente! – Afirmou Glória, com a voz embargada, logo que os três entraram na ambulância.

Estava ferida e indignada. Em seus passos rápidos e aborrecidos, em direção ao ponto de ônibus mais próximo ao heliporto, lutava contra as lágrimas que teimavam em escorrer-lhe do rosto e pensava o quanto fora tola em imaginar que toda aquela história pudesse ter um final diferente. Jorge jamais esqueceria a esposa morta. "Mas custava, pelo menos, ele me cumprimentar?", pensava consigo, enquanto acenava para o ônibus que vinha lá longe.

Em sua cabeça, sequer passava a hipótese de Jorge não a ter visto do outro lado da cerca de arame, e só por isso não ter falado com ela. Afinal, ela estava exatamente ao lado da ambulância no momento em que o rapaz na maca, a quem ele parecia estar acompanhando foi colocado lá dentro pelos enfermeiros. Naqueles breves instantes, Glória chegou mesmo a ter a sensação de que Jorge lhe virara o rosto. "E quem seria aquele rapaz?", ela pensava consigo, enquanto o ônibus cruzava as ruas da Lagoa. Em sua angustiosa espera de que Jorge se dirigisse a ela, nem reparara no outro senhor que entrara junto com ele e o rapaz na ambulância.

Sua vontade era chegar em casa o quanto antes, jogar-se na cama e chorar como uma menina. Se ao menos ela tivesse alguém com quem conversar... Mas todas as professoras da escola onde trabalhava eram pessoas muito diferentes dela. De maneira geral, dava-se bem com o grupo, mas não sentia verdadeira afinidade com nenhuma de suas colegas. "Ah, meu Deus, que saudades de Maria Amélia", refletiu triste, lembrando-se da amiga que fora sepultada na mesma tarde em que ela conheceu Jorge.

Veio-lhe à mente, então, a imagem de seu Américo. Ele era seu professor no curso de mediunidade que frequentava às quartas-feiras no centro. Glória o admirava tanto... Tinha-o como uma espécie de mestre. Na época da doença de sua mãe, ele a apoiara quase como um pai. Pensando nisso, ela sentiu uma vontade quase incontrolável de ir até o centro conversar com ele. Sabia que Américo sempre passava as tardes de segunda-feira por lá, estudando na biblioteca.

"Não... eu não vou até lá...", hesitou, porém, quase em seguida. "Acho que não teria coragem de contar a seu Américo um problema tão íntimo." De mais a mais, ela sabia que, só de entrar no centro, ela automaticamente se lembraria de todas as vezes em que lá estivera na companhia de Jorge, e isso era tudo o que ela não queria neste momento. "Talvez fosse melhor até procurar uma outra casa espírita... Assim cortaria de vez todas as chances de me encontrar com ele de novo...", imaginou ressentida.

Nem bem acabou de prometer isso a si própria, sentiu um aperto no peito. Há tantos anos frequentava aquela casa... O centro, para Glória, era uma espécie de escola, onde ela ia para aprender sobre os assuntos do mundo maior e também para se lapidar como espírito aqui na Terra. Adorava frequentar as reuniões de estudos presididas por seu Américo, nas quartas-feiras, as sessões públicas onde introduzira Jorge, às quintas-feiras, os almoços que uma vez por mês o grupo de estudos oferecia aos pobres num domingo. Será que valeria mesmo a pena abandonar tudo isto só por causa de Jorge? – questionou-se, sob a influência de sua protetora espiritual.

Em seu íntimo, contudo, mesmo chateada com Jorge, Glória acreditava que ele precisava do centro muito mais do que ela. E, já que ela não tinha condições de suportar a convivência com ele sem se desequilibrar, como acabara de constatar, talvez a melhor saída fosse mesmo procurar uma outra casa onde pudesse continuar seus estudos. "Será?", questionou-se mais uma vez no momento em que o ônibus parou no sinal, olhando para a imensa estátua de anjo que via sempre no pátio de uma casa antiga. "Mas... o que esta estátua está fazendo aqui?...", perguntou-se enleada. Só então se deu conta de que havia pegado o ônibus errado e que estava agora na Tijuca, a menos de dois quarteirões do centro.

"Não é possível!", ela se levantou da cadeira, atônita. O sinal acabara de abrir e o ônibus recomeçava a andar. "Motorista, espere!", ela disse, quase para si, ainda sem saber o que fazer. Ele não a ouviu. Ao contrário, em sua pressa rotineira para chegar ao ponto final, atravessou um buraco em alta velocidade e o solavanco no interior do veículo a fez cair novamente sentada na poltrona. "Ai, meu Deus, o que é que eu faço?...", ela sentiu aumentar sua vontade de chorar. "Talvez seja melhor ir até o ponto final e lá pegar outro ônibus para Copacabana. Assim não preciso andar muito...", resolveu, esforçando-se ao máximo para manter a calma.

– Glória, querida – Celeste soprou-lhe aos ouvidos –, já que você veio até aqui, por que não aproveita para dar uma passadinha no centro?

"Quer saber de uma coisa? Eu vou até o centro", ela decidiu, ao avistar o ponto onde sempre costumava descer. A imagem de seu Américo estava tão forte em seu pensamento que ela começava a sentir que realmente precisava ir até lá encontrar-se com ele. Agarrou-se então ao tênue fio de ânimo que ainda trazia dentro de si, puxou a campainha e desceu do ônibus.

"Mesmo que eu não conte nada a ele sobre meus problemas", disse a si própria, enquanto caminhava pela longa rua arborizada onde estava localizada a sede da casa espírita, "pelo menos ocupo meu tempo com uma conversa saudável. Seu Américo sempre tem tantas coisas interessantes a dizer..."

Ao cruzar a entrada da casa, Glória, completamente absorta em suas reflexões, ainda questionava se devia ou não abrir mão de continuar frequentando aquela casa, quando foi despertada pela voz de Américo. Ele parecia bem mais agitado do que de costume:

– Que bom que veio, irmã! Estava contando os minutos para sua chegada!

– O senhor sabia que eu vinha? – ela estranhou.

– Liguei várias vezes para sua casa, mas não tinha ninguém. Na verdade, há horas tentava enviar-lhe pensamentos para que viesse – confessou Américo.

– Que coisa incrível... E eu não conseguia mesmo parar de pensar no senhor... – admitiu Glória, surpresa. – Mas o que foi que aconteceu, seu Américo? O senhor está suando, está até um pouco pálido...

– Você nem imagina, Glória, nem imagina... – disse ele, enquanto a conduzia pelas escadas que davam acesso ao segundo pavimento do prédio, onde ficavam o salão de reuniões e também alguns pequenos compartimentos destinados aos trabalhos de doutrinação de entidades espirituais.

– O senhor está me deixando preocupada... O que houve, afinal? – perguntou ela, no momento em que paravam diante da porta fechada de uma dessas salinhas.

– Veja com seus próprios olhos – ele disse, antes de introduzi-la.

Glória quase caiu para trás com o que viu. Sentadinhas no chão, no fundo da sala, duas crianças pequenas a encaravam assustadas, ao lado de uma bolsa aberta contendo roupas, toalhas e alguns brinquedos. Suas fisionomias não deixavam espaço para nenhuma espécie de dúvida: ambas eram portadoras da Síndrome de Down.

– Meu Deus! – exclamou a moça, aproximando-se das crianças com doçura. – Quem são essas coisinhas tão delicadas?

Chamam-se Damião e Daniel, de acordo com o bilhete que encontrei junto com eles – ele estendeu um papel a Glória. – Veja! A mãe os deixou hoje de manhã cedinho na porta do centro...

Estes são Damião e Daniel – dizia o bilhete. – *Não tenho como cuidar deles. Meu marido foi embora de casa com uma vagabunda, estou desempregada e não tenho nem como comprar os remédios que precisam. Na bolsa, coloquei tudo o que pude dar para eles até hoje. Só não deixei as certidões de nascimento porque não quero que todos saibam meu nome e nem o do miserável do pai deles, para que não tentem nos achar. Damião tem cinco anos e Daniel tem quatro. São bobos desde que nasceram. Se não puderem ficar com eles, peço que, por favor, pelo amor de Deus, não entreguem essas crianças à Funabem. Já estive lá quando menina e sei que aquilo é pior do que o inferno. Por isso imploro, por favor, cuidem deles por mim. Apesar da doença, eles são bons meninos...*

Uma mulher desesperada.

– Seu Américo! – foi tudo o que Glória conseguiu dizer.

– Entende agora a minha angústia? – ele respirou fundo.

– Foi o senhor mesmo quem os encontrou? – quis saber Glória.

– Sim. Nem sei por quê, provavelmente intuído pelos mentores desta casa, cismei de vir aqui hoje de manhã, veja você como são as coisas, disposto a procurar um livro sobre excepcionais. Estava justamente preparando uma palestra sobre este tema para a reunião desta semana... – ele explicou nervoso.

Ouvindo isso, Glória não pôde deixar de pensar que realmente nada acontece por acaso neste mundo e chegou a ficar arrepiada quando algo dentro dela mesma pareceu lhe dizer que ela também não estava ali por fatores aleatórios.

– E então...? – ela o incentivou a continuar sua narrativa.

– Mas nem cheguei a entrar no centro – continuou ele. – No minuto em que eu estava virando a chave na porta, ouvi um choramingo baixinho, vindo do jardinzinho ao lado do portão... No que me virei, dei com os dois sentadinhos ao lado da roseira.

– Pobrezinhos... – disse Glória, muito terna, aproximando-se das crianças. – Devem estar bastante assustados com tudo isso... Deixe eu ver se entendi direito – ela agachou-se diante dos dois. – Você é o Daniel... e você é Damião, acertei?

Os dois fizeram sinal de sim, e em seguida cada qual enroscou a cabeça em direção à barriguinha, como dois caramujos envergonhados.

– Ei! Não vão dizer que não gostaram da tia! – tornou Glória, com jeito. – Eu gostei tanto de vocês... Vejam só! Meu coração ficou todo alegre de conhecer dois meninos tão bonitos – ela colocou a mão direita por baixo da própria blusa, para imitar o pulsar de um coração.

Com a pontinha do olho, Daniel espiou o movimento e riu, logo Damião fazia o mesmo.

– Coração Niel também bate bate! – disse o menorzinho, voltando a esconder-se em seguida.

– Mião gosta tia! – disse o mais velho, abrindo os bracinhos para ser abraçado por Glória.

Ela o abraçou terna e demoradamente, em seguida puxou Daniel, que de novo os espreitava com a pontinha do olhar. Por alguns instantes, ficaram os três ali, envolvidos por aquele abraço quente, sob o olhar sorridente de Américo.

– Vejo que você tem mesmo muito jeito com crianças – ele comentou, enquanto Glória apertava os meninos entre os braços, esquecida de todas as suas próprias angústias.

– Sabe, vô Américo – ela se dirigiu assim ao diretor para que as crianças também viessem a chamá-lo desta forma – às vezes a gente precisa de um abraço bem bem bem apertado para poder ficar bom de um dodói muito grande...

– Mamãe Niel foi bora sempre... – desabafou o menorzinho, ainda dentro do abraço de Glória.

– Disse que nunca mais quer ver Niel e nem Mião! – complementou o outro, triste. – Nunca mais...

– Não se preocupem. A tia vai dar um jeito nisso, está bem? Vocês não confiam na tia?

Os dois fizeram que sim com a cabeça.

– Niel fome! – disse o pequeno.

– Mião também! – disse o outro.

– Mas é claro! – respondeu Glória. – Como não pensei nisso antes?

– Meu Deus! Fiquei tão desnorteado que esqueci completamente de...

Glória fez um sinal para que Américo se tranquilizasse. Pegou então os dois no colo, um de cada lado, e sugeriu:

– Upa! Mas que meninos pesados!!!! Vamos até lá embaixo ver o que podemos fazer para resolver este problema...

Sempre seguidos por Américo, os três desceram para ver se a senhora que trabalhava na cantina, que ficava no primeiro andar, já havia chegado. Ela costumava aparecer sempre por volta das quatro horas da tarde para preparar os salgadinhos que seriam vendidos à noite. Para sorte dos meninos, dona Clarice – este era seu nome – acabara de chegar e, após rápidas explicações, se dispôs a preparar para Daniel e Damião um delicioso café com leite acompanhado de algumas empadinhas de queijo que haviam sobrado do dia anterior. Enquanto eles se deliciavam com o lanche improvisado, Glória e Américo foram até o pátio que ficava nos fundos da cozinha para conversar.

– E agora? O que o senhor pensa em fazer com eles? – perguntou ela.

– Para ser sincero, estou tão desnorteado que nem sei por onde começar a agir...

– Talvez fosse melhor ligarmos para o presidente, para que ele nos desse alguma orientação... – imaginou Glória.

– Já fiz isso – respondeu Américo. – Ele me deu o telefone de três orfanatos e me disse para tentar encaminhar os meninos.

– E o senhor chegou a ligar para algum deles? – quis saber Glória.

– Liguei para os três, mas estão todos lotados, não têm condições de receber nem mais uma criança normal, quanto mais dois meninos com síndrome de Down...

– E essas APAEs, estas instituições que recebem crianças com deficiências? – lembrou Glória.

– Infelizmente, as APAEs não recebem crianças órfãs. São escolas especializadas, não abrigam deficientes, apenas lhes dão o suporte terapêutico de que necessitam. Funcionam em turnos, como escolas normais, e para matricular um aluno é indispensável a presença de um responsável legal...

– E será que esse bilhete da mãe deles não serviria para que nós pudéssemos responder pelos dois, pelo menos provisoriamente, seu Américo?

– Não, Glória, para isso nós precisaríamos de uma autorização do juizado de menores. E, mesmo assim, não sei dizer se é uma coisa fácil de se conseguir. Imagino que as crianças tenham de passar um tempo sob a custódia do juizado, até que o juiz decida se um de nós apresenta condições de arcar com a responsabilidade sobre essas crianças... Eu, sinceramente, acho que não tenho, você acha que sim?

– Não sei... – respondeu Glória, pensativa. – Mas me corta o coração pensar em deixá-los sob a custódia do juizado... Eles me parecem tão sensíveis, tão meiguinhos...

Glória e Américo ficaram um tempo observando a entrada da cantina de longe, vendo dona Clarice brincar alegremente com a dupla.

– Olhando daqui, eles nem parecem ter nenhum tipo de problema... São tão espertos – observou Américo.

– Seu Américo, estou aqui pensando uma coisa... E se nós ficássemos com eles, se nós criássemos aqui no centro um serviço de atendimento a crianças portadoras de deficiências? Nós poderíamos...

– Glória – interrompeu Américo – são louváveis o seu idealismo e o seu entusiasmo. Mas precisamos pensar com os pés no chão. Em certo sentido, eu também vejo estas crianças como um sinal da espiritualidade maior a nos indicar um caminho. Todavia, por mais que eu me esforce, não vejo condições de iniciarmos um trabalho desse porte neste momento. Cuidar de excepcionais envolve muitas responsabilidades, requer treinamento e pessoal especializado, precisamos da orientação de médicos, pedagogos, psicólogos, fisioterapeutas... Sem contar que não temos sequer uma autorização do governo para isso!

– É verdade, seu Américo – suspirou Glória, desanimada – tenho verdadeira paixão por crianças, mas devo reconhecer que não entendo nada de excepcionais...

– Sim – respondeu Américo. – Infelizmente, nossa boa vontade não é suficiente em um caso como esse...

– Se ao menos pudéssemos contar com a ajuda de alguém que tivesse conhecimentos em algum orfanato... Não me conformo com a ideia de entregá-las a um juizado de menores... – insistiu Glória.

A frase de Glória ficou se repetindo na cabeça de Américo por mais de dez minutos. Ele conhecia alguém nestas condições, mas, assim de supetão, não conseguia recordar quem era. Concentrou-se, pediu ajuda aos bons espíritos, puxou mais um pouco pela memória até que, súbito, uma imagem de mulher lhe veio à cabeça:

– Lembrei! – gritou ele. – Lembrei de uma pessoa que com certeza poderá nos ajudar a conseguir uma vaga, ainda que provisória, em um orfanato para essas crianças!

– E quem é essa pessoa, seu Américo? É alguém aqui do centro?

– Não, exatamente. Na verdade, ela nem é espírita, mas é esposa de um antigo frequentador da casa, grande amigo meu por sinal. Se não me engano, ela tem uma vasta experiência nesta área, pois era ou ainda é, não sei ao certo, coordenadora de uma série de obras assistenciais de uma paróquia católica aqui perto, ligada a um asilo e a um orfanato.

– Que boa ideia, seu Américo! – exclamou Glória, animada. – Esta senhora, com certeza deve ter conhecimentos e prestígio nesse orfanato! E o senhor tem aí o número do telefone dela?

– Parece que o telefone mudou há pouco tempo, quase todos no bairro ganharam novos prefixos. Mas eu vou te dar o endereço direitinho – disse Américo, já de óculos, folheando um velho caderninho de bolso.

– O senhor quer que eu vá até lá? – titubeou Glória, tímida.

– Se você pudesse, seria ótimo. Nem é muito longe daqui. Enquanto isso, eu e dona Clarice ficamos aguardando com os meninos. Quem sabe não conseguimos uma vaga para eles ainda hoje?

– Mas... – Glória relutou um pouco, inconscientemente movida pelo desejo de ficar com as crianças – não seria melhor se o senhor, que conhece bem o casal, fosse pessoalmente conversar com eles?

– Não sei por quê, Glória, mas sinto que será melhor se você for. Não se preocupe, são pessoas ótimas. Tenho certeza absoluta de que a receberão muitíssimo bem.

– Bom, se é assim... – ela concordou, ressabiada. – Então eu vou...

Antes de sair, Glória fez questão de abraçar mais um vez os meninos, bem forte, e prometer-lhes que não demoraria a voltar. Sentia seu coração novamente apertado, como se algo de grave estivesse prestes a acontecer. Mas de uma coisa estava certa: de forma alguma abandonaria o centro e seu Américo naquele momento.

Ao fim daquela tarde, Bartira estava péssima. Não bastasse a notícia do que acontecera com o irmão no fim de semana a inquietar seus sentimentos, na noite de domingo para segunda, ela tivera outro de seus horríveis pesadelos. Desta vez, para seu desespero, ela mesma, e não Laura como nos outros sonhos, era traída por Jorge, então seu marido, numa enorme fazenda repleta de cafezais, em um tempo passado, onde as mulheres trajavam vestidos rodados e as pessoas utilizavam charretes para se locomover, mas cuja data exata ela não saberia precisar

O pesadelo tinha início no momento em que um tílburi, puxado por uma parelha de cavalos e conduzido por um escravo, estacionava diante da sede de uma grande fazenda, e Bartira, vestida como uma atriz de novela de época, seguia por um comprido corredor de madeira. Embora nada fosse explicado no sonho, sabia que aquela era sua casa, que aquela mulher era ela e que Jorge era seu marido.

Sentindo uma estranha angústia no peito, Bartira seguia cuidadosamente pelo corredor, preocupada em não acordar ninguém com seus passos. Ao abrir a porta do quarto, porém, sentia o chão faltar-lhe sob seus pés. Em vez de encontrar o marido repousando, como era esperado, ela o flagrava em sua própria cama com uma outra moça, cujo rosto ela não conseguia ver direito, em pleno ato sexual.

"Vocês não tinham esse direito!" – era tudo o que conseguia gritar, entre lágrimas, antes de sair batendo violentamente a porta do quarto.

Eram tão grandes a dor, a vergonha e a humilhação que Bartira experimentava naquele momento, que ela arrancava os sapatos na porta de casa e saía correndo desnorteada em direção às plantações de café, sentindo apenas as lágrimas quentes a escorrerem-lhe pelo rosto.

A noite já começava a cair sobre a fazenda, mas mesmo assim Bartira corria, corria, corria a ponto de ferir seus pés. Ao chegar ao rio que marcava os limites da fazenda, sentava-se exausta sobre uma pedra e, depois de soluçar por mais algum tempo, dizia:

"Eu não o amo, nunca o amei! Mas ele vai me pagar por tudo que fez. Eu juro que vai!"

Em seguida colhia um miosótis às margens do rio, amassava com força a flor contra o peito e voltava a soluçar, dizendo.

"Ah, Bernardo, meu amor, por que você me deixou?..."

Bartira chorava tanto, mas tanto no sonho que chegou a acordar com os olhos inchados naquela manhã. E todas as vezes em que se lembrava das horríveis cenas vivenciadas no pesadelo, era como se não apenas seus olhos, mas todo o seu coração se enchesse de lágrimas.

Com o passar do dia, aquelas imagens todas foram se confundindo de uma tal forma em sua cabeça que, lá pelas tantas, além de não conseguir render nada no trabalho, ela passou a achar que o homem que tanto a fizera sofrer naquele pesadelo fosse Augusto e não Jorge, e voltou a sentir verdadeira ojeriza por todos os homens da face da Terra.

Por isso, naquele fim de tarde, quando Augusto telefonou para seu trabalho a fim de convidá-la para assistir a uma apresentação de *O fantasma da ópera* no Teatro de Sua Majestade, ela o tratou friamente, como se ele não passasse de um vendedor inconveniente:

– Não, muito obrigada. Eu já tenho compromisso para esta noite – mentiu, mal conseguindo manter os olhos abertos de tanta dor de cabeça.

– Você está bem, Bartira? Se quiser, posso comprar as entradas para amanhã – insistiu ele.

– Já disse que não posso ir, muito obrigada. Agora, se me dá licença, tenho muito trabalho a fazer – despediu-se, levando à boca o enésimo comprimido, que ingeria naquele dia.

A seu lado, Cirino a observava com um olhar terno, bem diferente da maneira como costumava encarar as pessoas a quem habitualmente se comprazia em perturbar. Com efeito, não estava ali para perturbá-la. Amava-a. Se na maioria das vezes evitava procurá-la, era porque o simples ato de vê-la era doloroso demais. Naquela tarde, porém, aborrecido com a maneira pela qual Eduardo e o pai haviam conseguido se entender, retardando mais uma vez o andamento de seus planos de vingança, e atraído pela vibração emitida pelas recordações de Bartira, não resistira e fora a seu encontro.

Agora, no entanto, sentia-se magoado por ela não haver sequer lembrado dele naquele seu reencontro com o passado e andava em torno dela como um cobrador implacável:

– Por que não se lembra de mim? – gritava-lhe, quase sem voz, como um apaixonado desiludido. – Por que... se fui eu... o único que a amei de verdade?

Bartira não podia ouvi-lo, porém quanto mais ele tentava gritar para se fazer ouvir, mais aumentava seu mal-estar e, sobretudo, sua dor de cabeça.

Inconformado com o comportamento inesperado de Bartira, Augusto, por sua vez, também decidiu tomar uma atitude. Logo após desligar o telefone, fechou todos os livros que tinha, abertos diante de si, e trancou sua sala de estudos na universidade. Pegou então um táxi na entrada do *campus* e rumou para o centro de Londres, disposto a ficar plantado diante da empresa em que Bartira trabalhava por quantas horas fossem necessárias, até que ela saísse de lá. Para sua sorte, em menos de quinze minutos, vencida pela dor de cabeça, ela descia as escadas do luxuoso prédio, seguida por Cirino.

– Será que nós poderíamos conversar? – disse ele, abordando-a, no minuto em que ela descia o último degrau.

– Eu não acredito – respondeu ela, sem sequer olhar para ele – será que não fui clara o suficiente com você?

– Você? – Cirino mal pôde acreditar ao encontrar-se com os olhos de Augusto. – Não é possível! Como pode... estar... sempre atravessado... no meu caminho? Vá embora daqui! – vociferou irritado ao notar que Augusto não lhe dava a menor atenção. – Deixe-a em paz!

Percebendo que Bartira pretendia mais uma vez ignorá-lo como se ele fosse um ilustre desconhecido, Augusto, tomado por um ímpeto, segurou-a pelos ombros com força e disse, encarando-a no fundo dos olhos:

– Será que você trata assim todos aqueles que a amam ou o seu problema é só comigo? Será que dava para você pelo menos me dizer o que foi que eu fiz para você me ignorar desse jeito?

Os olhos dele brilhavam quando ele disse isso. Tocada fundamente por aquele olhar, Bartira sentiu então emergir de si o imenso amor que sentia por aquele homem e a certeza de que ele e o que a machucara tanto no sonho não eram, definitivamente, a mesma pessoa. "Todos aqueles que a amam", ele dissera. Será que ele também a amava? Será que ela conseguiria amar alguém algum dia sem a interferência daqueles constantes pesadelos?

– Me desculpe... – ela disse de olhos baixos. – Você não tem nada com isso... Eu é que hoje acordei muito mal comigo mesma... – uma lágrima tímida escorreu-lhe do olho direito.

– É, eu percebi – disse Augusto, passando o braço em torno de sua cintura e puxando-a para caminhar junto com ele. Vamos andar um pouco... Quem sabe assim sua dor de cabeça melhora.

– Eu não posso suportar isso! – ganiu Cirino, espumando de ódio, quase sem ar. – Eu não posso suportar... vê-los novamente juntos... Não posso... não consigo... fazer mal a ele – confessou, antes de desaparecer como que por encanto.

– Quem contou a você que eu estou com dor de cabeça? – Bartira perguntou a Augusto, surpresa, sem interromper a caminhada.

– Não é preciso ser nenhum mago para adivinhar isso. Com a quantidade de toxinas que você lançou no organismo só nos últimos minutos... Mas vamos respirar um pouco de ar puro que logo melhora.

– Me fale mais sobre essas toxinas raivosas – ela pediu, sentindo-se ao mesmo tempo feliz e tensa com aquele braço em suas costas, sem coragem de soltar-se dali.

– Você, sem querer, usou a palavra certa: raivosas. São substâncias produzidas pela nossa raiva, e que causam verdadeiros estragos quando lançadas em nossa corrente sanguínea – explicou ele. – Mas, afinal de contas, posso saber o que foi que a deixou com tanta raiva?

– Você não vai rir de mim se eu contar? – ela perguntou, com ar meio maroto, meio envergonhado.

– Ah, então quer dizer que é algo risível? Você é inacreditável... Posso convidá-la para um lanche ou você vai me agredir novamente se eu fizer isso?

Bartira respirou fundo antes de responder. Parecia um milagre, mas sua dor de cabeça havia passado naqueles poucos metros que caminhara ao lado de Augusto.

– E aonde pretende me levar para lanchar? – perguntou por fim.

– Aqui pertinho, em Picadilly Circus. Você já esteve lá?

– Só de passagem – lembrou Bartira. – É um bairro de entretenimento, em torno de uma grande praça redonda, com cinemas, teatros, boates, restaurantes e *pubs*, não é?

– Sim – disse Augusto, soltando sua cintura e acenando para a rua. – Vamos pegar um táxi antes que você mude de ideia.

Era incrível como na companhia de Augusto até andar de táxi parecia uma coisa especial para Bartira. Os táxis pretos de Londres, quase tão famosos quanto os ônibus vermelhos tradicionais da cidade, eram cinematográficos. Ao sentar-se ao lado de Augusto naquele carro com cara de antigo, com seus dois bancos traseiros separados do motorista por uma divisória de vidro, Bartira sentiu-se como se tivesse voltado algumas décadas no passado, quase uma estrela de cinema vivendo seu momento mágico ao lado do galã da fita.

– Desta vez nós vamos tomar chá, com *waffle* e mel – anunciou Augusto, tão logo entraram no *pub*.

– Mal posso esperar por isso! – respondeu ela, já com água na boca.

Só depois de saborearem o delicioso lanche, temperado por uma série de curiosidades sobre Londres narradas por Augusto, voltaram a falar sobre o problema de Bartira.

– Afinal, até agora você ainda não me contou que situação risível a fez me escorraçar hoje à tarde como se eu fosse um cachorro sarnento...

– Não era com você... – Bartira abaixou novamente os olhos.

– Nossa! Ainda bem! Imagine se fosse...

– Estou falando sério – riu Bartira. – Na verdade eu passei o dia inteiro transtornada por causa de um sonho...

– Você e seus sonhos... Outra vez com seu irmão?

– Não, mas o pior você não sabe. Aconteceu mesmo algo sério com meu irmão na noite de sábado para domingo. Ele andou mexendo com alucinógenos, passou horas desacordado, quase morreu afogado numa cachoeira...

– Que coisa incrível! Você o viu desacordado no seu sonho, me lembro de ter me contado isso ontem no zoológico – recordou Augusto.

– O que mais me angustia é isso. Parece que, de uns tempos para cá, quase todos os meus sonhos acontecem de verdade depois que eu acordo. Não sei por que isso sempre se repete, estou começando a sentir pavor de dormir!

– Você já pensou em procurar um terapeuta?

– Estou falando sério, Augusto!

– E eu também! Desculpe se insisto nessa tecla, mas sinto que há algo dentro de você que precisa urgentemente ser resolvido – ele fez uma pausa, exatamente da maneira como costumava fazer quando queria que seus pacientes pensassem sobre alguma coisa. – Mas, enfim, o que foi que você sonhou dessa vez?

Bartira novamente respirou fundo antes de começar a narrar-lhe, com o máximo de detalhes, a angustiante experiência que vivera naquela noite. Interessado, Augusto teve de se conter para não pegar papel e lápis e começar a anotar ali mesmo alguns pormenores que lhe chamaram a atenção no relato. Sentiu-se particularmente inquieto no momento em que ela descreveu, de maneira rica e precisa, o rio em cujas margens ela quase desmaiara de tanto chorar.

Há semanas vinha sonhando com um lugar muito parecido – senão o mesmo – onde se via colhendo miosótis para dar a uma bonita jovem que muito lembrava Bartira, mas cuja fisionomia era bastante diferente da atual. Era, contudo, um sonho angustiante, visto que, o tempo todo, tanto ele quanto a moça se mostravam apreensivos, temerosos de que alguém os descobrisse ali. Augusto, no entanto, achou melhor não dizer nada a Bartira para não deixá-la ainda mais confusa e intrigada.

“Afinal, ele e Bartira teriam mesmo partilhado de alguma existência anterior?”, ficou se perguntando, enquanto ela falava sobre a fazenda que vira em seu sonho. Sua inquietação cresceu ainda mais no momento em que ela lhe confessou, envergonhadíssima, tê-lo confundido com o cunhado em suas recordações. Seria algo meramente psicológico tudo aquilo?

– Bom... – ele considerou, tão logo ela terminou seu relato –, quanto ao Jorge, imagino, aliás tenho certeza absoluta, de que você já viveu alguma experiência bastante traumática a seu lado em uma outra vida...

– Você acha que esse pesadelo... – ensaiou Bartira.

– Às vezes algumas pessoas se recordam de outras existências durante o sono, se é isto o que você quer saber. Sobretudo em se tratando de situações muito marcantes, como a que acaba de me descrever. Agora, quanto ao fato de você embaralhar a imagem dele com a minha, acho que é algo que só uma boa terapia poderia explicar.

– Como assim? – tornou Bartira curiosa.

– Talvez você esteja simplesmente transferindo para mim as sequelas de seu relacionamento traumático com ele, gravado em seu subconsciente. De alguma maneira, eu devo estar representando agora o mesmo papel que ele representou para você em outra vida, talvez por isso você tenha tanto medo de...

– Mas você não apareceu no meu sonho! – atalhou Bartira, tentando impedir que Augusto terminasse sua frase.

Só agora ela se dava conta do quanto havia sido ingênua em contar a um psicólogo seus mais recônditos segredos. Com certeza, se ela o deixasse prosseguir em seu raciocínio, ele acabaria descobrindo a forte atração que ela sentia por ele, e ela decididamente não queria que ele tivesse essa certeza. Se pudesse escolher, ela mesma não queria estar sentindo esse afeto, esse bem querer, esse quase amar... Independentemente do que ele pudesse inferir de seus sonhos com suas teorias, ela sabia que não podia se apaixonar, tinha consciência de que se deixasse isso acontecer ia acabar inevitavelmente sendo traída 'de novo'.

– Volto a insistir que uma regressão, no seu caso, é algo indispensável – afirmou Augusto, como se estivesse ouvindo seus pensamentos. – Sem sombra de dúvida, você carrega um trauma monstruoso que a impede de ser feliz nesta vida...

– E o que vai adiantar se eu descobrir que em outra vida eu fui mesmo esposa, namorada ou sei lá o quê do meu cunhado e ele me traiu?

– No mínimo, você vai conseguir entender por que sente tanta raiva dele. Talvez até se permita aceitar que aquele tempo, embora imensamente doloroso, já acabou e que não é porque aconteceu tudo isso em um passado distante que você nunca mais vai poder se relacionar com ninguém...

– Mas eu não quero me relacionar com ninguém! – ela reagiu indignada.

– E nem poderia – rebateu Augusto, também irritado com a maneira como Bartira parecia desprezar seu interesse por ela. – Essa obsessão em ser traída fatalmente estragaria qualquer relacionamento.

– Quero ir para casa – pediu Bartira, muito incomodada. – Estou precisando tomar um banho, colocar minhas ideias em ordem e...

– Ok, ok – entendeu Augusto – não precisa pedir duas vezes.

Ele acertou rapidamente a conta, e os dois deixaram o *pub*. Estava uma linda noite estrelada lá fora. Bartira e Augusto caminharam alguns passos em silêncio e foram parar justamente embaixo de uma estátua de Eros, o deus grego do amor, considerada uma das marcas registradas de Londres. Equilibrado delicadamente sobre a ponta de um dos pés, ele parecia apontar seu arco na direção dos dois, enquanto um músico solitário, do outro lado da rua, executava no saxofone a canção *As Time Goes By* em ritmo de *jazz*.

– Você deve me considerar uma menina tola e mimada, não é mesmo? – Bartira tentou, de alguma maneira, se desculpar.

– Posso fazer uma coisa que eu sempre tive vontade de fazer? – perguntou Augusto, de olhos baixos, sentindo-se encorajado por aquela melodia.

– Não vai me dizer que você pretende subir no pedestal para ver o cupido de perto... – brincou Bartira.

– Não – ele disse, abrindo os braços dela e colocando-os em torno da própria cintura. – Eu vou fazer isso! – e colou seus lábios nos dela tão ternamente que ela teve a sensação de que a flecha lançada por aquele cupido havia anestesiado todos os seus sentidos.

Depois de horas – talvez dias – atravessando a escuridão, a caravana de socorro chegou a uma região triste e desolada, completamente envolvida em espessa neblina, mas já oferecendo possibilidades de visão. Era como se uma delicada persiana fosse tenuemente abrindo suas lâminas aos olhos daqueles irmãos sofredores.

A paisagem que ora se descortinava pelas janelas daquela espécie de ônibus espacial, que se deslocava célere pelos ares sem emitir o menor ruído, fazia lembrar os extremos do planeta, tamanha era a brancura das colinas que se estendiam embaçadas ao fundo. Assemelhava-se a um imenso deserto de neve, sem o menor sinal de vida humana, nem mesmo da mais humilde forma vegetal. Até que, subitamente, se fez visível uma enorme fortaleza em estilo medieval, que parecia recortada das páginas de um livro de história narrando a época feudal, mas inteiramente constituída de um material que lembrava um cristal fosco e azulado. Em seu interior, erguiam-se grandiosas torres no mesmo estilo, impondo respeitabilidade e temor à desoladora paisagem.

De seu assento no interior do veículo, Laura, exausta e fatigada, lutava contra o cansaço e a fraqueza para manter os olhos abertos diante daquela inesperada visão, depois da eternidade de trevas que acabara de vivenciar. Cada vez mais espantada, mal conseguiu crer quando pôde ler, no alto do portão incrustado no centro do muro de pedra, a inscrição, em letras artísticas e graúdas: "Legião dos Servos de Maria: Colônia Correcional".

Em seguida, para espanto maior de todos aqueles que, como ela, esforçavam-se para não perder nenhum detalhe daquela insólita excursão, o portão se abriu como que por encanto, e o comboio pairou sobre o profundo fosso de águas escuras que, tal como nos filmes, cercava a entrada da misteriosa cidade iniciada por gigantesca torre, a qual mais parecia um imenso farol, guardado por um vasto regimento militar, composto por soldados hindus e egípcios. No alto do pórtico que dava acesso a seu interior estava escrito "torre de vigia".

Cada vez mais assombrados com o que viam, os poucos viajantes que se mantinham despertos perceberam então que, além daqueles portões, escondia-se uma cidade movimentadíssima, onde se destacavam edifícios soberbos, em torno dos quais circulavam indivíduos atarefados, caminhando laboriosos de um lado para outro, todos com longos aventais brancos, ostentando ao peito uma cruz azul-celeste brilhante, ladeada pelas iniciais LSM (Legião dos Servos de Maria).

Ao fundo de toda esta movimentação, que fazia lembrar um formigueiro em atividade, casas residenciais alinhavam-se traçando ruas artísticas que se estendiam laqueadas de branco, como que asfaltadas de neve. O tom nebuloso ainda dominava todo o ambiente, que, porém, já começava a ser atravessado por finíssimas nesgas de sol, as quais tornavam um pouco mais leve o pesado frio que ainda soprava sobre a caravana.

O comboio estancou em frente a um dos imensos edifícios, em cuja fachada podia-se ler nova inscrição: "Departamento de Vigilância – Seção de Reconhecimento e Matrícula". Desceu então da caravana aquele que parecia ser uma espécie de secretário da expedição e, divididos em grupos de dez, os resgatados do vale sinistro foram conduzidos em fila pelos enfermeiros a pequenos gabinetes, onde eram aguardados por prestimosos funcionários também trajando os mesmos longos aventais vistos nas ruas.

– Isso aqui é um hospital? – Laura perguntou, sem conseguir parar de correr os olhos pela pequena salinha aconchegante e bem decorada.

– Também. Mas logo você compreenderá direitinho como tudo funciona aqui. Agora eu precisava que você me explicasse as razões que a levaram ao suicídio – prosseguiu a atendente.

Laura abaixou a cabeça envergonhada, sem encontrar o que responder.

– Depressão pós-parto – socorreu-a o secretário da expedição, depois de uma rápida consulta de olhos ao relatório que tinha nas mãos.

– Sim, acho que foi isso... – admitiu Laura, ainda muito envergonhada. "Engraçado", pensou consigo, "conheço este homem de algum lugar. Será que ele também me conhece?"

– E qual o gênero de suicídio? – continuou a moça.

– Gênero? – estranhou Laura.

– Sim. Como você tentou se matar? – explicou a moça.

– Atirou-se pela janela – atalhou mais uma vez o secretário da expedição.

– Em que local? – insistiu a atendente.

– No Rio de Janeiro – respondeu Laura, com uma voz grave.

Todas as respostas colhidas ali eram gravadas em discos singulares, espécies de álbuns animados de cenas e movimentos, feitos com aparelhamentos magnéticos especiais. As imagens emitidas pelos pensamentos dos entrevistados, no ato da resposta, eram como que fotografadas, filmadas nesse álbum. A desagradável emoção de reviver mais uma vez todas aquelas cenas, porém, fez com que Laura, assim como a grande maioria dos socorridos que por ali passava, não desse a mínima atenção para o estranho aparelho. Fatigados, sonolentos e tristes, todos ainda tinham as ideias bastante confusas, e mal conseguiam compreender onde estavam ou o que efetivamente acontecia.

Ao fim daquele constrangedor interrogatório, Laura acabou perdendo de vista o secretário da expedição, cuja fisionomia lhe parecia tão estranhamente familiar. Imediatamente após o término da entrevista, homens e mulheres foram separados em grupos distintos, entregues aos servidores da espiritualidade responsáveis por cada um desses grupos, sendo, em seguida, divididos em vários subgrupos e acomodados em novos transportes.

Eram viaturas leves e graciosas, confeccionadas num material transparente como o vidro, contudo mais resistente do que o aço. O que mais impressionou Laura foi a descoberta de que não existia nenhum volante, nenhum pedal, e nem mesmo um botão de comando no interior desses veículos que, assim como os ônibus em que haviam chegado até ali, locomoviam-se no ar mais rápidos do que aviões a jato. Só muito tempo depois ela descobriria que, na verdade, tais viaturas obedeciam simplesmente ao poder da vontade dos espíritos iluminados que viajavam em seu interior acompanhando os recém-chegados.

Ao longo de uma hora de viagem, aproximadamente, o grupo deixou para trás o bairro da Vigilância e penetrou nova região despovoada, de estradas caprichosamente projetadas, pontilhadas de arbustos níveos quais flores dos Alpes, até atingirem novo departamento, iniciado a partir de grandes arcos, que, por sua vez, faziam lembrar o famoso monumento francês.

Na comprida placa ao lado da entrada estava escrito "Departamento Hospitalar Feminino". Logo abaixo, pequenas setas indicavam "Manicômio", à direita, "Isolamento", à esquerda, e "Hospital Maria de Nazaré" ao centro, para onde seguiu o novo comboio.

Para alegria dos olhos assustados das desfiguradas mulheres e jovens que viajavam no interior daquelas surpreendentes viaturas, logo após a bifurcação da entrada, abriu-se imensurável parque ajardinado, onde havia espaço até para repuxos de águas límpidas e cristalinas, cercados de rosas dos mais variados tons e maravilhosos canteiros de açucenas, entre os quais gorjeavam graciosos pombos de um branco jamais visto, quase azul de tão intenso e límpido. Como aqueles pombos a alçar seu voo tranquilo, tudo ali transmitia uma profunda paz.

Ao contrário do que haviam observado até então, tal parque não se encerrava em nenhuma muralha brutal. Apenas árvores frondosas e delicadas cercas vivas tecidas por rosas e açucenas o rodeavam em seus limites longínquos. Para os que vinham daquele vale de dores sem fim, onde não havia sequer uma pálida paisagem a orvalhar de esperança seus corações torturados, onde não havia nem luz, nem sol, nem perfume e nem tréguas, entrar naquele cenário era quase como mergulhar em um sonho após vivenciar o pior dos pesadelos.

Completando a cena magnífica, de vários pontos do parque erguiam-se amplos edifícios, que mais pareciam terraços espanhóis com flores trepadeiras enroscando-se por suas arcadas, colunas e varandas.

Na entrada de um desses edifícios, o comboio feminino era aguardado por uma equipe de enfermeiras, chefiada por duas mulheres altivas de olhar brilhante.

– Sejam bem-vindas! Somos Lilian e Lúcia – apresentou a primeira, que parecia ser a mais jovem das duas. – Poderão contar conosco durante todo o tempo em que estiverem aqui.

Completamente extenuado depois de tão longa viagem, o grupo foi então conduzido pela equipe de enfermagem dirigida por Lilian e Lúcia através de um longo corredor, até chegar a um jardim reservado, que ficava nos fundos da construção. Nesse jardim avarandado, que não podia ser mais aprazível, havia um pequeno lago, em cuja superfície boiavam plantas que lembravam vitórias-régias, porém mais exuberantes e perfumadas, e alguns bancos, que pareciam convidar à contemplação e à meditação.

Bem em frente ao lago, erguia-se uma modesta construção de dois andares, de um tom rosa-claro. Era um amplo solar avarandado com janelas azuis, em cuja entrada estava escrito: "Internato Esperança". Parada em frente a essa entrada, uma senhora de uns sessenta anos presumíveis, de ar sorridente e longos cabelos acinzentados presos em coque, as aguardava de braços abertos, com uma fisionomia que não poderia ser mais doce:

– Por aqui, caríssimas irmãs! – disse, indicando o corredor que dava acesso ao interior do prédio. – Sou Ivone, a responsável por esta seção. De hoje em diante, quero que contem comigo como se eu fosse a mãe de vocês!

Ao olhar para ela, Laura sentiu uma vibração tão forte, tão carismática a penetrar seu coração que teve vontade de correr e abraçá-la, embora a estivesse vendo pela primeira vez. Como que lendo seus pensamentos, Ivone aproximou-se dela e tocou em seu rosto com carinho:

– É muito bom tê-la conosco, querida! Que Deus a abençoe!

Os olhos de Laura encheram-se de lágrimas com este gesto. Em seguida, Lilian, Lúcia e Ivone conduziram o grupo, formado por cerca de vinte mulheres, até limpíssimos dormitórios de paredes envidraçadas, que de imediato as fizeram perceber que ali estariam sob constante observação. Cada um desses quartos era dotado de quatro leitos e de uma pequena sala com algumas poltronas. A sala alongava-se ainda até um balcão florido, separado do quarto apenas por uma porta, também aparentemente de vidro, o qual oferecia vista para o imenso parque verde onde estava localizado o departamento hospitalar.

Sempre ajudadas por aquelas prestimosas enfermeiras, antes de sentirem o prazer de se deitarem naqueles leitos confortáveis e macios que mais pareciam miragens depois de tanto tempo chafurdando na lama, as recém-chegadas foram conduzidas a um imenso vestiário, onde tomaram um revigorante banho quente e receberam roupas limpas – espécies de vestidos hospitalares de um verde claríssimo.

De volta aos dormitórios, cada qual sentada em seu leito, foram agraciadas então com um caldo tépido, de singulares propriedades. Ao levá-lo aos lábios, podiam sentir o sabor que mais lhes apetecia, de acordo com suas próprias recordações.

Nesse momento, mais uma vez Laura não conseguiu conter as lágrimas. Assim como as outras jovens mulheres que dividiam com ela aquela pequena enfermaria – duas que não pareciam ter mais de quinze anos, chamadas Vera e Melissa, e uma outra, muito tímida, a quem as enfermeiras chamavam de Santinha, aparentando cerca de vinte anos – lembrara-se do aconchego de seu lar terrestre e do carinho de sua mãe no momento em que experimentara a primeira colherada daquele alimento reenergizante, que para ela tinha o sabor de macarrão miojo com queijo ralado e gotas de limão, seu prato preferido na infância.

Ao ouvir o sentido pranto coletivo que rapidamente tomou conta daquele dormitório, Lilian, Lúcia e Ivone, que então se encontravam em outra enfermaria, acorreram prontamente:

– Procurem se controlar, irmãzinhas, tudo o que necessitam neste momento é de repouso... repousem sem receio, vocês são todas hóspedes de Maria de Nazaré, a querida mãe de Jesus. Esta é a casa dela – disse Lilian, com sua voz que parecia feita de açúcar, tal eram a meiguice e a tranquilidade que transmitia com suas palavras.

– Sim – atalhou Ivone –, todas as caríssimas irmãs devem agora se esforçar para esquecer o passado tormentoso, varrer da mente as recordações chocantes e repousar nos braços da mãe de Jesus.

Só então, Laura, Vera, Melissa e Santinha, como que conduzidas pelas palavras doces de Lilian e Ivone e pela segurança do olhar de Lúcia, perceberam o magnífico quadro da Nossa Senhora que estava pendurado numa das paredes do quarto e tiveram a sensação de que a mãe do Mestre Nazareno as encarava com seus olhos ternos, tal como se estivesse também ali presente. Sentindo-se acalentado por essa sensação e pelo calor da pequena lareira que crepitava no fundo do quarto, o grupo foi aos poucos relaxando, deixando-se lentamente levar pelo cansaço de seus corpos espirituais exaustos.

Antes de adormecer, porém, Laura ainda encontrou forças para expressar a pergunta que trazia entalada na garganta desde que saíra da seção de reconhecimento e matrícula:

– Senhora Ivone – disse, com a voz de quem mal consegue resistir ao sono –, tudo isto é um sonho? Eu morri... ou não morri?

– Não, querida... – respondeu a chefe do Internato, com a tranquilidade que lhe era habitual. – Não morreu e nem morrerá nunca! E sabe por quê?...

Porque a morte não existe nas leis de Deus que regem o Universo... O que se passou foi meramente um lastimável desastre com o seu corpo físico terreno... aniquilado antes da ocasião oportuna por um ato mal orientado do seu raciocínio...

– Mas... – insistiu Laura, lutando contra o sono que fazia pesarem suas pálpebras – como posso me sentir tão viva, tão...

– A vida, meu amor – continuou Ivone com sua voz pausada, que aumentava ainda mais o sono de Laura e das outras que a ouviam –, não residia naquele corpo físico terreno que você inadvertidamente destruiu... Mas sim neste que você vê e sente no momento, o qual traz em si a qualidade sublime de um ser imortal...

Suas palavras ainda ficaram algum tempo ecoando dentro da mente confusa de Laura, até que, pela primeira vez desde o dia em que cometera o suicídio, ela conseguiu se deixar adormecer profundamente.

Por mais que tentasse, Inês não conseguia se conformar com a postura da igreja diante da morte de sua filha. Todos os meses, no dia que ficara gravado em sua mente como data de seu suicídio, passava horas chorando no quarto, por não poder sequer mandar rezar uma missa para Laura. E o pior de tudo era que, apesar de sua revolta, sentia muita falta da paróquia, das missas, das visitas ao orfanato e ao asilo, e até mesmo das palavras do padre por quem agora nutria tão profundo ressentimento.

Nem mesmo as orações que fazia diariamente em silêncio, enquanto tricotava, conseguiam aliviar sua angústia. A vida inteira criada à sombra do catolicismo, era como se sua alma tivesse necessidade daqueles rituais para se sentir verdadeiramente abençoada pelo Criador.

– Sabe, Paulo – disse ao marido naquele fim de tarde, depois de rezar sua Ave-Maria das seis horas –, às vezes me pergunto se tudo isso que está acontecendo em nossa família não é um castigo por eu ter abandonado a igreja... Meu Deus, Eduardo tão novinho ainda e já metido com essas coisas perigosas! – seus olhos se encheram de lágrimas.

Jorge, que vinha do quarto do cunhado com o filho no colo exatamente naquele momento, não pôde deixar de interferir:

– Que é isso, dona Inês! Esse problema das drogas é uma coisa que atinge milhões de jovens hoje em dia. É uma consequência da própria sociedade em que vivemos, da crise de valores, da falta de perspectivas, enfim, de todo um contexto político, moral, econômico, social... Não tem nada a ver com castigo de Deus!

– Jorge tem razão, querida – atalhou Paulo. – Você não pode assumir a culpa de tudo o que acontece com nossos filhos. Eduardo, aliás, já é bem grandinho para raciocinar e discernir o que é certo e o que é errado! De mais a mais, quando Laura fez o que fez, você ainda frequentava a igreja e nem por isso...

– Sim, nem por isso ela deixou de... Eu também penso tanto nela, meu Deus... Sabem, no fundo eu continuo a tricotar esses casaquinhos só para não abandoná-la neste momento tão difícil...

– Abandonar Laura? Como assim, dona Inês? – estranhou Jorge, sentando-se à mesa com o menino, diante de uma pilha de tabelas que trouxera da empresa para checar naquele feriado.

– Sabem – confessou Inês executando pontos rápidos, sem conseguir levantar os olhos do tricô –, durante muito tempo fiquei imaginando o que eu, como mãe, poderia fazer para ajudar a minha filha... – seus olhos se encheram de lágrimas novamente, e ela precisou parar com as agulhas para limpar os óculos embaçados.

– Mamã! – disse o menino, com sua vozinha rouca, quase sussurrada, tomando a caneta de Jorge e começando a rabiscar um dos relatórios.

– Não, filho! – Jorge puxou-lhe a caneta das mãos. – Isso é trabalho do papai! Não pode riscar!

– E então... – Paulo incentivou Inês a continuar.

– Então pensei que... – ela fungou profundamente – pensei que, se eu encontrasse uma maneira de trabalhar por mim e por ela aqui na Terra, Jesus talvez se compadecesse de sua situação e, quem sabe, pudesse tirá-la do inf...

– Inês, querida! – Paulo segurou delicadamente em suas mãos, interrompendo sua fala. – Por mais que amemos uma outra pessoa, não podemos fazer o bem em seu lugar, assim como não podemos evoluir espiritualmente por ela. Jesus é um espírito de luz, o espírito de mais intensa luz de que já tivemos notícia. Seu amor por cada um dos seres que vivem ou viveram neste planeta é incondicional, jamais dependerá de trocas ou promessas!

– Eu sei – admitiu Inês, voltando a tricotar cada vez mais rápido. – Apenas pensei que ele pudesse transferir para ela um pouco do meu merecimento, você me entende?

– Entendo e admiro o seu amor de mãe desesperada. Sei que, se pudesse, você até se ofereceria para trocar de lugar com Laura. Mas, volto a repetir, merecimento é algo pessoal e intransferível, assim como a hóstia que você se prepara para receber todos os domingos...

Ela o olhou de soslaio e ele corrigiu:

– Ou que você se preparava para receber todos os domingos. Tanto faz. O importante é que ninguém podia fazer isso no seu lugar, podia? Por outro lado, quem disse a você que Laura não tinha seu próprio merecimento? – as palavras de Clotilde ecoavam agora dentro da mente de Paulo, sem que ele soubesse ao certo onde as tinha ouvido antes. – Ela tinha lá seus defeitos, mas também era uma pessoa boa. Nos últimos tempos até a ajudava nos trabalhos no asilo e no orfanato, você não se lembra?

– Eu sinto tanto a falta dela... – desabafou Inês, chorosa.

– Deus leva em conta todos os nossos atos de bondade, dona Inês – complementou Jorge, lembrando-se de Glória. – Mesmo aqueles mais insignificantes... Pedrinho! Já disse que aqui não! Pronto, desenhe neste outro papel.

– Vocês têm razão – concordou Inês, fungando e enxugando as lágrimas nas costas das mãos. – Vem cá, Pedrinho, vem ver uma coisa aqui com a vovó... Olha só! A caixa de lápis do neném! – disse abrindo uma pequena caixa de sapatos cheia de lápis de cera, que estava no braço do sofá.

O menino saiu correndo em direção à avó, e nesse meio tempo a campainha tocou.

– Deixem que eu atendo – disse Jorge, que estava mais perto da porta.

Era Glória. No momento em que os dois se viram, quase caíram para trás de tanto susto.

– Você? – perguntou Jorge. – O que está fa...

– Meu Deus! – Glória levou a mão à cabeça, transtornada. – Acho que me deram o endereço errado...

– Endereço errado? Quem você está procurando afinal? – ele quis saber.

– Procuro um casal – ela levantou, trêmula, o pequeno papel que tinha nas mãos. – O nome dela é Inês e o nome dele é Paulo...

– Inês e Paulo? – estranhou Jorge. – Mas são meus sogros! O que você quer com...

– Quem está aí, Jorge? – Paulo perguntou do outro lado da sala, ao ouvir seu nome.

– Vá embora daqui – Jorge angustiou-se, temendo a reação dos sogros. – Aposto que inventou tudo isso só para...

– Não fale assim com a moça, Jorge – interferiu Paulo, chegando até a porta. – Então esta é sua namorada?

– Não! – os dois responderam juntos.

– O senhor me desculpe, mas eu já estou de saída e... – explicou Glória, cada vez mais trêmula.

– Espere! – Paulo a segurou pelo braço. – Afinal você não disse por que queria falar comigo e com minha esposa... Não gostaria de entrar?

Só então Jorge percebeu que o sogro havia escutado tudo e afastou-se um pouco da porta, sem encontrar o que dizer, enquanto Inês, de olhos arregalados, também tentava entender o que estava se passando.

– Na verdade foi seu Américo quem me deu este endereço... – Glória tentou justificar. Era angustiante a sensação de se sentir conduzida por forças invisíveis pela segunda vez naquele mesmo dia.

– Por favor, entre, eu insisto... – convidou Paulo.

– Bem... – Glória cedeu a contragosto.

– Mamã! – disse Pedrinho sorridente, logo que a viu.

– Não! Eu não sou a mamãe – explicou Glória, delicada. – Mas aposto que você é o Pedrinho, acertei?

O menino não respondeu nada, mas fez questão de estender-lhe o papel que acabara de rabiscar.

– É para mim? – Glória perguntou surpresa.

– Deixa a moça, filho. – Jorge o puxou pela camisa. – Vamos lá para dentro que está na hora de começar aquele desenho que você gosta de ver.

– Nossa, é mesmo, Pedro! – a avó tentou ajudar. – É hora do Coelhinho Atrapalhado!

– É. Vamos ver o Coelhinho Atrapalhado... – repetiu o pai notoriamente contrariado, antes de fechar a porta do escritório.

Na sala, Glória, completamente sem-graça, continuava de pé ao lado do sofá com o desenho do menino na mão, sem saber o que fazer.

– Por favor, sente-se. – Paulo percebeu seu embaraço. – Não repare, ele chama todo mundo de mamãe. É a única coisa que ele sabe dizer. Mas seu nome é...?

– Glo... Glória... Meu nome é Glória – ela repetiu, antes de sentar-se no sofá.

– Bem, como já deve ter percebido, eu sou Paulo e esta é minha esposa Inês.

– Muito prazer. – Inês sorriu, sem conseguir disfarçar o ar apalermado. – Como disse antes na porta, só vim aqui porque seu Américo me enviou... Os senhores conhecem o seu Américo... – ela afirmou cheia de dúvida, dobrando nervosamente o desenho que Pedro Henrique lhe entregara.

– Claro! Américo é um grande amigo. Trabalhamos juntos durante muitos anos e frequentamos o mesmo centro que, aliás, pelo que sei, você também frequenta... – lembrou Paulo.

Inês estava entendendo cada vez menos e expressava isso com o olhar cada vez mais arregalado por trás de seus óculos de aros dourados. Glória também não podia compreender como Paulo sabia quem era ela, mas mesmo assim foi adiante:

– É justamente por isso que estou aqui para falar com dona Inês...

– Comigo? – estranhou Inês.

– Sim, pelo que seu Américo me disse, a senhora presta assistência a um orfanato ligado a uma paróquia da igreja...

– Ah! O orfanato... – concordou Inês, ainda atônita. – Só que, infelizmente, desde que minha filha morreu, eu estou afastada de minhas atividades na paróquia...

– Mas, afinal, o que tem o orfanato a ver com o centro? – tentou entender Paulo.

Só então Glória explicou-lhes em detalhes o problema das crianças excepcionais que haviam sido abandonadas aquela manhã na porta do centro, e das dificuldades que seu Américo vinha experimentando, desde então, na tentativa de encontrar um local que acolhesse os meninos.

– Pobres crianças – consternou-se Inês. – Mas a mãe não deixou sequer as certidões de nascimento?

– Nada. Seu Américo ainda tem esperanças de que ela se arrependa e volte até o final da semana para procurá-los, mas eu, sinceramente, não acredito nessa possibilidade... – confessou Glória, dobrando mais uma vez o papel que, a essas alturas, já estava menor do que a palma de sua mão.

Quanto mais Paulo olhava para ela, mais a admirava por suas maneiras gentis, pelo carinho com que ela se referia àquelas crianças, por seu empenho em tentar encontrar uma forma de ajudá-las.

– Gostaria muito de ser útil, mas não sei se poderei efetivamente fazer alguma coisa – disse Inês, por fim. – O padre me baniu da paróquia...

– Inês, querida, não fale assim. – Paulo a repreendeu. – Ele apenas não quis celebrar rituais para nossa filha porque a igreja, dentro de sua filosofia, não aceita o suicídio – ele virou-se para Glória. – Imagino que você deve saber o que aconteceu com a nossa filha...

– Sim, eu sinto muito – respondeu Glória, constrangida.

– O que não quer dizer que você tenha perdido seu crédito na igreja por causa disso – continuou Paulo, dirigindo-se à esposa.

– Você acha então que eu deveria procurar o padre para pedir por essas crianças? – questionou Inês.

– A senhora é nossa única esperança, dona Inês! – insistiu Glória.

– Bem, se é assim, eu posso tentar. Só não posso garantir que vá conseguir... – ela finalmente concordou. – Você pode ficar com o Pedrinho amanhã para eu ir até a paróquia com Glória, Paulo?

– Claro! – respondeu ele. – Mas e até amanhã? Onde ficarão as crianças?

– Estou pensando em levá-las para minha casa – respondeu Glória. – Fiquei tão encantada com eles... Aliás, agora, se não se importam, eu preciso ir. Seu Américo está no centro me esperando com os meninos...

– Você é uma moça de muito valor – disse-lhe Inês, identificando-se com ela. – Onde nos encontraremos amanhã?

– Eu posso passar aqui por volta de umas oito horas, se estiver bom para a senhora... – propôs Glória. – Espero a senhora na portaria – retificou rápido, com medo de se encontrar novamente com Jorge.

– Isso. Aproveite e deixe as crianças aqui comigo, enquanto vocês vão até lá. Pedrinho vai adorar ter companhia para brincar.

– Eu nem sei como agradecer a compreensão dos senhores – disse Glória, levantando-se do sofá, ainda com o desenho dobrado nas mãos. – Seu Américo tinha toda razão!

– Você não quer que eu chame o Jorge? – perguntou Paulo, antes que ela chegasse à porta.

– Não, não – disfarçou Glória. – Ele deve estar colocando o menino para dormir, outra hora nós nos falamos. Mais uma vez, muito obrigada por tudo...

Assim que ela bateu a porta, Jorge veio lá de dentro. Havia realmente acabado de por Pedrinho na cama.

– Ela já foi? – perguntou, ressabiado.

– Já – respondeu Inês. – Ficamos de nos encontrar amanhã. Uma joia de pessoa essa moça, gostei muito dela...

– Pena você não a ter apresentado antes para nós, Jorge... – provocou Paulo.

– É, mas não é nada do jeito que o senhor está pensando, eu... – Jorge se enrolou mais uma vez.

– Outra hora nós conversamos sobre isso – Paulo o interrompeu, preocupado em não mais se intrometer na vida do genro. – Agora eu vou me deitar. Você não vem, Inês?

Sem atinar para as sutilezas do diálogo entre os dois, Inês, que não conseguia parar de tentar imaginar como o padre a receberia no dia seguinte, concordou. O casal então se retirou da sala, deixando Jorge sozinho com seus pensamentos.

Naquela noite, depois que as crianças finalmente pegaram no sono, Glória sentou-se na cama e ficou observando-os. Haviam chegado agitados. Daniel, o menorzinho, chorara muito de saudades da mãe no momento em que ela lhe vestia os pijaminhas. Damião, por sua vez, perguntava a todo minuto:

– Mamãe nunca mais vai voltar?

– Quem sabe? – disfarçou Glória. – Agora vamos dormir porque amanhã...

– Ela disse que nunca, nunca mais ia ver Niel e Mião de novo... – repetia ele, triste.

– Mamãe... Eu quero a mamãe – chorava o pequenino.

Foi preciso muito tato e muita paciência para convencê-los de que a mãe só lhes dissera tudo aquilo porque estava com muitos problemas e que, com certeza, logo retornaria para buscá-los.

– Enquanto isso, a tia Glória vai cuidar de vocês com todo carinho, com todo amor, como se fosse a mãe de verdade de Niel e Mião, combinado? – concluiu ela, beijando-lhes os rostinhos com carinho.

– Ti-ti promete que nunca vai embora? – soluçou Daniel, antes de fechar os olhinhos.

– A tia promete – respondeu Glória, com o coração apertado.

Agora, acarinhando-lhes os cabelos enquanto dormiam, sentia dificuldade de entender como uma mãe tinha a coragem de abandonar os próprios filhos naquelas condições, de imaginar como se sentiriam caso ela também os abandonasse em algum orfanato. Eram tão lindinhos, os dois. Olhando-

-os assim, dormindo, ninguém diria que tinham qualquer tipo de deficiência. E como eram afetuosos, como eram doces e carentes de amor... Não, ela não podia fazer isso. Se Deus os enviara até suas mãos, certamente não fora por acaso. De alguma maneira, ela precisava ajudar aquelas crianças. A vida inteira sonhara tanto em ser mãe... Mais do que isso, Glória sempre desejara fundar um orfanato. Achava que havia tantas crianças no mundo precisando de amparo...

Mas, como poderia cuidar de dois meninos com necessidades especiais, perguntava-se ansiosa, se entrava no colégio todos os dias às onze e meia da manhã e só saía às cinco da tarde; se seu salário mal dava para custear suas próprias despesas? Se ao menos pudesse se afastar por uns tempos... Mas também não podia abandonar seus alunos no final do ano letivo. Sabia, por tudo o que já estudara, que, para uma criança de terceira série, o súbito afastamento de uma professora era algo tão traumático quanto a perda de um parente querido.

– Oh, meu Deus, queria tanto ter alguém com quem eu pudesse dividir minhas angústias – disse alto para si mesma, no momento em que saía do quarto. – Por que será que tantas vezes me sinto tão desamparada e sozinha, mesmo sabendo que a espiritualidade maior está sempre a meu lado?

Chegando à sala, tentou pegar algumas provas para corrigir, mas não conseguiu se manter concentrada por mais de dois minutos. Sua cabeça não parava de pensar nas 'coincidências' que haviam marcado o seu dia, nas crianças, no encontro que combinara com Inês, na atitude de Jorge no momento em que a viu parada diante da porta. Doía-lhe sobretudo a raiva que vira estampada nos olhos dele naqueles breves instantes em que estiveram frente a frente. E pensar que ela o amava tanto... Por mais que tentasse, não conseguia sufocar esse sentimento.

Se pudesse escolher, Glória não teria se apaixonado por Jorge de maneira tão profunda e absoluta. Ele era tão diferente do tipo que idealizara para si... Sonhara a vida toda com um homem seguro, realizado profissionalmente, romântico, convicto dos próprios sentimentos, alguém que pudesse compartilhar com ela o desejo de cuidar de crianças órfãs e até mesmo de dois portadores de síndrome de Down. Jorge, no entanto, era o oposto de tudo isto, quase tão frágil e inseguro quanto aqueles dois meninos que agora dormiam em sua cama. Mas, ainda assim, ela se sentira tão fundamente tocada no momento em que o conhecera, era tão bonita a maneira como ele idolatrava aquela esposa... Não, com toda certeza ele nunca a amaria daquela forma, por mais que ela se esforçasse, jamais conseguiria ocupar o lugar de Laura no coração de Jorge. Por que tinha sempre que ser assim?

Era impressionante. Toda vez que Glória se envolvia com algum homem, o mesmo drama se repetia. Os dois se tornavam amigos, iniciavam um relacionamento, e logo ela descobria que ele carregava consigo uma história de amor mal resolvida. Após meses de conselhos e desabafos, quando a ferida parecia estar quase cicatrizada, o namorado a deixava para ir reconciliar-se com a 'ex'. Sempre a mesma história, sempre o mesmo discurso: "Olha, Glória, você é a mulher mais legal que eu já conheci até hoje, mas eu descobri que não posso viver sem a Dora". Ou sem a Rita. Ou sem a Patrícia. Ou sem a Raquel. Foram tantas mulheres a cruzarem o seu caminho que Glória até já havia perdido a conta. Ex-esposas, ex-noivas, namoradinhas de escola... Parecia até que ela tinha o dom de provocar reconciliações aparentemente impossíveis.

Mas com Jorge era diferente. Sua ex-mulher estava morta, não havia a menor possibilidade de um reencontro. Pelo menos, não em termos imediatos.

Ao mesmo tempo, porém, era como se Laura estivesse sempre mais viva do que nunca no coração de Jorge, não havia o menor espaço para ela.

– Ai, meu Deus, por que é que eu não paro de pensar nesse homem? – suspirou desanimada.

Sentindo-se profundamente fraca e vazia em meio a tantas angústias e incertezas, lembrou-se da estátua do anjo que revira aquela tarde na Tijuca, e decidiu então fazer algo que há muito aprendera com Emília, sua saudosa mãe, mas que jamais experimentara: escrever uma carta para seu anjo da guarda. "É muito simples, filha", recordou-se da voz da mãe, mística e espiritualista, a instruir-lhe, "basta que você se dirija a seu protetor espiritual como quem escreve a um velho amigo. Sem rodeios e sem se ater na busca de palavras bonitas desnecessárias, você deve contar a ele tudo o que está sentindo, e pedir-lhe o auxílio de que necessita. Não deixa de ser uma forma de orar e faz muito bem à alma e ao coração."

– Mas, mamãe – argumentou Glória, que na ocasião já estudava a filosofia espírita –, nosso guardião não vê tudo o que se passa conosco o tempo todo? Por que, então, precisamos escrever para contar o que ele já sabe?

– Ora, filha! E Deus também não vê, escuta e sente tudo o que se passa conosco? No entanto, Ele gosta quando nos dirigimos a Ele através da prece. Para realizar esse ato tão simples, a criatura se esforça para estabelecer seu próprio caminho de comunhão com Ele, mostrando que realmente confia no poder e na vontade do Pai. Da mesma maneira, nosso anjo da guarda também fica satisfeito quando nós lhe mostramos que acreditamos na sua presença e realmente confiamos na sua proteção.

– Mas ele nos protege e ajuda mesmo quando não lhe demonstramos nada disso... – obtemperou Glória.

– É claro que sim, Glorinha, mas a questão não é essa. Eu, por exemplo, sou sua mãe e estou sempre pronta a ajudá-la, mas nem sempre você me permite fazer isso. Às vezes esconde de mim os problemas, pensando que pode me enganar, outras vezes não quer minha presença, achando que pode resolver tudo sozinha, à sua maneira...

– A senhora acha que fazemos isso também com nosso espírito protetor? – questionou então a jovem.

– Sim, filha. Como você mesma sempre diz, todos nós somos seres dotados de livre arbítrio. Quer dizer, por mais poderoso e elevado que seja nosso guardião, ele não pode realizar aquilo que nós não desejamos ou não achamos importante. Ao contrário, porém, quando percebemos que algo é necessário para nós e pedimos a sua colaboração, ele junta suas forças às nossas para, com autorização de Deus, ajudar-nos a realizar nosso desejo. Desde que se trate de algo que possa ser realmente proveitoso para nossa evolução neste mundo, é claro – fez questão de grifar, na ocasião, a mãe de Glória.

– Mas por que isso tem que ser feito através de uma carta? – insistiu a moça, ainda não convencida.

– Filha, não tem que ser. Você pode falar com o seu anjo da guarda da maneira que quiser. Eu é que gosto de escrever cartas, porque à medida que vou colocando as palavras no papel, vou organizando mentalmente o meu raciocínio e também estabelecendo minhas prioridades... Quase sempre, quando termino de escrever, já eliminei metade dos itens que antes considerava como problemas...

Encorajada por aquelas lembranças, Glória, muito emocionada, tomou então lápis e papel e pôs-se a escrever sua carta. Sabia que seu protetor não poderia "entregar-lhe de bandeja", como costumava dizer dona Emília, todas as respostas de que necessitava, mas gostaria que de alguma maneira ele ou ela – não sabia ao certo – pudesse lhe enviar ao menos um sinal, apontando-lhe a melhor direção a seguir. Afinal, deveria lutar para ficar com aquelas crianças ou simplesmente encaminhá-las a alguma instituição? Deveria insistir na tentativa de conquistar o amor de Jorge ou afastar-se definitivamente de todos aqueles que estivessem direta ou indiretamente ligados a ele, e inclusive do centro que costumava frequentar?

A seu lado, Celeste acompanhava-lhe o desabafo, paciente e amiga, acarinhando-lhe os cabelos tal como a própria Glória fizera com os meninos momentos antes.

"Siga o que diz o seu coração", dizia-lhe em pensamentos. "Só em você mesma encontrará as respostas que tanto procura. Infelizmente, não posso decidir por você. Mas tenha cuidado. Uma vez tomada a decisão, terá de ir até o fim. Se resolver assumir a guarda dos meninos, terá de arcar com essa função até o término da presente existência, independentemente do que venha a acontecer. Da mesma forma, se decidir lutar para conquistar um lugar na vida de Jorge, terá de aceitá-lo exatamente do jeito como ele é e aprender a amá-lo assim. 'Somos eternamente responsáveis por tudo aquilo que cativamos...'"[19]

– Eu quero conquistar Jorge – afirmou Glória, enxugando uma lágrima que lhe escorrera dos olhos no momento em que encerrava sua carta. – Mas preciso de uma prova, uma prova mínima de que existe um lugar para mim na vida dele...

Dizendo isso, dobrou várias vezes a carta e, enquanto procurava com os olhos um lugar especial onde deixá-la, lembrou-se instintivamente da vozinha rouca de Pedro Henrique dizendo "mamã!" no momento em que ela entrava na casa de Paulo. Glória sentiu novamente aquele aperto no peito. "Que coisa mais estranha aquele menino me chamar de mãe...", pensou consigo, "se ele ao menos já tivesse me visto alguma vez na vida..." Lembrou-se então da explicação de Paulo – "Não repare, ele chama todo mundo de mamãe. É a única coisa que ele sabe dizer" – e ao mesmo tempo de sua professora de pedagogia na faculdade, afirmando que, aos dois anos, o vocabulário de uma criança já tem cerca de duzentas palavras, que ela aos poucos vai começando a juntar.

---

[19] Frase encontrada em um dos diálogos do livro *O pequeno príncipe*, romance de grande sucesso de Antoine de Saint-Exupéry, publicado no Brasil pela ed. Agir (1999) com aquarelas do autor.

"Tem alguma coisa errada com esse menino! Uma criança de dois anos de idade não pode falar apenas 'mamã'!", disse a si mesma. Recordou em seguida uma das muitas conversas que tivera com Jorge, quando ainda estavam juntos. Na ocasião, Jorge, muito orgulhoso, afirmara-lhe que seu filho era um gênio, capaz de expressar tudo o que queria através de mímicas, sem dizer uma só palavra. "Quando ele quer que a gente apague a luz, pisca os olhinhos, precisa ver que gracinha!", ainda chegara a destacar. De tão apaixonada que estava na época, Glória também limitara-se a achar uma gracinha o comportamento do menino. Até porque o garoto então tinha apenas pouco mais de um ano, sendo até certo ponto normal aquele tipo de comportamento. Mas agora que passara de dois anos, ele não podia continuar a agir desse modo.

– Ô, meu anjo, será que tudo isso é coisa da minha cabeça ou existe mesmo algo de errado com esse menino? Será que não sou eu que estou querendo ver as coisas por esse prisma? Um sinal! Eu preciso de um sinal! Será que de alguma maneira este menino precisa de mim?

Dizendo isso, olhou de novo para a carta que tinha nas mãos e imediatamente fez uma associação com o desenho de Pedro Henrique que dobrara da mesma maneira na casa de Paulo. Sentiu então uma vontade irresistível de ver o que o menino havia desenhado. Correu até a bolsa, onde guardara o papel quase involuntariamente no minuto em que entrava no elevador do edifício de Jorge, e desdobrou-o cuidadosamente.

Glória ficou chocada com o que viu. A julgar por aquele desenho, a situação era mais séria do que ela imaginava. Não bastasse o problema da fala, em vez de traçar linhas sinuosas na tentativa de reproduzir figuras humanas e animais, como a maioria das crianças de sua idade, o menino demonstrara extrema agressividade, riscando o papel de maneira profunda, em rabiscos confusos que pareciam ilustrar sua própria angústia interior. Com um detalhe curioso: ele só usara as cores preto e roxo escuro.

– Meu Deus! Será que ele não tinha nenhuma outra cor? Esse menino precisa de atenção e segurança, de alguém que o faça sentir-se protegido e amado! – constatou, ainda observando o desenho. – A sensação que tenho é de que sua rotina encontra-se completamente desestruturada, ele jamais une um traço a outro...

Apesar da constatação, não pôde evitar que um sorriso lhe brotasse nos lábios. Seu 'anjo-da-guarda' não poderia ter sido mais claro. Pedro Henrique necessitava urgentemente de alguém que olhasse para ele com carinho, sem associá-lo imediatamente a Laura, precisava que o próprio pai fosse conscientizado e aconselhado sobre sua agressividade mal canalizada.

– Se isso for verdade – Glória disse alto a seu espírito guardião, esquecendo-se por alguns momentos até de sua preocupação com os meninos abandonados no centro –, se houver realmente um espaço para mim ao lado de Jorge e seu filho, e se você estiver mesmo me escutando, eu quero mais uma prova. Uma prova quase impossível, que vai deixar você de cabelo em pé ou então morrendo de rir da minha prepotência – ela sorriu levemente, quase envergonhada do que iria pedir. – Amanhã, não importa como, eu quero receber um buquê de rosas vermelhas. Um buquê de rosas vermelhas, entendeu?

Guardou a carta e o desenho de Pedro Henrique sob um antigo vaso de cristal que havia na estante da sala e foi deitar-se, rindo da própria ousadia.

– Coitado do meu anjo da guarda... – comentou, enquanto vestia a camisola. – Onde já se viu...

Poucos instantes depois que ela adormeceu, Celeste se dirigiu até o antigo quarto de Emília, onde esta a aguardava sentada em sua costumeira poltrona.

– E então? Ela conseguiu escrever a carta? – perguntou a boa senhora, logo que a viu entrar. – Você me desculpe, não pude permanecer mais tempo ajudando Glória a recordar-se de minhas palavras, porque comecei a me emocionar e tive medo de prejudicá-la com minhas lágrimas...

– Eu entendi – respondeu Celeste, meiga. – Você fez bem em se afastar... É importante que um espírito reconheça quando não se encontra em condições de ajudar um ente querido e não insista.

– Na verdade, esta é minha primeira visita a Glória. A saudade ainda é muito grande... – reconheceu Emília.

As duas dialogavam em silêncio, apenas através do olhar, sem precisar sequer abrir a boca.

– Celeste, não tenho mais muito tempo, meus mentores virão buscar-me dentro de alguns instantes. Mas não gostaria de ir embora sem saber uma coisa... – ensaiou a mãe de Glória.

– E o que gostaria de saber, irmã? – incentivou a atenciosa guardiã da moça.

– Faz parte da missão de minha filha adotar essas crianças? – inquiriu Emília, preocupada.

– Não, exatamente. A tarefa de Glória é unir-se a Jorge para ajudá-lo a reconstruir o lar que numa outra vida ela destruiu, e trabalhar em prol de crianças órfãs, como ela mesma é capaz de intuir – informou Celeste.

– De fato... Desde menina ela sonha em fazer isto – testemunhou Emília. – Mas, no que se refere à outra parte, e se Jorge não quiser se unir a ela? Pelo que vejo, ele não...

– Não se precipite, irmã – interrompeu a guardiã, com docilidade. – Na vida, tudo tem seu tempo. De mais a mais, caso Jorge não queira efetivamente cumprir sua parte, Deus encontrará uma maneira de colocar novas oportunidades de resgate no caminho de Glória. Aliás, acho até que Ele já encontrou...

– Sim – concordou Emília. – Ao assumir a guarda dessas crianças, Glória estará também reconstituindo um lar destruído e até mais do que isto.

– Como nos ensinava o apóstolo Pedro, um simples ato de amor cobre uma multidão de pecados... – sintetizou Celeste. – Não se preocupe, querida irmã. Vá em paz e cuide de seu restabelecimento.

– Sim, meus mentores acabam de chegar – informou Emília, olhando para a porta do quarto. – Obrigada por seu desvelo junto à minha filha e que Deus as abençoe sempre e muito!

– Paz e luz para você também, irmã! – despediu-se a guardiã.

No dia seguinte, quando Glória acordou, teve uma surpresa. Daniel e Damião estavam de pé a seu lado, com um desenho nas mãos. Aproveitando-se de seu sono pesado, haviam feito uma pequena inspeção de reconhecimento em toda casa e, encontrando papel e lápis de cor dentro de sua pasta na sala, decidiram preparar-lhe o inesperado presente.

– Mas é um buquê de flores!!! – a professora constatou deslumbrada.

– Damião desenhou rosas vermelhas! – esclareceu o mais velho.

– Daniel também coloriu para a tia!

Glória os abraçou, enternecida, e sentiu seus olhos encherem-se de lágrimas, tamanha foi a gratidão com que pensou em seu 'anjo da guarda' naquele momento. Celeste também se emocionou ao vê-la tão satisfeita.

Eduardo fechou bruscamente a revista que ganhara de Jorge naquela manhã. Estava assustado. Acabara de ler sobre um rapaz, usuário de drogas, que assassinara de maneira absurda várias pessoas dentro de um cinema. De todo o relato, o que mais o impressionou foi o fato de o rapaz, em suas declarações, contar que costumava ser perseguido por vozes, tendo chegado mesmo a abandonar o apartamento em que morava, indo hospedar-se num hotel, com medo das insistentes ameaças que ouvia das tais vozes.

Imediatamente, Eduardo lembrou-se do estranho ser que vira durante seu delírio em Mauá, sentiu calafrios ao rememorar sua voz ordenando-lhe para que pulasse no poço. "O uso continuado de drogas e substâncias alucinógenas, ou sua combinação com o álcool, pode desencadear o chamado delírio paranoico: um distúrbio da percepção no qual a pessoa ouve vozes e vê coisas imaginárias", dizia o texto publicado na revista, o qual rapidamente gravou-se na mente do irmão de Laura. "Teria sido tudo aquilo um mero efeito do chá de cogumelos misturado ao *stromboli?*", não conseguia parar de perguntar-se. E quanto à visão que tivera da irmã naquele verdadeiro inferno? Seria também um produto da sua imaginação?

Naquela tarde, depois da choradeira armada por Pedrinho na hora em que Inês chegou da rua e seu Américo apareceu para buscar aqueles dois inusitados visitantes – "onde afinal seus pais iriam parar com aquela mania de fazer caridade?", Eduardo questionou-se ao ver de longe Daniel e Damião acenando para seu sobrinho –, ele tomou coragem e decidiu chamar Paulo em seu quarto para conversar. Estava tão transtornado com as próprias lembranças que sequer perguntara a Américo notícias de Martinha.

– Meu filho... – foi tudo o que Paulo pôde dizer, após ouvir seu envergonhado relato de como por pouco não se afogara naquele poço.

– Eu sei que tudo isso é horrível para um pai ouvir do próprio filho – prosseguiu Eduardo, de olhos baixos – mas eu precisava realmente que o senhor me desse uma explicação para o que aconteceu comigo... O senhor acha que tudo aquilo que eu vi e ouvi foi meramente uma alucinação, como a do rapaz da revista, ou...

– Ou? – o pai o incentivou a continuar.

– Ou aquele cara pode ser um espírito que existe mesmo, de verdade? – sintetizou o rapaz preocupado.

Paulo se manteve em silêncio por alguns instantes, antes de responder ao filho:

– Olha, Eduardo, é realmente complicado e doloroso, para mim, precisar até que ponto você viveu uma alucinação... Sem sombra de dúvida – ele continuou, após mais alguns minutos de silêncio –, quando nos viu feitos de jornal, estava tendo uma alucinação, muito provavelmente causada pelo seu próprio sentimento de culpa...

– Mas e aquele homem deformado, pai, ele era real demais para ser apenas uma alucinação, o senhor me entende?

– Bom, pelo que eu sei, quando a pessoa faz uso de drogas ou mesmo quando bebe em excesso, ela entra em um estado alterado da mente, passando a vibrar numa frequência mental diferente da habitual. Nesse estado, impossibilitada de exercer qualquer tipo de censura, é possível que ela tenha sua sensibilidade digamos assim... dilatada, atingindo um estado de transe semelhante ao do transe mediúnico. Ela pode então ver e ouvir os espíritos a sua volta que estejam vibrando em sua mesma sintonia.

– E por que é que, depois que eu apaguei, eu pude ver meu corpo estirado no chão, como se estivesse fora dele, e aquele homem continuava a meu lado? – voltou a questionar Eduardo.

– Certamente, quando você dormiu, seu espírito saiu do corpo, como acontece usualmente, e então você passou a ver diretamente a realidade espiritual à sua volta. Nesse caso, porém, não foi simplesmente a sua percepção que se dilatou, mas toda a sua visão, que naquele momento não estava limitada pelo invólucro carnal. Sim, sob este ponto de vista, é bem possível que o tal homem deformado fosse mesmo um espírito que o estivesse perseguindo – cogitou Paulo, confuso e preocupado.

– Só que a história não termina aí... – anunciou o rapaz, como que escolhendo as palavras. – Depois que eu acordei...

Eduardo narrou então ao pai, nos mínimos detalhes, sua horrível viagem até o local onde teria visto Laura sendo levada por um grupo de enfermeiros. Ao contrário do que imaginava, porém, em vez de se chocar com sua narrativa, Paulo se mostrou quase contente ao ouvir sobre a estranha experiência que o filho vivenciara durante os momentos em que se encontrava alucinado à beira da cachoeira.

– Mas se isto for mesmo verdade, significa que ela finalmente foi socorrida! – exclamou pensativo.

– Como assim, pai? – estranhou Eduardo. – Acho que o senhor não entendeu o que eu disse...

– É claro que entendi, filho. Você é que não me entendeu. Em geral, o suicida permanece em estado de sofrimento durante longos anos, às vezes até por todo o tempo que estava previsto que permanecesse ainda na Terra, caso não tivesse atentado contra a própria vida...

– Quer dizer que se eu, que tenho dezenove anos, me matasse agora, ficaria penando por, no mínimo, uns cinquenta anos, considerando que a maioria das pessoas morre por volta de uns setenta, oitenta anos, em um lugar horrível como aquele onde vi Laura?

– É mais ou menos isso. Mas não podemos afirmar nada de uma maneira categórica, já que a misericórdia divina sempre pode atenuar, de alguma forma, o período de sofrimento de acordo com o merecimento das pessoas, com o bem que elas fizeram em vida, com o arrependimento sincero de seus corações... – obtemperou Paulo.

– Laura tinha leucemia... – refletiu Eduardo. – De acordo com o que o médico disse a Jorge, não teria muitos anos pela frente... O senhor acha que este fato pode ter contribuído para que ela fosse resgatada mais depressa?

– É possível – avaliou Paulo. – É bem possível. Talvez lhe faltasse muito pouco para terminar de cumprir sua missão aqui na Terra. O que não significa, porém, que ela não terá de responder por tudo o que deixou de fazer neste período, por todas as responsabilidades que negligenciou com seu ato, por haver se retirado do campo de trabalho antes do tempo previsto para o seu amadurecimento como espírito. Certamente, ela ainda teria muito o que aprender e evoluir com o sofrimento da doença que lhe estava destinada...

– Faz quase três anos que ela se foi... – lembrou Eduardo, com os olhos rasos d'água.

– Muita coisa poderia ser feita neste tempo. Para você ter ideia, uma lavoura de café demora exatamente três anos para dar sua primeira colheita... É necessário todo este tempo para que cada semente possa concluir seu processo de maturação – comparou Paulo.

– O senhor diz que ela foi socorrida por aquelas pessoas... E para onde eles a levaram? Onde ela está neste momento? – quis saber Eduardo.

– Espere um minuto! – disse Paulo, saindo do quarto do filho e dirigindo-se ao quarto que fora de Laura, onde agora ficava o seu escritório.

Em poucos instantes, ele voltava com o livro *Memórias de um suicida*[20] nas mãos.

– Está tudo aqui, filho. Leia isso e você vai entender exatamente o que está acontecendo com sua irmã neste momento.

Eduardo tomou nas mãos o livro, ressabiado, e correu os dedos sobre suas quase seiscentas páginas.

– Uau! Mas isso aqui é um calhamaço!

Abriu a obra ao acaso e leu em voz alta:

> Pouco a pouco, sem que uma única palavra tornasse a ser proferida, e enquanto apenas as forças mentais de desencarnados conjugadas com as de encarnados mourejavam, efetivou-se a Divina Intervenção... e não desdenharemos descrevê-la, digno que é o seu transcendentalismo da nossa apreciação.[21]

Voltou a fechar o livro e disse:

– Caramba, que linguagem mais complicada!

– Isso mostra o quanto andam fracas nossas escolas... – observou Paulo –, mas, se você sentir vontade de superar seus próprios limites para saber um pouco mais sobre sua irmã, o livro é seu. É uma obra única, maravilhosa, escrita por um dos maiores nomes da literatura portuguesa.

---

[20] Obra citada anteriormente, capítulo XVIII.

[21] Idem.

– Ué, nunca ouvi falar dessa tal Yvonne A. Pereira... – comentou Eduardo, lendo o nome que estava escrito na capa do livro.

– O autor chama-se Camilo Castelo Branco – esclareceu Paulo. – Yvonne foi a médium que o psicografou. Nele você já ouviu falar... Ou não?

– Camilo Castelo Branco... é... esse nome não me é estranho.

– Só para refrescar sua memória, ele foi um dos expoentes do ultrarromantismo português e suicidou-se com um tiro no ouvido em 1890.

– Aí!!! Gostei de ver, o senhor entende de literatura pra caramba! – brincou o rapaz, sentindo-se bem mais relaxado depois de sua conversa franca com o pai.

– Na minha época a gente ia à escola para assistir às aulas... É uma pena que não seja eu que esteja me preparando para prestar vestibular no final deste ano... – ironizou Paulo.

– E o senhor já leu todo esse livro? – desconversou Eduardo, correndo novamente as páginas pela ponta dos dedos.

– Pelo menos umas cinco vezes, nos últimos dois anos.

Depois que Paulo saiu do quarto, Eduardo passou um bom tempo brincando de folhear rapidamente as páginas do livro, enquanto pensava sobre tudo o que ouvira do pai. Mas não sentiu vontade de lê-lo. Pelo menos, não de imediato. Em lugar disto, sentou-se com cuidado diante do computador e conectou-se à internet. Usando a mão que não estava engessada, queria investigar se encontrava alguma coisa sobre suicídio. "Seria verdade tudo aquilo?", não conseguia deixar de perguntar-se. Para sua surpresa, encontrou. Um *site* inteirinho sobre o assunto, dentro de uma página sobre depressão. Ficou chocado. Elaborada a partir de obras espíritas, a descrição da situação dos desertores da vida batia exatamente com tudo o que vira em seu 'delírio'.[22]

Impressionado e pensativo, imprimiu as informações encontradas e voltou para a cama, onde releu tantas vezes aquelas páginas que acabou adormecendo com um pensamento fixo: queria a todo custo ver Laura. Ainda que, para isto, fosse preciso mergulhar no inferno novamente.

[22] O *site* pode ser visitado no endereço www.sosdepressao.com.br/suicidio.htm

Em meio à escuridão generalizada, Eduardo divisou ao longe dois homens em chamas que pareciam duelar com pontiagudas espadas, quando súbito ouviu a voz do pai gritando por ele, na outra extremidade do túnel que estava prestes a terminar de atravessar.

– Eduardo, volte!

Olhou para trás e numa fração de segundos viu-se ao lado do pai, em um jardim florido e iluminado, bem diferente da paisagem assustadora que há pouco se anunciava.

– Preciso ver Laura! – explicou, preocupado. – Preciso entrar lá para resgatar minha irmã! O senhor vem comigo?

– Filho! – Paulo arqueou levemente os lábios num sorriso. – Eu já não te disse que Laura não se encontra mais naquele local?

– Mas pai, eu...

– Venha comigo – convidou Paulo, estendendo-lhe a mão. – Eu vou te mostrar que estou dizendo a verdade. Você não confia em mim?

Naquela tarde, ao deixar o quarto de Eduardo, Paulo estava tão impressionado com o que ouvira do filho que sequer se lembrou de conversar com a esposa sobre o encontro dela com o padre. Fechou-se em seu quarto e, antes de deitar-se para sua sesta habitual, esforçou-se para rememorar cada detalhe do centro de atendimento aos suicidas descrito no livro, como quem faz um inventário mental de todos os pontos de referência de uma estrada antes de realizar uma viagem. Em seguida orou a Deus com fervor e implorou aos bons espíritos executores de Sua vontade para que, durante seu sono físico, seu espírito pudesse, por um acréscimo de misericórdia divina, chegar até aquelas paragens onde a filha provavelmente se encontrava.

Quando deu por si, conversava com o Eduardo naquele jardim e, instantes depois, os dois estavam no Departamento de Vigilância do posto de socorro vislumbrado, diante da atendente da seção de reconhecimento e matrícula.

– Por gentileza, a senhorita poderia nos informar em que departamento do hospital encontra-se a paciente Laura Lemos Cunha?

– Quem são os senhores? Como entraram aqui? – estranhou a atendente.

– Somos o pai e o irmão dela, não queremos incomodar. Gostaríamos apenas de vê-la por alguns instantes e...

– São encarnados! – constatou ela, observando o cordão fluídico reluzente que os mantinha ligados a seus corpos adormecidos. – Definitivamente, senhores, não posso entender como chegaram até aqui, mas devo informar-lhes que não é permitida a permanência de encarnados em nenhuma das dependências desta colônia correcional. A menos que acompanhados de algum de nossos mentores, como, infelizmente, não é o caso dos senhores...

– Mas será que a senhora não podia ao menos dizer se a minha irmã está internada aqui neste lugar? – protestou Eduardo.

– Tenha calma, filho – tentou contemporizar Paulo. – Senhora, por obséquio...

– Senhores, por favor, não insistam ou terei de chamar...

Antes que ela pudesse terminar sua frase, adentrou a sala o secretário da expedição de socorro, o mesmo que intrigara Laura com sua fisionomia estranhamente familiar e que imediatamente despertou em Paulo a mesma sensação. Era um ser espantosamente alto, que se vestia de maneira simples, com uma espécie de avental de um verde claríssimo. Todo ele parecia emanar uma intensa luminosidade que contaminava o ambiente.

– Não se preocupe, Margarida – disse à atendente com sua voz tranquila e pausada. – Foi por ordem de um de nossos veneráveis mentores que a equipe da torre de vigia os deixou passar.

– Mas eles serão conduzidos até a paciente? Com todo respeito, irmão, isto é contra todos os nossos regulamentos... – argumentou Margarida.

– De forma alguma. Eles farão apenas uma visita a padre Almerindo, nosso mentor responsável pelo Departamento de Isolamento, que autorizou sua presença na Legião dos Servos de Maria.

– Padre Almerindo?!! – repetiu Paulo surpreso. – Mas como... – só então reconheceu aquele que naquele momento intercedia em seu favor – Urbano!!! É você mesmo?

Há mais de vinte anos, Bartira e Laura ainda eram meninas e Eduardo ainda nem havia nascido, quando Urbano, na qualidade de mestre-de-obras, comandara a reforma do apartamento onde até hoje viviam e acabara se tornando grande amigo de Paulo. Impressionara-lhe, na época, a erudição daquele humilde pedreiro, extremamente caprichoso em seu trabalho, o qual, apesar de toda sua simplicidade, afirmava ter na leitura seu *hobby* favorito, chegando ao ponto de construir em sua casa, numa favela da Tijuca, um quarto especial só para ler e meditar em seus momentos de folga.

Pouco depois do término da obra, Urbano morrera atropelado, deixando como única herança para a mulher e os filhos a casa modesta repleta de livros, a maioria recebida de famílias como a de Paulo. Este nunca esquecera seu exemplo, embora jamais imaginasse reencontrá-lo na qualidade de um espírito tão evoluído como agora se mostrava.

– Sim, amigo Paulo, sou eu mesmo. Também jamais me esqueci da maneira humana e sem preconceitos com que convivemos durante aquele período em que eu experimentava a prova da pobreza como etapa indispensável à minha evolução espiritual – respondeu Urbano, com seus olhos brilhantes.

– Pai, eu não estou entendendo nada do que o senhor e este homem estão dizendo... – interferiu Eduardo, confuso. – Afinal, nós vamos ou não vamos ver Laura?

– Procure manter seus pensamentos elevados, Eduardo – aconselhou Urbano, gentil. – Logo, logo você terá a resposta que tanto procura.

Sentindo-se envergonhado diante da extrema delicadeza daquele homem, Eduardo pediu desculpas e decidiu fazer o que lhe fora pedido. Pensou firmemente na imagem de Jesus e implorou a ele, mentalmente, para que o ajudasse a se manter tranquilo e paciente até que pudesse obter notícias da irmã. Em seguida, os três seguiram em direção a um pátio guardado por quase uma centena de sentinelas armados, todos trajados como soldados hindus e egípcios, onde Urbano explicou, lendo os pensamentos de Paulo:

– Encontramo-nos em área de extrema periculosidade, permanentemente sujeita ao ataque de irmãozinhos ainda cristalizados no mal, os quais, por absoluta ignorância das leis divinas, querem a todo custo interferir nos trabalhos realizados nesta colônia, julgando-se donos dos pacientes aqui abrigados...

– O curioso é que não reparei em nenhum desses guardas quando chegamos. Acho que estava tão fixado em minha determinação de saber notícias de minha filha que em nenhum momento sequer olhei para o caminho por onde vinha... – observou Paulo.

– Engana-se o amigo, porém, em imaginar que passou despercebido ante nossos exércitos de vigilância. Toda esta fortaleza que agora vê diante de si – disse Urbano, apontando para a imensa torre que se erguia diante dos muros fortificados que cercavam o pátio – é equipada com aparelhos extremamente sensíveis, os quais nos dão notícia sobre tudo o que ocorre nas imediações desta colônia. É através destes aparelhos, inclusive, que nos mantemos em ligação permanente com o vale dos suicidas, presenciando e ouvindo tudo o que lá ocorre com nossos irmãos sofredores.

– É impressionante como o olhar protetor e misericordioso de nosso Pai celestial se faz presente em toda parte, mesmo nos lugares onde as pessoas se julgam esquecidas e condenadas para sempre – Paulo não pôde deixar de comentar, enquanto Eduardo mantinha seus olhos fixos na imponente torre de cristal azulado, ao mesmo tempo curioso e deslumbrado com o que via.

– Na verdade, desde o instante em que o suicida ingressa no vale, ele já se encontra mais ou menos amparado, sob nossa assistência e vigilância, como candidato à futura hospitalização. Sempre que um condenado tiver extinguido ou mesmo aliviado o carregamento de vitalidade armazenado em seu corpo precocemente destruído, esteja ele sinceramente arrependido ou não, o serviço de socorro da Vigilância parte imediatamente em seu socorro, trazendo-o para a guarda da Legião, onde será encaminhado a um de nossos departamentos, de acordo com a sua condição moral.

– De tudo o que o senhor acaba de nos explicar, só não entendi o porquê de todos esses aparelhos que mencionou existirem na torre de vigia – confessou Eduardo. – Nunca imaginei que espíritos pudessem precisar destas coisas...

– Eduardo tem razão – complementou Paulo. – Também sempre pensei que os espíritos de luz fossem dotados de clarividência, visão à distância e de toda uma série de dons anímicos que dispensassem o concurso de qualquer máquina...

– É claro que contamos com funcionários dotados não só destas como de inúmeras outras capacidades que os humanos ainda desconhecem. Todavia, em geral preferimos os aparelhos, porque seria sacrificar demasiadamente, sem necessidade, tão preciosas faculdades anímicas num local tão heterogêneo como este, carregado de influências pesadas, que delas demandariam grande dispêndio de energias preciosas, esforços supremos, quando o aparelhamento de que dispomos realiza o mesmo serviço sem exigências vultosas de ordem mental – justificou Urbano com tranquilidade.

Enquanto caminhavam, Eduardo não pôde deixar de observar também a existência de sombrias dependências que circundavam a torre, e só de olhar em sua direção sentiu um calafrio. Sem conseguir conter sua curiosidade, ousou então perguntar novamente:

– E estes corredores? Também abrigam algum tipo de equipamento desconhecido?

– Não. Por trás destas paredes existem pequenos recintos individuais para estudo e residência, os quais funcionam como postos auxiliares para custodiar grandes criminosos que tiveram sua liberdade cassada por demasiada permanência nas vias do erro.

– Como assim? – insistiu o rapaz.

– São os chamados suicidas-obsessores que, não contentes em exterminar a própria vida carnal, ainda se deram ao luxo de induzir, por vingança ou simples divertimento, diversos outros encarnados a cometerem o mesmo ato – esclareceu Urbano.

– Trata-se então de uma espécie de presídio? – deduziu Paulo.

– Sim e não – ponderou Urbano. – Se por um lado abriga criminosos que ali devem permanecer reclusos até que o arrependimento marque novo roteiro para suas consciências ou, quando são esgotados todos os nossos recursos sem que este fim seja atingido, sejam encaminhados para uma reencarnação expiatória; por outro lado, nossas instalações estão muito mais próximas de um educandário modelar do que dos presídios que existem na Terra.

Assim como o filho, que jamais sequer vislumbrara a possibilidade de existir no espaço um local como aquele, Paulo também estava atônito com tantas informações. Tudo o que lera nos livros nem de longe se comparava à emoção de estar ali pessoalmente, sentindo a vibração dos lugares antes apenas imaginados. Os três caminharam mais alguns passos até atingirem um local completamente isolado, envolto em espessa neblina.

– Agora vou precisar que vocês se concentrem – disse Urbano, sério – que silenciem todos os seus pensamentos e se deixem conduzir pela minha vontade. Vocês estão prontos?

Após fazer um sinal afirmativo com a cabeça, Paulo e Eduardo fecharam então os olhos e sentiram como se um forte vento os impulsionasse para o alto. Em poucos instantes, planavam suavemente pelo espaço na companhia de Urbano.

– Meu Deus! Quantas flores! – observou Paulo, no momento em que sobrevoavam o pátio do Departamento Feminino do Hospital. – Jamais imaginei encontrar coisa igual na espiritualidade... Como é possível?

Urbano sorriu antes de responder:

– E por que não? Por que não se cultivariam flores no além-túmulo se é aqui, e não nos mundos materiais, que existe o verdadeiro padrão da vida, enriquecido, a cada dia, com os progressos de cada um de seus habitantes?... Acaso existirá na Terra alguma coisa, no que concerne ao bem e ao belo, que não seja pálida reminiscência conservada da pátria espiritual?

Paulo lembrou-se então das palavras do filósofo Platão, a quem tanto admirava. Sim, o plano espiritual era efetivamente a sede de tudo, o mundo das ideias perfeitas que o grande pensador tanto insistira em descrever em sua época. O pai de Laura ainda meditava sobre os preceitos de Platão quando sentiu seu corpo sendo novamente conduzido de volta ao solo pelo impulso da vontade de Urbano. Em meio ao florido jardim, padre Almerindo os esperava, de braços abertos.

– Paulo, meu filho! Eduardo! Que bom que vieram! – disse ele, abraçando-os. – Quanta alegria poder tê-los comigo nestes breves instantes... Sejam bem-vindos!

– Este é o padre Almerindo, de quem tantas vezes lhe falei, filho – esclareceu Paulo, satisfeito.

– Que coisa estranha... – deixou escapar Eduardo. – Nunca pensei que pudesse encontrar um padre no mundo dos espíritos!

– Ora, filho, e você queria que nós vivêssemos onde? – brincou o simpático protetor de Paulo.

Após despedir-se rapidamente de Urbano, que permaneceria no jardim até que Paulo e Eduardo terminassem sua conversa com padre Almerindo, a fim de ajudá-los a retornar ao plano terrestre, o bom clérigo conduziu seu antigo protegido, juntamente com o filho, até um pequeno gabinete fechado, que ficava logo na entrada do Departamento de Isolamento. Era uma sala modesta, iluminada por duas grandes janelas com vista para o florido jardim. Ao lado de uma destas janelas, havia uma escrivaninha, e, em frente a ela, duas confortáveis poltronas.

– Mal consigo respirar diante de tantas surpresas – comentou Paulo, acomodando-se numa das poltronas a convite do padre. – Primeiro Urbano, agora o senhor... É verdade que eu sempre soube de sua qualidade de líder espiritual, mas Urbano...

– Isto é para você ver como as aparências enganam quando estamos encarnados – disse o padre, sentando-se à escrivaninha. – Por outro lado, nem todos aqueles que ostentam na Terra a vestimenta temporária de líderes religiosos conseguem mantê-la na espiritualidade. O umbral está cheio de clérigos, pastores e rabinos, entre representantes dos mais variados credos, inclusive do espiritismo... – ele dirigiu-se a Eduardo, que se mantinha de pé ao lado da outra poltrona, varrendo toda a sala com o olhar. – É, meu rapaz, há padres por toda parte! Mas sente-se!

– Hã? – Eduardo foi pego de surpresa. – Ah! – sentou-se na poltrona mantendo os olhos fixos no teto, onde estavam magnificamente pintadas cenas da vida de Cristo.

– Mas Urbano sempre se destacou como um ser muito evoluído na Terra – continuou Paulo. – Me lembro dele liderando mutirões, ajudando todos os vizinhos da favela onde vivia a construírem suas próprias casas...

– E ele ainda trabalhou e estudou muito na espiritualidade, antes de ocupar o cargo que hoje ocupa. Imbuído de abnegado amor por todos aqueles que sofrem no vale sinistro, onde ele próprio já esteve, muito tempo antes de reencarnar como o humilde pedreiro que você conheceu, há anos luta para tentar resgatar, nos intervalos de suas tarefas como socorrista, alguém que lhe foi caro em outras vidas.

Paulo baixou os olhos entristecido. Pensou em quantas vezes desejara socorrer a própria filha, em seu desalento ao descobrir, através da leitura, que não bastava o desejo de alguém muito próximo para ajudar um suicida, estando o auxílio intimamente vinculado, antes de mais nada, às disposições mentais da própria pessoa. Mas, afinal de contas, Laura conseguira ser socorrida e era para saber mais detalhes sobre isso que ele estava ali:

– E quanto à minha filha, padre, ela está ou não está aqui?

– Eduardo não mentiu quando lhe contou ter testemunhado seu salvamento. Eu o acompanhei de perto durante todo o tempo em que ele permaneceu no vale, mas em nenhum momento pude interferir em sua tresloucada aventura, alertado por nossos mentores de que toda aquela experiência poderia ser útil para que ele, futuramente, viesse a repensar suas atitudes dos últimos tempos...

– O senhor me viu quando... – Eduardo não teve coragem de terminar a frase.

– Sim, filho. Embora você não me conheça, eu acompanho seus passos na Terra desde que você nasceu. Sou um dos muitos espíritos encarregados de proteger toda a sua família... – disse o padre com ternura.

– Mas então eu estive mesmo naquele lugar? Não foi somente uma alucinação da minha cabeça? – perguntou Eduardo.

– Sim, filho, você esteve – respondeu o padre. – Infelizmente, como você, há muitos vivos que perambulam inadvertidamente nas sombras da morte quando ainda encarnados, encarcerados em sepulcros de vício, de amargura e de ilusão...

– Padre, eu não queria ter vivido tudo isso... Foi uma fraqueza minha – admitiu Eduardo, cabisbaixo. – Se pudesse voltar no tempo eu...

– O que passou, passou. O importante é que você tem agora um futuro pela frente. Procure estudar, procure se fortalecer, escolha bem as companhias com quem deseja partilhar sua trajetória evolutiva! Lembre-se de que o Pai nos dá sempre oportunidades de reparar com o bem todo o mal praticado...

Eduardo ainda meditava sobre as palavras que acabara de ouvir do padre quando Paulo quebrou novamente o silêncio para voltar ao motivo que os trouxera até ali:

– E quanto à Laura, padre? O senhor ainda não me disse se ela foi trazida para cá...

– Sim, graças à infinita misericórdia do Pai, Laura já se encontra em um dos departamentos desta instituição.

– E onde ela está agora? Por que não podemos vê-la? – perguntou prontamente Eduardo.

– Se ao menos pudéssemos olhá-la de longe por alguns instantes, juro que... – tentou dizer Paulo.

– Paulo, meu filho – interrompeu o padre, lendo seus pensamentos –, você já estudou tanto sobre suicidas, e sabe, melhor do que ninguém, que qualquer contato direto com encarnados poderia ser extremamente prejudicial à nossa Laura. Por que insiste?

Desta vez foi Paulo quem baixou a cabeça, envergonhado. Ele sabia que padre Almerindo tinha razão, sabia que não podia ver a filha por enquanto, que ela não poderia sentir nenhuma emoção mais forte enquanto não estivesse minimamente recuperada, sob risco de comprometer todo o tratamento a que estava sendo submetida. No entanto, era tão grande a saudade que sentia de Laura, tão imensa a vontade de vê-la que ele decidira colocar à prova todos os conhecimentos adquiridos, na esperança de conseguir ao menos vê-la adormecida em um leito de hospital.

– Vocês têm ideia do que poderia acontecer a Laura, se ela, porventura, abrisse os olhos no exato momento em que vocês estivessem em sua cabeceira? – perguntou o clérigo, novamente lendo os pensamentos de ambos.

– Ela iria pensar que não morreu? – supôs Eduardo.

– Muito pior do que isso. Ao vê-los, fustigada pela própria culpa que traz dentro de si, ela fatalmente voltaria a visualizar toda a cena de seu triste desencarne, tornando a desequilibrar-se de tal forma que talvez nem pudesse mais permanecer onde agora se encontra, tendo de ser imediatamente transferida aqui para o Isolamento...

Paulo sacudiu a cabeça, confuso. Por mais que tivesse lido e relido o livro de Camilo Castelo Branco, não tinha claras na mente as atribuições dos diferentes departamentos que funcionavam naquela colônia correcional do espaço. Eduardo, então, para variar, não estava entendendo absolutamente nada. Mais uma vez lendo seus pensamentos, padre Almerindo não tardou a esclarecer as dúvidas de ambos:

– Ficam asilados aqui no Isolamento todos aqueles a quem as dores impostas pelo desânimo ou a revolta ultrapassam as do arrependimento pelo mau ato praticado. Aqui permanecem os corações desolados e inconsoláveis, nos quais o máximo de arrependimento alcançado limita-se ao insuportável pesar diante da conclusão de que o suicídio serviu-lhes apenas para dilatar e prolongar os sofrimentos antes julgados insuportáveis, além de lhes apresentar, entre outras, a desalentadora decepção de se descobrirem com vida e, ainda por cima, separados dos objetos de suas maiores predileções... Em suma, trata-se de um departamento especializado em receber todos aqueles cujo procedimento se contrapõe às disciplinas exigidas pelos regulamentos do hospital.

– Seriam suicidas, digamos assim, inconformados com sua situação? – sintetizou Paulo, começando a recordar seus estudos.

– Exatamente – respondeu o padre. – Encontram-se aqui detidos desde o amante ofegante de paixão e ciúmes pela felicidade concedida ao rival até o chefe de família desorientado por impasses dificultosos, ou o pai que cometeu suicídio subjugado pelo desalento ante a morte de um filho muito querido...

– O senhor disse que minha Laura não se encontra entre seus tutelados nesse departamento. Pelo menos, não por enquanto – lembrou Paulo. – Mas então... onde encontra-se abrigada? No manicômio, entre os que danificaram seus corpos pelo uso de substâncias entorpecentes e os que enlouqueceram com a lembrança do terrível ato praticado? Ou em alguma das dependências do hospital, convalescendo entre os poucos que oferecem condições mais imediatas de recuperação? – cogitou, esforçando-se ao máximo para expor de forma organizada os conceitos que trazia guardados dentro de si.

– Nem uma coisa, nem outra – disse o padre. – Dadas as condições especiais que levaram sua filha ao suicídio, motivado sobretudo por forte assédio obsessivo e pelo excesso de hormônios que permaneceram em atividade em seu corpo físico após o término da gestação, predispondo-a a um estado depressivo, Laura pôde ser recebida em uma seção especial do Departamento Feminino, inexistente nos parques residenciais masculinos, o Internato das Moças.

– Não me lembro de ter lido sobre essa seção – confessou Paulo.

– No entanto, ela também é descrita nas memórias de nosso valoroso escritor, que hoje já se encontra novamente em tarefa de resgate nos círculos terrestres – informou o dedicado clérigo. – Trata-se de uma espécie de educandário modelar para jovens suicidas, levadas ao ato sinistro por súbitos desequilíbrios, muitas vezes de ordem sentimental, desilusões amorosas etc.

– Será que o senhor poderia explicar isso melhor? – pediu Eduardo.

– Laura, por exemplo, tem como companheiras de quarto uma jovem de quinze anos que ingeriu um vidro inteiro de comprimidos depois que o namorado 'pediu um tempo no relacionamento', como a garotada costuma dizer, e outra, de dezesseis, que também encerrou seus dias na Terra pulando pela janela, com medo de enfrentar um exame de matemática na escola no dia seguinte – lamentou o padre.

– Por uma prova de matemática! – surpreendeu-se Eduardo, que tinha nessa matéria uma de suas favoritas. – Se ainda fosse de física ou de química!...

– Meu Deus! Por tão pouco... Imagino o sofrimento dos pais dessas adolescentes... – lamentou Paulo.

– Na mesma enfermaria encontra-se também uma outra jovem, de vinte e dois anos, a quem todos consideravam uma santa e que, acreditando nisso, abreviou sua estada na Terra, ansiosa por conhecer o 'paraíso'...

– Quantas mortes estúpidas que poderiam facilmente ter sido evitadas – avaliou Paulo, consternado.

– Assim como Laura, estas e todas as demais hóspedes do Internato Esperança necessitam de severo tratamento psíquico até que consigam alcançar uma melhora vibratória que possibilite a sua preparação para o urgente retorno aos testemunhos na Terra. Desde sua internação na colônia, aliás, são mantidas afastadas do convívio das pacientes de outros departamentos, para justamente evitar novos choques e desequilíbrios.

– Não entendo, padre, Laura não era louca, nunca foi. Por que então necessita de severo tratamento psíquico como o senhor falou? – interpelou Eduardo.

– Sabe, filho, quando uma pessoa desencarna naturalmente, há toda uma preparação para que seu desprendimento se opere de forma gradual. Nas mortes violentas, porém, quando a vida orgânica em sua plena exuberância é subitamente aniquilada, o desprendimento só começa depois da morte física e não pode completar-se com rapidez. O espírito, colhido de improviso, fica como que aturdido e sente, e pensa, e acredita-se vivo, prolongando esta ilusão até que compreenda seu estado. No caso específico do suicida, todas essas sensações costumam vir acompanhadas da lembrança de seu derradeiro ato. Aturdido pelos próprios sentimentos de culpa, ele então se vê sempre com a mão na arma, ou no copo de veneno que serviu para aniquilar sua existência, ou prestes a cair no abismo em que se precipitou. Tais imagens ficam gravadas na sua memória espiritual, independentemente da sua vontade, mesmo depois que ele é socorrido. Daí a necessidade de um severo tratamento psíquico, você entendeu agora?

– Sim... – respondeu Eduardo, reflexivo – acho que sim... E depois disso tudo ela vai voltar à Terra?

– Ela tem que voltar. Talvez agora, talvez daqui a muitos anos, dependendo de suas próprias disposições ou da determinação de nossos mentores maiores. Mas, em algum momento, ela terá de voltar para ser novamente submetida à prova que a fez sucumbir... O importante é que o pior já passou. Laura encontra-se protegida e amparada, prestes a iniciar sua primeira fase de tratamento.

– Obrigado, padre. Sinto-me bem mais tranquilo com estas notícias – agradeceu Paulo, comovido. – Tão bom se eu pudesse fazer alguma coisa para auxiliá-la nesse processo...

– E você pode. A primeira coisa ao seu alcance é não repetir o que você fez hoje ao deitar-se. Definitivamente eu te peço, Paulo, e também a você, Eduardo. Não tentem mais vir até aqui... Pode ser inclusive perigoso para vocês. Como Urbano deve ter explicado, nossa colônia encontra-se situada em zona bastante perigosa, sobretudo para espíritos inexperientes como vocês...

– Eu não voltarei. O senhor tem a minha palavra – garantiu Paulo. – Contudo, gostaria de lhe fazer um pedido muito especial. Li nas memórias de Castelo Branco que alguns encarnados integram a caravana de socorro aos suicidas no período em que se encontram temporariamente desligados de seus corpos, assim como eu estou agora. Será que eu não poderia...

– É louvável sua intenção, filho – padre Almerindo mais uma vez o interrompeu antes que terminasse sua frase. – Contudo, você ainda não se encontra preparado para essa tarefa. Os fluidos emanados por essas criaturas poderiam enlouquecê-lo, se passasse muito tempo em contato com elas sem a devida preparação.

Ao ouvir isso, Eduardo não pôde deixar de lembrar-se dos momentos horríveis que passara no vale ao lado de Cirino e intimamente concordou com o padre.

– Mas eu queria me sentir útil, fazer alguma coisa para ajudar os que se encontram na mesma situação de minha filha! – insistiu Paulo.

– Então ajude aqueles que estão passando por aquilo que você mesmo passou: os parentes de suicidas. Leve-lhes conforto, informação, carinho. Isso você pode fazer. No mais, prossiga estudando, desvelando-se nas oportunidades de trabalho que se encontram a seu alcance, frequentando a casa espírita para fortalecer-se. E sobretudo, não deixe de orar por estes irmãozinhos sofredores. Todo aquele que dedica preces aos suicidas, faz-se voluntário colaborador dos obreiros da Legião de Maria.

– Mas... – ele ainda tentou argumentar.

– No momento em que estiver pronto para fazer mais do que isso, se esse for realmente o seu desejo, você será chamado – garantiu o padre, levantando-se.

– Está certo – Paulo também levantou-se. – Vou trabalhar, estudar e me preparar ao máximo para esperar por esse dia.

– Também vou fazer isso, padre – disse Eduardo, pondo-se de pé a seu lado. – Só espero conseguir me lembrar de todos os seus conselhos ensinamentos quando eu acordar.

– Você vai se lembrar do essencial, filho. Eu vou ajudá-lo a lembrar-se. Agora, infelizmente, devo deixá-los partir. Preciso retomar meus afazeres, Urbano também tem tarefas a realizar. Que Deus os acompanhe.

Depois de abraçarem mais uma vez aquele nobre orientador com carinho e gratidão, Paulo e Eduardo rumaram para o jardim onde Urbano os aguardava. Em poucos instantes, repetindo o mesmo procedimento pelo qual haviam rumado da torre de vigia até ali, flutuavam juntos suavemente no espaço, conduzidos pela vontade de Urbano, desta vez em direção à Terra.

– Urbano, meu amigo, gostaria apenas de fazer mais uma pergunta, antes de encerrar esta emocionante viagem – disse Paulo, enquanto planavam sobre a colônia.

– Se estiver a meu alcance respondê-la... – Urbano o incentivou.

– Por que padre Almerindo continua a usar uma batina e a ser chamado de padre em plena dimensão espiritual?

– Como ele, existem muitos aqui na colônia – informou o antigo mestre-de-obras. – Acontece que a grande maioria de nossos hóspedes foi educada na Terra sob os auspícios de ensinamentos católicos romanos. Habituados à igreja pelo comodismo e pela tradição, mesmo muitos incrédulos só a ela conferem os direitos de guiar consciências. Por isso, dadas as condições psíquicas desses irmãos, nossos mentores maiores acharam que seria caridoso que a reeducação de tais mentalidades fosse feita à sombra do ambiente que lhes inspirava confiança e respeito, incumbindo dedicados irmãos que ocuparam a posição de clérigos em suas últimas existências de falar-lhes sobre as verdades evangélicas omitidas pela religião católica ao longo de tantos séculos...

Naquele fim de tarde, ao acordar, Eduardo novamente esforçou-se para se levantar da cama e foi caminhando, com dificuldade, até o quarto dos pais, no fim do corredor. Paulo ainda estava deitado, quando ele entrou. Eduardo então se aproximou e encostou a cabeça no peito do pai, como não fazia desde menino.

– O que houve, meu filho? – o pai perguntou com carinho.

– Sonhei com o senhor... Um sonho muito bacana, que parecia até de verdade...

– E o que foi que você sonhou? – perguntou Paulo.

– Não sei descrever direito... Só sei que o senhor estava comigo e alguém conversava conosco sobre Laura. Era um lugar muito bonito, talvez uma escola... O senhor não se lembra de nada? – insistiu o rapaz.

– Não – respondeu Paulo, depois de puxar alguns instantes pela memória. – Mas sinto que também tive um sonho bom... Talvez...

– Talvez...? – animou-se Eduardo, querendo que o pai também se lembrasse de algo que, de alguma maneira, pudesse completar suas vagas lembranças.

– Talvez alguma coisa com Laura, não me lembro ao certo...

– Laura está bem – afirmou Eduardo. – Eu agora posso sentir isso.

Paulo deu um suspiro profundo e respondeu:

– Que bom! Eu também sinto isso.

Nesse momento Inês entrou no quarto, seguida pelo bebê Pedro Henrique em seu mutismo habitual.

– Ainda bem que você acordou, Paulo! Estava ansiosa para conversar. Você nem imagina o que me aconteceu essa tarde, quem eu encontrei!

Logo depois de deixar Paulo na esfera terrestre, em vez de retornar à Legião dos Servos de Maria como era imaginado, Urbano aproveitou as vibrações da Hora do *Angelus*, quando seres tanto do mundo material quanto do espiritual se unem em pensamento para fazer sua prece à mãe de Jesus, e rumou para uma região reclusa e densamente arborizada da Floresta da Tijuca. Não dissera nada ao amigo encarnado, mas precisava meditar e acumular energias a fim de desempenhar importante tarefa de resgate nas imediações. A oportunidade pela qual ele tanto esperara fazia-se mais próxima do que nunca.

Enquanto isso, Cirino, o verdadeiro alvo das preocupações do dedicado socorrista da Legião de Maria, também procurava reabastecer-se de energia no local que estava mais de acordo com suas necessidades de ser ainda densamente animalizado: o cemitério. Há dias perambulava por entre sepulturas recentemente fechadas, em busca de cadáveres frescos de onde pudesse sugar ao menos um mísero restinho de fluido vital que saciasse sua enorme fraqueza.

Cirino, por sinal, não era o único a fazer isso. O local estava repleto de bandos de seres que, como ele, ainda necessitavam de energias deste tipo para poderem perseverar em suas andanças pela Terra, a despeito do cansaço, da exaustão moral e até mesmo das doenças e feridas que latejavam em seus corpos espirituais. Eram seres renitentes que se negavam terminantemente a aceitar qualquer tipo de socorro das esferas mais altas, que preferiam prolongar seu sofrimento a recuar um milímetro sequer em seus sentimentos de ódio, revolta, egoísmo e vingança.

– Pode ir saindo daqui que eu vi primeiro! – gritou sofregamente uma mulher que, de tão suja e desfigurada, só se fazia reconhecer como tal por sua voz feminina.

– Rá! Rá! Rá! – riu o espírito gordo a seu lado. – Essa infeliz pensa que é dona de alguma coisa aqui nesse pedaço! Guardas! – ele fez sinal para um bando de espíritos que, como animais numa selva, se deliciavam aspirando os odores exalados de uma cova rasa sem qualquer inscrição ali ao lado, a qual acabara de ser fechada pelos funcionários do cemitério, em um enterro simples, sem a presença de nenhum parente ou amigo do morto.

Imediatamente o bando pulou sobre a mulher e, depois de espancá-la ali mesmo, para que servisse de exemplo a todos os outros espíritos que porventura estivessem observando a cena, arrastou-a para um mausoléu abandonado, onde a algemariam como escrava e a submeteriam aos mais indescritíveis tipos de violência.

De seu esconderijo no alto de uma alameda, Cirino presenciou toda aquela triste cena e se sentiu ainda mais fraco. Estava cada vez mais difícil achar meios de saciar-se naquele cemitério. Os poucos cadáveres que não se encontravam sob a proteção do mais alto, dos quais era impossível sugar qualquer coisa, eram logo possuídos pelos bandos afins que haviam acompanhado o defunto até seus últimos momentos, ou então eram entregues às diversas hordas de espíritos que ocupavam permanentemente o local.

Todo o cemitério era subdividido em pequenas áreas de poder, que funcionavam como feudos subordinados a um líder máximo, o qual fizera de um sepulcro suntuoso, construído bem no centro do chamado campo-santo, seu palácio residencial.

Nos bons tempos em que ali vivera com seu próprio bando, Cirino chegara a possuir seu próprio feudo, tendo como única obrigação o dever de doar ao líder todo fluido de um em cada três cadáveres sepultados em sua área de poder. Todavia, desde que conseguiram localizar na Terra os objetos de seu ódio, foram passando cada vez menos tempo no cemitério e acabaram por perder o domínio da área que lhes havia sido designada.

Agora não tinha sequer mais um bando que lhe seguisse as instruções. Como se não bastasse, pela primeira vez, desde que abraçara a ideia de vingança como diretriz máxima de seus dias, sentia-se fraco diante daqueles que tencionava destruir. De uma hora para outra, sem que ele conseguisse encontrar uma razão para isso, toda aquela amaldiçoada família passara a vibrar em uma sintonia diferente, que não só dificultava sua atuação como ainda por cima impossibilitava que ele trocasse energias com seus membros, como vinha acontecendo até bem pouco tempo atrás com Eduardo e Jorge.

"Tudo por causa desta tal religião dos espíritos de que o maldito Paulo tanto fala", reclamou consigo próprio. "Foi só o idiota começar a ler aquele tal de *Evangelho* todos os dias, para que tudo começasse a dar errado para meu lado... Certa estava minha chefe, que nos proibia terminantemente de deixar que nossos obsidiados sequer se aproximassem daquele livro enfeitiçado dos bons, que nos ensinou a jamais penetrar numa casa de cultos espíritas...", lembrou com saudades daquela que um dia o iniciara como vingador.

Na verdade, desde que ela se fora, capturada por um exército dos bons, o bando nunca mais foi o mesmo. Cirino herdou-lhe as escravas, mas não herdou-lhe a liderança, não tinha a mesma força de Hermínia – este era seu nome – para mandar nas pessoas e se fazer obedecer. O tempo todo em que esteve à frente de Georgete, Margô, Zuzu, Naná e Brigite, ele sempre se sentiu de alguma maneira desafiado por elas, que constantemente teimavam em questionar suas ordens.

Apesar de tudo, agora sentia muita falta delas e especialmente de Hermínia. Ainda se lembrava com detalhes do dia em que os dois selaram seu acordo.

Até então, a vida de Cirino no plano espiritual fora um corolário de dores e sofrimentos. A verdade é que, como a maioria dos espíritos que desencarnam bruscamente, ele custou muito a aceitar a ideia de que tivesse morrido. Enforcara-se num momento de desespero, mas, logo depois de seu ato extremo, refletiu melhor sobre os motivos que o haviam conduzido até a árvore onde atou seu pescoço, e livrou-se do laço que ele mesmo havia preparado, disposto a descobrir os responsáveis pela cilada de que fora vítima, sem perceber que seu corpo físico permanecia no local, nas mesmas condições. Em outras palavras, Cirino, em perispírito, saiu da forca, sem perceber que seu vaso físico fora exterminado com seu derradeiro ato, e que a ele, entretanto, continuava atado pelos laços fluídicos.

Sabia que fora vítima de uma tramoia, e esperava agora encontrar os responsáveis por sua 'quase-tragédia', puni-los pelo que haviam feito e reconciliar-se com sua noiva, a mesma que agora se chamava Bartira. Com este intuito, seguiu para a senzala onde ficava a escrava que presidira a farsa que 'quase' o levara ao suicídio. Era uma escrava bonita, de nome Esmeralda, de quem ele costumava se servir em seus impulsos lascivos.

Não foi difícil obter o que desejava. Cirino encontrou a referida escrava chorando sozinha num canto, condoída de remorsos. Para sua surpresa, não foi preciso nem abrir a boca para perguntar sobre o fato. Não houve tempo sequer para os insultos que ele planejava dizer a ela. Ao simples ato de entrar na senzala, ele começou a ouvir os pensamentos da escrava, como se esta os dirigisse diretamente a ele, articulando palavras perfeitamente sonoras, de tão claras. Cirino estancou na porta, e, completamente atônito com o fenômeno, ficou ouvindo o que a escrava mentalizava, movida pelo arrependimento:

"Ai, meu Pai do Céu, minha Iemanjá, minha Nossa Senhora da Conceição! Eu juro por tudo quanto é mais sagrado qui ieu nunca que imaginei que as coisa iam terminá desse jeito! Vaia-me Nossa Senhora da Conceição! Sinhô Cirino, me perdoa! Eu só aceitei fazer aquilo porque meus patrãozinho pediram isso pra ieu... O senhor sabe, ieu cresci junto daqueles minino, num podia negá um pedido deles... E adispois, o noivo de minha antiga sinhazinha me prometeu muitas moedas de ouro para que eu fizesse o que fiz ... Eu queria ser livre, pricisava mesmo daquelas moedas... Ah, Sinhô Cirino, eu num guentava mais me deitá com o sinhô..." – chorava ela.

Para surpresa ainda maior de Cirino, à medida que ela ia emitindo seu desabafo mental, imagens iam se formando diante dele, mostrando exatamente quem eram as pessoas em quem a escrava pensava. O casal de herdeiros da fazenda que ele arrebatara, de porteiras fechadas, com escravos e tudo, por uma ninharia num jogo e... seu melhor amigo, que vinha a ser justamente o noivo da moça cujo pai perdeu tudo para ele no jogo! Foi tão grande a dor desta constatação que Cirino quase 'se enforcou novamente', de tanto desgosto.

Passou então a assediar sua amada, tentando contar-lhe sobre a traição de que fora vítima, mas, para seu profundo desgosto, ela jamais parecia ouvir-lhe, sequer notava-lhe a presença nos ambientes. Ignorava-o como se estivesse morto realmente. E ele acreditava que estivesse vivo! Não lhe passou despercebido, contudo, que todas as vezes em que ele se colocava ao lado dela, ela discutia violentamente com a falsa amiga que idealizara a emboscada de que ele fora vítima, a qual vivia agora na fazenda de sua noiva.

Valendo-se desta prerrogativa e transtornado de ódio, ele então semeou a discórdia entre as duas amigas até que os pais de sua noiva decidissem expulsar da fazenda a hóspede indesejada. Quando ela foi embora e sua situação de extrema miséria tornou-se conhecida por toda cidade, porém, as coisas acabaram tomando um rumo que fugia completamente das expectativas de Cirino.

E foi com sentimentos de encarnado que ele reagiu quando soube que o tiro saíra pela culatra: o mesmo amigo que o traíra agora ia se casar com sua amada, já que sua antiga prometida, a essas alturas, não tinha mais nem onde cair morta. Gritou e esbravejou na frente de ambos, esbofeteou o falso amigo, ajoelhou-se diante da amada. Mas nenhum dos dois esboçava a menor reação, agiam o tempo todo como se ele não estivesse ali.

Cirino passou longos meses nesta angústia de sentir-se ainda na posse de seu veículo carnal e ignorado por todos. Até que se lembrou da fantástica forma de comunicação que experimentara com Esmeralda e decidiu procurá-la para tentar entender o que de fato ocorria. Mas não a encontrou mais. Pelas conversas que ouviu na senzala, soube que Esmeralda comprara sua alforria com o dinheiro ganho na farsa que o vitimara, e partira para Minas fazia já algum tempo. "E agora, como farei para encontrar esta infeliz?", ficou a matutar, ainda sem noção de sua verdadeira situação.

Enquanto andava desnorteado por sua antiga fazenda, contudo, acabou cruzando com diversos escravos já falecidos, todos trabalhando como se nada houvesse ocorrido. Cirino estranhou aquilo por demais. Afinal, fora ele mesmo quem atestara a morte de cada um deles, era formado em medicina!

Não conseguindo conter-se, aproximou-se então de um deles, muito seu conhecido, que, para sua surpresa respondeu-lhe de imediato.

– Escute... Você não é o negro Malaquias?

– Sou eu mesmo, sinhô! Credito qu'inda hoje, a colheita termina.

– É inacreditável – observou estarrecido. – E você pode me ver?

– Eu posso vê, sim sinhô. Mas pru quê o sinhô tá inchado desse jeito?

– Inchado? Eu? – estranhou Cirino, apalpando o próprio corpo.

– Parecinté que levô umas chibatada no rosto, de tão roxo... Pru quê num põe umas erva, pra vê se milhora?

Instintivamente, Cirino levou as mãos ao rosto, e percebeu que o escravo Malaquias estava dizendo a verdade. E o que é pior: ao tocar o rosto e senti-lo inchado e frio, exatamente como se estivesse sufocado por uma corda, voltou imediatamente, numa fração de segundos, à árvore onde havia se enforcado e se viu novamente lá, com a cabeça pendurada, e a língua para fora.

Não saberia agora dizer quanto tempo permaneceu ali pendurado, em martírio aparentemente interminável. Até que um dia, ao abrir os olhos, deparou-se com o pior de seus rivais, o rapaz a quem ele próprio havia traído para conseguir tornar-se noivo de sua amada.

Era um rapaz humilde, de nome Bernardo, que um dia fora seu alfaiate e agora aparecia-lhe vestido com roupas de guerra. Também estava desencarnado, mas, ao contrário de Cirino, não apresentava nenhum sinal dos ferimentos que o haviam vitimado.

Num primeiro momento, Cirino chegou a sentir medo de sua presença, acreditando que vinha agora cobrar-lhe pela grande maldade que lhe fizera quando ainda vivo, ou mesmo brigar pela noiva, que Cirino lhe roubara de forma tão cruel. Mas, em vez disso, Bernardo tentou acalmar seu sofrimento, chegou mesmo a pedir-lhe para que perdoasse todos os que haviam contribuído para seu precipitado desencarne. Para seu espanto maior, Bernardo não guardava nenhum ressentimento.

Por alguns dias – talvez meses, Cirino não saberia precisar ao certo – continuaram encontrando-se todas as tardes. Bernardo cuidava de suas feridas, ouvia seus desabafos, falava de Deus. Mas Cirino jamais havia acreditado em Deus, chegava mesmo a ficar irritado quando Bernardo insistia em convencê-lo a pedir perdão àquele Ser por Quem ele só nutria ressentimentos. E todas as tardes, depois que Bernardo ia embora, ele se sentia de novo amarrado pelo pescoço ao galho daquela sempre mesma árvore, tal qual o herói Prometeu da mitologia grega.

Foi num desses fins de tarde que Hermínia apareceu. Toda vestida de preto, com uma faca cravada bem no meio da garganta, acompanhada por Zuzu, Brigite, Margô, Georgete e Naná.

– Saia desta forca e venha nos ajudar, Cirino! – ela ordenou com decisão.

– Vá embora... daqui! – tentou gritar Cirino, sentindo a garganta sufocada pela corda que o retinha preso à árvore. – Foi por causa do seu filho que se dizia meu... amigo... que eu atei meu destino... a esta amaldiçoada árvore... de sofrimentos sem fim!

– Se eu não soubesse disso, não estaria aqui – afirmou ela. – Também o odeio, posto que me traiu da forma mais vil que um ser humano pode fazer, negando as próprias origens. Tirou minha vida, embora eu fosse sua própria mãe!

– Ele... a matou? – estranhou Cirino.

– Sim – respondeu ela, com ódio. – E o que é pior: por causa dela, aquela deserdada maldita que nunca me enganou!

Ao ouvir isso, Cirino contorceu-se de ódio. Ele também os odiava com todas as suas forças.

– Concentre-se no ódio que sente por meu filho e por essa mulher, e junte-se a nós! Vamos destruir aqueles que um dia nos destruíram – convidou Hermínia, exaltada.

– Mas como... se não posso sair daqui... se não consigo parar de me lembrar... ai... – ele sentiu a corda enforcando-o – do dia em que cometi... ai... esse desatino...

– Se souber concentrar-se em seu ódio – ensinou Hermínia – e apenas em seu ódio, poderá livrar-se dos laços do arrependimento que o prendem a essa árvore. Não se culpe, você foi a vítima!

Cirino gostou dessa definição. Meditou por alguns instantes, e tentou fazer o que Hermínia acabara de lhe ensinar, pensando em seus inimigos com todo o seu ódio. Em poucos instantes, sentia afrouxarem-se os laços que apertavam seu pescoço, embora as dores ainda persistissem.

– Eu aceito! – ele finalmente concordou, descendo da árvore com cuidado. – Mas necessito vingar-me também daquele outro que tramou o plano junto com seu filho e a maldita.

– Isso não é problema! – riram-se as entidades que acompanhavam Hermínia.

– Nossa lista também é bastante grande – grifou Zuzu.

Desde então, o bando não fez outra coisa senão assediar as famílias que julgava responsáveis, direta ou indiretamente, por suas tragédias particulares. Não contentes em infernizar os que ainda se encontravam encarnados naquela época, localizaram também aqueles que sofriam nas regiões escuras do plano espiritual, e os açoitaram com suas impiedosas cobranças, fazendo-os sofrer ainda mais. Misteriosamente, porém, sempre havia um dia em que esses pobres miseráveis desapareciam do local onde costumavam ser encontrados. Nessas ocasiões, Hermínia ficava muito irritada, pois sabia que haviam sido levados pelos exércitos dos bons. Sentia-se fundamente ultrajada por estes terem 'passado por cima de sua autoridade' ao ousarem socorrer os alvos de seu ódio.

Obstinada em seus sentimentos de vingança, no entanto, não sossegou até localizá-los reencarnados no orbe terrestre, depois de anos e anos de buscas, integrando a família que ora era alvo das investidas de Cirino.

Ao longo de todo esse tempo, os únicos que conseguiram escapar do ódio de Cirino foram os espíritos de Bartira, cuja participação na trama que o conduziu ao enforcamento ele jamais descobriu, amando-a incondicionalmente apesar de tudo, e Bernardo, a quem nunca mais vira depois que abandonara a forca com a ajuda de Hermínia. Agora, no entanto, uma pergunta não lhe saía da cabeça: "Estaria Bernardo também reencarnado?"

Desde o dia em que vira Bartira em companhia de Augusto, na Inglaterra, Cirino estava encabulado com isso. Alguma coisa em Augusto, que ele não saberia dizer exatamente o quê, o fizera lembrar Bernardo, como se ambos fossem a mesma pessoa. Fora uma sensação tão forte que Cirino não conseguira sequer permanecer muito tempo ao lado dos dois, tamanha foi a certeza que o invadiu naquele momento. "Não é possível", pensava agora consigo, "não pode ser ele". "De mais a mais", tentava convencer-se, "eu não sei reconhecer espíritos reencarnados. Hermínia é que sabia fazer isso, eu jamais consegui descobrir ninguém. Por que identificaria justamente ele?"

O mais insólito de tudo isso era que nem mesmo com essa suspeita ele conseguia odiar Bernardo. Por mais que se esforçasse, não podia sentir raiva e nem fazer mal a alguém que por tanto tempo cuidara de suas feridas e acalmara seu coração. Era justamente esta constatação que agora o enfraquecia, deixando-o confuso quanto aos próprios objetivos.

De alguma forma, Cirino sentia-se culpado por haver um dia traído Bernardo tão perfidamente, pois reconhecia, em seu íntimo, que seu amor por aquela que agora se chamava Bartira também era sincero e verdadeiro. "Sim, era ele", assegurou a si próprio, "só poderia ser"... E o que teria acontecido com ele, Cirino, se houvesse se deixado capturar naquela época por Bernardo e seu 'exército'? "Estaria agora, como Bernardo, novamente encarnado ao lado daquela que ele tanto amara em sua última existência?", perguntou-se de repente. "Afinal, seria mesmo Bernardo aquele rapaz que vira ao lado de Bartira?" Não conseguia, contudo, chegar a uma conclusão.

Pensando nisso, voltou a lembrar-se novamente de Hermínia. Por ironia do destino, fora justamente depois de reencontrar seus antigos rivais reencarnados no plano terrestre, ao lado de antigos afetos seus, que ela fraquejara pela primeira vez. Acabou por se deixar capturar, na fragilidade em que então mergulhou, pelos exércitos daqueles a quem ela tanto abominava, aqueles malditos socorristas do espaço.

"Preciso tomar cuidado", Cirino disse a si próprio. "Ah, Hermínia... por onde andará neste momento?", perguntou-se então, tentando recanalizar suas energias, "queria tanto poder contar-lhe que usei a sua face para enlouquecer nossa inimiga... Você sentiria orgulho de mim se tivesse visto como a convenci a pular pela janela..."

Mesmo dizendo isso, contudo, ele não conseguia parar de pensar na cena que vira na Inglaterra. "Ah, Hermínia", suspirou por fim, "como eu gostaria que você estivesse aqui agora para me revigorar com suas palavras fortes, para me incentivar a prosseguir sozinho na vingança que um dia planejamos juntos... Às vezes me sinto tão desanimado que tudo parece totalmente sem sentido..."

– Atrapalho alguma coisa? – disse Urbano, sentando-se ao lado de Cirino e despertando-o de seu longo devaneio.

Urbano até parecia uma outra pessoa, em seu disfarce para conseguir se aproximar de Cirino. Abaixara seu padrão vibratório até o mínimo limite suportável, de forma a se assemelhar a um espírito errante. Parecia inclusive mais baixo, dentro das roupas pretas que escolhera para apresentar-se diante dele. Ainda assim, era-lhe extremamente desagradável suportar o odor pútrido e as vibrações pesadas emanadas por aquele espírito sofredor.

– Quem é você? – inquiriu Cirino, desconfiado. – Como ousa... interromper minhas lembranças?

– Apenas alguém que se sente tão só quanto você – rodeou Urbano, disposto a ganhar tempo.

– Você pertence a algum bando... aqui do cemitério? – Cirino deu um passo para trás, ainda mais desconfiado.

– Não... Há tempos perambulo sozinho por este lugar, às vezes sinto falta de alguém com quem conversar... – respondeu Urbano. – Todos aqui parecem tão...

– O que quer de mim... afinal? – cortou Cirino, sempre alerta.

– Nada. Apenas pensei que poderíamos... – tentou novamente Urbano.

– Pois pensou errado! – desconversou Cirino, que nunca vira alguém do mal agir tão polidamente. – Se quer saber, não estou... nem um pouco interessado... em ouvir suas lamúrias!

– Bem, se é assim... – Urbano levantou-se.

Ele deu alguns passos, ainda pensando no que poderia dizer para conquistar a confiança de Cirino, quando este, não conseguindo suportar a própria angústia, o chamou:

– Espere!... Você por acaso... sabe como se faz... para reconhecer um reencarnado?

Urbano voltou-se de imediato.

– Reconhecer um reencarnado? Como assim? – embora soubesse exatamente o que Cirino queria dizer e até mesmo o motivo daquela pergunta, não queria que este percebesse suas verdadeiras intenções.

– Ora essa... – resmungou Cirino, com seu jeito mal-humorado. – Um reencarnado é um reencarnado! Será que você... é tão idiota assim?

– Ah! – fez Urbano, sentando-se novamente a seu lado. – Você fala desses espíritos que voltam à Terra com outros corpos?

– Sim! – tornou Cirino, ansioso. – Você sabe ou não sabe... identificar quem eles foram... antes do novo corpo?

– Bem... – ponderou Urbano com cuidado. – Pelo que sei, isso só é possível quando estamos ligados ao reencarnado por sentimentos de amor, de ódio, de gratidão ou...

– Ou? – insistiu Cirino, interessado.

– Ou de arrependimento – concluiu Urbano.

– Arrependimento? – Cirino repetiu alto. Urbano conseguira efetivamente despertar sua atenção.

– Mas não gostaria de me explicar exatamente o que tanto o inquieta? – continuou o nobre socorrista. – Quem sabe assim eu pudesse...

– Eu não estou arrependido... De nada! – afirmou Cirino, como que tentando assegurar isso a si próprio.

– Pois eu já fiz muito mal a uma pessoa. E posso assegurar-lhe que não tive mais nenhum momento de paz depois disso. – Urbano procurou novamente despertar seu interesse.

– Logo vi que você era um bobão... Rá, rá rá. – Cirino esboçou sua gargalhada rouca, que sempre acabava levando-o a engasgar-se em seguida

– rá... cof... E que tipo de mal... cof... você fez... já que insiste tanto... cof... em falar sobre isso?

– Eu convenci meu próprio filho de que o poder e o prestígio político eram as únicas coisas que importavam na vida de um homem honrado. E que o dinheiro tudo podia comprar... – admitiu Urbano, triste.

– Cof... E que tão grande maldade... cof... pode haver nisso? – estranhou Cirino, ainda engasgado.

– A maldade dos que deixam de legar aos filhos os verdadeiros valores que deveriam nortear sua existência na Terra: a honestidade, o bom caráter, a generosidade, a humildade, a caridade, a fé... os únicos valores capazes de sustentar um homem no momento de uma prova difícil...

– Não estou gostando nada... dessa conversa... – protestou Cirino. – Você deve ser meio maluco... Nada disso é importante... – ele, no entanto, mostrou-se curioso ao ver que o outro se calou por alguns segundos. – E o que aconteceu... afinal... com seu filho?

– Como disse, ao sinal da primeira contrariedade, da primeira prova difícil por que ele teve que passar, ele sucumbiu... – contou Urbano, narrando a história do suicídio do próprio Cirino, sem que este suspeitasse de nada.

– Também vivi uma história semelhante – contou Cirino, com sua voz rouca e interrompida, sentindo-se de alguma maneira identificado com aquele drama. – Era médico, rico... Estava prestes a eleger-me... para importante cargo político... de casamento marcado com a mulher que eu amava... Meus inimigos, porém, tramaram contra mim...

– Como assim, tramaram contra você? – Urbano queria incentivá-lo a repensar seu passado.

– O que fizeram... não interessa! – desviou Cirino, que odiava lembrar-se da situação que o levara ao suicídio. – O fato é que fui flagrado... na mais insólita das situações... por minha noiva, meu sogro... por toda gente da cidade... Logo depois de matar-me... – ele continuou, após uma pausa –, soube que a mulher que eu amava ia casar-se com meu melhor amigo... O mesmo que um dia conspirou contra mim.

– Mas você sabia que a moça não amava nem você, nem esse outro... – observou Urbano, sem que Cirino se desse conta da ousadia de seu comentário.

– Sim, eu sabia... – admitiu ele, automaticamente lembrando-se de Bernardo outra vez. – Ela gostava de um pobre-coitado... um alfaiatezinho medíocre, filho de uma costureira viúva...

– E foi por intermédio desse rapaz que você a conheceu? – prosseguiu Urbano em sua tática.

– Foi... Eu costumava encomendar-lhe algumas camisas... o preço dele era muito bom... Até que um dia... conversa vai, conversa vem... ele contou-me de seu romance secreto com ela... Os dois se encontravam sempre... na beira de um riacho... na fazenda dela...

– E você, muito curioso, decidiu verificar se a moça era tão bonita quanto ele lhe dissera... – fingiu deduzir Urbano.

– Eu só não imaginava... que iria me apaixonar por ela... tão perdidamente... ao primeiro olhar... – recordou Cirino.

– E então você decidiu trair o seu alfaiate...

– É... Não foi exatamente... uma traição... Eu apenas contei ao pai dela... o que ele mesmo ia acabar descobrindo... mais cedo ou mais tarde... A família dela nunca ia aceitar isso... Ainda mais ambicioso... como era o pai dela... Tanto que... quando eu o procurei... para contar a ele que os dois andavam se encontrando... ele ficou louco de ódio... Só se acalmou... quando eu disse que queria me casar com ela assim mesmo.

– Em troca de uma série de favores políticos, diga-se de passagem... – acrescentou Urbano.

– Sim... Aquele danado daquele velho sabia negociar – concordou Cirino.

Os dois permaneceram algum tempo em silêncio, até que Urbano tomou novamente a palavra para perguntar:

– E os seus pais, jamais se opuseram a este relacionamento?

– Ora... minha mãe... já tinha morrido há muito tempo... Eu mal a conheci... Quanto a meu pai... era ocupado demais com seus assuntos... para se preocupar com isso... Passava mais tempo em Portugal... do que no Brasil...

– Mas ele nunca te aconselhou nada sobre este assunto? – estranhou Urbano.

– Ah... uma vez ele me disse... para tomar cuidado... Que quem semeia ventos... colhe tempestades... Mas ele sempre dizia isso... Meu pai era um grande político...

– E, em nenhum momento – Urbano enxugou rapidamente os olhos, sem que Cirino percebesse sua emoção – você pensou que a moça poderia ficar de alguma maneira ressentida com o seu procedimento?

– Que ressentida, que nada! – atalhou Cirino com sua voz rouca. – Mulher, naquela época... não tinha querer, não... Era o que o pai queria e pronto!

– Pensei que você a amasse de verdade... – comentou Urbano.

– E amava!... Era louco por ela... Por isso tinha tanta certeza de que um dia... ela ainda ia acabar reconhecendo isso... Só que esse dia... não chegou nunca... – reconheceu Cirino com uma certa tristeza.

– E no fundo você se cobra até hoje por ter traído seu alfaiate... – ousou continuar Urbano. – É a ele que você está tentando reconhecer agora, não é?

– Não, não é – mentiu Cirino, irritado. – Eu não devo nada a ele e... Espere um pouco!... Quem te contou sobre minha história? – só então ele se deu conta de que Urbano parecia saber mais do que aparentava.

– Ninguém me contou. Apenas fui associando os fatos que você mesmo me narrou e... – tentou disfarçar o nobre socorrista.

– Quer saber de uma coisa?... Suma daqui!... Cansei de conversar com você... É um idiota!... Vamos!... – ele se levantou, ameaçador, como se quisesse bater em Urbano. – Suma daqui!

– Não se engane! Nenhuma paz pode ser conquistada através de atitudes de vingança, você jamais conseguirá se aproximar da moça que diz amar verdadeiramente se continuar com esta atitude... – ainda ousou ponderar Urbano.

– Ora essa!... Cale essa boca e vá se embora daqui!... Não preciso de ninguém... para me dizer o que é certo... ou o que é errado... Eu sou um inocente... uma vítima... Tenho o direito de me vingar!

Urbano se afastou, vencido, enquanto Cirino vociferava como um louco, do alto daquela alameda, embora quase sem fôlego. Em seu íntimo, o valoroso socorrista sentia-se de alguma maneira responsável por aquele espírito a quem um dia recebera como filho. Queria muito encontrar um meio de ajudá-lo a sair daquela triste situação, ensinar a ele todos os valores que não soubera transmitir-lhe quando encarnado. Mas já aprendera, com a experiência dos longos anos que passara na espiritualidade, que a culpa não leva ninguém a lugar nenhum e procurou concentrar-se numa prece a Deus para poder vencer esse sentimento.

"Não adianta, Urbano", sentiu reverberar dentro de si a voz de seu mentor na colônia onde servia, "você não pode fazer nada por Cirino enquanto ele mesmo não chegar à conclusão do quanto está equivocado, enquanto ele mesmo não oferecer abertura para ser auxiliado..."

Urbano silenciou seus pensamentos ao ouvir aquelas palavras amigas. Novamente invisível a olhos comuns e restabelecido em sua integridade, rumou de volta à colônia. Sabia que poderia, a qualquer momento, entrar em contato com as equipes da torre de vigia e pedir ajuda para capturar Cirino à força. Mas não queria fazer isso por enquanto. Durante o curto tempo em que haviam conversado, pudera ler em seu olhar que ele não permaneceria por muito mais tempo naquela postura cega e revoltada. Sozinho, fraco, cansado, e ainda por cima submetido à permanente influência dos bons exemplos daqueles a quem tentava prejudicar, fatalmente não tardaria a deixar que uma fresta de luz penetrasse em seu coração e então todo o seu necessário processo de tratamento se tornaria bem mais simples.

Cirino, enquanto isso, voltava às questões que tanto o inquietavam: "seriam Bernardo e aquele rapaz que vira recentemente na companhia de Bartira a mesma pessoa? E Hermínia, onde estaria afinal?"

Como era de se esperar, Inês não conseguiu uma vaga para as crianças no orfanato da igreja. Para seu desgosto profundo, o padre sequer a recebeu em seu gabinete, limitando-se a enviar-lhe um recado, muito seco, por intermédio de sua secretária, onde alegava que a instituição, além de cheia, não tinha condições de receber órfãos portadores de qualquer deficiência. Indiretamente, tentara deixar claro que estava aborrecido com Inês por esta ter abandonado suas atribuições nas obras da igreja.

Mas, como ela própria constataria depois, Deus é tão generoso que, na saída da paróquia, quando ela, envergonhada pelo ocorrido, ainda procurava palavras para se justificar diante de Glória, as duas depararam-se 'casualmente' com uma antiga colega de magistério da mãe de Laura – embora não exercesse a profissão, Inês também era professora primária – a qual, para completa surpresa das duas, vinha agora a ser justamente diretora de uma APAE.[23]

Esta senhora chamava-se Anália e não via Inês desde o dia em que as duas se formaram no antigo Instituto de Educação, há exatos quarenta e dois anos. Em tanto tempo de afastamento, haviam se tornado praticamente irreconhecíveis, a não ser por um detalhe: Anália, embora quase quarenta quilos mais gorda do que em sua mocidade, tinha um sinal de nascença em cima da sobrancelha esquerda, uma imensa mancha marrom e alongada que ela não tinha como disfarçar. Ao cruzar com ela e reparar nessa mancha, Inês não pôde deixar de exclamar:

– Meu Deus, é Anália! Não pode ser!

[23] Associação de Pais e Amigos dos Excepcionais.

Anália, por sua vez, reconheceu Inês por seus expressivos olhos claros (que, por sinal, eram exatamente iguais aos de Laura). Após efusivos abraços e as devidas apresentações, Inês ficou então sabendo que a amiga havia se casado com um empresário riquíssimo e que os dois tiveram apenas uma filha chamada Tamara, portadora de uma rara doença congênita. Por causa dela, Anália havia se especializado nas mais variadas técnicas de estimulação de crianças portadoras de deficiências físicas e mentais, tendo acabado por ser convidada para trabalhar na APAE onde hoje ocupava o cargo de diretora.

– Tamara nos deixou faz apenas seis meses – explicou Anália, com tranquilidade –, quinze anos além do que previam todos os médicos.

– Deve ter sido um sofrimento horrível... – imaginou Inês comovida e ao mesmo tempo deslumbrada com a trajetória da amiga.

– De maneira alguma – afirmou Anália, muito terna. – Tamara foi a maior bênção que Deus poderia nos conceder. Só que nós demoramos alguns meses para descobrir isso. No primeiro momento, ficamos completamente desarvorados. Chegamos a nos sentir humilhados com tal provação. "Por que não pudemos ter uma filha saudável como a grande maioria das pessoas?", nos perguntávamos o tempo todo.

– Imagino que isto aconteça com todos os casais que têm filhos portadores de qualquer deficiência. Deve ser realmente muito difícil o primeiro contato dos pais com o bebê tão esperado, e que, no entanto, nasce completamente diferente do que eles podiam imaginar – disse Glória, pensando em como teria sido a reação dos pais de Daniel e Damião, ao enfrentarem a mesma situação por duas vezes consecutivas.

– O problema maior é que muitos pais não conseguem passar desse estágio inicial de decepção. Conheci casos de pessoas que mantinham a pobre criança confinada dentro de um quarto, sem brinquedos, sem visitas, sem sequer receber qualquer tipo de tratamento... Sem contar os que interrompem a gravidez através do aborto, ao saberem das deficiências do feto, acumulando, com isso, grandes débitos com a Providência Divina – contou Anália com um certo pesar.

– Mas você nunca chegou a pensar em fazer isto, chegou? – perguntou Inês.

– Nunca! – afirmou Anália com determinação. – Sabem, Tamara era uma menina tão meiga, tão risonha, tão tranquila, a despeito de todas as suas limitações que, aos poucos, operou uma verdadeira revolução dentro de nós.

– Foi então que vocês decidiram pesquisar tudo sobre o assunto... – deduziu Glória.

– Sim – respondeu Anália com os olhos brilhantes, como se estivesse de alguma maneira relembrando cada etapa de sua convivência com a filhinha portadora de deficiência. – Por amor a ela, eu e meu marido decidimos estudar tudo o que estivesse ao nosso alcance a respeito de crianças ditas excepcionais. Queríamos dar a nossa menina todas as possibilidades de desenvolvimento a que ela tinha direito nessa vida, oferecer-lhe todo o apoio e carinho de que ela necessitava para não se sentir uma pobre-coitada... Afinal, ela também era filha do Deus perfeito que rege a vida de todos os seres e, se veio ao mundo com todos aqueles problemas para ser a nossa filhinha, foi porque tanto ela quanto nós precisávamos passar por aquela experiência. Sabem, eu sinto como se eu tivesse vindo ao mundo com uma missão, e que Tamara veio para me conscientizar desta missão.

– A senhora, por acaso, é espírita? – perguntou Glória, sem conseguir se conter.

– Sim, querida. Não fosse pela maravilhosa doutrina codificada por Allan Kardec, não sei se teríamos conseguido vivenciar tudo isto de maneira tão plena, tão cheia de aceitação... Mas... – Anália se interrompeu curiosa – como foi que você descobriu?

– Justamente pela maneira plena, tão cheia de aceitação com que a senhora nos narrou sua história. E também pelas suas observações – respondeu Glória sorridente.

– Meu Deus! – atalhou Inês, que cada vez mais sentia-se surpresa e pasma diante daquele inesperado encontro. – Tudo isso não pode ser apenas uma coincidência... Você nem imagina o problema que esta moça está vivendo neste momento...

– Sim! Estou passando por uma situação que tem tudo a ver com o que a senhora acaba de nos contar – reforçou Glória. – Será que a senhora não disporia de um tempo para que pudéssemos conversar com mais calma?

– Bem, estou no meu horário de almoço, só preciso estar na escola de novo às quatorze horas – informou Anália, consultando o relógio. – Até lá terei o maior prazer em ouvi-las. A propósito, vocês já almoçaram?

Menos de cinco minutos depois, as três estavam sentadas à mesa de um pequeno restaurante, que ficava bem na esquina da igreja que Inês outrora frequentava. Glória deixou as duas amigas conversando e foi ligar para a escola onde lecionava. Precisava comunicar que chegaria um pouco atrasada e passar uma tarefa para ser dada às crianças enquanto isso. Estava bastante ansiosa, ainda não conseguia acreditar que tudo aquilo estava mesmo acontecendo. Era tão agradável a sintonia que logo se estabelecera entre as três que parecia até que haviam trabalhado juntas ao longo de toda uma vida, quase como se tivessem previamente combinado aquele encontro na espiritualidade antes de nascerem.

Ouvindo Anália falar sobre Tamara, Inês, por sua vez, sentia-se de certo modo reconfortada por ter encontrado alguém que também perdera uma filha e conseguira superar sua dor. Percebia pela primeira vez, desde a morte de Laura, que ela não era a única a vivenciar aquele tipo de tragédia pessoal. Ao contrário, o sofrimento de Anália talvez tivesse sido até muito maior do que o dela, visto que se prolongara ao longo de quase trinta anos – o mesmo tempo em que ela, Inês, desfrutara da convivência com Laura sem experimentar qualquer problema maior. E, no entanto, agora Anália estava ali, firme e sorridente, pronta a ajudar os outros com seu exemplo e sua vivência, enquanto ela...

– Não concordo que meu sofrimento tenha sido maior do que o seu – observou Anália, depois de ouvir-lhe o sentido relato. – Afinal, desde o primeiro momento eu sempre estive preparada, ou pelo menos sempre tentei me preparar para o dia em que fatalmente teria de me separar de minha Tamara, ao passo que você foi pega de surpresa...

– É... – concordou Inês com os olhos molhados –, mas não quero mais falar sobre isso agora – ela notou que Glória se aproximava da mesa. – Mesmo porque, não foi para isso que nós viemos até aqui...

– Ai, graças a Deus a diretora disse que poderei me atrasar sem nenhum problema. A professora de música ia justamente me pedir para liberar as crianças para ensaiá-las para a festinha de aniversário da escola, que vai acontecer nesta sexta-feira. Talvez nem haja tempo para aplicar a tarefa que eu imaginei para entretê-los durante a minha ausência... – explicou a jovem professora aliviada, porém ainda um pouco ansiosa.

– Estão vendo só? Como diz o velho ditado, "Deus escreve certo por linhas tortas" – brincou Anália. – Mas agora me contem, qual é o problema que vocês queriam discutir comigo? Já estou ficando curiosa com tanto mistério!

Glória olhou para Inês, ligeiramente envergonhada, e, após um olhar de incentivo da mãe de Laura, sentiu-se encorajada a expor para Anália o complicado dilema que estava vivendo. As tristes condições em que as crianças foram abandonadas à porta do centro, seu imediato amor por aqueles dois meninos, a dificuldade de encontrar uma instituição que os recebesse, seu desejo enorme de assumir a guarda de Damião e Daniel.

– Ora, querida, mas você não tem um problema! Você tem a solução! – disse Anália, no momento em que Glória terminava seu relato e o garçom chegava à mesa com a lasanha que elas haviam pedido.

– Como assim? – perguntou Glória confusa.

– Muito simples – respondeu Anália, soprando em seguida a primeira garfada de lasanha quente de que acabara de se servir – existe um programa de governo que busca justamente pessoas como você para se responsabilizarem por órfãos com necessidades especiais – ela levou a lasanha à boca.

– Que coisa interessante! – atalhou Inês. – E como funciona exatamente esse programa?

– Chama-se projeto Casa Lar – respondeu Anália, terminando de mastigar. – A principal condição exigida é que a pessoa mantenha as crianças matriculadas em uma das milhares de APAEs que existem espalhadas pelo país. E, é claro, que se disponha a cuidar delas com todo carinho. Em troca, o voluntário recebe, inclusive, uma ajuda de custo do governo e também uma casa onde morar.

– Mas isSo é fantástico! – comemorou Glória, com os olhos brilhando de emoção. – Então quer dizer que Damião e Daniel poderão morar comigo e ao mesmo tempo frequentar uma instituição especializada? – só então ela levou seu primeiro pedaço de lasanha à boca.

– Claro! – tornou Anália, empolgada, após um rápido gole de refrigerante. – O objetivo do projeto é exatamente que a criança possa contar com o apoio de uma família que se disponha a reforçar em casa o trabalho desenvolvido na instituição. Infelizmente, porém – ela tomou mais um gole de refrigerante –, tem sido dificílimo encontrar pessoas que se interessem em participar do projeto. Muitos aceitam só pelo dinheiro e acabam mudando de ideia pouco tempo depois – ela preparou nova garfada de lasanha. – Chegamos mesmo a descobrir um caso, no mês passado, de uma senhora que recebia o dinheiro e mantinha as crianças trancadas num casebre, sem qualquer assistência, enquanto ela morava sozinha no apartamento pago pelo governo.

– Que absurdo! – exclamaram, quase em coro, Glória e Inês.

– Bem, da casa eu não preciso. Moro em apartamento próprio, tenho, inclusive, um quarto vazio que pretendo preparar para as crianças, com muitos enfeites nas paredes, muitos brinquedos educativos, uma mesinha para desenhar... – sonhou Glória.

– O mais importante, o que você realmente precisa ter claro na sua cabeça, é que esses meninos têm um potencial imenso a ser desenvolvido – ressaltou Anália. – Serão sempre um pouco mais lentos do que as outras crianças, tanto no aprendizado quanto no desempenho das tarefas, mas com paciência, carinho e dedicação, poderão nadar, cantar, correr, jogar, ajudá-la nas tarefas domésticas e até mesmo ler e escrever.

– Nossa, mal vejo a hora de vê-los fazendo tudo isso... – confessou Glória. – Mas... e quanto ao processo de adoção, quero dizer, o termo que me permitirá assumir a guarda dos meninos. O que precisarei fazer para conseguir essa permissão?

– Não se preocupe – tranquilizou-a a amiga de Inês. – As APAEs envolvidas no projeto trabalham diretamente ligadas a juízes, curadores de menores, assistentes sociais... Enfim, dispomos de toda uma estrutura para resolver todos os casos, sem necessidade de burocracia.

– Eu nem acredito... – disse Glória com os olhos molhados. – Perdi até a fome de tanta alegria!... Tudo isso parece um sonho!

– Eu mesma cuidarei de seu caso. Se tudo correr bem, até o final desta semana você já terá a guarda das crianças! – prometeu a diretora da APAE.

Ao ouvir isso, Glória não se conteve e pulou sobre Anália, estalando um carinhoso beijo em seu rosto:

– A senhora não existe! – ela olhou para Inês e repetiu o gesto. – A senhora então... Nem sei como agradecer a Deus por tê-las colocado no meu caminho...

– Você é que é uma moça de ouro! – respondeu Inês, também emocionada. – Quero que saiba que poderá contar comigo sempre. No que precisar!

– Eu proponho um brinde! – disse Anália levantando seu copo de refrigerante. – Um brinde a esse nosso encontro tão especial!

Satisfeitas, as três ainda conversaram por mais uma meia hora no pequeno restaurante, tendo combinado de se encontrarem na APAE onde Anália trabalhava, já no dia seguinte, de manhã cedo. Empolgada, a diretora convidou as duas para integrarem o grupo de estudos sobre excepcionais que ela coordenava:

– Somos quinze mulheres, todas espíritas e envolvidas direta ou indiretamente com a educação de crianças com necessidades especiais. Nos reunimos todas as quintas-feiras, das oito às nove e meia da noite – informou ela.

Pela primeira vez em toda sua vida, Inês optou por omitir sua religião. Estava realmente tentada a conhecer aquele grupo; o exemplo de resignação e de trabalho de Anália a impressionara fundamente. Agora, no entanto, quando conversava sobre tudo isso com Paulo, enquanto Pedro Henrique e Eduardo assistiam à televisão na sala, sentia-se envergonhada por não ter dito a verdade à amiga, como se de alguma forma houvesse traído a confiança de seu Deus.

– O que é isso, Inês! Deus é um só, está acima de qualquer religião. Não há nada de errado em você querer conhecer uma outra abordagem, uma outra forma de encarar a existência... – argumentou Paulo.

– Ah, Paulo, você está dizendo isso só porque também é espírita...

– Mas eu nunca, jamais te obriguei a abraçar o espiritismo só porque eu acredito na doutrina! Ao contrário, sempre respeitei a sua fé, as suas missas e terços, nunca sequer te convidei para ir ao centro assistir a uma palestra junto comigo...

– É verdade... – reconheceu Inês.

– De mais a mais – continuou ele –, você precisa entender que uma religião não é como um time de futebol, ao qual os torcedores devem ser cegamente fiéis para não serem chamados de 'vira-casaca' por seus rivais. Às vezes, chega um ponto em que determinada religião não responde mais às nossas questões mais íntimas e somos obrigados a procurar outra onde possamos sentir novamente nossa alma alimentada, você me entende? Não há nada de mal nisSo, não é um pecado, e nem uma deserção!

– Mas eu não acredito em reencarnação e nem em comunicação com os espíritos! – desabafou Inês, confusa em seus sentimentos.

– Então não vá. Ou então vá e se permita abrir um espaço no seu coração para ouvir novos conceitos e repensar, sem culpa, os dogmas em que você se acostumou a acreditar...

– Talvez você tenha razão... Ainda não sei... Mas tem outra coisa muito importante que eu preciso conversar com você – anunciou ela. – Depois que Glória foi embora, eu ainda fiquei mais algum tempo conversando com Anália e contei a ela sobre o problema do Pedro Henrique...

– Você disse a ela que até hoje a única palavra que ele aprendeu a dizer foi "mamã"? – perguntou Paulo.

– Sim. Ela me explicou que provavelmente, em nossa preocupação de fazer com que ele soubesse que Laura era sua mãe, nós acabamos por repetir demais esta palavra aos ouvidinhos dele...

– Faz sentido – refletiu Paulo, lembrando-se das inúmeras vezes em que ele próprio mostrara a foto de Laura a Pedro Henrique, sempre repetindo a palavra mamãe. – E você comentou com essa sua amiga que ele vive sendo acometido de inflamações na garganta? – quis saber.

– Comentei. Ela disse que, a princípio, isso é uma coisa normal nesta idade – revelou Inês.

– Mas por que ele não diz mais nenhuma outra palavra? – ele insistiu.

– Bem, Anália acha que ele não tem nenhum problema de fala, pois do contrário não conseguiria dizer nem "mamã". Mas levantou a hipótese de todos nós termos nos tornado silenciosos demais pelas circunstâncias da morte de Laura e, com isso, não termos estimulado devidamente o desenvolvimento linguístico do Pedrinho... Ela utilizou a palavra 'bloqueado'...

– É... É possível, sim... – concordou o marido. – Mas então ainda há tempo de fazermos algo para reverter este processo...

– Quero crer que sim. Anália me pediu para levar o Pedrinho lá na APAE amanhã cedo, para ser avaliado por um fonoaudiólogo. Você acha que nós devemos fazer isso?

– Com toda certeza. Afinal, se existe mesmo algum problema, precisamos detectá-lo o quanto antes – avaliou Paulo.

– Mas como vamos dizer isto a Jorge? Ele fica sempre tão zangado quando tocamos neste assunto... Ele não admite sequer a hipótese de que o filho tenha qualquer tipo de problema...

– A gente leva o menino sem dizer nada, depois, se for o caso, a gente conversa com ele, você não acha melhor assim?

– Está bem – concordou Inês.

Em sua preocupação, os dois nem perceberam que Pedro Henrique, aproveitando-se de um descuido do tio, que cochilara no sofá da sala, estava há tempos sentadinho na porta do quarto, ouvindo tudo o que eles diziam a seu respeito, com olhos atentos como os de um adulto.

Ele não pode ter sumido! – suspirou Bartira, folheando desanimada o relatório que tinha diante de si.

Desde a noite em que Augusto a beijara sob a estátua do cupido em Picadilly Circus – quando, logo após recompor-se da emoção que quase a fez declarar seu amor a ele ali mesmo, ela entrou correndo num táxi sem sequer dizer-lhe adeus – os dois não haviam mais se visto.

Durante as duas semanas que se seguiram, Bartira, quase arrependida por sua atitude infantil, esperou ansiosamente que ele a procurasse. Contrariando suas expectativas, Augusto, contudo, provavelmente cansado de lutar por aquela mulher inatingível, trancada em si mesma por opção, desta vez não voltara mais a insistir. Não telefonou mais, não voltou a aparecer nem em sua casa, nem na empresa. Da mesma maneira surpreendente como havia surgido na vida dela, ele desapareceu por completo, sem deixar qualquer vestígio, já que Bartira não se dera ao trabalho sequer de perguntar-lhe o número de seu telefone. Na verdade, só então ela se deu conta de que não sabia nem mesmo em que universidade ele estava cursando seu doutorado.

Suas palavras, todavia, não lhe saíam da cabeça. “Sem sombra de dúvida, você carrega um trauma monstruoso que a impede de ser feliz nesta vida... Essa obsessão em ser traída fatalmente estragaria qualquer relacionamento...”

Só depois do desaparecimento de Augusto, ela percebera o quanto estava envolvida com aquele jovem psicólogo, o quanto ansiava viver com ele uma ardente história de amor, embora uma espécie de bloqueio dentro dela mesma ainda a impedisse de lutar pela concretização desse desejo. Bartira queria remover esse bloqueio da mente, se permitir sentir o que ela estava sentindo, ser e agir como uma mulher normal.

Foi com esse intuito que, naquela tarde, ela saiu mais cedo do trabalho e, depois de passar quase uma hora orando dentro de uma igreja (se acostumara a fazer isso sempre que se sentia confusa e dividida), dirigiu-se a uma espécie de núcleo de psicoterapia no centro de Londres, onde encontravam-se cadastrados todos os profissionais que clinicavam na cidade, com suas respectivas linhas de trabalho. Estava decidida a buscar as origens de seus traumas através de uma regressão de memória.

Sua preocupação, no entanto, era encontrar um bom analista que fosse especializado em hipnose e terapia de vidas passadas, mas que não estivesse ligado a nenhuma universidade, afastando assim o risco de entregar-se às mãos de algum colega de Augusto, ou mesmo de seu orientador – cujo nome, aliás, ela também nunca tivera a curiosidade de perguntar.

A extensa pesquisa acabou levando-a ao dr. Naran G. Sie, tido como um dos mais célebres psiquiatras e psicoterapeutas de toda Inglaterra, cujas consultas precisavam ser marcadas com quase um ano de antecedência. Bartira, no entanto, teve sorte. Quando soletrava seu nome para que a secretária do médico a incluísse na lista de espera por eventuais desistências, a moça do outro lado da linha a reconheceu:

– Senhora Bartira Lemos Cunha? A senhora por acaso não é advogada dos Laboratórios *Trust*? – perguntou ela, em inglês.

– Exatamente – respondeu Bartira, surpresa – Mas como...

– Pois eu sou Amy, a irmã da sua secretária na empresa. Foi para mim que a senhora conseguiu aquele remédio para varizes que só é fabricado nos laboratórios da Alemanha, está lembrada?

Graças a este aval, Bartira foi imediatamente encaixada na vaga de um paciente que acabara de ter alta e, já no final da tarde do dia seguinte, adentrava o consultório do dr. Naran, de fisionomia bastante peculiar. Embora descendente de árabes, ele era um sósia autêntico do artista plástico espanhol Salvador Dali, semelhança esta que era reforçada pelos longos bigodes que cultivava. Nem mesmo este detalhe, porém, foi capaz de descontrair a advogada, que se sentia tensa e angustiada, ao mesmo tempo em que se esforçava para projetar a imagem de uma mulher fria e controlada, realizada em sua posição de profissional liberal bem-sucedida.

Gentilmente conduzida pelas perguntas do hábil médico, porém, foi aos poucos se libertando de suas próprias fronteiras e limitações. Acabou por expor a ele, com toda sinceridade, as verdadeiras razões que a haviam trazido até ali. Seu medo enorme de relacionar-se com os homens de maneira geral, sua inexplicável implicância com o cunhado, seu tumultuado relacionamento com um pesquisador brasileiro na Inglaterra, seus pesadelos cada vez mais frequentes e 'sem pé, nem cabeça', sua vacilante crença na terapia de vidas passadas como única forma de explicar todos aqueles sintomas que tanto a incomodavam.

Ao longo de toda sua narrativa, Bartira teve apenas o cuidado de ocultar o nome, a ocupação de Augusto e também sua verdadeira contribuição para que ela estivesse ali naquele momento, sempre preocupada com a possibilidade de o jovem pesquisador e o médico se conhecerem.

– Bem – disse o médico, assim que ela terminou seu relato, depois de fazer várias anotações em seu caderninho –, imagino que você saiba que iremos mexer com camadas bastante profundas de sua personalidade... – ele fez uma pausa antes de continuar. – É provável que depois das próximas sessões você passe a enxergar o mundo e as pessoas de uma maneira bem diferente... Mas acho que isso pode ser bom para você... Isso pode ser muito bom para você... – ele fez nova pausa e manteve-se reticente, enquanto enrolava com os dedos uma das pontas do bigode.

– O senhor vai me fazer recordar minhas vidas passadas? – ela perguntou, ansiosa.

– É bem provável que sim... é bem provável – ele continuou enrolando o bigode, com os olhos distantes. – Mas antes de vasculharmos o seu passado remoto, precisamos verificar o seu passado recente.

– Como assim? – Bartira não entendeu.

– Não podemos sair fazendo regressões por aí a torto e a direito, você pode me entender? Dentro de cada pessoa existem impressões preciosas, impressões muito preciosas, que ficam ali gravadas como dados em um disquete. Acontece, porém, que nem sempre a pessoa está preparada para ter acesso a esses dados. Um terapeuta precipitado pode até enlouquecer seu paciente. Por isso é preciso cuidado, é preciso muito cuidado... – ele tinha a mania de repetir o essencial de suas frases.

– E o que é que o senhor pretende fazer, então? – ela quis saber.

– Minha proposta inicial é investigar se existem razões, na presente existência, capazes de motivar, por si sós, as angústias que você me descreveu.

– Mas eu tenho certeza de que não aconteceu nada na minha infância que pudesse desencadear todos esses sentimentos! – garantiu a advogada.

– Isto é o que nós vamos descobrir amanhã.

– Só amanhã? – decepcionou-se Bartira.

– Sim. Infelizmente nosso tempo acabou.

Bartira deixou o consultório um tanto frustrada. Imaginava que naquele dia mesmo o médico a conduziria à solução de todos os seus problemas. Estava tão cheia de expectativas que precisou tomar um ansiolítico no caminho de volta para casa e outro antes de dormir. Mesmo assim, não conseguiu pregar os olhos a noite inteira. Acabou decidindo arrumar o armário do quarto para passar o tempo, embora tudo estivesse impecavelmente em ordem.

No dia seguinte, estava exausta. Quase não rendeu nada no trabalho no período que antecedeu à consulta, novamente marcada para o final da tarde. Nesse meio-tempo, chegou a pensar várias vezes em ligar para o pai, a fim de obter algum tipo de incentivo. Todavia, como de hábito, seu orgulho falou mais alto e ela acabou optando por vivenciar o mais secretamente possível aquela experiência, sem imaginar que o tempo todo seu tio Jonas estava a seu lado, infundindo-lhe ânimo e coragem.

– Por que será que você tem tanto medo de descobrir sobre o seu passado? – provocou o dr. Naran, com sua calma habitual, tão logo ela terminou de lhe narrar a angústia que sentira desde o momento em que deixara o consultório no dia anterior. – Está pronta para começarmos?

– Estou – respondeu Bartira, firme, ajeitando-se sobre o divã indicado pelo médico.

– Ok – observou o dr. Naran, enquanto colocava uma fita em um pequeno gravador portátil. – Escolha uma posição que a faça sentir-se confortável... bem confortável... Agora deixe seus olhos se fecharem lentamente... – ele sugeriu, iniciando o processo – e concentre-se na sua respiração... Ela deve ser profunda e regular... de maneira que você possa perceber seu diafragma abaixando e subindo... abaixando e subindo...

Muito ansiosa, Bartira esforçava-se para obedecer a tudo o que ele dizia. Só à medida que conseguiu realmente concentrar-se em sua respiração, começou a se sentir ligeiramente mais relaxada.

– Inspire profundamente umas cinco vezes. A cada inspiração deixe o ar entrar pelo nariz e encher cada milímetro de seu aparelho respiratório... Depois expire-o lentamente pela boca... até sentir seus pulmões completamente vazios... – Sem jamais soltar as pontas do bigode, o médico continuou a conduzir Bartira a um estado cada vez mais relaxado. – A cada expiração, você deverá pôr para fora todas as dores, todas as tensões, todos os males armazenados em seu corpo...

Profundamente atenta ao que ele dizia, Bartira então expirou todo o medo que sentia de ser traída, toda raiva que guardava de Jorge, toda a dor que sentira nas últimas semanas, enquanto aguardava em vão por um telefonema de Augusto.

– A cada inspiração – prosseguiu o dr. Naran – compense todo o desgaste que está sendo colocado para fora, deixando entrar a energia tranquila que paira a sua volta... Quanto mais esta energia vai entrando dentro de você, mais relaxada você vai se sentindo...

Aos poucos, sempre conduzida pela voz tranquila e pausada do terapeuta, Bartira foi visualizando cada parte do seu corpo e ordenando mentalmente a seus músculos que relaxassem. Em seguida, imaginou uma luz brilhante no alto de sua cabeça, escolheu para ela a cor laranja e a fez espalhar-se por cada órgão, cada tecido, cada músculo, aprofundando cada vez mais o nível de seu relaxamento. Era realmente incrível o poder das palavras daquele médico.

– Neste momento, todo o seu corpo encontra-se preenchido... banhado... impregnado dessa luz maravilhosa e brilhante, e você se sente muito tranquila... muito tranquila... – repetiu o médico. – Visualize, imagine, sinta essa luz rodear o seu corpo por completo, como se você estivesse dentro de um casulo... um halo de luz que protege e relaxa sua pele e todos os seus músculos... Você está completamente tranquila, calma e relaxada...

Bartira, a essa altura, sentia-se como se fosse apenas uma alma, leve como uma pluma, desprovida de qualquer invólucro material. Era quase como se estivesse embriagada pelo torpor que tomara conta de seu corpo.

– Agora eu vou fazer uma contagem regressiva... – anunciou o terapeuta. – De cinco até um... A cada número, você vai se sentir cada vez mais calma e tranquila, e seu estado relaxado se aprofundará cada vez mais... No momento em que eu contar 'um', você estará num estado muito profundo, sentindo sua mente livre através dos limites normais de espaço e de tempo... E você poderá se lembrar de tudo quando retornar...

Em seguida, ele a convidou a prefigurar-se descendo uma escada, uma linda escada, ao fim da qual haveria uma porta com uma luz brilhante do outro lado.

– Cruze essa porta, Bartira, sabendo que sua mente não está mais limitada pelo espaço ou tempo e que poderá se lembrar de tudo o que lhe aconteceu... – ele fez questão de grifar. – No momento em que cruzar a porta para a luz, estará de volta a alguns anos no passado... Permita que seu subconsciente escolha a época que você necessita reviver... Você pode voltar à idade que quiser... Ou até mesmo para o útero de sua mãe... Procure localizar exatamente alguma situação que tenha contribuído para a sua decisão de jamais envolver-se amorosamente com nenhum homem... Observe atentamente todos os detalhes de cada cena que lhe for mostrada por seu inconsciente... O que você vê, neste momento?

Bartira permaneceu em silêncio. Por alguns instantes, o dr. Naran chegou mesmo a pensar que a paciente dormira sobre o divã. Repetiu diversas vezes a pergunta e nada. Bartira continuava muda e de olhos fechados. O psicoterapeuta já começava a se questionar se havia errado em algum ponto do processo de hipnose, quando subitamente ela se manifestou, trazendo à tona o que de mais secreto havia guardado em sua memória inconsciente.

Ao atravessar a porta, Bartira se viu diante de um requintado quarto de moça, com móveis antigos, e um guarda-roupa aberto, repleto de vestidos rodados, cada um mais maravilhoso do que o outro. Contrariando as expectativas do dr. Naran, com o auxílio dos fluidos que lhe foram emitidos por Jonas e por seu espírito guardião ao longo de todo o processo de relaxamento presidido pelo médico, Bartira retrocedeu diretamente à encarnação passada que necessitava reviver, sem se deter em nenhum ponto de sua atual existência.

– Há alguém neste quarto? – perguntou o médico, sem ainda desconfiar de que a paciente aterrissara de imediato numa existência pregressa.

– Sim... – respondeu Bartira em seu transe, sempre em inglês, como se estivesse de alguma maneira condicionada a recordar tudo na língua em que se comunicava com o médico. – Há uma moça que chora desconsolada sobre a cama... Ela está muito triste... Seu nome é Anita.

– Você conhece esta moça? – perguntou o dr. Naran, procurando se situar.

– Sim... Esta moça sou eu... Eu sei por que ela está chorando...

– E por que é? – embora surpreso, o médico prosseguiu naturalmente.

– Porque amo um rapaz... Seu nome é Bernardo... Mas meus pais descobriram nossos encontros e proibiram terminantemente o namoro...

– E por que eles fizeram isso? – incentivou o dr. Naran, ainda fascinado com a rapidez com que Bartira impulsionara seu inconsciente em direção a um passado remoto.

– Porque meu pai só pensa em negócios. Pensa que eu sou uma mercadoria...

– Tente ser mais clara – sugeriu o médico.

– Meu pai quer que me case com outro rapaz, que lhe prometeu uma série de favores políticos.

– E que favores seriam esses? – instigou o médico, cada vez mais curioso.

– Incentivos à sua produção de café, uma vaga no ministério... Isso foi tudo o que mamãe me disse...

– E em que lugar vocês vivem? – continuou a investigar o dr. Naran.

– No Brasil, numa cidade chamada Vassouras – informou Bartira.

– Você saberia localizar o ano? – prosseguiu o médico, atento.

– Não... Não tenho a menor noção de datas... – respondeu Bartira, depois de refletir por alguns instantes. – Minha vida é muito alienada... não conheço sequer a corte.

– A corte? – estranhou o terapeuta. – E onde fica a corte?

– No Rio de Janeiro, a capital do Império.

– Capital do Império... sim... – repetiu o dr. Naran, enquanto procurava anotar rapidamente em sua caderneta. – E o que faz exatamente o seu pai?

– Meu pai é dono de uma grande fazenda, onde nós vivemos. Ganhou muito dinheiro produzindo cana-de-açúcar, mas agora está investindo no café. "O Brasil é o café", eu o escuto dizer sempre. Seu sonho é se tornar um grande produtor de café e assumir um cargo político na corte...

– E por que seu pai trocou o açúcar pelo café? – quis saber o dr. Naran, que quase nada sabia sobre a história do Brasil.

– Não entendo direito. Parece que tem alguma coisa a ver com o mercado... E também com o aproveitamento dos escravos...

– Vocês têm escravos?

– Sim, muitos; são eles que plantam o café. Mas parece que os ingleses estão tentando acabar com isso. Papai anda muito nervoso... Reclama muito de uma tal Lei Euzébio de Queirós, que diz ser absurda.

– Lei Euzébio de Queirós – ele fez questão de anotar. – E quanto a Bernardo, ele também produz café?

– Não – respondeu Bartira. – Bernardo é alfaiate, aprendeu o ofício com sua mãe, que é costureira e viúva. Eles não são pobres, mas também não são ricos; ganham o suficiente para sobreviverem dignamente. Mas isso não basta para meus pais.

– E onde vocês se conheceram?

– Na igreja, durante as festas de Nossa Senhora da Conceição, a padroeira da cidade... Depois passamos a nos encontrar, escondidos, junto a um riacho nos limites da fazenda. Mas meu pai descobriu tudo e agora estou proibida até de sair do quarto...

– E como você se sente com tudo isso? – questionou o médico.

– Triste... muito triste... – ela chora. – Eu amo Bernardo... Não quero casar-me com outro...

Aos poucos, Bartira foi recompondo todo seu passado, que posteriormente o psicoterapeuta localizaria no Brasil da segunda metade do século XIX. Segundo ela, o noivo escolhido por seus pais era um jovem médico chamado Cirino, muito rico e poderoso, filho de eminente político do Partido Conservador domiciliado em Portugal e também candidato a importante cargo na corte.

– Ele parece obcecado por mim, mas eu o odeio! – acrescentou Bartira, referindo-se a Cirino. – Tenho nojo dele!

– Você seria capaz de reconhecê-lo, em sua atual existência? – tornou o médico.

– Não – respondeu Bartira, depois de pensar um pouco. – Nunca nos encontramos nesta existência.

– E você reconhece alguma outra pessoa próxima? – insistiu ele.

– Sim. Minha mãe e meu pai são os mesmos.

– Certo. E quanto a Bernardo?

– Ele é Augusto, o homem que eu amo – ela admitiu, hipnotizada, sem conseguir exercer qualquer tipo de censura às próprias palavras.

– Ok. Vamos avançar alguns meses no tempo – determinou o dr. Naran, depois de fazer mais algumas anotações em sua caderneta. – Como se sente casada com Cirino?

– Eu não me casei com ele – corrigiu Bartira. – Ele morreu por minha culpa...

– Por sua culpa? – surpreendeu-se o médico. Vamos retroceder novamente um pouco para ver como foi que isto aconteceu...

Bartira começou a narrar então, com detalhes, toda a complicada trama que levaria ao enforcamento de Cirino. Ela, Laura e Eduardo eram amigos de infância, cresceram juntos em fazendas vizinhas, suas famílias se frequentavam com uma certa assiduidade. Laura e Eduardo, que então se chamavam Desirée e Laerte, eram irmãos. Haviam acabado de vivenciar uma horrível tragédia e estavam agora morando de favor na fazenda dos pais de

Bartira. O pai de Laura/Desirée e Eduardo/Laerte, que Bartira reconheceu como seu tio Jonas na atual encarnação, era viúvo e havia perdido no jogo tudo o que tinha, inclusive a fazenda e os escravos. Ultrajado e humilhado, suicidara-se na própria noite do ocorrido, em seu quarto, após escrever uma carta aos filhos e ingerir um vidro inteiro de água tofana.

Com a ajuda de Anita/Bartira e de alguns escravos fiéis, os dois jovens desolados enterraram o pai na fazenda, e inventaram para toda a cidade a desculpa de que este viajara para Coimbra a título de receber uma grande herança, abafando assim o escândalo da perda da propriedade. Na verdade, o que mais inquietava os órfãos era o fato de que Desiree/Laura estava de casamento marcado com um jovem bacharel recém-formado, filho de um dos maiores produtores de café da região.

Este jovem, de nome Pedro, vinha a ser justamente Jorge naquela existência. Completamente apaixonado por Desirée/Laura, que também o amava desde então, fora ele o único a saber de toda a verdade sobre o suicídio do pai de sua noiva, além de Anita/Bartira, tendo aprovado inteiramente a desculpa inventada pelos dois irmãos. No fundo, como Desirée/Laura e Laerte/Eduardo, Pedro/Jorge também temia que seus pais não concordassem mais com o casamento, caso descobrissem a verdadeira situação financeira da noiva escolhida pelo filho, e também passou a odiar Cirino, então seu melhor amigo, por este ter se aproveitado do desespero do pai de Desirée/Laura na mesa de jogo para tirar-lhe tudo o que tinha, criando toda aquela delicada situação.

Foi nesse contexto que Desirée/Laura, Pedro/Jorge e Laerte/Eduardo decidiram, a pedido de Anita/Bartira, tramar um plano para impedir que Cirino viesse a desposá-la, aproveitando assim para se vingarem do mal que este lhes causara. A ideia era fazê-lo passar por uma vergonha tão grande a ponto de desaboná-lo aos olhos do pai da moça. Em seguida, Pedro/Jorge o aconselharia a voltar para Portugal e compraria dele, por um preço irrisório, a propriedade que fora do pai de Desirée/Laura, com o intuito de restituí-la à noiva e ao irmão.

Assim, inspirada em um caso ocorrido em Portugal que lhe fora relatado pelo irmão, Desirée/Laura pediu a Pedro/Jorge para que fosse visitar Cirino em sua antiga fazenda e lá descobrisse se havia alguma escrava que costumava servir ao rapaz em suas necessidades masculinas, como era comum na época.

Uma vez descoberta a dita escrava, que vinha a ser justamente uma negra chamada Esmeralda, que gostava muito dos antigos patrões, Laerte/Eduardo e Pedro/Jorge então ficaram encarregados de voltar à fazenda quando Cirino estivesse viajando – ele costumava ir sempre visitar o pai em Portugal. O principal objetivo dos dois era convencer a escrava a participar do plano. Em troca, Esmeralda receberia do noivo de Desirée/Laura o montante de dinheiro correspondente ao valor de sua alforria.

O plano era simples. Na noite em que o jovem bacharel voltasse de viagem – quando, segundo Pedro/Jorge descobrira, costumava sempre procurá-la – a escrava deveria embebedá-lo e convencê-lo a vestir-se de mulher, a título de realizarem juntos uma fantasia sexual.

Enquanto isso, Desirée/Laura e Anita/Bartira encarregaram-se de espalhar a notícia de que Cirino, antes de partir, pedira à noiva para que convidasse toda cidade para um jantar oficial de noivado, a ser realizado no dia de seu retorno de Portugal, na fazenda que agora pertencia ao rapaz. Dona de invejável caligrafia, a própria Desirée/ Laura incumbiu-se de redigir os falsos convites a serem distribuídos e tudo correu conforme o planejado.

– E onde Bernardo entra em tudo isto? – tentou entender o médico, que ouvia toda aquela narrativa enrolando nervosamente as pontas do bigode, como quem assiste a um instigante capítulo de novela.

– Ele não sabe de nada, apenas concordou em esperar por mim durante o tempo que lhe pedi – explicou Bartira em transe. – Eu e Desirée temos certeza de que, depois de passar por tamanha vergonha, meus pais entenderão que o valor de um homem não pode ser medido simplesmente por suas posses ou por seu prestígio político, e acabarão concordando com nosso casamento.

– Caminhe um pouco mais no tempo até o dia da festa de noivado planejada. O que, efetivamente aconteceu? – determinou o médico, cada vez mais curioso.

Bartira não respondeu. Parecia transtornada com as próprias recordações, logo começou a chorar.

– Não é possível... – dizia em prantos. – Isso não pode ser verdade...

– O que não pode ser verdade? – insistiu o dr. Naran.

– Bernardo ficou sabendo do noivado – sua voz parecia trêmula. – Entendeu tudo errado... Preciso impedi-lo...

– De que você precisa impedir Bernardo?

– Ele vai morrer... – chorava Bartira. – Ele não pode fazer isso...

– Procure se acalmar – pediu o médico. – Você pode vivenciar tudo sem sentir dor... Agora me explique, o que aconteceu com Bernardo?

Só depois de chorar por mais alguns instantes, Bartira conseguiu explicar ao dr. Naran o que se passava em suas lembranças. Cerca de meia hora antes de a família sair para a festa, Desirée/Laura entrou em seu quarto e contou-lhe que, por pura maldade, o pai de Anita/Bartira havia procurado o jovem alfaiate, no próprio dia em que as duas iniciaram a distribuição de convites, e fizera questão de humilhar o rapaz, encomendando-lhe um fraque especialmente para a ocasião. Tal roupa jamais ficaria pronta, e o pai de Bartira nem chegaria a se aborrecer com isso, posto que sequer se dera ao trabalho de voltar à alfaiataria para buscá-la. O fato, porém, era que o rapaz, ferido em suas fibras mais íntimas, fora naquele mesmo dia procurado por influente militar amigo do pai de sua amada e convencido a alistar-se como voluntário brasileiro na Guerra do Paraguai.

– Ela me diz que ele partiu hoje de manhã para os campos de combate – explicou Bartira, com o rosto novamente banhado em lágrimas.

– E como Desirée soube de tudo isto? – tentou compreender o médico.

– A mãe de Bernardo era sua costureira – respondeu a moça.

Desnorteada com a descoberta, Anita/Bartira chegou a pensar em desistir do plano contra Cirino, estava com muito medo. Mas era tarde demais para voltar atrás. Seus pais já a esperavam dentro do tílburi que os levaria até a fazenda de Cirino. Assim, carregando no coração a pálida esperança de que o amado voltasse vitorioso do combate, partiu triste e insegura para assistir à concretização daquela armação maquiavélica.

O que nem Desirée/Laura, nem Anita/Bartira e nem os outros dois jovens que participaram da concepção do plano esperavam, no entanto, era que a reação de Cirino pudesse ser tão drástica e aterradora. Nesse ponto da narrativa, a moça empalideceu subitamente no divã do dr. Naran.

– O que vê agora? – perguntou o médico, intuindo uma cena forte.

– Uma coisa horrível... – ela respondeu, branca como uma vela.

– Tente superar o susto... – pediu o psicoterapeuta. – O que aconteceu?

Com a voz muito trêmula, Bartira narrou então o vexame experimentado por Cirino no momento em que toda a sociedade deparou-se com ele caído no chão, em pleno salão da fazenda, vestido de mulher. Para piorar ainda mais a situação, um escravo homem, que provavelmente se embebedara com uma das várias garrafas de cachaça que Cirino deixara sobre a mesa, estava caído a seu lado.

– As pessoas estão revoltadas... Meu pai o esbofeteou na frente de todos... Alguns querem linchá-lo... Sinto pena dele, está transtornado... Tenta se explicar, mas ninguém acredita... Tenho vontade de dizer toda a verdade, mas Desirée me impede. Ela me diz que se eu fizer isto, serei linchada no lugar dele... Meu Deus, não!... O escravo foi levado para o tronco e Cirino saiu correndo em direção às plantações... Os homens vão atrás dele, carregando tochas de fogo na mão... – ela soluça como se estivesse vivenciando toda aquela situação naquele exato momento – Eles vão matá-lo... Pelo amor de Deus, não façam isso!... Minha mãe tenta me consolar, mas fujo de seu abraço... Também não quero ficar perto de Desirée... Sinto-me envergonhada... Não pelo vexame a que fui exposta, como todos pensam, mas por ter compactuado com tudo isso... Deixo as mulheres falando no salão da fazenda e fujo também em direção às plantações... Preciso encontrá-lo antes que eles o encontrem... Preciso pedir perdão a Cirino... Mas não! – ela grita de pavor – Ahhhhhhhhh!

– Procure ficar calma, Bartira, procure se acalmar – pediu novamente o médico. – Ela contorcia-se inteira de pavor. Acabara de deparar-se com Cirino enforcado, pendurado nos galhos de frondoso ipê.

O pesar e o arrependimento recaíram então sobre os quatro jovens, sobretudo depois que mais uma notícia trágica chegou à cidade, poucas semanas depois, atingindo em cheio o coração de Anita/Bartira: Bernardo também fora morto em combate. Bartira voltou a chorar desconsoladamente. Parecia que ia ter uma crise de tanto soluçar.

– Procure se acalmar – aconselhou o médico. – Tudo isso já passou... Ficou para trás...

Ela foi aos poucos serenando e ele então prosseguiu:

– Procure avançar agora mais alguns meses no tempo... Você se arrependeu pelo que aconteceu a Cirino?

– Sim. Sonho com ele todos os dias, sinto sua presença a meu lado constantemente. Eu não gostava dele... Mas também não queria que ele tivesse morrido assim... Ninguém merece morrer assim... – confessou Bartira, recomposta. – Mas eu paguei caro por tudo isso...

A vida de Anita/Bartira transformou-se em verdadeiro inferno após o suicídio de Cirino. Atormentada pelo próprio remorso e pela presença constante do espírito do ex-noivo a seu lado, passou a odiar Desirée/Laura, a quem, em seu desespero, atribuiu toda a culpa pela morte de Cirino e também pela de Bernardo. As duas passaram a discutir com uma frequência tão grande a ponto de chamarem a atenção dos pais de Bartira, que então a convidaram para uma conversa particular.

– Eles a estão pressionando... Querem saber quando exatamente o pai virá buscá-los, por que não escreveu nenhuma carta até hoje... Estão muito desconfiados. Sabem que Desirée e eu temos um segredo que nos faz discutir, acham que este segredo está relacionado ao pai dela... – narrou Bartira, que agora se via escondida atrás da porta do quarto onde os pais interrogavam a amiga.

– E quanto ao rapaz que você reconheceu como seu irmão na presente existência? Ele não tomou parte na conversa? – estranhou o terapeuta.

– Não... – respondeu Bartira. – Laerte ficou muito transtornado depois do que aconteceu a Cirino, quase não o vemos na fazenda. Sai de casa cedo e só volta depois que todos estão dormindo...

– Mas ele não trabalha? – quis saber o dr. Naran.

– Não. Ele também é bacharel em direito, como o noivo de Desirée, mas jamais exerceu a profissão. Papai chegou a conseguir-lhe uma vaga no escritório de um conhecido, mas ele não se apresentou. Meus pais estão muito aborrecidos com isto e querem conversar com ele também – revelou Bartira.

De acordo com suas recordações, Desirée/Laura não suportou a pressão daquele interrogatório e acabou confessando aos pais de Anita/Bartira que não existia herança nenhuma e que seu pai não estava em Coimbra, mas enterrado na própria fazenda que um dia lhe pertencera. Aborrecidos, os pais de Bartira então lhe deram um prazo para que abandonasse aquela casa juntamente com seu irmão. Não estavam dispostos a sustentar dois mentirosos.

– E nem mesmo nessa hora você sentiu vontade de ajudar sua amiga?

– Não – confessou Bartira. – Queria mesmo que ela fosse embora, não suportava mais olhar para o seu rosto. Além disso, eu tinha medo que ela acabasse contando a meus pais a verdade sobre a morte de Cirino.

Convidada pelo médico a caminhar mais alguns meses no tempo, Bartira então contou que, depois de implorar por ajuda sem que ninguém na cidade se dispusesse a acolhê-los, Desirée/Laura foi morar num prostíbulo. Laerte/Eduardo envolveu-se com traficantes de ópio e se perdeu pelo mundo. Horrorizada com todo este escândalo, a família de Pedro/Jorge então rompeu seu noivado com a moça e decidiu casá-lo com Anita/Bartira, mediante um acordo bastante conveniente às duas famílias.

– E você aceitou casar-se com ele? – perguntou o dr. Naran.

– Não sei – respondeu Bartira. – Estou muito chocada, não consigo ver mais nada.

O terapeuta insistiu várias vezes, mas Bartira manteve-se naquela mesma postura. Era como se algo houvesse bloqueado suas lembranças, aprisionando-a naquele momento de seu passado. Amparado em sua larga experiência, o dr. Naran logo percebeu que se encontrava diante de um bloqueio importante. A resistência de Bartira indicava que algo muito revelador e significativo estava prestes a vir à tona, justamente a partir do desfecho que ela agora se negava a revivenciar. "A ponta do *iceberg*...", ele refletiu, alisando calmamente os bigodes. "Encontramos a ponta do *iceberg*..."

Assim, por uma questão de método e sobretudo de sensibilidade, embora não gostasse de terminar uma sessão sem encerrar também a existência que vinha sendo trabalhada com seu paciente, o dr. Naran optou por voltar a trabalhar aquele bloqueio em próxima ocasião.

– Ok. Vamos então congelar esta cena – ele apenas fez questão de solicitar antes de trazê-la de volta ao presente.

Instantes depois, Bartira abria os olhos lentamente, de maneira ressabiada, como se estranhasse as paredes do consultório.

– Como se sente? – o dr. Naran perguntou, quebrando o longo silêncio.

Triste... De certa forma, sinto-me como se tivesse descoberto a pior parte de mim mesma... – confessou Bartira, com algum receio.

– Você precisa aceitar que tudo isso já passou... Que, assim como você, todos aqueles que você viu em suas recordações vêm se transformando desde aquela época... E que agora vivem a chance de resgatar todos os erros cometidos nesta nova existência... – ponderou o terapeuta, com seu ritmo pausado.

– Sim, eu não sinto raiva deles... Ao contrário, é como se agora eu entendesse as razões de todos os conflitos que sempre tive com meus pais, com meus irmãos...

– E quanto ao seu cunhado? – investigou o dr. Naran.

– Continuo sentindo muita raiva dele... – admitiu Bartira.

– E você acha que essa raiva tem a ver com aquilo que você viu aqui, durante a sessão, ou com os fatos que seu inconsciente se recusou a revivenciar? – questionou o médico.

– Penso que está ligada à segunda hipótese... De alguma forma, por uma espécie de intuição que não sei explicar, eu sinto que me casei com ele naquela existência e que ele me fez sofrer muito... Talvez até em função daqueles pesadelos de que lhe falei... – ela mesma tentou analisar.

– E no que se refere ao seu medo de ser traída? Ele aumentou ou diminuiu depois desta regressão? – insistiu o dr. Naran, depois de fazer algumas anotações em seu caderninho.

– Continua a mesma coisa – afirmou Bartira.

– Então ainda temos muito a descobrir. Eu a espero amanhã. Qualquer problema, você pode me ligar. Mesmo que seja de madrugada – encerrou o dr. Naran.

Ao deixar o consultório, Bartira sentia-se muito esquisita. Era como se sua mente houvesse permanecido no passado. Estranhou os automóveis passando nas ruas, o barulho, as pessoas, os edifícios, as próprias roupas. De tão assustada, acabou preferindo ir a pé para casa. A imagem de Cirino, enforcado, não lhe saía da cabeça.[24]

[24] Cabe esclarecer aqui que, em geral, quando uma pessoa se submete a uma terapia de regressão a vidas passadas, ela não se recorda exatamente do paralelo exato entre todas as pessoas que vê no transe hipnótico e aquelas de sua convivência. Pode, eventualmente, reconhecer uma ou outra pessoa mais próxima dada a semelhança de seus padrões de comportamento e traços de caráter, sempre obedecendo ao que foi previamente permitido pela espiritualidade maior em função de suas reais necessidades e também de seu merecimento. A espiritualidade não permite o reconhecimento de todos os que participaram de nossas vidas anteriores porque tal conhecimento poderia vir a dificultar ainda mais os relacionamentos atuais, bem como as provas previamente planejadas visando justamente à superação e à reconstrução dos encontros que outrora resultaram em focos de discórdia. No presente romance, contudo, usamos uma espécie de "licença poética" para que a personagem Bartira pudesse identificar grande número de integrantes de sua atual rede familiar, de forma que o leitor tivesse condições de melhor compreender o que poderia estar (com base em estudos de vários casos reais) por detrás de toda a situação aqui narrada, envolvendo encarnados e desencarnados.

Mais alguns meses se passaram céleres no plano terrestre. Laura abriu os olhos e tentou identificar onde estava. Vera, Melissa e Santinha, suas companheiras de quarto, ainda dormiam profundamente. Lembrou-se então do momento em que chegara àquele hospital, das fisionomias bondosas de Lúcia, Lilian e Ivone, e sentiu-se em paz. Mas... como teria chegado até ali? O que, de fato, lhe havia ocorrido?

Não tinha a menor noção de quanto tempo se passara desde que fora acolhida naquele local, todo seu passado parecia embaralhado em sua cabeça. A única certeza que tinha era de que dormira por longas horas. Ao mesmo tempo, tudo ali lhe parecia estranhamente familiar, quase podia reconhecer até os quadros pendurados na parede. Era como se já houvesse vivido aquela mesma situação num passado remoto e distante.

Só aos poucos seu raciocínio começou a aclarar-se, oferecendo-lhe maior possibilidade de entendimento e compreensão das circunstâncias. Olhou para seu corpo estirado sobre a cama e, pela primeira vez desde que atentara contra a própria vida, reconheceu-se de posse de si mesma, livre daquele estado mórbido de pesadelo que a acompanhara durante tanto tempo. Quanto tempo? Ainda não saberia precisar.

Paradoxalmente, porém, se por um lado ela se sentia invadir por aquela impressão de reconforto mental, a clareza de raciocínio que mal acabara de conquistar a obrigava a examinar com maior dose de senso e serenidade a profundeza da falta que cometera contra si própria. Ardentes sentimentos de desgosto, remorso, temor e desapontamento forçavam-na a apreciar devidamente a melhoria de sua situação, ao mesmo tempo em que incômoda sensação de vergonha chicoteava-lhe o íntimo, gritando a seu orgulho que ela não dispunha do menor merecimento para estar ali, tendo sido acolhida unicamente pela magnanimidade de indivíduos altamente caridosos, iluminados pelo amor de Deus.

"Mas afinal como poderia estar viva e morta ao mesmo tempo?" Tentava entender. Não, não era possível que tivesse morrido, o suicídio absolutamente não a matara! Podia ver seu corpo, raciocinar, sentir seus olhos piscando como os de qualquer pessoa, fechar e abrir as mãos. Em suma, sentia-se viva demais para estar morta!

Ainda questionava-se sobre tudo isso, quando foi despertada pela doce voz de Lilian a seu lado:

– Laura, querida! Quem bom que acordou! Como se sente?

– Confusa... – ela respondeu. – Ainda não entendi direito o que foi que aconteceu comigo, não consigo me conformar com a ideia de que eu morri... Você tem certeza de que eu morri?

– Mas é claro que você não morreu, Laura! Por que se tortura tanto com esse pensamento, minha irmã? Você não morreu e nem vai morrer nunca, porque somos seres eternos, cuja única e verdadeira morada é a pátria espiritual.

– Mas eu vi o meu corpo morto no cemitério! – argumentou Laura, angustiada com suas lembranças. – Você não pode imaginar que cena horrível, que desespero eu senti quando...

– Por favor, não continue – pediu Lilian, cuidadosa –, tais lembranças só poderiam prejudicá-la. Deixe-me ver se consigo fazê-la entender. O homem é um composto de tríplice natureza: matéria, fluido e essência, que também podem ser chamados de corpo carnal, corpo fluídico ou perispírito, e alma ou espírito. Desses três elementos, o primeiro é perecível, obedecendo apenas às necessidades temporárias de seu possuidor, e fadado à desorganização total por sua própria natureza carnal.

– Assim como aquele corpo que eu vi no cemitério... – deduziu Laura, rápida.

– Exatamente.

– Então esta Laura que eu estou vendo aqui, diante dos meus olhos, é de natureza fluídica ou espiritual?

– As duas coisas, posto que uma está intimamente ligada à outra – explicou Lilian. – Com a diferença de que nosso corpo fluídico é formado de uma matéria menos densa, que não é visível aos olhos carnais comuns, e tende a assumir a forma que nós projetamos sobre ele, com nossos atos e pensamentos.

– E o espírito? Onde fica? – quis saber Laura.

– O espírito é a essência do ser, de onde se irradiam a vida, os sentimentos, a inteligência... É eterno como a origem da qual provém, quase como uma luz imperecível, que tende a brilhar sempre mais e mais à medida que o ser evolui – descreveu Lilian.

– Tudo isto parece tão complicado... – desabafou Laura hesitante.

– Não se preocupe. Com o tempo, você irá entender. Agora devo conduzi-la ao gabinete cirúrgico do departamento hospitalar, onde terá seu corpo fluídico examinado e tratado.

Amparada pela enfermeira, Laura, que ainda caminhava com extrema dificuldade e sentia muitas dores, seguiu por um vasto corredor florido, até chegar às dependências do hospital, onde um atencioso médico, trajando uma espécie de uniforme lilás, a esperava:

– Bom dia! – ele exclamou bem-humorado. – Sou o doutor Dario Matias e a estava aguardando para o início de nosso tratamento cirúrgico. Você é a Laura, acertei?

Laura sorriu em sinal afirmativo. Sentia-se como uma criança no consultório de um pediatra muito querido. Lilian despediu-se rapidamente, prometendo voltar mais tarde para buscá-la, e ela seguiu com o doutor Dario Matias em direção a um pavilhão reservado, onde sua organização físico-espiritual – seu perispírito – seria submetida a minuciosos e importantes exames por uma equipe de médicos que ali se encontravam, todos trajando aquele mesmo uniforme lilás.

Tal como Lilian havia lhe explicado, era como se ela, enquanto encarnada, possuísse um segundo corpo, molde e modelo do que fora destruído pelo ato brutal do suicídio, e agora esse 'duplo', embora possuindo a faculdade de ser indestrutível, estivesse danificado nos mesmos pontos em que Laura machucara seu corpo carnal ao pular pela janela.

– Nosso corpo fluídico – disse o médico, como se pudesse ouvir seus pensamentos enquanto a examinava – é uma organização viva, real. É a sede das sensações, na qual se imprimem e repercutem todos os acontecimentos que impressionam a mente e afetam o sistema nervoso, do qual é o dirigente.

– Ai... mas por que eu sinto tanta dor, doutor? – perguntou Laura.

– É que nesse envoltório admirável da alma persiste também uma substância material, embora quintessenciada, a qual lhe faculta a possibilidade de adoecer e ressentir-se. Semelhante estado de matéria é extremamente impressionável e sensível por sua natureza delicada, não podendo, por isso mesmo, suportar, sem grandes distúrbios, a violência de um ato brutal, como o suicídio, para o seu invólucro terreno.

– Mas então eu vou sentir essas dores para sempre? – imaginou Laura angustiada.

– De maneira alguma – garantiu o médico. – É para isso que nós estamos aqui. Enfermeiro, traga, por favor, o aparelho de sondagens!

Deitada sobre uma espécie de maca, Laura recebeu então um jato de luz fortíssimo sobre os tecidos semimateriais das regiões afetadas de seu perispírito, sendo em seguida imersa numa enorme banheira, onde uma água tépida de propriedades magnéticas, acrescida de uma série de bálsamos quintessenciados, envolveu todo seu corpo, trazendo-lhe uma sensação de profundo alívio.

De volta à maca, foi novamente colocada sob estranho aparelho, que o médico explicou ser capaz de emitir substâncias luminosas extraídas dos raios solares, o qual, uma vez acionado, passou a emitir fotografias e mapas animados e sonoros destinados a análises especiais.

– Para que servem todos esses mapas? – quis saber Laura, curiosa.

– Tudo isso aqui – disse o médico, examinando atentamente uma das fotografias que acabara de ser impressa – servirá mais tarde para o planejamento do novo corpo carnal de que você necessitará para retornar à Terra.

– Então quer dizer que algum dia eu irei voltar? – supreendeu-se Laura.

– Mas é claro que sim, querida irmã! Nosso Pai Maior sempre nos dá novas oportunidades para repararmos os erros cometidos. Mas não pense nisso agora. Apenas confie no futuro e na sabedoria de Deus, que nos ama incondicionalmente – aconselhou ele com carinho.

Todos os dias, a mesma rotina se repetia. Sempre reanimada pelas palavras encorajadoras do dr. Dario Matias, da enfermeira Lilian e de todos os demais envolvidos em seu tratamento, Laura era submetida a aparelhos sutis, luminosos e transcendentes que, pouco a pouco, iam concretizando seu processo de melhora. De tempos em tempos, complementando o tratamento, era convidada a assistir a palestras proferidas por espíritos de intensa luz, os quais a ajudavam a entender melhor, não só a sua situação momentânea, como também sua ampla realidade de ser espiritual.

Não fosse pela imensa saudade de seus entes queridos e pela vontade quase insuportável de saber como estava seu filho, Laura era quase feliz em seu esperançoso reaprendizado. Dotada de privilegiada inteligência e extremamente perspicaz em seus raciocínios, captava todos os ensinamentos com rara facilidade e, em seus momentos de folga, costumava tentar dividir as lições tão rapidamente apreendidas com suas jovens companheiras de quarto.

– Não posso me conformar que Jesus não tenha vindo nos visitar pessoalmente até hoje... – reclamava naquela tarde Santinha, a moça que se suicidara para se encontrar mais depressa com o Cristo, a qual não se separava jamais de seu terço.

– Ora, Santinha – tornou Laura, reflexiva –, por tudo o que já aprendemos, acho que Jesus está sempre conosco, mesmo que não possamos vê-lo. Afinal, Ele é um espírito muito adiantado, que já alcançou a perfeição e a pureza em seu mais alto grau. Como você queria que nós, espíritos atrasados que não soubemos sequer honrar nossos compromissos na Terra, pudéssemos vê-lo assim frente a frente? Não temos evolução e nem merecimento suficientes para isto!

– Eu não consigo entender por que a gente se torna outra pessoa depois que vem para cá... – desabafou Santinha. – Quando eu estava na Terra, todos diziam que eu era boa, me chamavam até de Santinha! Vivia recolhida em meu quarto, orando por todos, não fazia outra coisa na vida senão pedir pelas outras pessoas... E, no entanto, agora, quando olho para mim mesma, sinto como se eu fosse o mais abjeto dos seres, a pior das pecadoras, uma vergonha viva... Por isso queria tanto encontrar Jesus. Queria que ele me dissesse que, apesar de tudo, me perdoa, para diminuir essa culpa imensa que sinto pesar sobre mim.

– Mas ele te perdoou, Santinha! – garantiu Laura. – Não só Jesus como também Deus, o nosso pai celestial! E a prova maior disso é que você está aqui, sendo tratada por esses seres atenciosíssimos que são nossos médicos e enfermeiros, recebendo tudo de que necessita para superar seus erros do passado. Onde está sua fé?

– Agora você tocou em um ponto que me angustia – disse Vera, a que ingerira um vidro de comprimidos depois de brigar com o namorado. – As pessoas, todo mundo aqui vive falando em Deus, mas eu não consigo imaginar Deus. Sinto que Ele existe, tenho medo d'Ele, acho até que deve estar muito zangado comigo pelo que fiz. Mas não consigo, de maneira nenhuma, imaginar como é Deus, o que é Deus...

Laura ficou alguns instantes meditando, com a ponta da unha do dedo indicador entre os dentes, como se estivesse tentando recordar alguma coisa. Até que tomou novamente a palavra:

– Meu pai costumava dizer que o conceito de Deus está vinculado à nossa evolução. Eu sempre debochava das coisas que ele dizia, mas me lembro direitinho do dia em que ele me deu esta explicação... Ele disse assim: se uma pessoa para no pé de uma montanha, ela vai ver uma paisagem. Se ela subir mais um pouquinho, essa paisagem vai se tornar maior, mais abrangente, e quanto mais ela for subindo, mais amplo irá se tornando o seu campo de visão. Um dia, ela chegará ao topo da montanha e enxergará uma nova paisagem, mais completa em toda a sua amplitude – ela voltou a ficar pensativa por mais alguns instantes. – Só agora – continuou por fim –, depois de tudo o que nós temos estudado, eu consigo entender o que meu pai quis dizer com esta imagem. Na verdade, nós ainda estamos no sopé da montanha em matéria de Deus. Ainda temos muito a aprender. No momento, porém, tudo o que cabe na nossa inteligência é a noção de que Ele é a força superior que preside a tudo o que nós observamos.

– Eu acho – atalhou Melissa, a moça que se suicidara para não prestar exame de matemática, a qual até então se mantivera calada – que a gente tem mais é que aprender com tudo o que passou e se esforçar bastante para voltar a ser digna da confiança do Pai, do amor de Jesus... E não é só rezando terço, não, porque só fazer isso não leva ninguém a nada! A gente tem é que procurar realmente fazer o bem às pessoas, agindo do jeito como Jesus gostaria que nós agíssemos...

– É verdade – concordou Vera. – Só de pensar no mal que eu fiz a meus pais e às pessoas que eu amo com a minha atitude infantil e precipitada, eu me sinto tão triste, tão...

As quatro jovens abaixaram a cabeça e ficaram se lembrando de seus pais, com o coração latejando de arrependimento e saudades. Sobretudo Laura, que só agora começava a entender o valor dos ensinamentos que Paulo tentara lhe transmitir, a perceber quantas coisas ela deixara de aprender com o pai por orgulho e por criancice... Se ela o tivesse ouvido no tempo certo, talvez não estivesse ali naquele momento. Sentia tanta falta dele! Será que o pai também sentia a falta dela, perguntava-se. Daria qualquer coisa para poder ouvir a voz de Paulo novamente, ainda que fosse apenas por um minuto...

Laura ainda pensava nisso quando as quatro subitamente foram chamadas à realidade por um inesperado chiado. Instintivamente, procuraram por todo o quarto com os olhos, até que Melissa apontou para a parede em frente a elas, que havia sido toda coberta por um imenso telão, transformando o quarto numa espécie de cinema de terceira dimensão.

Enquanto as quatro permaneciam olhando para frente, como que hipnotizadas pela luminescência que começava a surgir na tela, a enfermeira Lúcia entrou no quarto e, ciente do que estava prestes a acontecer, colocou-se sutilmente ao lado de Laura. Neste momento, a imagem ocupou toda a tela. Sentado numa escrivaninha, diante de uma pilha de livros, um homem orava de cabeça baixa, muito concentrado. Era como se estivesse dentro do quarto, tamanha era a nitidez de suas formas.

– É meu pai! – disse Laura, com lágrimas pulando dos olhos. – É ele sim, eu tenho certeza!

– Procure se acalmar, querida – disse Lúcia, colocando a mão direita sobre o ombro de Laura. – Escute o que ele tem para te dizer.

A voz de Paulo então soou clara e grave no quarto do internato, e as moças puderam ouvi-lo como se ele estivesse falando diretamente para elas:

"Minha filha querida", dizia ele, em sua sincera oração. "Estou com tantas saudades... Você nem imagina quantas saudades podem caber no coração deste seu velho pai... Mas não quero, de maneira alguma, que as minhas saudades machuquem você, e nem que você se sinta culpada por isto. Ao contrário, quero que minhas saudades cheguem até você como uma chuva de luz e amor, como uma força viva e pulsante, capaz de fazê-la sorrir apesar de todo o sofrimento que sei que você está experimentando neste momento. Quero que saiba que eu a amo... muito, apesar de tudo, e que sempre vou amá-la com todas as minhas forças. Porque você sempre será a filhinha que Deus me confiou para guiar nos caminhos deste mundo. Por isso, não importa onde você esteja. Onde quer que seja, eu sempre vou estar, de alguma forma, perto de você.

"Não perca tempo pensando no que passou, meu amor! Eu e sua mãe estamos bem, sofremos muito mas já conseguimos superar a dor dos primeiros momentos de sua partida. Agora lutamos para tocar nossa vida para frente. Conseguimos superar tudo isto, sobretudo porque o amor que você plantou em nosso coração, o amor que você deixou dentro de nós é muito forte, muito real, quase infinito. Tão forte que foi capaz de nos impulsionar para frente, mesmo nos momentos mais difíceis, tão real que podemos senti-lo, todos os dias, através do sorriso do seu filho, a quem amamos com a mesma dedicação e a mesma intensidade com que sempre amamos você. É este mesmo amor infinito que nós queremos que você sinta também neste instante. Através dele, nós ficaremos ligados por toda a eternidade.

"Por isso, minha menina, não chore mais. Tenha fé em Deus, no futuro, e dê o seu melhor em tudo o que te for pedido onde agora você se encontra, e em todos os lugares por onde tiver de passar.

"Que Deus te abençoe, muito, muito, e que os bons espíritos possam levar até você esta prece tão sincera de seu pai, com toda a força do abraço que eu gostaria de poder te dar. Obrigado, Senhor! Assim seja."

Ao fim da prece, a imagem de Paulo desapareceu da tela e todos os presentes, inclusive a enfermeira Lúcia, enxugaram as lágrimas que lhes banhavam os rostos.

– Obrigada, papai! Muito obrigada por mais este presente de luz que o senhor me enviou – disse Laura, muito emocionada, porém sentindo-se de alguma maneira alimentada, saciada por aquelas palavras tão carinhosas que Paulo lhe havia dirigido em sua oração.

Ao fim daquela tarde, já recomposta, ela dirigiu-se ao gabinete do dr. Dario Matias, disposta a conversar com o médico sobre o ocorrido. Bateu levemente na porta e, após ouvi-lo pedir para que entrasse, obedeceu.

– O senhor me disse que eu poderia vir quando quisesse e... – ela ensaiou ao ver-se diante do médico.

– Que bom que veio! Há tempos eu a esperava – respondeu o médico, sempre gentil e bem-humorado. – Mas sente-se – ele indicou-lhe a cadeira que ficava diante de sua escrivaninha. – Soube que recebeu uma comunicação de seu pai esta tarde, como se sente?

– Ahhh... – suspirou Laura, deixando-se cair sobre a cadeira. Era incrível como aquele médico sempre sabia sobre tudo o que lhe acontecia, como conseguia ler até seus pensamentos mais secretos. – Nem sei como descrever o que estou sentindo neste momento... Foi tudo tão inesperado e ao mesmo tempo tão mágico, tão especial... – seus olhos se encheram novamente de lágrimas à simples lembrança das palavras que ouvira de Paulo. – Mas, doutor... – ela prosseguiu, após uma pausa –, queria entender como foi que aquilo aconteceu, se é que é possível...

– Mas é claro, querida. É tudo muito mais simples do que você imagina. Aquele aparelho, que permaneceu despercebido durante tanto tempo no quarto de vocês, é todo estruturado em substâncias eletromagnéticas, capazes de captar, selecionar, reproduzir e transmitir em sua tela quaisquer imagens e sons que benévola e caridosamente lhes sejam dirigidos. Ou seja, qualquer pessoa que pense firmemente em algum de nossos pacientes aqui internados, mesmo sem tê-los conhecido diretamente, se emitir sua prece com sinceridade, com verdadeiro amor como fez o seu pai, poderá ter sua imagem transmitida. Desde, é claro, que o teor da mensagem enviada seja considerado saudável e proveitoso ao restabelecimento de nossos pacientes, entendeu agora?

– Acho que sim... São tão surpreendentes todos esses aparelhos que vocês têm aqui... Mas doutor, se é assim, por que até hoje só recebemos esta mensagem de meu pai encarnado? Será que ninguém mais pensa em mim na Terra? E quanto a minhas outras companheiras de quarto?

– Preste atenção, Laura – grifou o médico. – Eu disse "desde que o teor, o conteúdo da mensagem seja considerado saudável e proveitoso ao restabelecimento de nossos pacientes." Já imaginou como você, por exemplo, se sentiria, caso pudesse ter acesso à imagem de parentes seus chorando desconsolados e ainda inconformados com sua partida?

– Acho que ficaria muito triste... – refletiu Laura. – Lembro que muitas vezes, quando ainda estava naquele vale, sentia a voz da mamãe chorando por mim. Era uma sensação horrível, quase como se as lágrimas dela me queimassem por dentro...

– É exatamente o que acontece quando a oração não é feita com verdadeira resignação, com verdadeira aceitação do fato de a pessoa lembrada ter deixado a Terra. Infelizmente, a maioria dos encarnados ainda faz suas preces com muito ressentimento, com muita mágoa, sem imaginar o quanto poderiam ajudar seus entes queridos caso se dispusessem a orar simplesmente por amor, como fez o seu pai... Mas não se preocupe. Você ainda receberá muitas mensagens assim. Na verdade, hoje foi o primeiro dia em que liberamos o aparelho para a recepção.

– Então quer dizer que até hoje, mesmo que as mensagens nos fossem enviadas, elas não poderiam ser transmitidas? E por que isto, doutor?

– Porque vocês ainda não estavam em condições de manter qualquer tipo de comunicação com os encarnados – respondeu o médico com simplicidade.

– Ah... – compreendeu Laura. – Então, já que agora, como o senhor diz, eu estou pronta para esse tipo de comunicação, eu queria saber se...

– Se...? – incentivou o médico

– Eu queria saber se não existe nenhuma possibilidade de... – ela não sabia como escolher as palavras para expressar o pedido que queria fazer.

– De visitar seus parentes? – disse o médico, lendo seus pensamentos.

Laura fez um sinal afirmativo com a cabeça, e esboçou um sorriso de contentamento, quase infantil, que contudo logo se desmanchou à resposta do médico:

– Sinto dizer que para isso você ainda não se encontra preparada. Mas, no momento certo, terá a oportunidade que tanto deseja.

– E quando chegará esse momento certo, doutor? – ela perguntou com lágrimas nos olhos. – Eu estou com tantas saudades do meu filho, dos meus irmãos, do meu marido, dos meus pais! Queria vê-los nem que fosse apenas...

– Querida irmã, por favor, não insista! – pediu o médico. – Você precisa primeiro terminar o seu tratamento, se fortalecer por inteiro antes de suportar essa prova que, acredite, não é tão fácil quanto você imagina...

– Está certo – concordou Laura, resignada. – Mas ainda tem mais uma coisa que eu gostaria de conversar com o senhor... Uma coisa estranha que está acontecendo comigo e que está me deixando bastante preocupada...

– Alguma coisa relacionada a seu tratamento aqui na Legião dos Servos de Maria? – quis saber o médico.

– Mais ou menos – respondeu Laura. – Eu queria entender por que é que, vira e mexe, eu tenho a sensação de que já estive aqui antes. É quase como um *déjà-vu*. De repente eu estou sentada num banco do jardim, por exemplo, e parece que eu já estive sentada naquele mesmo banco, vendo exatamente aquele mesmo recorte de paisagem, cercada pelos mesmos enfermeiros... E até mesmo quando estou conversando com o senhor, muitas vezes eu tenho esta mesma sensação. É tão esquisito, por que isto acontece?

– Muito bem! Vejo que já se encontra capacitada para saber muitas coisas e para recordar-se de outras também. Exatamente como eu imaginava – avaliou o dr. Dario.

– Isto quer dizer que eu já estive aqui antes da minha última ida à Terra? – pescou Laura.

– Sim, querida irmã. Você já esteve conosco em outra ocasião, e aqui participou dos preparativos para seu último regresso à Terra.

– E eu cumpri alguma coisa do que havia planejado? – perguntou Laura temerosa. – Ou... – ela se interrompeu bruscamente, impelida pelo fluxo de seu próprio raciocínio. – Mas como é que eu vim parar aqui antes? Eu já havia me suicidado em outra vida?

– Tudo isso a irmã irá descobrir a partir de amanhã, quando dará início a uma nova fase de seu tratamento – respondeu o médico.

– Uma nova fase? – estranhou Laura. – E o que acontecerá comigo nessa nova fase?

– Por enquanto, tudo o que posso adiantar é que a irmã será transferida para outro departamento, onde terá acesso ao plano que idealizou para sua última encarnação. Por hoje, não terá mais nenhuma atividade, pode fazer o que desejar. Aproveite seu tempo para meditar sobre tudo o que aprendeu – aconselhou o dr. Dario.

– Mas o senhor não poderia, ao menos, me adiantar se... – ela ainda tentou insistir.

– Não se impaciente, Laura. Amanhã, a irmã Lilian a levará até onde deverá começar sua nova atividade, estamos combinados assim?

Naquela noite, Laura mal pregou os olhos de tanta ansiedade. Não queria comentar nada com suas colegas de quarto, mas não conseguia parar de pensar nem por um minuto. Como seria o novo departamento para onde seria transferida? Será que mudaria também de quarto? E os médicos que a acompanhariam nessa nova etapa? Seriam os mesmos? Afinal, o que teria planejado, o que teria desrespeitado, o que de fato teria realizado de correto na encarnação que tão levianamente abandonara? Era tão complicado especular sobre isto... Uma pergunta, porém, não lhe saía da cabeça: que motivos a teriam levado a suicidar-se também numa existência anterior?

Aos poucos, Laura também começaria a recordar seu passado ao lado de Jorge e Bartira.

Só depois de muito trabalhar com o médico a ideia de que não estava traindo sua irmã pelo simples fato de recordar-se da existência em que fora forçada a casar-se com o cunhado, Bartira conseguiu ter novamente acesso às lembranças de seu passado como Anita.

Como pôde então constatar, nem ela e nem Pedro/Jorge queriam essa união, mas naquela época era muito difícil para um filho desafiar uma determinação dos pais, sobretudo quando havia interesses financeiros em jogo. Além do mais, ambos carregavam dentro de si uma sensação bastante desagradável relacionada a todas as vezes em que tentaram enganar os próprios pais. Sendo assim, não lhes restou outra saída senão obedecer ao que lhes era imposto e os dois ficaram noivos em noite de grande pompa.

– E você e Desirée nunca mais voltaram a se ver depois disso? – perguntou o dr. Naran, tão logo acabou de fazer suas primeiras anotações.

Bartira permaneceu em silêncio, como se virasse lentamente as páginas do livro que trazia impresso dentro de si.

– Sim! – respondeu por fim, com ar angustiado. – Neste momento está diante de mim, ajoelhada, implorando para que não me case com Pedro... Está muito pálida e abatida, não sei como conseguiu entrar em meu quarto... Peço a ela para por favor ir embora, tenho medo de que alguém a descubra na fazenda... Que ela acabe contando o que não deve contar... Ela insiste, eu grito, acaba sendo levada à força por alguns escravos... Depois que ela sai, sinto uma angústia horrível no meu peito... – lágrimas escorrem-lhe do rosto. – Lembro-me de nossa infância, de nós duas correndo juntas pelas plantações de meu pai... Não queria traí-la dessa maneira, mesmo depois de tudo o que ela fez comigo... Eu não queria... Mas não tenho escolha – ela pareceu se recompor, assumindo uma postura resignada.

O médico pediu então que avançasse mais alguns meses no tempo e a jovem advogada obedeceu, passando a contar-lhe detalhes sobre sua vida de casada.

A princípio, completamente dominado pelos pais, assim como a esposa, Pedro/Jorge procurou ser um bom marido. Conhecidos desde a infância, eles até que se davam bem, só não tocavam jamais nos nomes de Cirino e de Desirée/Laura. Era como um acordo tácito entre os dois. Pedro/Jorge era um homem extremamente culto e envolvente. Anita/Bartira gostava de ouvi-lo falar sobre os casos que começava a resolver como advogado, sobre a vida na corte, sobre os anos que passara estudando em Portugal.

Após um ano de casados, em sua postura de esposa obediente, ela já começava mesmo a sentir crescer seu afeto por ele, quando sua vida foi novamente sacudida por uma intempestiva revelação: Desirée/Laura estava grávida de Pedro/Jorge que, ao contrário do que todos imaginavam, nunca a abandonara, mesmo depois de casado. Visitava-a com frequência no prostíbulo, durante os horários em que dizia à esposa que estava fazendo serão no escritório, arcando com todas as suas despesas para que não viesse a se prostituir como suas companheiras.

Profundamente ferida, Anita foi aconselhada pelos pais a ignorar o ocorrido, como era usual na época, mas não teve como manter esta postura no momento em que Pedro decidiu abandoná-la para ir viver com Desirée no prostíbulo. Foi um escândalo nas famílias e na cidade, Desirée chegou a ser apedrejada pela revoltada população de Vassouras, que rapidamente se esquecera de todo o seu passado com Pedro para julgá-la como uma adúltera destruidora de lares. Até porque o pai de Anita, a essas alturas já ocupando importante cargo politico na corte, era temido e respeitado por todos.

– Eles não podem mais sair, nem ir a lugar nenhum sem que sejam destratados e ofendidos...

– E quanto a você? – quis saber o dr. Naran, cada vez mais admirado com aquela história cheia de reviravoltas.

– Sou uma pobre-coitada. É assim que me sinto, é assim que todos me veem. Pessoas me visitam para trazer consolo, minha mãe se encarregou de instigar ainda mais o ódio de todas as mulheres por Desirée, contando-lhes como fomos amigas um dia, reclamando do tempo em que ela e o irmão viveram em nossa casa...

– E quanto aos pais de Pedro? – perguntou o médico.

– Eles também estão a meu lado. Sempre estiveram. Sobretudo dona Hermínia, a mãe dele, que nunca gostou de Desirée. Mas fiquei sabendo que Pedro andou tentando convencê-los a aceitarem o neto bastardo que Desirée espera, ele tem certeza de que vai ser um menino. Dona Hermínia me diz que o marido ficou um pouco sensibilizado diante desta perspectiva, mas me garante que eles não vão aceitá-lo sob nenhuma hipótese. Ela jura que vai trazer Pedro de volta para casa, me pede para prometer que vou dar o tão esperado herdeiro à família tão logo isto aconteça...

– E você concorda com isso? – estranhou o médico.

– Ainda não sei... estou muito confusa... É muito ruim a sensação de ser traída... Acho que o que mais me incomoda em tudo isto é o fato de Pedro ter se encontrado com Desirée durante todo o tempo em que estivemos casados, sem que eu desconfiasse de nada...

– Então agora já sabemos por que às vezes sente tanto medo de ser traída – disse o médico, assumindo novamente o controle sobre a hipnose. – Você traiu sua amiga, foi traída por seu marido... Provavelmente, por isto sente tanta raiva de seu cunhado na atual existência, por isto nunca suportou a ideia de vê-lo casado com sua irmã... Ao mesmo tempo, você se sente culpada diante deles e também vítima... Lembremo-nos sempre disso. Mas vamos apagar o medo, a decepção e o ressentimento ligados a estes fatos. Você está livre agora... – ele fez uma longa pausa, antes de prosseguir. – Porém, ainda temos alguns fatos a verificar, como o pesadelo em que viu Pedro ou Jorge, seja lá como você preferir chamá-lo, deitado em sua cama com uma outra mulher e jurou vingar-se na beira do rio. Que recordações a levaram a esse pesadelo? Reflita. Você sabe... E então?

Bartira meditou por alguns instantes. Sua cabeça virava de um lado para o outro sobre o divã, como se ela sofresse muito ao investigar mais esse capítulo de seu passado.

– Isto aconteceu depois que Pedro voltou para casa – disse por fim, com a voz áspera.

– Então ele voltou mesmo para casa? – surpreendeu-se o médico, que imaginava que a paciente fosse agora mergulhar em uma outra existência.

– Sim, eu o aceitei de volta depois da morte de Desirée e da minha sogra.

– Desirée e sua sogra morreram? E como foi isto? – o dr. Naran não esperava por aquela revelação.

– Não sei ao certo o que se passou entre as duas. Tudo que sei é que as duas apareceram mortas no quarto do prostíbulo, logo depois que a criança nasceu. Dona Hermínia, com um punhal enterrado na garganta, e Desirée, ao lado de um vidro de ácido sulfúrico, o mesmo veneno ingerido por seu pai. Pedro ficou muito abatido com tudo isto.

– Pedro nunca comentou nada com você sobre o que de fato ocorreu entre as duas? Procure se lembrar – pediu o médico.

– Sim – tornou Bartira, após alguns instantes de reflexão. – Ele conversou comigo algum tempo depois de voltar para casa, sim. Está sentado agora diante de mim e chora muito. Ele sente-se culpado pelo que houve e pede minha ajuda... Precisa desabafar com alguém, me pede segredo, eu prometo jamais contar nada a ninguém...

– E o que foi que houve? – insistiu o dr. Naran.

– Espere... – Bartira parecia estar ainda ouvindo as palavras de Pedro. – Ele me diz que sua mãe esteve no quarto de Desirée, poucos dias antes do parto... Que ofendeu Desirée com os piores nomes... Rogou-lhe uma praga, dizendo que ela jamais teria um filho homem, que sua filha se tornaria uma perdida antes mesmo de completar quinze anos... Como se não bastasse, dona Hermínia jurou transformar a vida de Desirée e de sua neta num inferno, disse que lutaria até o fim de seus dias para que elas não tivessem um minuto sequer de paz...

– E como você se sente ao ouvir tudo isto? – quis saber o médico.

– Parece incrível, mas quase chego a sentir pena de Desirée... Conheço bem minha sogra... Sei que era mesmo capaz das piores coisas... Ela era realmente muito má, embora tenha ficado a meu lado quando Jorge me deixou... Mas nunca gostou de mim também, eu sei... Ela tinha verdadeira fixação pelo filho... Acho que o que ela queria era uma boa desculpa para vingar-se de Desirée... Como já disse, dona Hermínia sempre odiou Desirée...

– E o que aconteceu depois? – o médico estava cada vez mais interessado no drama narrado pela paciente.

– Pedro me diz que chegou a ouvir parte das ameaças da mãe, no momento em que chegava da rua e sentiu muita raiva... Desnorteados, depois que ela saiu, ele e Desirée pensaram em matá-la, para que não mais os incomodasse...

Segundo Bartira, o plano dos dois era intoxicar Hermínia com uma caixa de seus bombons preferidos. Pedro foi novamente à rua, desta vez deixando Desirée trancada no quarto, e providenciou os bombons e o veneno. Na volta, os dois juntos abriram cuidadosamente cada confeito e misturaram ao recheio boa quantidade da poderosa substância química letal que ele conseguira obter. Ao fim de tudo, porém, perderam a coragem e decidiram guardá-los no armário. Afinal, Hermínia, por pior que fosse, era mãe de Pedro.

– Foi justamente ao guardar os bombons no armário que Pedro descobriu que Desirée tinha um punhal e se assustou, mas ela explicou que aquela era a única recordação que guardava de seu pai.

– Foi com esta arma que Desirée matou Hermínia? – deduziu o médico.

– Sim – confirmou Bartira, como se ainda ouvisse a explicação de Pedro. – Na verdade foi Pedro quem a matou...

– Pedro? – repetiu o médico, boquiaberto.

– Sim – prosseguiu Bartira. – Logo após o nascimento da criança, Desirée ficou muito deprimida. Era uma menina. Desirée só conseguia pensar na praga que lhe fora rogada por dona Hermínia, sentia-se envergonhada por não ter conseguido dar a Pedro o filho homem que ele tanto queria... Foi então que dona Hermínia apareceu novamente em seu quarto. Pedro tinha ido até a farmácia e ela sabia que ele não estava lá...

– E o que elas conversaram desta vez? – perguntou o dr. Naran, enrolando os bigodes ansioso.

– Ninguém sabe ao certo o que as duas conversaram... O fato é que quando Pedro chegou, encontrou Desirée gritando como uma louca e dona Hermínia com a criança nos braços, ameaçando jogá-la pela janela. Pedro perdeu a cabeça e matou-a com o punhal que estava no armário.

– E quanto a Desirée? Ele também a assassinou? – quis saber o médico.

– Não. Não foi ele. Depois de apunhalar dona Hermínia, Pedro deixou o prostíbulo. Estava atônito com o que acabara de fazer. Desirée ficou sozinha. Quando ele voltou, ela já estava morta...

– E como foi que Desirée se matou? – questionou o dr. Naran.

– Ela ingeriu o que restara do veneno que os dois haviam usado para preparar os bombons – elucidou Bartira, como se repetisse as explicações do marido.

– Que tragédia! – exclamou o médico, sem conseguir se conter.

– Bem mais tarde, quando Pedro retornou para preparar o corpo de Desirée – continuou Bartira –, todas as mulheres do prostíbulo também estavam mortas... A polícia foi chamada, ninguém conseguiu entender o que foi que aconteceu... Só no fim da noite Pedro descobriu que os bombons haviam sumido do armário, mas não contou nada à polícia, com medo de ser preso... Toda a culpa recaiu sobre Desirée e ele agora se cobra por isso... Eu o abraço e digo a ele que fez bem em não dizer nada, que logo a cidade vai esquecer toda esta história... Ele chora em meus braços. Diz que precisa muito de mim.

– E ninguém mais na cidade ficou sabendo de tudo isto?

– Não. Como disse, a culpa recaiu sobre Desirée, que já estava morta e não tinha como se defender.

– Então você ficou com pena de Pedro, mesmo sabendo que ele era um assassino, e resolveu dar-lhe uma chance... – deduziu o médico.

– Sim, até então eu o tratava com frieza, mas neste dia fiquei muito sensibilizada, senti realmente vontade de ajudá-lo – admitiu Bartira.

– Você disse que Desirée teve uma menina... E o que foi feito desta menina? – quis saber o dr. Naran.

– Pedro pediu para trazê-la para casa, para que nós a criássemos, e eu concordei – respondeu Bartira. – Logo depois, eu engravidei. Foi então que aconteceu o que vi no sonho...

– Então a mulher que você viu em seu sonho não tinha nada a ver nem com Desirée e nem com Laura... – disse o médico, expondo alto o que pensava consigo. – E quem era ela, afinal? Procure voltar à época em que você a flagrou com seu marido...

– Ela é minha prima, filha do irmão do meu pai. Seu nome é Virgínia – respondeu Bartira.

De acordo com suas recordações, Virgínia e seu tio moravam em outra cidade e haviam decidido passar uns dias na fazenda onde vivia com o marido e o sogro, com o intuito de levar-lhe um pouco de ânimo e ajudá-la com os preparativos para a chegada do bebê. Bartira ficou muito feliz com isso. Virgínia era solteira e tinha a sua idade, Bartira gostava muito dela. Ela ficou alguns minutos em silêncio, como se estivesse assistindo a um filme dentro de sua cabeça.

– Naquele fim de tarde – prosseguiu por fim – eu estava voltando da casa de meus pais... Tinha ido aprender alguns pontos de bordado com minha mãe, Virgínia disse que não iria me acompanhar porque se sentia indisposta... – ela fez uma longa pausa. – Só agora me dou conta de que eram verdadeiros todos os boatos que ouvi a seu respeito...

– E que boatos eram esses?

– Ela sempre gostou de seduzir homens casados... Por isso meu tio mudou-se de Vassouras para outra cidade... Mas ele nunca acreditou nos boatos, e nem meus pais... Toda família pensa que Virgínia é uma santa, que o povo inventou tudo isso só por inveja, porque ela é muito bonita...

– Você seria capaz de reconhecer essa moça em sua atual encarnação? – perguntou o médico.

– Sim. Eu a vi junto com Jorge no dia em que fui levar flores para Laura no cemitério e senti um ódio incontrolável. Ela agora é negra. Não sei como se chama – respondeu Bartira de imediato.

– E o seu tio, pai desta moça, você o reconhece? – perguntou o médico, após mais algumas anotações.

– Sim. O nome dele é Américo. Conheço-o desde menina, ele é muito amigo de meu pai nesta vida...

– Muito bom. Você já encontrou várias pessoas que hoje convivem com você. Não é sempre que isso acontece. Significa que vocês todos planejaram esta nova oportunidade juntos no espaço entre vidas – explicou o médico, embasado em sua experiência naquele tipo de terapia. – Mas, nesta existência a que agora você tem acesso através de suas recordações, você flagrou Pedro e Virgínia juntos em sua cama – continuou o dr. Naran, trazendo à tona novamente o pesadelo que lhe fora relatado por Bartira –, saiu correndo desatinada pela fazenda e jurou vingar-se de seu marido. Você chegou mesmo a fazer tudo isto?

– Sim. Tudo aconteceu exatamente como no sonho. Naquela noite mesmo, depois de tudo, eu voltei para casa e agi naturalmente, quase como se nada houvesse acontecido. Virgínia tinha ido embora com o pai, depois de inventar um pretexto qualquer, Pedro parecia muito envergonhado. Mas não conversamos. Tomei um banho e fui deitar-me no quarto de hóspedes. No dia seguinte de manhã cedo, procurei uma escrava, uma das poucas que permaneceram conosco depois que todos os outros foram libertados. Eu estava com quatro meses de gravidez, mais ou menos, e ela entendia tudo sobre ervas.

Pedi então a ela que me preparasse um chá que me fizesse abortar aquela criança. Eu não queria mais ter um filho de Pedro... Havia me decepcionado demais com ele... Mas sabia que meus pais jamais permitiriam que eu o abandonasse. Afinal, eles já haviam me forçado a aceitá-lo de volta uma vez...

A princípio, de acordo com as recordações de Bartira, a escrava – a quem ela reconheceu como uma antiga babá que trabalhou na casa de seus pais na atual existência – tentou fazê-la mudar de opinião, mas depois de ouvir de sua 'sinhazinha', como costumava chamar Anita, a maneira cruel como Pedro a traíra com Virgínia, acabou concordando em dar-lhe as ervas para que preparasse sozinha o tal chá.

Inexperiente e cega em seu intuito de abortar o filho que esperava, Anita/Bartira acabou exagerando na dosagem da erva e, poucas horas depois, era encontrada morta na cozinha da fazenda, vítima de intensa hemorragia.

– Sinto muita dor... Eles enterraram meu corpo, mas ainda continuo sentindo dor... O sangue não para de descer... Estou sofrendo muito...

– Caminhe no tempo até não sentir mais nenhuma dor – determinou o médico. – Lembre-se de que tudo isto já passou... o tempo já se encarregou de balsamizar todas as feridas... O importante é que agora você é capaz de entender a origem de seus traumas, que está livre deles e apta a construir uma nova vida ao lado do homem que você ama...

O médico a fez então flutuar no espaço e revisar toda aquela sua existência.

– E o que o seu espírito, que contém a semente de toda a sabedoria infinita, diria a Anita neste momento? – perguntou, por fim.

A voz de Bartira se tornou profunda e rouca quando ela respondeu:

– Que não podemos impedir o encontro com nossos erros pretéritos. Por mais que tentemos fugir das lições por que temos de passar, elas sempre retornarão, de uma forma ou de outra. E também que teremos de responder um dia por todo o mal que praticamos...

– Ainda se sente revoltada por seu amor frustrado? – inquiriu o dr. Naran.

– Não. Entendo agora que eu e Bernardo não poderíamos ficar juntos naquela existência. Era uma prova pela qual necessitávamos passar a fim de purificarmos nosso amor e corrigirmos erros ainda mais remotos...

– Gostaria de explorar também essa outra vida? Ir mais adiante no tempo, ou está...

– Basta! – cortou Bartira, sob a influência de seus protetores espirituais. – Por hoje é suficiente.

– Então agora eu vou novamente fazer uma contagem regressiva, de um a cinco. Quando a contagem chegar a cinco, você vai abrir os olhos e estará plenamente disposta, alerta e revigorada, em total controle de suas emoções... de todas as suas funções físicas e psicológicas... e irá se lembrar de tudo o que vivenciou. Um...

Ao despertar do transe, Bartira sentia-se bem fisicamente, porém um tanto confusa, embora suas emoções estivessem sob controle. Lembrava-se efetivamente de tudo o que acabara de vivenciar, mas ainda não sabia o que fazer com os próprios sentimentos.

– Acha que conseguiu a resposta que tanto buscava? – perguntou o médico.

– Sim. Entendo agora por que tinha tanto medo de ser traída...

– E não tem mais?

– Acho que não – respondeu Bartira, pensativa. – Pelo menos não pelo homem que eu amo... Agora sei que ele jamais me traiu.

– Tem certeza de que está bem para voltar para casa? – preocupou-se o dr. Naran.

– Preciso pensar, tenho necessidade de ficar sozinha...

– Gostaria de levar a fita que gravamos? – perguntou o médico.

– Acho melhor não – respondeu Bartira, com os olhos distantes. – Como o senhor mesmo disse, tudo isto ficou para trás...

– Bem – despediu-se o médico –, não se esqueça de que pode me ligar a qualquer hora do dia ou da noite se precisar, ok?

Bartira confirmou sua consulta do dia seguinte e rumou para casa, sem conseguir deixar de recordar, a todo instante, trechos da incrível experiência que acabara de vivenciar. Desta vez, porém, sentia-se tão leve que quase não percebia o chão sob seus pés. Era como se tivesse encontrado a peça que faltava para solucionar os vários enigmas que haviam se formado em sua cabeça. Ao mesmo tempo, contudo, não conseguia deixar de se sentir culpada pela morte de Cirino.

Naquela noite, depois de muito meditar, tomou uma importante resolução: iria orar sempre por Cirino, pedindo-lhe perdão pelo mal que lhe havia feito no passado. Pensou então nos pais, no quanto haviam se modificado na presente existência, no quanto a amavam e a seus irmãos. Entendia agora o porquê de todos os problemas que haviam enfrentado com Laura e Eduardo, e até com ela mesma. Eram resquícios de erros passados que cada qual carregava consigo. Provavelmente, Paulo e Inês arcavam agora com a responsabilidade que haviam outrora negligenciado, ao negar apoio aos dois jovens órfãos que um dia tiveram a oportunidade de ajudar, mas que preferiram expulsar de suas vidas, acreditando-se impunes aos olhos da justiça divina.

"Tudo parece tão interligado...", pensava, enquanto penteava os cabelos ao lado da cama. O barulho do brinco que pulou de sua orelha para debaixo da cama a trouxe de volta à realidade.

Sempre guiada por Jonas, ao abaixar-se para pegar o brinco, Bartira teve sua atenção despertada para um dos livros que mantinha alinhados na parte de baixo de sua mesinha de cabeceira, o qual parecia cintilar entre os demais, tamanha era a intensidade com que suas cores brilhavam ao reflexo da luz. Era justamente o livro que ganhara do pai, logo depois da morte de Laura. Só então ela descobriu, folheando-o ao acaso pela primeira vez desde que o recebera, seu valioso conteúdo.

"Irmãos nossos existem que regressam da Terra pela mesma porta da ignorância e da indiferença pela qual entraram" – dizia a página aberta ao acaso por Bartira. "Eis por que – ela continuou sua leitura – no balanço das atividades de cada dia, os discípulos deverão permanentemente interrogar a si mesmos: 'Que fiz hoje? Acentuei os traços da criatura inferior que fui até ontem ou desenvolvi as qualidades elevadas do espírito que desejo reter amanhã?'"[25]

Bartira fechou o livro impressionada e ficou apertando-o entre os dedos. Estava começando a sentir medo de ficar sozinha, medo de seus próprios sentimentos conturbados, da criatura inferior que descobrira existir dentro dela. Teria evoluído alguma coisa desde que desencarnara como Anita? Como aproveitar melhor o seu hoje? Como faria para que sua presente existência não se transformasse num vale de lágrimas como a anterior? Mas, afinal, ela se deu conta de repente, como poderia ter aberto exatamente numa página que mencionava seus mais íntimos questionamentos?

– Quer saber de uma coisa? – decidiu ao deitar-se. – Amanhã vou para o Rio, visitar meus pais.

---

[25] Trecho da mensagem intitulada "Renovação necessária", de Emmanuel, psicografada por Francisco Cândido Xavier e publicada no livro *Pão nosso*. Ed. FEB, 1998, capítulo 135.

Desde que encontrara Urbano no cemitério, Cirino vinha se sentindo cada dia mais estranho: a toda hora lembrava-se de seu corpo enforcado na árvore; era preciso um esforço sobre-humano para conseguir concentrar-se no ódio que sentia de seus inimigos e vencer a tentação de voltar novamente para aquela horrível situação. Era como se alguém, além dele, estivesse fixado nessa imagem, impulsionando-o assim a reviver a cena de seu desencarne.

Como se não bastasse, há algumas semanas sentia-se tomado por uma incrível vontade de chorar, uma insaciável necessidade de ser amado, embora ele já nem se lembrasse mais direito como era isso. Nessas horas, pensava sempre em sua mãe. Ela falecera quando ele tinha apenas doze anos de idade. Depois disso, nunca mais a vira, nunca mais soubera dela. Nem mesmo depois de desencarnado.

Cirino sentiu muita dor na época em que ela partiu. Teve ódio de Deus, cresceu zangado com o mundo. E prepotente. Talvez, até para tentar compensar, de alguma maneira, a ausência da mãe, o pai sempre lhe dera tudo o que quis, satisfazendo-lhe os menores caprichos, como se tudo lhe fosse possível adquirir através do dinheiro. Até mesmo a mulher amada, a mulher do próximo cobiçada.

Mas, à sua maneira, Cirino amava Bartira de verdade, independentemente do nome que ela tivesse. Sempre amara. De vez em quando, em meio às constantes crises de asma que ele vivia tentando disfarçar, podia vê-la na Idade Média, quando eram marido e mulher e viviam em um castelo cercado de masmorras por todos os lados. Bartira então fora raptada, deixando-o completamente desnorteado. Cirino, porém, não conseguia se lembrar de mais nada além disso, nem mesmo do rosto do raptor.

Às vezes passava horas tentando imaginar onde andariam seu pai, sua mãe... Mas não gostava de pensar muito nisso, porque sabia que o excesso de saudade consome muita energia do espírito. O que mais o intrigava, no entanto, era descobrir Hermínia. Ela não poderia estar muito longe dali, estava muito ligada àquele grupo para ter nascido em outra família. Onde, afinal, estaria Hermínia? Fazia já tantos anos que ela partira...

Cirino tinha noção de que já fazia muito tempo, mas não sabia precisar quanto. O tempo, para ele, era muito diferente do tempo para os encarnados. Quase como se seus dias não fossem divididos em horas, minutos e segundos. A única data que ele tinha sempre na mente era a data do seu enforcamento: 27 de janeiro de 1870. Jamais esqueceria esta data. "A quanto tempo estariam de 1870?", perguntava-se de vez em quando. Mas nunca tivera, sabe-se lá por que, a curiosidade de olhar para um calendário.

O trabalho junto a Eduardo, por sinal, andava cada vez mais difícil. Estava ficando quase impossível suportar a vibração de luz de todos os habitantes da casa de Paulo. O irmão de Laura agora passava seus dias fazendo contatos na internet sobre o suicídio; de uns tempos para cá dera até para participar de um serviço de atendimento a depressivos via computador, uma espécie de grupo de apoio à vida e prevenção ao suicídio via *e-mail*.[26] Sentia-se útil fazendo isso. Quanto mais trabalhava, mais tinha vontade de entender sobre depressão e suicídio, passou até a comprar livros sobre estes temas. E Cirino, definitivamente, odiava aquele assunto.

Alheio a seus protestos, porém, Duda continuava seu crescimento interior. Quando tirou finalmente o gesso, decidiu que estava disposto a concluir de uma vez por todas seu segundo grau e mudar-se para a Inglaterra para estudar psicologia. Agora estava realmente a fim de experimentar uma vida nova ao lado da irmã do meio; sentia que isto poderia ser bom para ele. Ao mesmo tempo, pensava muito em Martinha. Queria ter alguma perspectiva de futuro, conquistar seu próprio caminho antes de procurá-la novamente. Firme neste intuito, matriculou-se em outro cursinho e, pela primeira vez na vida, estudou com vontade.

---

[26] Além do chamado Gape, existe também o CVV – Centro de Valorização da Vida, que presta este tipo de serviço na internet.

Por mais que tentasse, Cirino não conseguia entender o porquê de toda aquela súbita transformação. Havia ocasiões em que parava ao lado de Eduardo e chegava literalmente a gritar a seu ouvido: *stromboli!* Eduardo então sentia um enorme desejo de tomar uma dose, às vezes sua boca chegava mesmo a salivar de tanta vontade. Mas, ainda assim, o rapaz não cedia. Nessas horas respirava fundo, fechava os olhos e dizia mentalmente a frase que aprendera com o pai: "Meu Deus, por favor, me ama!" Pensava nisso com tanta força, com tanta determinação, que quando abria os olhos a vontade já tinha diminuído.

Isso aconteceu depois de todas as vezes em que Samuca e Batata, instigados por Cirino, ligaram para saber notícias. Na hora parecia incrível, mas nenhum dos três conseguia tocar no assunto. Talvez no fundo estivessem na mesma situação. E assim Eduardo foi pouco a pouco desiludindo e enfraquecendo seu obsessor.

Às vezes, cansado de tanto tentar provocar o rapaz, sem jamais lograr êxito, Cirino sentava-se a seu lado só para ficar prestando atenção às mensagens que ele recebia das pessoas pelo computador. Era um espírito bastante curioso e acima de tudo gostava de ler os relatos dos seres em desespero que, assim como ele um dia, acreditavam que o suicídio pudesse ser a melhor maneira para livrarem-se de seus problemas momentâneos.

– Diga a ela... para disparar logo um tiro... contra a cabeça! – tentava sugerir a Eduardo, em sua ignorância moral.

Mas o rapaz raramente captava-lhe os pensamentos. E quando captava, nos dias em que estava mais desanimado ou fragilizado emocionalmente em função de suas preocupações, parecia saber que aquela estranha ideia não provinha dele mesmo. Respirava fundo, pedia a Deus que o iluminasse e procurava exorcizar todos os seus fantasmas interiores, escrevendo uma resposta cheia de amor para aquela pessoa desesperada.

Quase sempre Cirino se afastava dele assim que ele começava a escrever. Não gostava da energia que emanava de Eduardo nestes momentos. Certa tarde, porém, movido por sua extrema curiosidade, esforçou-se para permanecer ao lado do rapaz, a despeito de sua vibração 'desagradável'. Queria ver o que ele tanto escrevia para aquelas pessoas. Em sua bisbilhotice, porém, acabou sendo, ele mesmo, tocado pelas palavras simples que o rapaz, muito inspirado, dirigia à sua interlocutora deprimida:

Você precisa encontrar a luz que vem de dentro, a luz que te faz ser uma só com Deus, a luz do fogo sagrado da sabedoria que existe em você, a luz imperecível. Só assim conseguimos vencer as trevas do nosso momento difícil e descobrir a luz que existe do lado de lá.

Só a luz que vem de dentro conduz à luz do lado de lá. Acredite na luz que existe em você!

Boa Sorte,

E.

Pela primeira vez desde que chegara até aquela família, Cirino ficou sensibilizado com as palavras de Eduardo. A luz que vem de dentro... Existiria mesmo a tal luz que vem de dentro? “Nossa, por que é que eu estou pensando nessas coisas?”, ele mentalmente se questionou de repente. Precisava rapidamente rearticular sua vingança, sentia que suas forças estavam se esvaindo. Não era mais uma questão de carência de fluidos materiais pura e simplesmente, mas uma questão de energia interior.

Por isso o intrigara tanto a tal história da “luz que vem de dentro”. Cirino percebia que todos a sua volta haviam de alguma maneira prosseguido em sua jornada, renascido outra vez, se reconciliado com antigos desafetos. Mas ele parecia estar sempre no mesmo lugar. Por que só ele não tinha tido oportunidade de participar daquela nova vida que eles agora estavam vivendo?

Dia após dia, os pensamentos mais estranhos começaram a tomar conta da mente de Cirino. Pensamentos de luz, a que ele não estava acostumado. Eduardo parecia até que fazia de propósito. Deixava mensagens espalhadas pelos quatro cantos do quarto, cada qual impressa numa cor diferente – ele adorava brincar com os recursos de sua impressora. Estava realmente começando a ficar difícil para Cirino manter-se de sentinela naquela casa.

Até mesmo Jorge, mesmo depois de desentender-se com Glória, não tinha se desequilibrado como era esperado. Continuava, inclusive, frequentando o centro, embora em um horário diverso do de Glória. E sempre que Cirino tentava se aproximar, sentia-se repelido por uma estranha energia azulada, que tornava impossível, quase insuportável, sua permanência ao lado do ex-marido de Laura, de maneira semelhante à que acontecia com Eduardo.

Jorge, por sinal, tinha sido até promovido na empresa. Estava ganhando tão bem que resolvera alugar um apartamento e voltar a morar sozinho.

No começo deixaria Pedro Henrique por uns tempos com os sogros, viria sempre vê-lo até que o garoto manifestasse o desejo de ir morar com ele.

De tanto ler sobre a doutrina espírita, Jorge aprendera a ter paciência, a se conhecer melhor. Sabia que jamais deixaria de amar Laura. Por isso afastara-se de Glória. Gostava dela, mas tinha noção de que nunca seria capaz de amá-la como ela merecia, como ela gostaria de ser amada. Laura sempre estaria entre eles.

E justamente por excesso de amor à Laura, Jorge decidiu alugar o mesmo apartamento onde um dia tinham vivido, na praia de Botafogo, e decorá-lo exatamente do mesmo jeito. Os mesmos quadros na parede, o estofado na mesma posição, os porta-retratos da lua-de-mel na prateleira debaixo da televisão, a tapeçaria que ela tecera quando se imaginava grávida de Larissa pendurada ao lado da mesa de jantar.

Cirino, aliás, via nessa mudança sua última chance de fazer um trabalho eficiente. Acreditava que, sob tão grande influência dos objetos de Laura, Jorge não tardaria a cair novamente em depressão. Só não sabia se estava mais disposto a levar alguém até as raias do suicídio. Sentia-se enfraquecido demais para suportar uma tarefa tão árdua, sozinho.

Naquela tarde, estava sentado num canto do quarto de Eduardo, ainda matutando sobre o tal conceito de luz interior quando, de repente, sentiu uma voz a seu lado que logo reconheceu como a voz de Bartira. Ela dizia: "Cirino, me perdoe. Eu desejo muita paz a você."

– Quem está se divertindo... às minhas custas? – gritou, incrédulo, levantando-se num salto.

Aquilo só podia ser uma brincadeira de algum espírito zombeteiro, deduziu de imediato. Mas quem teria a coragem de provocá-lo de maneira tão cruel? – questionou-se, enquanto perscrutava o quarto com o olhar, em busca do inimigo imaginário.

Estava com tanta raiva que chegou a derrubar, com sua vibração, o abajur que ficava em cima da mesinha-de-cabeceira de Eduardo.

– Você está aí? – disse Eduardo, pensando automaticamente no ser que vira ao seu lado quando estava alucinado em Mauá.

"Será que ele está falando comigo?" – Cirino perguntou-se, ainda mais intrigado.

– Sim, eu sei que é você. Não sei como, mas posso sentir que você está aqui.

Eduardo pegou então sobre a mesa o maço de folhas sobre o suicídio que havia imprimido no dia em que descobrira o *site* sobre depressão na internet e, intuído pelos protetores espirituais que o rodeavam, começou a ler em voz alta:

> O suicídio, longe de ser a porta da salvação, é o sombrio portal de inimagináveis torturas, a mais grave das infrações às leis divinas. De todos os desvios da vida humana, o suicídio é, talvez, o maior deles, pela sua característica de falso heroísmo, de negação absoluta da lei do amor e de suprema rebeldia à vontade de Deus, cuja justiça nunca se fez sentir, junto aos homens, sem a luz da misericórdia.

– Basta! – Vociferou Cirino, irritado. – Eu não quero escutar mais baboseiras!

E foi procurar outro lugar da casa onde pudesse permanecer sossegado, sem ouvir tantas palavras em que ele não estava interessado. Ao entrar na sala, porém, deparou-se com Bartira, que acabara de chegar da Inglaterra.

– Filha querida, mas que surpresa maravilhosa! – dizia Inês, abraçando-a comovida. – Paulo, vem ver quem chegou!!!!

– Estava com tantas saudades que resolvi pedir dois dias de folga no trabalho só para passar um final de semana prolongado aqui com vocês – respondeu ela, sem soltar-se do abraço apertado da mãe.

Cirino ficou olhando para ela de longe, fascinado com sua beleza. Gostaria tanto de também poder abraçá-la... Não, não poderia ter sido dela a voz que ouvira há pouco, no quarto de Eduardo, pensou consigo. Afinal, Bartira não tinha por que lhe pedir perdão! Era ele quem lhe devia desculpas pela maneira estúpida com que a abandonara em sua última existência!

No momento em que adentrava a sala, agora abraçada com o pai, Bartira intuiu de alguma forma a presença de Cirino no ambiente. Ao passar diante do sofá onde ele estava sentado, sentiu seu corpo se arrepiar por inteiro e uma estranha comoção espalhar-se por seu peito, como uma leve dor no coração.

– Que coisa esquisita... Olha só como fiquei arrepiada de repente – comentou com Paulo, mostrando-lhe o braço.

– Talvez porque seja a primeira vez que você entra aqui depois da morte de sua irmã – deduziu o pai.

– É... pode ser... – concordou Bartira. – Mas vamos falar de coisas boas, porque é muito bom estar aqui agora, com vocês! – ela continuou, alegre. – E o Pedrinho? Onde está?

Paulo e Inês se entreolharam surpresos. A filha do meio parecia mudada. Estava mais afetiva, mais alegre, até seu tom de voz parecia mais jovial. “O que, afinal, teria acontecido?”, cada qual se perguntava interiormente.

“Ela deve estar namorando aquele rapaz com quem a vi na Inglaterra”, deduziu Cirino, triste, percebendo também a incrível mudança que parecia ter se operado em sua amada que, agora com o afilhado no colo, abraçava efusivamente o irmão.

– Cuidado com o Pedrinho – alertou Inês, vendo a algazarra dos três. – Ainda há pouco ele estava febril...

– Com febre? – perguntou Bartira, com a voz típica de quem fala com uma criança, ao mesmo tempo em que levava a mão direita à testa do menino.

– Tadinho, vive com infecção de garganta... – observou Eduardo, fazendo um carinho nos cabelos de Pedro.

– Mas com a dinda aqui, logo, logo essa febre vai passar – ela apertou o menino nos braços com muita ternura. – A dinda estava com tanta, mas tanta saudade de você...

Pedro Henrique gargalhava satisfeito em seus braços. Nem parecia que passara tantos meses longe da madrinha. Perturbado, Cirino a todo momento esforçava-se para tentar ler o que se passava na cabeça de Bartira, mas logo constatou que ela se encontrava numa outra sintonia, a qual impossibilitava qualquer tipo de contato entre os dois.

Arrasado, foi sentar-se então sob um vaso de samambaias que ficava pendurado ao lado da janela da sala e, sem forças para interferir naquele momento de intensa harmonia familiar, ficou assistindo de longe ao animado debate que tomou conta da casa, angustiado com a vontade de chorar que cada vez mais parecia crescer dentro dele.

Sentindo-se mais unidos do que nunca, Bartira, Eduardo, Inês e Paulo, por sua vez, nem perceberam a tarde passar. Falaram sobre o trabalho de Bartira na Inglaterra, sobre os progressos de Eduardo nos estudos, sobre as perspectivas do rapaz ir morar com a irmã antes mesmo do final daquele ano. Bartira adorou a ideia. Em seguida, ficou sabendo da mudança de Jorge, do empenho da mãe no grupo de estudos sobre excepcionais de que vinha participando ativamente, do intenso tratamento fonoaudiológico a que Pedrinho estava sendo submetido.

Na verdade, só agora Bartira se dava conta do quanto vinha se mantendo alheia e distante dos assuntos da família e sentia vontade de recuperar cada segundo de convivência perdido naqueles quatro dias em que permaneceria no Brasil.

– Mas então quer dizer que até hoje o Pedrinho ainda não conseguiu dizer mais nenhuma palavra além de... – ela se interrompeu, preocupada, enquanto apertava a mãozinha do afilhado, sentado a seu lado de olhos baixos.

– A fonoaudióloga diz que ele está fazendo muitos progressos. Responde muito bem aos estímulos – Inês esticou os olhos em direção ao garoto para grifar o que iria dizer em seguida –, entende tudo o que falamos com ele ou sobre ele – ela sorriu para o neto. – É um menino muito inteligente!

– Ora essa! – exclamou Cirino, sem conseguir conter seu despeito. – Se fosse tão inteligente... assim... não teria nascido... nesta família!

Nem bem ele acabou de falar, Pedro Henrique se pôs de pé e vasculhou toda a sala com um olhar desconfiado, como se houvesse de alguma maneira registrado aquelas palavras. Ao olhar na direção da janela, pareceu notar algo de estranho, e correu assustado para o colo da avó. Ninguém, contudo, percebeu sua aflição. Nem mesmo Cirino.

Por volta das seis da tarde, depois que Eduardo voltou para o quarto para continuar seus estudos, Bartira timidamente perguntou ao pai, sob o olhar atento de Inês:

– Papai... o senhor nunca mais voltou àquele centro espírita que costumava frequentar? Eu...

Cirino arregalou os olhos o máximo que podia ao ouvir aquela pergunta.

– Não faça isso! – tentou gritar para Bartira, que se sentiu novamente arrepiar por inteiro.

– Engraçado, estava justamente pensando nisso. Hoje é dia de reunião – respondeu Paulo, desligado. – Mas... – só então ele percebeu o inusitado da filha do meio lhe fazer aquela pergunta. – Por que você está querendo saber?

– Por nada... – ela tentou disfarçar, perdendo subitamente a coragem de dizer o que estava com vontade. – Só perguntei por perguntar...

– Você... por acaso gostaria de ir comigo? – perguntou Paulo, titubeante, fortemente iluminado pelas vibrações de Sólon, Urbano e Jonas, que o rodeavam naquele momento, em mais um trabalho conjunto para auxiliar o grupo que se encontrava ali reunido.

– Talvez... – ela esquivou-se, pensativa. – Vou tomar um banho, depois eu resolvo...

Paulo estava pasmo. O que, afinal, teria acontecido com a filha? A vida inteira ela sempre fora completamente avessa ao espiritismo! Sem conseguir parar de se questionar sobre isso, arrumou-se depressa e voltou para a sala, onde ficou andando de um lado para o outro, sem saber se batia na porta do quarto de Bartira para perguntar se ela ia ou não. Para sua surpresa ainda maior, quando ele já estava prestes a desistir de esperar pela filha, Inês apareceu pronta, toda bem-vestida e perfumada, como há muito o marido não a via.

– Você vai sair? – ele não se conteve.

– Eu vou com vocês – ela disse com um risinho matreiro.

– Ao centro espírita? – estranhou Paulo.

– É... Você não gostaria que eu fosse? – Inês perguntou com simplicidade.

– Claro, claro... – respondeu Paulo, ainda hesitante. – Mas... e o Pedro Henrique?

– Ele está sem febre desde que acordou do sono da tarde, Eduardo disse que fica com ele. Jorge avisou que hoje não vai poder vir.

Nesse momento Bartira entrou na sala. Também estava toda arrumada.

– Bartira, não! – protestou Cirino, nervoso. – Não faça... isso!

– Vamos? – ela perguntou sorrindo. Só então viu a mãe. – Ué? A senhora também vai?

– Vou! – Inês respondeu decidida.

Satisfeito, Paulo não disse mais nada. Apenas retribuiu o sorriso da filha. Estendeu então um braço à esposa e outro à Bartira e cruzou a sala todo orgulhoso. Os três já estavam fechando a porta quando Cirino gritou, quase sem ar, esquecendo-se de que ninguém ali podia ouvi-lo:

– Esperem!... Se... Bartira vai... eu também... vou!

Não podia deixar sua amada sozinha numa 'situação de perigo'. A bem da verdade, nunca entrara em um centro espírita, e tinha muita curiosidade de descobrir o que poderia se passar lá dentro. Afinal, por que será que Hermínia insistia tanto em proibi-los de acompanhar encarnados nesta tarefa? Com muita vontade de descobrir, tomou coragem e seguiu no rastro de Paulo, Inês e Bartira, sem que eles nada percebessem.

Jorge não via Glória desde o dia em que ela batera à porta de Paulo para pedir ajuda. Ouvia sempre notícias suas através de Inês – de quem a moça se tornara muito amiga, mas jamais voltara a encontrá-la em nenhum lugar. Naquela noite, porém, sentindo-se sufocado pelo peso das lembranças de Laura no apartamento, decidiu assistir à sessão de quinta-feira no centro, mesmo sob o risco de deparar-se com a antiga namorada na plateia. Talvez, no fundo, desejasse mesmo que isto acontecesse.

Por uma dessas incríveis coincidências do destino, que nunca são verdadeiramente coincidências, os dois se encontraram na porta do centro. Glória estava com as crianças, que costumava deixar aos cuidados de dona Clarice, na cantina, enquanto assistia à reunião.

– Então esses são os famosos Daniel e Damião – exclamou ele, aproximando-se, sem saber direito o que dizer.

– Jorge! – Glória sorriu surpresa.

– Mião quer pipoca! – pediu Damião, apontando para o pipoqueiro.

– Niel também quer! – disse logo o menorzinho.

– Nada disso! – interferiu Glória, com jeito maternal. – Vocês acabaram de jantar. Depois da sessão a tia compra!

– Ahhh... – fizeram os dois.

– Vejo que está se saindo bem em sua nova tarefa – observou Jorge.

– É... – respondeu Glória, enquanto abaixava para amarrar o sapato de Daniel – acho que eu sempre quis ser mãe.

Sentindo-se extremamente à vontade a seu lado, Jorge a acompanhou até a cantina, onde ela fez milhões de recomendações à dona Clarice antes de se despedir dos meninos, e depois seguiu com ele em direção ao salão. Jorge não pôde deixar de sensibilizar-se diante da cena. Nunca havia imaginado Glória naquele papel: ela era extremamente meiga e atenciosa com aquelas crianças. A verdade é que, embora ambos tentassem disfarçar, os dois estavam muito felizes com aquele encontro. Fazia tanto tempo que não subiam juntos aquelas escadas...

Ao chegarem ao auditório, nova surpresa: Inês estava parada bem na entrada do salão, enquanto Paulo escrevia num pequeno papel o nome das pessoas para quem queria pedir passes e irradiações durante a sessão. Bartira tinha ido ao banheiro.

– Glória! – exclamou Inês satisfeita.

– Dona Inês, que bom que a senhora veio! – as duas se abraçaram.

– A culpa é sua, que ficou martelando na minha cabeça! – brincou Inês.

– É, durante muito tempo ela martelou na minha também... – Jorge disse alto, sem querer, e ficou vermelho logo em seguida.

– Vocês já se conheciam? – estranhou Inês, ingênua, só agora percebendo que os dois estavam juntos.

– Bem... – titubeou Glória.

– Ah! – interrompeu Inês, empolgada, ao ver que a filha se aproximava. – Esta aqui é minha filha Bartira! – e virando-se para a filha: – Esta aqui é a Glória, minha companheira nos estudos sobre excepcionais de que lhe falei! Ela cria dois meninos com síndrome de Down!

Bartira empalideceu de modo súbito e ficou gelada dos pés à cabeça. Sabia exatamente quem era Glória. Ou quem fora Glória, o que, a essas alturas, pouca diferença fazia para ela. O fato é que ela estava novamente junto de Jorge. "O passado não significa mais nada para você", lembrou-se da voz do dr. Naran dizendo, "ficou para trás, apagou-se de sua mente".

– Muito prazer... – ela conseguiu por fim dizer, estendendo a mão à Glória.

– Você está se sentindo bem? – perguntou Glória, notando que sua mão estava completamente gelada.

– Sim... – respondeu Bartira, distante, quase perdida em suas divagações.

– Como vai, Bartira? – cumprimentou-a Jorge, muito sem-graça.

– Bem... eu vou bem... – de tão chocada, ela mal sabia o que dizer.

– É mesmo um safado esse Jorge! – tentou provocar Cirino.

Bartira sentiu um arrepio e teve vontade de voltar imediatamente para casa.

– Vamos sentar – disse Paulo, percebendo o constrangimento da filha. – A segunda fileira está praticamente vazia.

– Que coisa linda! – debochou Cirino, irritado ao ouvido de Bartira. – Você sentada com esses dois... idiotas... numa sessão espírita...

Bartira sentiu novo arrepio e apertou a mão do pai. Cirino os seguiu por entre as fileiras, sem conseguir deixar de observar a multidão à sua volta. A seus olhos de desencarnado, o salão tinha mais de duzentas pessoas, a maioria sentada num balcão situado acima da plateia, o qual não era enxergado pelos assistentes encarnados. Eram seres que se encontravam em processo de aprendizado no plano espiritual, trazidos até ali por seus mentores.

Mas Cirino não tinha consciência disso. Imaginava-se o único espírito ali presente, o único ser invisível aos olhos daqueles que acompanhava. Mal sabia ele que os espíritos trabalhadores da casa observavam, com olhos atentos, cada um de seus movimentos, e que a plateia imensa que ele via diante de si no 'andar de baixo' era composta também por inúmeros desencarnados na mesma situação que a dele, placidamente acomodados entre os poucos encarnados ali presentes.

Sentou-se na única cadeira a seus olhos desocupada, uma fileira atrás da que estavam Bartira, Paulo, Inês, Jorge e Glória, e ficou observando o movimento. Havia espíritos que conversavam em grande arruaça, outros que transitavam de um lado a outro do salão, outros ainda que, trajando vestes franciscanas e carregando espécies de cestos de palha repletos de um estranho pozinho fosforescente, atravessavam as fileiras jogando esta substância sobre os presentes.

– Ei! – gritou o espírito que estava sentado a seu lado, acompanhando uma senhora encarnada. – Que porcaria é esta que você está jogando em cima de mim?

O franciscano, porém, nada respondeu, limitando-se a continuar sua tarefa sorridente. Cirino não entendeu, mas também não teve vontade de protestar. O mais curioso era que sempre que eles passavam, as pessoas atingidas pareciam se acalmar, exatamente como acontecera ao espírito sentado a seu lado.

"Eu já apaguei de dentro de mim todo o medo, toda a decepção e todo o ressentimento ligados a estas pessoas", de olhos fechados Bartira dizia a si própria, intuída por seus protetores, enquanto a equipe invisível de franciscanos a pulverizava com aquela estranha substância luminosa. "Portanto, não tenho nenhuma razão para sentir raiva de Jorge e nem desta moça. Devo entender que, se eles estão juntos neste momento, é porque também precisam resgatar seus erros pretéritos e que eu não tenho o direito de interferir. De mais a mais, eles não me fizeram nada de mal na presente existência..." Após este pensamento, sentiu-se tranquila e relaxada. Graças a suas sessões de terapia, aprendera a controlar seus impulsos.

Poucos instantes depois, o silêncio reinava absoluto em todo o auditório. O dirigente encarnado então se pôs de pé diante da plateia, e começou a ler uma página preparatória para o início dos trabalhos. Cirino olhou para trás e percebeu então que os franciscanos estavam empurrando uma pesada porta de ferro, invisível a olhos comuns, de modo a fechar completamente o acesso ao salão. Achou aquilo muito estranho, mas logo teve sua atenção novamente despertada para a oração que começava a ser proferida:

Senhor Jesus! – dizia o dirigente em sua prece. – *Permite-nos rogar-te a bênção de paz e de socorro, em auxílio de muitos de nossos irmãos habitualmente esquecidos. Consente-nos, Senhor, que no decorrer dos trabalhos da noite de hoje, possamos trazer luz e amparo a todos os que aqui se encontram, encarnados e desencarnados. Àqueles que um dia desprezaram a vida, desvalidos de fé, acreditando erroneamente que a morte do corpo fosse uma nuvem de cinza e esquecimento; àqueles que ainda não descobriram a grandeza da vossa infinita misericórdia e se comprazem nas trevas, acreditando-se imunes à justiça divina; àqueles que sofrem na erraticidade, acreditando-se esquecidos por seus familiares, muitas vezes inconscientes ainda de sua própria situação espiritual. Senhor, nós te rogamos, enfim, proteção em auxílio de todos os que se desviaram do bem, no rumo do desequilíbrio e da escuridão. Que o vosso infinito amor possa, neste momento, recair sobre cada um de nós aqui presentes, encarnados e desencarnados, preparando--nos o coração para o entendimento das vossas mensagens. Assim seja.*[27]

Cirino não gostou muito daquela história de 'esquecidos', não gostava de pensar que ninguém jamais se lembrava dele. A bem da verdade, não era

[27] Esta oração é uma adaptação da "Oração pelos esquecidos", contida no livro Presença de Luz, de Augusto Cezar, psicografado por Francisco Cândido Xavier. Ed. GEEM, 1984.

muito chegado a orações, achava ridículo quando as pessoas começavam a falar de Deus e de sua 'infinita bondade'. Não acreditava, definitivamente, nesta 'infinita bondade'. Caso contrário, ele não teria passado por tudo o que passou. Assim, já sentindo-se fundamente incomodado por aquelas palavras, levantou-se da cadeira onde estava sentado, decidido a ir embora. Para sua surpresa, no entanto, no momento em que estendia o braço para tentar abrir o portão de ferro que os franciscanos haviam fechado, se viu diante de uma mulher altíssima, que usava uma espécie de túnica azul-clara, quase cintilante, a qual impediu a sua passagem com um delicado gesto.

– Que... que... quem é você? – disse ele nervoso, começando a sentir falta de ar. – Como se atreve... a...

– O irmão queira, por favor, voltar a seu lugar. A sessão ainda não acabou – disse ela, com uma voz que era pura doçura, mas que ao mesmo tempo escondia uma autoridade fora do comum.

– Eu... eu... – em sua falta de ar e sempre olhando para os lados, de forma a não encará-la, Cirino ainda buscava palavras para enfrentá-la quando, subitamente, deparou-se com a folhinha que estava pendurada na parede a seu lado e leu a data: quinta-feira, 9 de outubro de 1999.

– Na... na... não pode ser... – disse alto, sentindo a respiração cada vez mais difícil.

Completamente atônito, encontrou-se com o olhar daquela cintilante entidade espiritual e se sentiu irresistivelmente hipnotizado pelos olhos dela, aos quais não teve outra saída senão obedecer. Deixou-se então desabar na primeira cadeira vazia que encontrou pela frente e voltou a encarar o palestrante que falava na frente do auditório, embora não conseguisse sequer registrar-lhe o som das palavras. Dentro de sua cabeça, a imagem daquela data parecia gritar mais alto do que todos os sons: 1999. 1999. 1999. Era tudo o que ele conseguia ouvir dentro de si.

De tão atordoado, nem percebeu quando aquela mesma entidade cintilante novamente se aproximou, e começou a espargir sobre ele uma espécie de água perfumada, enquanto dois espíritos trajados como franciscanos o energizavam com um passe magnético. Quando deu por si, estava outra vez ouvindo a voz do palestrante, que encerrava sua exposição daquela noite diante de uma imensa tela, invisível a olhos comuns, onde se estampavam imagens da evolução da Humanidade desde a época das cavernas. Ele dizia:

"Portanto, meus irmãos, aproveitem a dádiva do tempo recebida no trabalho edificante, sem nunca se esquecerem de que a passagem dos espíritos pela vida corporal é necessária para que possam cumprir, por meio de suas ações, os planos cuja execução Deus lhes confiou.

"As situações onde diariamente nos vemos colocados, e até mesmo as dores que tantas vezes somos obrigados a vivenciar, são recursos indispensáveis ao aprimoramento moral e intelectual de cada um de nós.

"Assim, ao convivermos, sob o vínculo do parentesco corporal, com pessoas a quem outrora odiamos, aprendemos a amar; ao experimentarmos a dor, redescobrimos nossa própria força interior.

"A vida humana, pois, apesar de transitória, é a chama que nos coloca em contato com o serviço de que necessitamos para o nosso crescimento como seres espirituais, a maravilhosa chance que recebemos de nosso Pai para resgatar, corrigir, aprender, ganhar, conquistar, reunir, reconciliar; a oportunidade de que dispomos para enriquecermo-nos espiritualmente.

"Por isso, a criatura necessita indagar permanentemente a si mesma o que faz, o que deseja, a que propósitos atende e a que finalidade se destina, a fim de erguer-se, o quanto antes, do lodaçal da animalidade onde todos nós ainda nos encontramos, e preparar-se para senhorear seu próprio caminho evolutivo.

"Que a Paz de Jesus esteja com todos vocês neste momento."

O dirigente da sessão retomou então a palavra e iniciou uma sentida prece de agradecimento, no decorrer da qual Cirino, boquiaberto, pôde observar o teto do centro se abrindo e uma chuva de pingos reluzentes como ouro a entrar pela imensa fenda. Tais pingos iam se depositando levemente sobre os presentes, de modo a formar, em torno de cada pessoa, uma espécie de carapaça de luz. Cirino ficou tão assustado com aquilo que entrou embaixo da cadeira para se proteger. Não queria ser atingido por aquela chuva! Além do mais, vendo todos aqueles franciscanos cintilantes desfilando de um lado para outro do salão, começava a sentir medo de que em algum momento eles o aprisionassem.

Só então percebeu que o salao estava repleto de seres desencarnados, os quais, quase todos chorando muito, se agrupavam em uma longa fila ao lado da porta de ferro e, conduzidos por aqueles mesmos seres reluzentes que tanto o assustavam, subiam uma escada de ferro que dava acesso a um patamar acima da construção terrena, também invisível a olhos humanos comuns.

"Eu não vou entrar nessa fila", pensou consigo, cada vez mais assustado, entendendo agora os motivos da proibição de Hermínia. "Eles não vão me pegar", assegurava a si mesmo, enquanto se arrastava no chão como um soldado na guerra, acreditando assim poder esconder-se daquele verdadeiro exército de espíritos iluminados.

Quanto mais ele se agitava, porém, mais os conceitos que acabara de ouvir se embaralhavam em sua cabeça, sempre intercalados pela data que ele há pouco descobrira: "Aproveitem a dádiva do tempo recebida. 9 de outubro de 1999. Oportunidade de resgate. Lodaçal da animalidade. 1999. Necessidade de reencarnação. 1999."

Aflito com aquelas palavras e números que não paravam de se repetir na sua mente, ao avistar Jorge entrando na sala de passes, Cirino correu até lá. Acreditava ter finalmente encontrado a saída daquele lugar. Mas, qual não foi novamente sua surpresa, quando percebeu que a pequena sala escura para onde as pessoas encarnadas haviam se dirigido também era protegida por portas invisíveis a olhos humanos, as quais nenhum dos seres desencarnados em sua situação poderia transpor. E o que era pior: o local também estava cheio de franciscanos e seres reluzentes, tais como os que ele vira transitando pelo salão ao longo de toda reunião, entre muitos outros seres de luz que Cirino, por sua condição evolutiva, não conseguia perceber.

Acuado, entrou ofegante debaixo da cadeira onde Bartira estava sentada, pensando poder se manter ali escondido até que aquela 'palhaçada' se encerrasse. Bartira, por sua vez, começou a pensar justamente em Cirino no momento em que o passista encarnado impôs as mãos sobre ela para a transfusão fluídica. "Senhor", dizia ela em sua prece silenciosa, "fazei com que esta luz que agora sinto ser derramada sobre mim possa chegar também àquele rapaz que um dia se enforcou por minha culpa..."

Foi o suficiente para que os dois entrassem em sintonia. À medida que Bartira, completamente envolta nas vibrações de paz que pairavam no ambiente, começou a aprofundar seu estado de relaxamento através daquela prece silenciosa, seu perispírito foi se dilatando naturalmente, expandindo-se em todas as direções, até que se encontrou com o perispírito do ser a quem ela mentalizava naquele momento. Súbito, ela deu um pulo da cadeira e foi parar lá do outro lado da sala, respirando com intensa dificuldade.

– Vocês não vão... me pegar – dizia Cirino, ofegante, por intermédio de Bartira – eu vou-me embora... com ela!

– Procure se acalmar! – pediu Paulo, que também dera um salto de onde estava sentado, e agora impunha as mãos sobre Bartira juntamente com outros médiuns da casa.

– Pai nosso que estais nos céus... – Jorge também se levantou da cadeira e começou a rezar alto, enquanto os desencarnados de luz concentravam suas energias em Cirino.

– Não!... Quem... está... me... amarrando? – tentou gritar Cirino, sentindo cada vez mais aumentar sua falta de ar, sem perceber que sua voz não mais se fazia ouvir através de Bartira, que a essas alturas chorava desconsolada nos braços de Paulo, sob o olhar pasmo de Inês, enquanto Glória lhe estendia o copo de água fluidificada que Jorge rapidamente fora buscar no salão. – Eu quero... – ele ainda tentou dizer, mas desfaleceu adormecido pela ação dos fluidos magnéticos das entidades superiores ali presentes.

Só depois que todos os demais encarnados receberam seus passes e se retiraram da sala, ele voltou a despertar, mais uma vez estimulado pelas energias dos benfeitores invisíveis daquele centro. Como usualmente acontece nas casas espíritas após o término da sessão, quando todos os encarnados voltam para suas residências, os benfeitores da espiritualidade dão prosseguimento ao trabalho iniciado durante a sessão pública.

– Por que... me prendem... aqui? – inquiriu Cirino, agressivo, novamente sentindo muita falta de ar. – Não veem... que eu... preciso... respirar...?

– Fique tranquilo, meu irmão – disse com brandura a mesma entidade que o impedira de deixar o salão no decorrer da reunião pública. – Ninguém aqui quer machucar você...

– Tudo o que nós queremos é ajudá-lo – completou Urbano, que durante toda noite trabalhara ao lado dos benfeitores daquela casa, aguardando por este momento.

– Quem são... vocês? – continuou Cirino, nervoso. – Por que... querem me prender?

– Queremos ajudá-lo... Você já sofreu o suficiente nos últimos anos – continuou Urbano. – Não acha que é chegada a hora de mudar?

– Sabe há quantos anos... – ele respirava com muita dificuldade – eu estou... nesta situação? – lágrimas começaram a escorrer-lhe do rosto quando ele disse isso. – 129... 129 anos... E por que só agora... só agora se lembraram de mim?

– Eu sempre estive a seu lado – respondeu Urbano. – Você é que nunca percebeu...

– O que mais... o que mais me irrita... em toda esta história... é que eu... eu sempre fui um vilão... Nunca tive... ninguém que rezasse por mim... Enquanto ela... – ele referia-se a Laura – ela que tramou tudo... ela que acabou com o meu casamento... e com a minha... dignidade... ela teve outra chance... ela tem uma família inteira... que se preocupa com ela!

– Isso não é verdade – retrucou Urbano, com tranquilidade. – Embora você não saiba, seus pais também fizeram de tudo para se aproximar de você, mas você estava tão cego de ódio que repelia todos que tentavam ajudá-lo...

– E onde estão... eles agora? – quis saber Cirino, enxugando as lágrimas, sem acreditar em nada do que acabara de ouvir. – Posso... saber?

– Sua mãe sofreu tanto ao vê-lo neste estado, mas tanto, que pediu para reencarnar. Queria tentar acumular méritos no bem para se tornar mais forte como espírito, e então poder novamente tentar ajudá-lo em seu regresso à espiritualidade...

Cirino não conseguia parar de chorar. Mas, embora algo em seu íntimo lhe dissesse que aquilo era verdade, não podia acreditar nas palavras de Urbano. Simplesmente porque não se considerava digno de que sua mãe se preocupasse com ele.

– E onde ela está... agora? – insistiu, ainda tentando controlar o choro e a falta de ar. – Você sabe... por acaso... me dizer?

– Sua mãe se encontra na Terra, desenvolvendo importante missão junto aos portadores de deficiências mentais – respondeu Urbano.

Sem parar de lacrimejar, Cirino soltou um riso suspirado, quase debochado:

– Ran... Você vai querer... que eu acredite nisso... – enxugou mais uma vez as lágrimas, conseguindo se controlar. – E meu pai... está trabalhando no circo... da Carochinha? Ou adotou um cachorro faminto... para compensar... a minha... ausência?

– Ele também reencarnou, mas já voltou ao plano espiritual – respondeu Urbano, triste. – E desde que recobrou a memória, posso lhe garantir que ele tem feito de tudo, de tudo mesmo para tentar ajudá-lo...

– É mesmo? – debochou Cirino, começando a sentir ódio daquelas pessoas que tão levianamente brincavam com os seus sentimentos. – E por que é que ele... não está aqui... agora... conversando comigo? Por que é que eu nunca... eu nunca percebi... a presença dele... do meu lado... cuidando de mim?

– Porque, infelizmente, meu filho, quem semeia ventos colhe tempestades... – lágrimas abundantes escorriam agora também dos olhos de Urbano. – Porque, infelizmente, em meio à tempestade que você criou para você mesmo, você perdeu toda a sua sensibilidade...

– Pare com isso! – ele gritou, muito ofegante! – Como... descobriu que...

Neste momento, por ação de sua vontade, Urbano modificou seu corpo fluídico, assumindo a mesma forma que tinha na encarnação em que fora pai de Cirino.

– Agora você acredita em mim? – perguntou, ante o olhar atônito do filho.

– Pai! – Cirino lançou-se de joelhos aos pés de Urbano, sem conseguir mais conter o pranto. – Então... então... era você... esse tempo todo... me perdoa, pai... me per... – ele não conseguia mais respirar.

Rapidamente, os demais espíritos de luz ali presentes aproximaram-se daquela entidade sofredora e passaram a emitir-lhe um forte jato de luz, que fez com que Cirino adormecesse nos braços do pai. Urbano então fez sinal para os enfermeiros que o aguardavam na própria sala de passes e acomodou cuidadosamente o filho sobre a maca que estes lhe estenderam.

Ele sabia que aquele era apenas o início de um longo e árduo trabalho que ainda teriam pela frente. Mas, graças à infinita misericórdia do Pai, conseguira ao menos que Cirino conhecesse a dor do arrependimento, tão indispensável à sua reabilitação no plano espiritual.

À medida que sua mente foi paulatinamente se adaptando à sua nova condição, Laura teve acesso a muitas informações que estavam guardadas em sua memória espiritual. A princípio, como acontece usualmente aos encarnados, tais revelações lhe vinham através de sonhos, aparentemente indecifráveis, onde tinha a sensação de ser outra pessoa e ao mesmo tempo ela mesma.

Aos poucos, sempre orientada pelos mentores do Departamento dos Regenerados, onde agora se encontrava abrigada, começou a compreender que seus sonhos nada mais eram do que recordações de uma vida passada – a mesma que Bartira revira em sua terapia – e passou a investigar diretamente esta existência.

Tal pesquisa era feita em recintos especiais, semelhantes a pequenas salas de cinema ultramodernas, onde, obedecendo a todo um planejamento elaborado pelos espíritos envolvidos em seu processo de reabilitação, as cenas mais marcantes do período mais recente em que esteve na Terra lhe foram mostradas como um filme em diversos capítulos. Tudo de forma cuidadosa e disciplinada, sem jamais sobrecarregá-la com um excesso de informações, até que ela pudesse concluir que era, de fato, uma reincidente no crime do suicídio.

Ao longo deste tratamento, Laura pôde ter acesso também a todos os planos que fizera antes de seu último reencarne. Acabou por constatar, entristecida, que negligenciara muitas tarefas que se comprometera a realizar na crosta, tendo desperdiçado valiosa oportunidade de resgate.

Ainda assim, continuava a se sentir injustiçada por tudo o que lhe acontecera em sua existência como Desirée e, para que não continuasse a pensar desta maneira, foi-lhe permitido voltar ainda mais aquém em suas recordações. Só então Laura compreendeu que seu problema com Hermínia tinha raízes bem mais profundas do que ela imaginava.

Na existência a que Laura então teve acesso, Jorge era marido de Hermínia, e ela, então uma jovem bem mais moça do que os dois, levianamente seduzia o próprio tio (Jorge era irmão de seu pai naquela existência), em nome de uma aposta cruel e infantil, acabando por ser envenenada por Hermínia e suas criadas, de forma semelhante à que ela, como Desirée, e Jorge, como Pedro, haviam um dia tramado eliminá-la, e que acabou provocando a morte das cinco meretrizes que habitavam o prostíbulo onde vivia. Brigite, Zuzu, Margô, Naná e Georgete, que, a essa altura, recuperavam-se em outros departamentos da colônia, teriam sido justamente as criadas que ajudaram Hermínia a assassinar Laura nesta pretérita encarnação.

Agora, ciente de todos estes detalhes, Laura finalmente entendia que nada acontece por acaso na vida de um ser humano, e preparava-se para dar um novo passo no sentido de sua evolução: queria reencarnar. Com esse objetivo, há poucas semanas fora transferida para um novo departamento, localizado no extremo da Colônia Correcional Maria de Nazaré, exatamente no limite entre a zona inferior e a zona regeneradora. Era o Departamento das Reencarnações, importante núcleo de serviços que se dividia em diversas seções interdependentes, cada qual dotada de uma função específica.

Tratava-se, na verdade, de imenso internato, composto de quatro pavimentos bem distintos. No primeiro, onde Laura foi acomodada, ficavam abrigados os espíritos provenientes de regiões menos infelizes da colônia, entre internos e aprendizes do Instituto, todos já iniciados na ciência da espiritualidade propriamente dita. No segundo, reuniam-se os provenientes do hospital Maria de Nazaré e do Isolamento que haviam optado pela reencarnação imediata; no terceiro, os prisioneiros da Torre. O quarto andar era reservado ao Manicômio, sendo que homens e mulheres eram reunidos em prédios separados e idênticos.

Como abrigada da seção de Recolhimento, onde deveria permanecer como interna por um estágio mínimo de um ano, antes que se providenciassem as atividades relacionadas com o corpo que futuramente seria chamada a animar, Laura encontrou-se com muitos irmãos tristes e ansiosos, ávidos por vencer o remorso esmagador que lhes estorcia a consciência, e mais uma vez se viu sob os cuidados paternais de guias, que a assistiam em todos os momentos de seu dia, e mais tarde a acompanhariam incondicionalmente em todas as etapas de sua nova existência expiatória nos proscênios terrenos.

Entre esses nobres mentores, destacava-se Eilin, um espírito que lhe fora muito caro em tempos remotos, e que vinha a ser justamente a guardiã que a acompanhara desde o dia em que aportara na Legião dos Servos de Maria pela primeira vez, como Desirée, tendo testemunhado de perto todos os seus últimos passos na Terra. Ela tinha o aspecto de uma oriental.

– Às vezes fico pensando, Eilin... – disse-lhe Laura, numa tarde em que conversavam sob uma das frondosas árvores do magnífico parque florido que circundava o prédio. – Como conseguiu suportar me ver fazendo tantas besteiras, como pôde passar tanto tempo a meu lado sem que eu sequer intuísse sua presença?

– Nem sempre foi tão difícil como você imagina. Muitas vezes você me ouviu, em outras tantas aprendi com você – respondeu Eilin, com um largo sorriso. – A vida dos guardiães é assim... Cheia de altos e baixos, de surpresas e momentos difíceis, de grandes alegrias e pequenas decepções... Mas meu carinho por você sempre foi mais forte do que todos os erros que você cometeu...

– E como você se sentiu, no dia em que eu... – Laura abaixou os olhos, envergonhada.

– Fiquei muito, muito triste, não posso mentir para você. Tanto que, logo depois que você foi recolhida no Vale, precisei me afastar por uns tempos para colocar minhas ideias em ordem, deixando um outro irmão espiritual em meu lugar. Mas, com a graça do Pai, meus mentores logo me fizeram ver que, quando fazemos tudo o que está a nosso alcance para amparar nosso tutelado, seja como protetores encarnados ou mesmo como pais terrestres, não devemos nos inculpar pelas faltas que este voluntariamente venha a cometer por mau uso de seu livre-arbítrio[28] – explicou Eilin, com simplicidade.

– E, mesmo assim, você pediu para continuar me amparando aqui no plano espiritual? – observou Laura admirada.

– Não só aqui, como também em sua próxima volta terrena, quando serei novamente sua guardiã. No fundo, eu ansiava por esta oportunidade de completar a missão que não conseguimos encerrar juntas na última ocasião, e que provavelmente será apenas o início de um longo caminho. Afinal, a reencarna-

[28] *O evangelho segundo o espiritismo*, de Allan Kardec. Ed. FEB, 1996, capítulo XIV, item 9.

ção a que agora deverá se submeter não é senão um dos recursos com que contamos para a sua plena recuperação – ressaltou com ternura a amável guardiã.

Emocionadas, as duas se abraçaram com carinho sob a sombra da formosa árvore que as protegia naquele momento. A gratidão e o arrependimento de Laura pulsavam tão forte em seu peito que Eilin podia senti-los em seu próprio coração. Passaram algum tempo assim abraçadas, depois seguiram em direção a um grande salão, onde eram aguardadas por irmão Demétrio, o diretor-geral daquele departamento:

– Queridos irmãos – disse ele, diante da imensa plateia de candidatos à reencarnação que ali se encontrava –, até agora todos vocês têm meditado e estudado, sob orientação dos guias missionários, a programação de suas futuras atividades na Terra. Através de nossas aulas práticas, já tiveram a oportunidade de visualizar inúmeras situações difíceis como as que os levaram ao suicídio, discutindo maneiras de remediá-las ou até mesmo de levá-las a finalidades heroicas, agindo com acerto e prudência. Agora, portanto, daremos início a mais uma etapa indispensável desse nosso treinamento, quando passarão a viajar assiduamente à Terra...

Tão logo ele disse isso, um grande burburinho se fez ouvir no salão, que pareceu se transformar numa sala de aula do ensino fundamental. Quase todos os desencarnados ali presentes ansiavam por aquele momento.

– Queridos irmãos, por favor, silêncio! – pediu gentilmente o irmão Demétrio, no que foi imediatamente obedecido. – O que nós estamos tentando discutir aqui – prosseguiu ele – não é simplesmente a possibilidade de reverem seus entes queridos. É claro que todos terão a oportunidade de visitar suas famílias. Nossas viagens à Terra, contudo, não se destinam puramente a esse fim...

– Com que objetivo então iremos à Terra? – uma voz se fez ouvir no imenso auditório.

– Na verdade – continuou o diretor – a principal meta dessas viagens é orientar os irmãos no que se refere aos hábitos a que terão de se adaptar em sua nova existência no orbe terrestre, tendo em vista que a grande maioria dos que aqui se reúnem ainda não se encontra plenamente curada das sequelas causadas em seus corpos perispirituais através do ato voluntário do suicídio. Assim, para que possam reencarnar de imediato, com o intuito de reparar estas mesmas sequelas, terão de carregá-las em seus novos corpos, o que implica em toda uma preparação e, sobretudo, em uma aceitação prévia das condições que os esperam. Afinal, espíritos na situação de vocês dificilmente reencarnam, para a expiação, nos círculos de afetos que lhes são mais caros, e sim fora deles, muitas vezes até em meio hostil, rodeados por inimigos de existências pretéritas, como mais uma prova para o progresso. Portanto, após a fase inicial de pesquisas e a escolha do meio familiar que os acolherá, vocês deverão se demorar ainda na Terra em torno dos futuros pais, procurando com eles se afinarem, conhecê-los melhor e adaptarem-se a seus modos. Não temos como negar que terão pela frente uma existência difícil, cheia de sofrimentos e de limitações. Gostaria de grifar, no entanto, que todo esse sacrifício não será em vão. Através dele, os irmãos poderão exercitar a paciência, a humildade, a fé, a coragem e a abnegação. No fim da luta, aqueles que saírem vitoriosos, terão reconquistado o maior bem que um ser humano pode almejar, que é a paz de espírito. Assim, que Deus nosso Pai de amor e bondade os ilumine em suas escolhas e os fortaleça em suas decisões.

Ao término da palestra de irmão Demétrio, uma pesada tristeza parecia ter se apossado de toda assistência. Era como se só então todos tivessem se conscientizado de que seu retorno à arena terrestre era, sobretudo, o início de uma prova muito difícil, imposta pela própria consciência de cada um ali presente, com vistas à reparação da grave falta cometida.

A grande questão era que, a partir do momento em que fossem submetidos ao departamento encarregado de planejar os corpos físicos que envergariam naquela nova existência, teriam de aceitar todas as deficiências que haviam impresso em seus perispíritos, e que neles continuavam gravadas.

De tão atarantada com aquelas informações, Laura nem se despediu de Eilin ao sair do auditório, seguindo diretamente para seu alojamento sem falar com ninguém. Pensava o tempo todo nas pernas físicas que destruíra ao saltar pela janela, as quais ainda se encontravam bastante fragilizadas, a despeito de todo tratamento a que vinha sendo submetida desde que aportara na Legião dos Servos de Maria.

"Meu Deus!", ela não conseguia deixar de perguntar-se, "será que isso significa que terei de reencarnar como uma paralítica? Mas isso é um absurdo! E se eu não quiser?"

Bartira estava exultante. Depois de tudo por que passara em seu doloroso tratamento de regressão às vidas passadas e em sua rápida estada no Rio, a chegada de Eduardo naquele fim de ano era mais do que um presente de Natal. Entrou na melhor *delicatessen* que havia no bairro e tirou da bolsa uma enorme lista de compras. Decidira aproveitar, enquanto Duda – que desembarcara em Londres na noite anterior – dormia, exausto da viagem, para comprar tudo, absolutamente tudo o que ele gostava de comer. Afinal, já que tinham a oportunidade de estar novamente juntos naquela existência, por que desperdiçar tempo com brigas infantis? Queria trocar muito amor com o irmão, sedimentar uma amizade verdadeiramente sólida entre os dois.

Pela primeira vez na vida, aliás, Bartira sentia orgulho de Eduardo. Finalmente aprovado na conclusão de seu segundo grau, o rapaz iniciaria, logo após as festas de fim de ano, um curso de inglês na Universidade de Londres e, tão logo se sentisse seguro na fluência do novo idioma, prestaria exames para Oxford, onde pretendia cursar psicologia e especializar-se no tratamento de vítimas de depressão.

Ouvindo seus planos na madrugada anterior, quando conversaram até os primeiros raios de sol, Bartira, obviamente, não pôde deixar de pensar em Augusto, a quem nunca mais vira desde a noite do beijo em Picadilly Circus, e de imaginar como seria agradável poder um dia apresentá-lo ao irmão. Todavia, mesmo depois de quase três meses de tratamento, ela ainda não se sentia forte o suficiente para procurá-lo ou, pelo menos, tentar encontrá-lo a partir das poucas referências de que dispunha. Acostumada com a maneira inesperada com que os dois sempre haviam se cruzado no presente, talvez no fundo aguardasse que a própria vida mais uma vez criasse a oportunidade que ela tanto desejava, sem se preocupar em fazer o mínimo esforço nesse sentido.

– Você já pensou que pode perdê-lo para sempre com essa sua postura? – questionou o dr. Naran, na última vez em que ela esteve em seu consultório.

– Ora, mas não é o senhor mesmo quem diz que o que está escrito e pré-programado não pode jamais ser cancelado? – rebateu Bartira.

– Sim. Mas pode ser adiado ou até mesmo reestruturado em outras bases. Afinal, todos nós temos livre-arbítrio... Portanto, nada impede que o seu amado, frustrado pela maneira como você sempre o desprezou, escolha viver com uma outra pessoa a mesma história que um dia planejou viver a seu lado... Você está ciente disto? – provocou o médico.

O dr. Naran, porém, ainda não havia captado que o grande temor de Bartira era justamente o de que sua união com Augusto mais uma vez não pudesse ser efetivamente concretizada por alguma razão. Assim, privava-se de viver o possível, com medo de que pudesse vir a sofrer mais do que já estava sofrendo.

Seu medo não era de todo infundado. Afinal, depois de trabalhar e retrabalhar com o médico exaustivamente aquela vida pregressa que compartilhara com a maioria de seus familiares no Brasil da segunda metade do século 19, sempre em busca das raízes de seu receio de relacionar-se com Augusto, Bartira recordara-se de uma outra existência, onde, vivendo exatamente na Inglaterra, em plena Idade Média, ela traíra Cirino, então um duque, seu marido, para fugir justamente com Augusto, naquela época um jovem pintor plebeu, por quem se apaixonara perdidamente poucos dias antes de casar-se. Acuados em sua fuga pelos guardas do palácio, que imaginavam que a duquesa houvesse sido raptada contra sua vontade pelo audacioso plebeu, os dois acabaram suicidando-se juntos, por amor, em uma praia de ondas bravias que ficava nos limites do castelo. Mais tarde, atormentados pela própria culpa, os dois teriam então atravessado várias existências, sempre envergando a prova da impossibilidade de efetivação de seu amor, a título de purificá-lo em sua essência.

Assim, Bartira agora conseguia entender as razões de seu sofrimento na encarnação passada e também no presente. Mais do que isso, começava a perceber a intricada trama de histórias que permeiam a existência de cada ser humano na existência atual, a que jamais podemos ter acesso integralmente, sob o risco de enlouquecermos. Não obstante, ela não sabia como apartar de si o receio de que seu amor por Augusto ainda precisasse passar pela prova do afastamento e da renúncia, esquecendo-se de que Deus, em sua bondade mais que infinita, periodicamente nos concede moratórias até que estejamos preparados para enfrentar novamente os testes em que não nos saímos tão bem quanto era esperado.

Ainda pensava em tudo isso quando abriu a porta da sala, sobrecarregada de sacolas, e deu com Eduardo sentado ao lado do telefone. Ele tinha os olhos distantes e a fisionomia completamente abobalhada.

– Alguém ligou? – ela perguntou esperançosa, ainda ofegante do trajeto que fizera até em casa.

– Sim – respondeu Eduardo, que mal conseguia fechar a boca de tão pasmo. – Você nem imagina...

– Quem? – insistiu Bartira, soltando, num impulso, todas as sacolas no chão, quase pulando de contentamento.

– O seu Américo... – respondeu Eduardo.

– O seu Américo? – estranhou Bartira, sem conseguir disfarçar seu desapontamento.

– É... – disse Eduardo. – Ele está aqui em Londres, visitando a Martinha.

– Então a Martinha agora está morando aqui também? – perguntou Bartira, juntando novamente as sacolas do chão, sem entender ainda por que o irmão ficara passado daquele jeito.

– Pra você ver... E ela nem me disse nada... – desabafou Eduardo, visivelmente chateado.

– *Wait a moment!* – disse Bartira, com sua eterna mania de misturar palavras em inglês ao seu discurso em português. – Estou sentindo um certo 'quê' de amor mal resolvido nesse seu olhar de peixe morto...

– É... A gente andou tendo uns rolos, algum tempo atrás...

– E você continua apaixonado por ela – deduziu Bartira. – Acertei? Mas peraí! Vamos sentar lá na cozinha que, enquanto eu preparo nosso supercafé, você vai me explicar toda essa história direitinho...

Assim, entre *croissants* maravilhosos, geleias de todos os sabores e queijos os mais variados possíveis, intercalados por goles de um delicioso chocolate quente, Eduardo contou à irmã tudo o que aconteceu em sua vida desde o dia em que socorreu Martinha no barzinho que ambos costumavam frequentar, até detalhes sobre a aventura em Mauá que acabou fazendo com que ele mudasse radicalmente sua maneira de encarar a vida.

– Que coisa mais espantosa essa visão que você teve com a Laura... – atalhou Bartira, surpresa.

– Você pode até não acreditar, mas... – tentou justificar Eduardo.

– Acontece que eu acredito – ela afirmou com convicção, para completo espanto de Eduardo. – Sabe, Duda, eu também mudei muito nestes últimos meses, e passei a acreditar e a entender coisas que eu jamais pensei que seria capaz de... – ela virou-se para pegar um livro que havia deixado em cima do micro-ondas.

– A primeira coisa que eu notei foi que você parou com aquela mania insuportável de tomar remédios o tempo todo... – observou Eduardo, enquanto ela pegava o livro. – Pelo menos, desde que cheguei aqui, ainda não te vi tomar nenhum...

– Engraçado... você tem razão... – constatou Bartira, pensativa, abraçando o livro contra o peito. – Sabe que eu mesma até agora não havia me dado conta disto? Eu nunca mais tomei remédios... Preciso dizer para o meu terapeuta...

– Você está fazendo terapia? – surpreendeu-se Eduardo. – Mas isso é o máximo! Por que não me contou antes?

– Ah, sei lá. Não gosto muito de falar sobre isso... – ela tentou disfarçar. Na verdade, havia decidido, juntamente com o dr. Naran, que era melhor não contar nada a ninguém da família a respeito de suas experiências regressivas. – Mas o que eu queria mesmo te mostrar era isso aqui... Olha só o que é que eu estou lendo!

– *O livro dos espíritos*, de Allan Kardec?[29] Você está lendo isto? Não acredito! Sabe que eu também acabei de ganhar um do papai?

– Papai é incansável... – Bartira olhou para o livro com carinho. – Me mandou este aqui pelo correio, logo que voltei do Rio...

– A mamãe comentou comigo sobre o que aconteceu com você no centro... Ela ficou muito impressionada... – observou Eduardo.

Bartira ficou alguns minutos em silêncio, olhando fixamente para a capa do livro.

---

[29] *O livro dos espíritos* é a mais importante obra escrita por Allan Kardec. Nele se encontram sintetizados os principais aspectos da filosofia espírita.

– Não gostaria de falar sobre isso – ela respirou fundo como se voltasse a si após um longo devaneio. – E como está mamãe?

– Ih, ela agora só vive pesquisando sobre pedagogia e educação de crianças excepcionais! – contou Eduardo.

– Então é séria mesmo essa história dela estar tentando montar uma espécie de abrigo para crianças órfãs deficientes mentais? – especulou Bartira, que havia conversado vagamente sobre o assunto com a mãe em sua última vista.

– Sério? Dona Inês não fala mais em outra coisa. Ela, a tal de dona Anália, que não sai mais lá de casa, e a tal de Glória, que começou com tudo isso. E não é simplesmente um abrigo, não. O que elas estão querendo é montar uma coisa de última geração, com aparelhos, oficinas especiais, equipe de médicos de plantão, um negócio legal mesmo!

– E onde é que elas vão construir esse abrigo? – quis saber Bartira.

– Se não me engano, elas estão batalhando para que a instituição funcione lá no centro. Dona Anália ficou de entrar com o pessoal especializado e também com uma parte do patrocínio, a Glória está correndo atrás de empresas dispostas a entrar com o restante...

– E a mamãe?

– A mamãe vai ser a diretora do negócio, e o papai vai ser o vice! – informou Eduardo, orgulhoso dos pais. – Achei tudo isso muito bom, porque nem vai dar tempo para eles ficarem chateados com a mudança do Pedro Henrique...

– Ele vai mesmo se mudar de vez para a casa de Jorge? – perguntou Bartira, já sem o tom de despeito com que habitualmente costumava se referir ao cunhado.

– Eles estão meio que esperando o Pedro Henrique pedir isso até o Natal, só que o Pedro Henrique só fala 'mamã', então...

– Até hoje ele não falou mais nada? – entristeceu-se Bartira.

Com muito cuidado, temendo uma reação drástica por parte da irmã, Eduardo então contou-lhe que Jorge e Pedrinho andavam saindo muito com Glória e com os meninos excepcionais que ela criava e que, desde então, o afilhado fizera muitos progressos, embora ainda não tivesse conseguido falar outra coisa além de 'mamã':

– Ele já está fazendo desenhos mais coloridos, já consegue ficar mais concentrado quando está brincando... Ah, e ele adora mexer com umas massinhas que a Glória deu para ele! Outro dia fez até um negócio que parecia um elefante, o maior barato... – lembrou Duda, com saudades. – Sei lá – ele continuou em um tom mais melancólico –, a mamãe acha que a qualquer momento ele vai soltar a língua.

– Mas eles estão namorando? – quis saber Bartira.

– A Glória e o Jorge? Bem... – titubeou Eduardo – eu nunca vi nada assim mais declarado entre os dois, mas...

– Mas? – insistiu Bartira.

– Mas eu acho que ela é apaixonada por ele – confessou Eduardo.

– E o papai e a mamãe? Aceitam isso numa boa? – quis saber Bartira.

– Ah... O papai é mais na dele, a gente nunca sabe direito o que ele está pensando – analisou Eduardo. – Mas a mamãe até que me surpreendeu. Parece que ela dá muita força para os dois ficarem juntos.

– E você? Gosta dela? – insistiu Bartira, enquanto começava a recolher a louça da mesa.

– Ela é uma pessoa legal... Quer dizer, eu nunca conversei assim muito com ela, mas acho que é gente boa. Sabe, eu penso que o Jorge precisava realmente encontrar uma pessoa. Ele ainda sofre muito por causa da Laura – comentou Eduardo.

– Acho que você tem razão – concordou Bartira, séria.

Por alguns instantes ela permaneceu pensativa, em sua muda tarefa de enxaguar os pratos e enfileirá-los na máquina de lavar louça. Não sentia mais raiva do cunhado e nem de Glória, trabalhara exaustivamente todos os seus ressentimentos e reminiscências em suas sessões de terapia. Além de que, os dois haviam sido extremamente gentis no dia em que aconteceu toda aquela confusão com ela no centro.

Todavia, mesmo se esforçando para pensar assim, ainda era extremamente difícil para Bartira ver Jorge ao lado de alguém que não fosse a irmã. Será que se ele tivesse escolhido uma pessoa que nada tivesse a ver com seu passado, ela conseguiria aceitar mais facilmente?

– Afinal, você falou, falou e até agora não me explicou por que ficou tão chateado quando soube que a Martinha estava morando aqui em Londres. Pensei que você quisesse encontrá-la... – disse finalmente a Eduardo, tentando fugir dos próprios pensamentos.

– Querer, eu queria, só que não agora – respondeu Eduardo, reflexivo.

– E por que não agora? – questionou Bartira, enquanto fechava a máquina, sentindo-se de alguma maneira identificada com o irmão em sua postura.

– Sei lá... – respondeu Eduardo, mordiscando uma migalha de pão que restara na mesa. – Queria estar completamente mudado quando a gente se visse de novo, que ela pudesse olhar para mim e descobrir que não sou mais aquele cara idiota de antigamente...

– Mas você está completamente mudado! – garantiu Bartira, sob o barulho da máquina de lavar louças que acabara de acionar.

– Você acha mesmo? – duvidou Eduardo.

– Mas é claro que sim! – ela enxugou as mãos no avental e abraçou-o pelas costas, de uma forma meiga como jamais havia antes se expressado com o irmão, quase como se houvesse de alguma maneira internalizado um pouco da personalidade de Laura. – Se você me conquistou, por que não a conquistaria também?

Horas mais tarde, ao sair do banho, Eduardo ficou andando de um lado para o outro em volta do telefone. "Ligo ou não ligo?", pensava consigo, enquanto amassava na mão o papelzinho onde anotara o telefone que lhe fora passado por Américo naquela manhã. No exato instante, contudo, em que ele finalmente pegou o gancho do telefone, decidido a ligar, a campainha tocou. Eram Martinha e Américo.

– Seu Américo! – exclamou Bartira, surpresa, ao abrir a porta.

Ao vê-lo, automaticamente ela se recordou de tudo o que revivera em suas sessões de terapia de vidas passadas. Sentiu raiva dele por ter sido o pai de sua prima Virgínia e nunca ter enxergado a sem-vergonhice da própria filha. Mas, ao mesmo tempo, lembrou-se também de todo o carinho que Américo sempre tivera por ela em sua infância e, numa questão de segundos, a ternura despertada por suas lembranças mais recentes acabou por suplantar o passado remoto. Bartira então se permitiu abraçá-lo com todo o respeito que sentia por aquele senhor tímido e fechado, de fisionomia sempre sorridente, a quem aprendera a amar desde menina.

– Também estou feliz por estar aqui – disse ele, batendo-lhe nas costas com seu jeito acanhado. – É muito bonita a sua casa!

Martinha, enquanto isso, permanecia parada na porta, como que hipnotizada pelo olhar de Eduardo, que também estava parado e hipnotizado pela sua imagem, poucos metros atrás de Bartira. Ela estava diferente, mais linda ainda do que na última vez em que os dois haviam se visto. Seus cabelos haviam crescido novamente, e ela os tingira com luzes alouradas, num tom quase dourado, que combinava muito bem com sua pele clara e com o conjunto de *jeans* que ela estava usando sobre uma grossa blusa de lã azul. "Ela está com a maior cara de repórter. Aposto que está namorando algum jornalista!", Eduardo pensou enciumado, enquanto cumprimentava Américo, sem nem enxergá-lo direito.

O irmão de Bartira, por sua vez, também parecia mais bonito e mais másculo aos olhos de Martinha, que adorou a barba rala e bem cuidada que agora circundava sua boca e destacava ainda mais seus profundos olhos castanho-esverdeados. Estava também mais corado e seus músculos pareciam mais bem torneados por causa das intensas sessões de fisioterapia e musculação a que ele se submetera após o acidente. "Aposto que ele arrumou alguma namorada!", ela também pensou, chateada.

– Martinha! – era a terceira vez que Bartira a chamava.

– Hã? – ela finalmente conseguiu desviar seus olhos de Eduardo.

– Você não vai ficar parada aí na porta a noite toda, vai? Vem cá me dar um abraço!

Ela então abraçou Bartira com força, com toda a força com que gostaria de abraçar Eduardo naquele momento. Sensibilizada com aquele abraço, Bartira sentiu que ela era alguém muito querido, alguém de quem seu coração gostava muito, e estranhou que ela não tivesse aparecido em suas lembranças, mas procurou não pensar mais nisto. Afinal, como o dr. Naran sempre fazia questão de grifar em suas sessões, ela agora estava completamente liberta de seu passado.

– Tudo bem, Martinha? – disse Eduardo, tão logo ela se soltou do abraço de Bartira.

– Tudo... E você? – ela abaixou a cabeça, sem coragem de se aproximar.

Discretamente, Bartira puxou seu Américo para mostrar-lhe o resto da casa, deixando os dois sozinhos na sala.

– Soube que agora está morando aqui na Inglaterra... – ensaiou Eduardo, deixando estampar na voz um pouco do ressentimento que sentia por ela não ter lhe enviado mais nenhuma mensagem ao longo dos últimos meses.

– É... Foi tudo tão de repente... Meu pai foi convidado para dar aulas aqui e acabou conseguindo um lugar para minha mãe também...

– Eles são físicos, não é isso? – lembrou Eduardo.

– É, os dois trabalham com energia nuclear... – ela ficou alguns instantes em silêncio, sem saber direito o que dizer. – E foi assim que nós viemos parar aqui... Chegamos na semana passada. Agora o vovô veio também, para passar o Natal...

– Legal – disse Eduardo, tentando parecer frio.

– Aposto como você ficou chateado porque eu nem te contei nada... – adivinhou ela.

– Eu? – disfarçou Eduardo, pouco a pouco começando a se sentir mais à vontade. – Para ser sincero, eu nem vinha tendo tempo de olhar a minha caixa de correspondência nos últimos tempos...

– É mentira... – ela disse, encarando-o nos olhos. – Eu sei que você ficou chateado, mas foi você quem parou de escrever primeiro!

– Eu? – estranhou Eduardo. – Nada disso. Eu respondi a sua última mensagem!

– Não respondeu, não! – protestou Martinha.

Era incrível como os dois haviam se esforçado tanto para parecerem diferentes e maduros aos olhos um do outro, e no entanto agora agiam como dois autênticos adolescentes, exatamente como da última vez em que haviam se encontrado.

– Respondi, sim! – insistiu Eduardo. – Lembro até que... – ele se interrompeu, com vergonha de repetir o que havia escrito na carta eletrônica.

– O que você ia dizer? – ela ficou curiosa.

– Ah, eu falei que achava... – só então ele recordou que desistira de enviar a mensagem ríspida que escrevera, onde, entre outras coisas, dizia que Martinha tinha ficado muito metida depois de ter se mudado para a França. – Nossa!... – admitiu envergonhado – você tem razão. Eu não enviei.

À medida que falavam, os dois iam andando em direção ao jardim de inverno de Bartira, como que sutilmente envolvidos numa brincadeira de pegar.

– Está vendo só como você é? – disse Martinha, sentida. – Eu é que sei quanto tempo fiquei esperando pela sua resposta!

– Puxa vida, me desculpe, Martinha... Na verdade, ainda bem que eu não mandei aquela carta... Mas você podia ter me escrito qualquer coisa assim mesmo, nem que fosse para reclamar que...

– E o que foi afinal, que você escreveu nessa carta que nem se deu ao trabalho de enviar, eu posso saber? – insistiu ela.

– Eu escrevi... que estava morrendo de saudades de você – mentiu Eduardo, sem conseguir mais disfarçar o riso frouxo.

– Não é verdade – ela também não conseguiu deixar de sorrir ao ouvir isso. – Eu sei que você não está dizendo a verdade...

– Como é que você pode saber, se eu não enviei a carta? – ele a provocou com um olhar cínico.

– Ah, sei lá. Porque você nunca escrevia essas coisas...

– Mas me conte sobre o programa da tevê francesa onde você trabalhava – pediu Eduardo, tentando sair daquele assunto constrangedor. – O que era exatamente que você fazia? – ele finalmente conseguiu sentar-se no pequeno sofazinho de vime que havia em frente aos janelões de vidro que fechavam a varanda.

– Bem, eu trabalhava numa ilha de edição... – ela imitou o gesto de Eduardo, sentando-se a seu lado. – Quer dizer, pegava todas as imagens filmadas que o pessoal trazia e ajudava na seleção, nos cortes... Na prática, eu e os outros que trabalhavam na ilha fazíamos a montagem dos episódios que iriam ao ar.

Quando Bartira e seu Américo voltaram à sala, o gelo entre os dois já havia sido completamente quebrado e eles conversavam como velhos amigos, como se jamais houvessem passado um dia sequer longe um do outro. Sentada ao lado de Eduardo no pequeno jardim de inverno de Bartira, Martinha, muito falante, contava a ele um dos muitos casos mostrados no programa:

– Sempre que estava em casa, o homem emitia alguma coisa com o seu pensamento que fazia com que as coisas começassem a queimar de repente...

– Mas como é que isso podia acontecer?

– Sei lá. Meu avô diz que o tal cara era um médium de... como é mesmo o nome, meu Deus?

– Médium de efeitos físicos – respondeu Américo, que também havia entrado na pequena varanda sem que os dois percebessem.

Martinha e Eduardo levaram um susto ao vê-lo.

– Pensaram que eu fosse algum espírito? – brincou ele bem-humorado, enquanto Bartira preparava uma deliciosa macarronada na cozinha.

– Não, vovô... É que sempre que eu começo a lembrar esses casos do programa, eu fico assim em estado de alerta... Mas me explica de novo esse negócio de médium de efeitos físicos – pediu ela.

– Bem... – disse Américo, sentando-se à confortável poltrona que havia diante do pequeno sofazinho de vime onde os dois estavam acomodados – médium de efeitos físicos é uma pessoa capaz de produzir e liberar, em grandes quantidades, uma substância chamada ectoplasma, da qual os espíritos se utilizam para se tornarem visíveis ou até mesmo para materializarem coisas e movimentarem objetos aos olhos dos seres humanos.

– Quer dizer então que os espíritos pegavam o ectoplasma desse homem e transformavam em fogo? – inquiriu Eduardo pensativo.

– Não, exatamente – respondeu Martinha, lembrando-se da explicação que já recebera do avô. – O médium apenas fornecia a energia necessária para provocar a combustão desejada pelos espíritos que viviam ali com ele, não é isso vovô?

Américo sorriu orgulhoso pela explanação da neta e confirmou com a cabeça.

– E por que eles faziam isso? – espantou-se Eduardo.

– É difícil precisar uma resposta como essa – avaliou Américo. – Talvez fossem obsessores, querendo se vingar, talvez fossem apenas espíritos sofredores, fixados na situação que causou seu desencarne, provavelmente um incêndio ocorrido anos atrás, naquela mesma casa...

– Quem vai querer macarronada? – interrompeu Bartira, satisfeita, chegando da cozinha com uma colher de pau na mão.

– O cheiro está maravilhoso! – observou Martinha.

Após o jantar, que não poderia ter sido mais agradável, Martinha e Eduardo saíram para conhecer o *pub* nas imediações que lhes fora indicado por Bartira.

– Não descuidem dos agasalhos! Está muito frio lá fora! – ela recomendou, maternal, enrolando um cachecol no pescoço de Eduardo.

Logo depois que os dois saíram, Bartira preparou então um chá de jasmim, e convidou Américo para sentar-se novamente na sala para conversar. Em sua maneira simples e reflexiva de encarar a vida, ele lembrava tanto seu pai! Ao olhar para ele, chegava até a aumentar a imensa saudade que vinha sentindo de Paulo desde que regressara do Rio. Quando Américo falava então... Era quase como se estivesse conversando com o pai. Os dois pensavam de maneira tão semelhante...

– O senhor se parece tanto com papai... Principalmente quando tira os óculos... – Bartira expressou alto seus pensamentos.

– Se isso te deixa satisfeita, eu posso ficar sem eles – respondeu Américo, simpático, tirando os óculos de imediato.

– Não! – sorriu Bartira. – Não é preciso... É que, quando olho para o senhor, penso em todas as coisas que gostaria de ter conversado com meu pai, da última vez em que estive no Brasil. Mas aconteceram tantas outras coisas, que eu nem tive oportunidade...

– Eu soube que você esteve no centro – tornou Américo, recolocando os óculos. – Sabe, já estou tão acostumado com estas lentes que não consigo me concentrar quando fico sem elas...

– Papai lhe contou sobre o que aconteceu comigo na sessão? – perguntou Bartira, titubeante.

– Sim, mas acho que não deve se preocupar excessivamente com isso. Você precisa é cuidar de sua mediunidade... Você sabe que tem mediunidade, não sabe?

– Aos poucos estou me acostumando com essa ideia, seu Américo. Tenho lido bastante sobre o assunto; no ano que vem quero ver se encontro um centro que eu possa frequentar aqui em Londres. Tenho vivenciado tantos fatos estranhos nos últimos tempos...

– Então por que não faz de conta que está conversando com seu pai e me conta o que a está angustiando tanto?

– Sabe que é uma boa ideia, seu Américo? – disse Bartira, servindo-se de um pouco mais de chá. – Se eu não fizer isto, acho que vou explodir de tanta vontade de dividir meu segredo com alguém.

Assim, sempre iluminada pelos fluidos que lhe eram permanentemente emitidos por Jonas, seu atencioso protetor familiar, ela tomou coragem e, entre um gole e outro de chá, contou ao amigo do pai tudo o que descobrira a respeito de suas existências pregressas, tendo o cuidado apenas de omitir-lhe sua participação em toda a história narrada. Para sua surpresa, no entanto, Américo parecia conhecer profundamente seu drama.

– É incrível como a espiritualidade maior sempre encontra um meio de nos enviar as confirmações de que necessitamos... – observou Américo, pensando alto.

– Como assim, seu Américo?

– Com toda certeza, não foi por acaso que você decidiu me contar toda essa história, Bartira – disse ele, admirado.

– Ainda não entendi o que o senhor está tentando me dizer... – impacientou-se a moça.

– Eu vou explicar. Não sei se você não teve acesso a essa informação em seu transe hipnótico, ou se quis escondê-la, para me poupar – ele disse, após alguns minutos em silêncio. – A verdade é que, nesta existência que você acaba de me relatar, eu fui esse seu tio alienado e intimamente cego, que fingia desconhecer o comportamento desvairado da própria filha, que não fez nada para corrigi-la e nem para ajudar sua sobrinha... Sabe, Bartira, nessa época eu era um fraco. Me acovardei diante da vida quando perdi a minha esposa e me vi sozinho no mundo, com uma filha para criar... Por isso, era mais fácil, para mim, fingir que não percebia seu comportamento abominável, do que reconhecer que eu não soubera educá-la. Com toda certeza foi por isso que precisei repetir essa experiência nesta vida, quando, novamente viúvo, me vi obrigado a assumir a guarda de minha neta...

– Como pode saber de tudo isso, seu Américo? O senhor também se submeteu a uma terapia de vidas passadas? – perguntou Bartira, estupefata.

– Não exatamente. Tudo isso me foi revelado há poucos dias, quando eu me questionava sobre a implantação no centro do núcleo de excepcionais que Glória, essa moça que um dia já foi minha filha, vem lutando tanto para me convencer a aceitar... Você, certamente, já deve ter ouvido de seus pais alguma coisa sobre isso... – deduziu ele.

– Sim, Eduardo hoje mesmo estava me falando sobre este núcleo. É um projeto interessante, porém bastante audacioso... – avaliou Bartira.

– É o que eu penso também, mas acho que já estou convencido de que teremos condições de levá-lo adiante. Aliás, depois desta conversa com você, eu tenho mais certeza do que nunca de que é isso o que devemos fazer... – ele permaneceu mais alguns minutos pensativo, antes de prosseguir. – Mas, como eu ia dizendo, estava um dia refletindo sobre o assunto, sobre como tudo isso começou, sobre a incrível afinidade que sinto por essa moça, e também por todos os que se encontram envolvidos no projeto. Estava sozinho na sala de doutrinações, lá do centro, quando, de repente, todas essas lembranças começaram a vir em minha cabeça, me fazendo entender que essa missão também é minha, que é uma oportunidade que Deus me dá no presente para que minha antiga filha possa resgatar os erros que cometeu no passado sob minha conivência, e a todos os outros que necessitam de acumular méritos na prática do bem, você me entende?

Bartira não conseguiu responder nada. Estava com a voz embargada e os olhos cheios de lágrimas. Depois que iniciara aquele tratamento, parecia que uma pedra havia sido removida de seu coração, fazendo com que ela passasse a perceber todos os pequenos fatos a sua volta com mais emoção e intensidade.

– Eu achei tão bonito esse projeto... Ouvindo o senhor falar, então... – ela enxugou as lágrimas que agora lhe escorriam pelo rosto.

– Bartira, minha menina – disse Américo segurando carinhosamente a mão que ela mantinha sobre a mesa –, sinto que você cresceu tanto com esse tratamento... está até mais bonita... mais radiante... como uma flor que desabrochou...

– Ô, seu Américo – ela disse, enxugando as lágrimas com a outra mão –, eu gosto tanto do senhor, sabia? Não importa se o senhor foi omisso ou indiferente na outra encarnação... o fato é que 'nesta existência' o senhor esteve sempre presente de uma maneira muito bonita na vida de toda a minha família...

Os dois se abraçaram com muito carinho e em seguida dirigiram-se ao jardim de inverno, de onde podiam ver a neve que começava a cair de mansinho.

Não era propriamente neve, mas o que os ingleses chamam de *sleet*, uma chuva intermediária entre o granizo e a neve, cujos pingos pareciam pequenas bolas de isopor, pouco maiores do que uma cabeça de alfinete.

– Seu Américo, por que algumas pessoas conseguem se lembrar de maneira tão natural e espontânea de seu passado, assim como aconteceu com o senhor? – perguntou Bartira, quebrando o silêncio mágico que os envolvia naquele momento.

– Isso não é uma coisa muito comum... Efetivamente, este tipo de recordação é muito mais uma provação do que um presente dos céus, como a maioria das pessoas imagina. Dói muito a visão de nossos erros do passado... – avaliou Américo, com humildade.

– E como dói... – observou Bartira, reflexiva. – Mas... as pessoas, de uma maneira geral, podem conseguir, de alguma forma, intuir o que foram e o que fizeram em vidas passadas? – ela insistiu, pensando em Augusto.

– Segundo os espíritos, o homem pode sempre saber qual o gênero das faltas de que se tornou culpado e qual o cunho predominante de seu caráter. Bastará então julgar o que foi, não pelo que é, mas sim pelas suas tendências – explicou Américo.[30]

– Então quer dizer que nossas características menos nobres nos acompanham ao longo de várias existências até que finalmente consigamos modificá-las – deduziu Bartira, que agora parecia preocupada com sua necessidade de se tornar uma pessoa melhor do que a que vira em suas recordações.

– É, exatamente. Mas não se preocupe – disse Américo, quase como se pudesse ler seus pensamentos. – Deus nos espera infinitamente. Porque ele

[30] Ver *O livro dos espíritos*, parte 2, capítulo VII, pergunta 399 e explicações anexas.

sabe, melhor do que ninguém, que um fruto não amadurece da noite para o dia, e que, da mesma maneira, reformas imediatas são impossíveis, porque a natureza não dá saltos: tudo tem seu tempo.

Bartira ficou alguns segundos meditando sobre a resposta de Américo, com os olhos fixos na neve que pouco a pouco ia se depositando sobre a calçada. Lembrou então da última vez em que vira Augusto daquela mesma janela, acenando para ela com seu jeito alegre e descontraído, e levou instintivamente as mãos aos lábios, como se quisesse ainda sentir o beijo e o perfume que o rapaz nelas depositara naquela ocasião.

– Bom, eu acho que vou pedir meu táxi, antes que fique tarde... – anunciou Américo, tirando um pequeno cartão do bolso, onde estava anotado o número da central de táxis.

– Posso usar seu telefone?

– Claro! – respondeu Bartira, subitamente desperta de suas divagações.

Américo seguiu em direção à sala, e Bartira foi atrás dele ansiosa.

– O senhor acha que eu deveria procurar esse rapaz de quem lhe falei? – ela enfim colocou para fora a pergunta que trazia engasgada na garganta, enquanto ele discava o número da central de táxis.

Atencioso, Américo cancelou a ligação, voltando o telefone para sua base, antes de encará-la com ternura paternal:

– E por que não, Bartira, se é isso o que deseja o seu coração?

Laura estava prestes a desistir da ideia de reencarnar. Desde o dia em que ouvira a palestra do irmão Demétrio e começara a conscientizar-se das dificuldades que teria pela frente, sentia-se confusa e desanimada. Afinal, como acabara de constatar em seus estudos, a leucemia de que fora vítima em sua última encarnação nada mais era do que um reflexo do envenenamento a que se submetera como Desirée. Agora, de acordo com as pesquisas que vinham sendo realizadas pela seção de Planejamento, os moldes fornecidos por seu próprio perispírito danificado indicavam uma doença muscular degenerativa como única alternativa para que ela pudesse vir a habitar um novo corpo de carne, já que lesara drasticamente todos os seus músculos ao saltar pela janela.

Foi neste estado de angústia que Eilin a encontrou naquela tarde, sentada num dos bancos do imenso jardim que circundava o departamento onde ora se encontrava, completamente alheia ao que se passava à sua volta.

– Não gostaria de conversar sobre o que a aflige? – disse a guardiã, gentil, sentando-se ao lado de sua protegida.

– Na verdade, não me conformo, Eilin... Não consigo aceitar a ideia de voltar à Terra como uma inválida... – desabafou Laura, triste, com os olhos distantes.

– Laura, querida, todas as deficiências corporais nada mais são do que um dreno para desequilíbrios cometidos no passado, como se transferíssemos para o corpo carnal todas as feridas de nosso perispírito – explicou Eilin.

– Eu sei – retrucou Laura, levantando-se. – As doenças físicas são reflexos de nosso desequilíbrio perante a Lei Maior. Enfrentá-las resignadamente é um caminho de superação de nossas deficiências morais e de evolução para um estado mais feliz. – ela repetiu como um gravador. – Desculpe, acho que não estou em condições de conversar com ninguém por enquanto...

Laura seguiu cabisbaixa e sozinha em direção a seu alojamento. Por alguns instantes, Eilin permaneceu pensativa, olhando para o imenso lago a poucos metros dali. Queria tanto encontrar uma maneira de mostrar a Laura o quanto estava equivocada em seu raciocínio derrotista, o quanto tinha a ganhar com aquela reencarnação...

– Não se inquiete, irmã – disse o dr. Dario Matias, aproximando-se dela por trás do banco e colocando as mãos sobre seus ombros. – No tempo certo, ela entenderá. Tenhamos paciência.

Eilin sorriu para ele, meiga, e aceitou seu convite para uma caminhada em torno do lago.

Naquela noite, Laura dormiu sentindo-se doente da alma, envergonhada por entender-se ainda um ser tão inferior da Criação. Mas queria, de alguma maneira, sentir-se perdoada pelo Criador. Na verdade, não era o Pai que não a perdoava, mas ela que não se achava mais digna do amor de Deus e por isso pensava que precisava fazer alguma coisa para voltar a merecer este amor. Experimentava uma necessidade incrível de reconciliar-se com Cirino e com Hermínia. Precisava encontrá-los, onde quer que estivessem, e combinar com eles uma reparação comum. Estava disposta a fazer qualquer coisa para reconciliar-se com o amor de Deus e voltar a se sentir bem consigo mesma.

Ao mesmo tempo em que pensava em tudo isso, porém, continuava a se sentir insegura com as perspectivas de que dispunha para consumar suas resoluções. Se por um lado compreendia que seu perispírito estava efetivamente mutilado, por outro ainda tinha muito medo de enfrentar essa sua nova realidade. Foi neste estado de extrema dúvida que, no dia seguinte, ela decidiu procurar o dr. Dario Matias em seu escritório.

– Ah, doutor, estou tão confusa... – disse, deixando-se desabar sobre a poltrona que o médico lhe indicou.

– Só de você ter tomado a coragem de me procurar para conversar, já deu um grande passo... – observou ele, otimista.

– Sabe, doutor, tem uma coisa que não me sai da cabeça... – confessou Laura.

– Então diga... O que é que tanto a inquieta? – incentivou o médico.

– Eu nunca mais vou poder dançar balé? – ela perguntou, com lágrimas nos olhos.

– Bem, Laura... – ponderou o dr. Dario, escolhendo as palavras para tentar confortá-la. – Nesta próxima encarnação, eu acredito que não... Mas você ainda terá muitas outras pela frente... Certamente, depois de passar por esta pro...

– Mas o que acontecerá então com a minha paixão pela dança, com toda a flexibilidade que eu adquiri ao longo de tantos anos de estudo? Tudo isso será simplesmente perdido? – interrompeu Laura, inconformada, lembrando-se do quanto gostava de iniciar seu dia com uma série de exercícios de alongamento.

– Era exatamente o que eu estava tentando lhe explicar, Laura – tornou o médico, paciente. – Tudo o que aprendemos, jamais se perde. Com toda certeza, em sua nova existência você terá sempre muita atração pela dança e talvez isto até lhe traga motivação para lutar contra sua doença, para que se dedique com mais vontade aos exercícios físicos que precisará fazer. Contudo, em função de suas atuais necessidades expiatórias, suas verdadeiras faculdades, em sua completa plenitude, ficarão como que adormecidas dentro de você durante este período. O que não significa, no entanto, que não possam vir a aflorar tão logo você recobre sua consciência espiritual.

– Tudo isso é muito triste... – lágrimas agora escorriam dos olhos de Laura. – O balé era minha vida nesta última encarnação...

– Você pode não reencarnar agora, se achar que ainda não está preparada. Pode permanecer estudando na colônia, assim como muitos irmãos em sua idêntica situação. Deus tem paciência para esperar por você durante toda a eternidade. Mas um dia terá de evoluir, um dia terá de enfrentar a prova. Porque a sua consciência te cobrará isto... Mas o importante é que saiba que não precisa se apressar, que decida o que achar melhor para você.

Laura deixou o escritório do dedicado médico sentindo-se um pouco mais calma, porém ainda bastante dividida. No fim da tarde, depois de muito meditar a respeito de tudo o que ouvira, foi ao encontro de Eilin, sob a frondosa árvore onde as duas sempre costumavam conversar. Como se possuísse um radar, capaz de captar todos os seus mínimos pensamentos, sua guardiã já estava lá a sua espera quando ela chegou. Laura a abraçou com força antes de expressar-lhe seu dilema:

– Eilin, se eu lhe perguntasse, você acha que eu devo, você acha que eu tenho condições de ir, o que responderia?

– Eu diria para você ir – respondeu a guardiã. – Suas condições são ótimas, sua própria família talvez tenha condições de recebê-la. Em suma, acho que você tem tudo para vencer, caso aceite a oportunidade.

Laura piscou os olhos profundamente em sinal de agradecimento e apertou as mãos daquela que para ela era muito mais que uma amiga, muito mais que uma mãe, muito mais do que um espírito protetor. Agora entendia todas as vezes em que sentira uma voz em seu peito aconselhando-a sobre o que fazer, quando ainda estava viva e até mesmo após a sua morte física. Era Eilin, sempre a seu lado. Só que Laura ainda não tinha aprendido a ouvi-la. E no entanto, agora, seus conselhos eram como bênçãos para seu coração inseguro. Quanto tempo perdera por não ouvir Eilin!

– Você acha que poderei reencarnar entre eles? Mas o doutor Demétrio disse outro dia que isso é praticamente impossível... – duvidou Laura, desanimada.

– Estou dizendo a você que seu caso é uma exceção. Você tem merecimento, sua família tem tudo para recebê-la, basta você querer tentar!

– E quanto a Cirino e Hermínia, como poderei encontrá-los?

– Cirino encontra-se como hóspede deste mesmo departamento, porém retido no pavimento destinado aos egressos da Torre, entre os chamados suicidas assassinos. Precisa reencarnar urgentemente, não há como fazer preparações. Para que consiga desligar-se das lembranças do passado que tanto o atormentam, seu perispírito permanecerá algum tempo em estado de semi-hibernação, ligado a um embrião congelado, aguardando a oportunidade para o recomeço da experiência, sendo que esse período, por si só, já constituirá parte de sua expiação.[31]

– E não terá nenhum tipo de deficiência, em função do erro que praticou no passado ao enforcar-se?

– Sim. Terá sérios problemas respiratórios, mas não resgatará, com isso, todas as suas dívidas. Não tem condições de fazê-lo no momento. Ainda se encontra muito fraco para submeter-se a provas muito rudes. Precisa ir lapidando-se gradualmente, ao longo de várias encarnações – explicou a guardiã.

– Então quer dizer que Cirino levará muitas existências até conseguir apagar todo o arrependimento que carrega em seu perispírito?

---

[31] Segundo explica o espírito Vianna de Carvalho no livro *Atualidade do pensamento espírita*, psicografado por Divaldo Pereira Franco. Ed. LEAL, 1999.

– Quem sabe? Para ajudá-lo a resgatar sua dívida, terá sempre muitas ocasiões de fazer o bem. Será, inclusive, um médium psicógrafo, de sensibilidade bastante aguçada. Se aceitar nossos conselhos e dedicar-se à prática do bem, terá muito a ganhar com a experiência.

– Nossa! – estranhou Laura. – Mas eu pensei que a mediunidade só fosse dada a pessoas assim... de mais respeito, mais equilibradas, mais aptas a fazer bons contatos com os espíritos...

– Você está completamente enganada. Como nos ensinou Jesus, não são os saudáveis que precisam de médico.[32] A mediunidade é dada a todas as camadas, a todos os espíritos, nos mais diferentes graus de evolução. Na verdade, todos somos médiuns, num certo sentido. Alguns trazem esta capacidade mais desenvolvida com o compromisso da tarefa mediúnica, a ser exercida no meio onde conviverão. É um empréstimo, um talão de cheques que Deus nos dá para gastar no bem, um talão de oportunidades...

Laura passou algum tempo meditando no que acabara de ouvir de sua protetora, seu 'anjo da guarda' como as pessoas costumam dizer.

– E eles já aceitaram receber Cirino? – perguntou enciumada.

– É aí que entra sua primeira prova, sua primeira tarefa preparatória para a reencarnação – anunciou Eilin. – Você é quem deverá convencer os possíveis pais de Cirino desta possibilidade.

– Eu? – estranhou Laura.

– Sim. Caso eles não o aceitem, você poderá reencarnar no lugar dele. Mas deve ter consciência de que ele precisa muito mais do que você desta chance neste momento.

– Quer dizer que, se conseguir que eles o aceitem, não poderei reencarnar na família?

– Não com os mesmos pais. Mas, com certeza, com outros. Dispomos de várias possibilidades para que seja recebida na família.

– Várias possibilidades? Como assim? Afinal, quem são os possíveis pais de Cirino, que ainda por cima terão de apelar para uma fecundação artificial? – questionou Laura, sem conseguir entender. – Bartira é solteira, nunca teve um namorado, Eduardo... Jorge se casou de novo? – ela deduziu num ímpeto.

– No momento certo, quando estiver devidamente preparada, você saberá – desconversou Eilin.

[32] Ver *O evangelho segundo o espiritismo*, capítulo XXIV, itens 11 e 12.

Bartira aceitou o convite de Américo e dos pais de Martinha, e decidiu ir com Eduardo passar o *réveillon* na região de Dorset, ao sul da Inglaterra, numa praia chamada Lulworth Cove – nome que Eduardo não conseguia pronunciar de maneira alguma. Um dos mais magníficos cartões postais da costa britânica, Lulworth Cove ficava situada numa península chamada ilha de Purbeck, a qual era assim conhecida por constituir uma importante fonte de um certo calcário cinzento, conhecido como mármore Purbeck, usado na construção de um antigo castelo que é a principal atração turística da região.

Não era usual em Londres esse tipo de passeio, já que na época de frio dificilmente os ingleses procuram as praias. As águas não chegam a congelar, graças à Corrente do Golfo que atinge a Inglaterra. Mas ficam muito, muito frias. E, embora não costume nevar nesta região, o vento é tão forte ao longo de todo o ano que, em vez de guarda-sóis, as pessoas costumam alugar quebra-ventos. As praias são cobertas por pedras arredondadas, seixos de vários tamanhos criados pela ação das tempestades, e que se estendem por todo o litoral até a extremidade da península.

A verdade era que, mesmo no verão, estas praias não atraíam muito os ingleses, que geralmente preferem passar suas férias em praias mais quentes, como as da Espanha ou de Portugal. Em poucas palavras, o inusitado passeio era o que Eduardo rotulou como um 'programa de índio' na Inglaterra.

– Mas – disse ele, enquanto arrumava a mala com algumas roupas – como eu tô super, hiper, mais que a fim da Martinha, qualquer programa de índio é jogo. Agora, quanto a você...

– Ah, Duda – disse Bartira, sentada em cima da mala, sem saber se a abria para colocar suas roupas ou se a guardava de novo no armário –, não sei se eu vou nesta viagem... Eu queria tanto ter encontrado o Augusto... Eu acho que eu perdi o Augusto, Eduardo...

– Deixa de bobeira, Bartira! – aconselhou Eduardo, enquanto fechava cuidadosamente sua mala já pronta. – Se tiver que ser, a coisa acontece. Eu sou desta opinião. Acho que tem certas coisas na vida da gente que estão escritas, assim como as vigas mestras de um edifício. Sei lá... Só sei que eu queria muito estar com a Martinha neste momento, e se isto está acontecendo agora, é porque não fere as leis naturais do destino. Não tinha que ser, mas podia ser. Então eu tô nessa. Já que pode, eu quero experimentar...

– Nossa, Duda, você ficou tão filosófico de uns tempos pra cá... – observou Bartira.

– É... A Martinha também falou isso. Será que eu mudei mesmo?

– A gente muda o tempo todo... – asseverou Bartira.

– Falando nisso, por que é que as mulheres sempre cortam os cabelos quando querem mostrar que mudaram?

– Ah, miserável! – Bartira jogou uma almofada no rosto de Eduardo, exatamente como fazia com Laura quando as duas eram adolescentes. – Pensei que você jamais fosse falar nada, só para me torturar... Ficou horrível, não ficou?... – perguntou, toda insegura.

– Que é isso, Bartira, ficou lindo! Você é uma gata! – elogiou Eduardo.

Ela abaixou a cabeça, morrendo de vergonha. Nunca sabia o que fazer quando era elogiada. E estava tão insegura com aquele cabelo... Mas ela tinha que cortá-lo, sentia que precisava fazer isso para iniciar uma nova vida. Assim, naquela tarde, ao sair do trabalho, marcara um horário no salão onde costumava aparar as pontas, e voltara para casa com um corte chanel bem curtinho, que terminava na altura das orelhas.

Por trás do corte moderno e jovial, no entanto, estava arrasada. Na semana que antecedera a viagem, depois de confessar sua paixão a Eduardo e Martinha e ser aconselhada pelos dois, fora pessoalmente a diversas universidades de Londres, na esperança de conseguir alguma pista sobre Augusto, mas não conseguira descobrir nada, já que todos os cursos estavam em recesso naquela época do ano e, por esta razão, ela não teve como pesquisar as informações que desejava. De tão frustrada, não fosse pela excessiva insistência de Martinha, ela teria passado o *réveillon* sozinha em sua casa, 'dando uma olhada nuns relatórios', como de hábito.

Agora, contudo, enquanto viajavam em direção à tão falada praia, sentia-se feliz por ter aceito o convite. Afinal, era o *réveillon* de 1999 para 2000, o último ano do milênio, e ela desejava mudar radicalmente sua postura diante da vida. Não queria mais cultivar a solidão.

Artur e Mariana, os pais de Martinha, por sinal, eram pessoas extremamente agradáveis. Pessoas que não reencontrara em nenhuma de suas sessões de regressão a vidas passadas, mas que estava adorando conhecer naquele momento. A empatia entre eles foi quase imediata, logo Bartira sentia-se plenamente à vontade naquela família.

Ela e Martinha também tinham se tornado grandes amigas nas poucas semanas em que conviveram. Embora pouco tivessem conversado durante todo o tempo em que moravam no Rio, aquele encontro em Londres as tornara muito próximas, quase íntimas.

Foi justamente preocupada com Bartira, com sua caça frustrada ao 'cavaleiro misterioso' – como Duda apelidara Augusto –, que Martinha decidiu convencê-la a passar o *réveillon* com ela e a família na casa de um pesquisador da faculdade, grande amigo de seu pai desde os tempos em que ambos ainda moravam no Brasil. Chamava-se Schneider e há cerca de três meses estava morando na ilha, onde alugara uma casa especialmente para escrever sua tese de doutorado.

Schneider era a única pessoa que Artur conhecia na Inglaterra, além de seus alunos e do professor que o convidara para lecionar na universidade. De tanto ele insistir, os pais de Martinha haviam acabado aceitando seu convite para passar o *réveillon* em sua companhia, na modesta casinha que ele havia alugado para se esconder do mundo enquanto produzia.

– É um cara superbacana – Martinha garantiu a Bartira. – Tenho certeza de que você vai gostar de conversar com ele.

Durante a viagem, Bartira começou a achar que Martinha talvez pudesse ter razão. "Schneider, esse nome não me é estranho...", pensava agora, embalada pela música. No rádio tocava a canção *Dream, a Little Dream*, com o grupo The Mamas & The Papas, alimentando suas esperanças mais íntimas. Afinal, já que lhe era absolutamente impossível encontrar Augusto naquele momento, por que não se permitir conhecer uma outra pessoa?

A palavra pesquisador a atraía. Quem sabe até não era parecido com Augusto? De mais a mais, ele não podia ser muito mais velho do que ela. Afinal, se o tal Schneider estudara com Artur, os dois deviam ter mais ou menos a mesma idade. Os pais de Martinha eram bastante jovens. Quando ela nasceu, Mariana tinha apenas quinze anos, e Artur, dezesseis. Casaram--se e separaram-se inúmeras vezes até descobrirem que queriam mesmo ficar juntos, que eram apaixonados um pelo outro. "Schneider... onde será que eu já ouvi este nome?", tentava lembrar Bartira, enquanto o carro ia cortando as estradas.

Fazia um dia muito bonito quando eles partiram. Na última hora, Américo acabou decidindo não acompanhá-los. Estava ansioso demais com o projeto da implantação do núcleo no centro, acabou preferindo voltar ao Brasil para passar o *réveillon* com Glória e as crianças. Assim, Bartira foi no carro com Mariana e Artur, enquanto Eduardo, que tirara sua carteira de motorista no Brasil poucos dias antes de viajar, seguia atrás com Martinha, no carro que alugara com o patrocínio da irmã, como presente de Natal.

Já estavam quase chegando à ponta da península quando Eduardo pousou a mão sobre a calça *jeans* de Martinha, enquanto dirigia:

– Estou muito feliz de estar aqui com você agora... – ele disse, sem desviar os olhos da estrada. – Quero que saiba que é a menina mais especial que eu já conheci...

Martinha abaixou a cabeça e apertou a mão dele com suas duas mãos geladas de frio. Queria passar-lhe todo o seu calor, dizer-lhe que também era completamente apaixonada por ele, que sempre o amara desde garotinha. Mas estava tão emocionada que sua voz não saía e ela preferiu então se manter quieta, apenas acarinhando docemente a mão de Eduardo. Era como se qualquer som externo pudesse quebrar aquele momento mágico. Se fosse possível, Martinha adoraria passar o resto da vida ali, apenas segurando a mão de Eduardo e sentindo que ele a amava com a mesma intensidade.

– Você... – ele fez uma longa pausa, antes de perguntar – ainda gosta de mim? – ele ultrapassou o carro dos pais de Martinha, sem perceber.

– Que pergunta!... – ela riu cabisbaixa, brincando com os dedos dele.

– Gosta ou não gosta? – ele insistiu com seu riso provocador.

– É claro que eu gosto, Eduardo! – ela tomou coragem e o encarou, sem conseguir parar de sorrir. – Eu nunca gostei de uma outra pessoa!

Eduardo teve de parar o carro para beijá-la. Não aguentou esperar até...

– Lul... for, Lur... wor – apertando Martinha em seus braços, ele tentou pronunciar o nome da praia para onde estavam indo, diante da maravilhosa enseada onde estacionaram. – Será que ainda falta muito para a gente chegar até lá?

– Sei lá – ela respondeu de olhos brilhantes, descendo do carro. – Por mim a gente ficava por aqui mesmo... É tão bonito este lugar!

Os dois se encostaram no capô e ficaram ali abraçados, de olhos fixos no infinito.

– Será que seus pais não vão ficar chateados quando descobrirem que a gente tá namorando? – ele perguntou preocupado.

– A gente tá namorando? – repetiu Martinha, corada de vergonha.

– Ué? E não tá? – estranhou ele, com o coração batendo disparado.

– Não é isso – respondeu ela, desmanchando-se num sorriso. – É que eu nunca pensei que... Na verdade, eu adorei ouvir você dizer isso!

Eduardo colheu seus lábios num beijo, ainda mais terno do que o primeiro.

– Mas você acha que seus pais... – ele voltou a insistir.

– Não esquenta com isso – Martinha o tranquilizou, sem soltar-se daquele abraço apertado. – Meus pais estão cansados de saber que eu sou completamente apaixonada por você...

– Sabe de uma coisa – Eduardo confessou, com os olhos fixos no mar azul –, até hoje eu nunca namorei assim, de verdade, nenhuma garota...

– Eu também não – admitiu Martinha envergonhada, aninhando-se no abraço dele. – Meu Deus, meus pais! – só então ela se deu conta de que haviam deixado de seguir o carro dos pais.

– Caramba, é mesmo! – ele franziu os lábios, preocupado. – Eu me esqueci completamente de... Veja! São eles! – seus olhos acompanharam o carro do Artur e Mariana, que parou logo adiante e engatou marcha a ré para vir estacionar ao lado deles.

– Apressadinhos vocês, hein! – brincou Artur, tentando disfarçar seu desagrado.

Ao vê-los, o irmão de Bartira e Martinha ainda tentaram disfarçar, mas não conseguiram soltar mais as mãos um do outro. Artur, é verdade, ficou ainda mais enciumado com isso, mas não disse nada. Bartira e Mariana, por sua vez, não puderam deixar de sorrir por dentro ao constatarem a alegria que brilhava nos olhos dos dois. Contudo, ambas também se esforçaram para fingir que nada haviam percebido. Conversaram todos por mais alguns minutos e seguiram viagem. Faltavam poucos quilômetros para Lulworth Cove.

– Que ideia mais interessante do seu amigo escolher um lugar como este para escrever sua tese de doutorado – Bartira comentou, logo que entraram nos limites do balneário. – É maravilhoso aqui!

– E ainda tivemos a sorte de pegar um dia ensolarado – comentou Mariana. – Esse clima da Inglaterra é tão maluco...

– Aqui dificilmente neva. Com toda certeza, não vai dar para mergulhar, mas pelo menos estaremos perto da praia – disse Artur, que sempre sentia muita falta do mar.

Quando pararam na porta da aconchegante casinha de tijolinhos marrons, de dois andares, Bartira mal pôde acreditar que pensara tanto antes de aceitar aquele convite. Era exatamente o local em que ela gostaria de passar seu *réveillon*. Um lugar simples, com vista para o mar, e provavelmente dotado de lareira, já que tinha chaminé.

Enquanto Artur retirava a bagagem do porta-malas, ela pegou suas bolsas e afastou-se um pouco para olhar mais uma vez o imenso mar que se abria à sua frente, sonhando com o momento em que molharia seus pés naquela água gelada. Estava tão fascinada com a vista que nem percebeu quando o dono da casa, ostentando enorme sorriso, apareceu na entrada dos fundos e abriu os braços para receber seus convidados.

– Artur! – disse ele, abraçando o amigo – Mariana! Martinha, como você cresceu!

– Este aqui é o Eduardo – apresentou Artur – e... – ele aumentou um pouco o tom de voz para que ela pudesse ouvi-lo – Bartira, este aqui é o Schneider!

Ela voltou-se de imediato, pronta para dizer “muito prazer”, mas empalideceu subitamente.

– Meu Deus! – foi tudo o que conseguiu balbuciar, deixando cair suas bolsas no chão.

Era Augusto.

Augusto Solimões Schneider, só então Bartira conseguiu se lembrar de que lera aquele nome no guardanapo que um dia Augusto lhe estendera no avião. Todavia, aquele homem que agora a encarava fixamente, de olhos surpresos e sorridentes por trás daquelas lentes eternamente embaçadas, não era mais simplesmente o rapaz que um dia conhecera naquele avião ou o psicólogo ousado que a beijara sob a estátua de Eros em Picadilly Circus. Ele era muito mais do que isso; seu sentimento por ele pulsava além das fronteiras do tempo, embora ela não soubesse sequer o que fazer naquele momento.

– Eu não posso acreditar que você esteja aqui... – ele confessou por fim, sem sequer notar a cara de espanto de todos ali a sua volta.

– Eu é que não posso acreditar que eu esteja aqui... – Bartira sorriu envergonhada, segurando as próprias mãos com força para que ele não percebesse o quanto ela estava tremendo.

– Que bom que está... – ele disse, de maneira quente e terna, pegando suas malas no chão logo em seguida. – Mas entre... Venha conhecer meu esconderijo...

– Senti sua falta nos últimos meses – ela confessou, sentindo o sangue correr quente e nervoso por todo o seu corpo, enquanto seguiam pelo estreito corredor coberto de heras, em direção à porta da cozinha que Augusto deixara aberta.

– Eu precisava escrever a minha tese... Achei que você já estava ficando cansada da minha companhia... – ele a provocou.

– Isso não é verdade – ela respondeu, antes de entrar na casa junto com ele.

A essas alturas, os demais convidados já haviam deduzido tudo. Ou quase tudo.

– Artur – perguntou Eduardo, que ajudava o pai de Martinha com as malas –, este tal Schneider, por acaso, é psicólogo e estuda a terapia de vidas passadas?

– Exatamente – ele concordou. – Como é que você sabia? Ele e sua irmã já se conheciam?

– Ao que tudo indica, há mais de um século – brincou Eduardo, sem imaginar o quanto estava próximo da verdade.

– Estou até agora me perguntando como é que pode acontecer uma coisa dessas... – confessou Martinha, que vinha logo atrás de Eduardo. – Ela falava tanto nele e eu nunca imaginei que... Também, como é que eu ia adivinhar que o Schneider era psicólogo? Eu sempre achei que ele era físico, como meus pais...

– Pelo menos, agora ele não é mais um cavaleiro misterioso – completou Eduardo, abraçando-a com a mão que não estava ocupada.

A casa não era muito grande por dentro. Tudo ali era simples, embora de extremo bom gosto. Não bastasse a antiga lareira, toda trabalhada em decapê, a sala era aquecida por um confortável estofado vermelho, que contrastava com os almofadões coloridos espalhados pelo chão, em tons de amarelo, azul e lilás, enquanto as paredes eram enfeitadas com motivos marinhos e miniaturas de antigos barcos-piratas que deixaram Bartira fascinada.

– São lindos... Onde você os conseguiu? – perguntou examinando um deles de perto.

– Tudo aqui pertence aos donos da casa. Com certeza, devem ter comprado na região. Mas vou tentar descobrir... Faço questão de te dar um desses de presente...

– O que é isso, eu... – corou Bartira.

– Ahhan... Onde podemos colocar estas malas? – interrompeu Mariana, entrando na sala, sem-graça.

Só então Augusto se lembrou dos outros convidados e correu a instalá-los. Bartira e Martinha acomodaram suas coisas no escritório, que era uma espécie de sótão no segundo andar, impecavelmente arrumado para recebê-las, e Augusto cedeu seu próprio quarto ao casal de amigos. Ele e Eduardo dormiriam na sala, nos colchonetes trazidos por Artur.

Em seguida, foram todos para a cozinha, a fim de verificar o almoço que Augusto estava acabando de preparar.

– Tchan... tchan... – disse ele, levantando a tampa da enorme panela que fervia cheirosa sobre o fogão, sem conseguir tirar os olhos de Bartira. – O cardápio de hoje é espaguete aos frutos do mar, minha especialidade!

– Hummmm... – fizeram Mariana e Martinha.

– O cheiro está ótimo! – observou Eduardo.

– Eu não sabia que você também gostava de cozinhar... – comentou Bartira, ainda tímida, ao que Augusto respondeu com um olhar ardente que fez disparar seu coração.

– E tudo isso vai ficar melhor ainda com este vinho verde português aqui que eu trouxe – disse Artur, acabando de descascar o invólucro da tampa com uma pequena faquinha de bolso.

Tudo parecia mágico para Augusto e Bartira. A casa aconchegante, a companhia dos amigos, o almoço delicioso, a lareira quente, o vinho português, o CD que tocava no pequeno aparelho de som que ficava no canto da sala a canção *As Time Goes By*, como na primeira vez em que dançaram juntos.

Depois do almoço, quando Artur, Mariana, Eduardo e Martinha decidiram dar uma volta para conhecer a cidade, os dois saíram para uma caminhada na praia. Apesar do vento frio que começava a soprar, o dia continuava muito bonito. Embora não houvessem praticamente se largado desde que Bartira descera do carro, o clima entre os dois ainda parecia meio confuso. Olhavam-se o tempo todo como dois adolescentes enamorados, a paixão vazando pelo canto dos olhos, mas nenhum dos dois parecia ter coragem de tomar algum tipo de iniciativa mais concreta.

– Eu pensei que você nunca mais quisesse me ver... – arriscou ele, após algum tempo de caminhada.

Bartira não respondeu de imediato e os dois continuaram andando sob o barulho das ondas quebrando-se na estreita faixa de areia coberta de pedras arredondadas, enquanto ruidosas gaivotas cruzavam os ares em busca de alimento.

– Perdi a conta de quantas noites passei sentada do lado do telefone, esperando você me ligar para te pedir desculpas – ela disse por fim.

Augusto não pôde impedir que seus lábios se contraíssem automaticamente num sorriso ao ouvir isso.

– Achei que estivesse zangada comigo, pela minha falta de tato... – respondeu. – Afinal, eu não devia...

– Mas eu não fiquei zangada – respondeu Bartira, sempre caminhando cada vez mais depressa, sem jamais encará-lo. – Talvez um pouco surpresa, mas não zangada... Fiquei foi aborrecida comigo mesma, por ter agido de maneira tão infantil... Eu podia até ter te dado uma bofetada na hora, mas não precisava ter saído correndo daquele jeito...

– Uma bofetada? – estranhou ele.

– Ah, foi só força de expressão... – justificou Bartira, sem-jeito, fazendo um movimento com os ombros.

Os dois caminharam mais algum tempo em silêncio, até que Augusto tomou coragem e segurou sua mão. Bartira levou um susto, mas não soltou a mão dele. Ao contrário, apertou-a com carinho. Ele então a fez parar e olhou no fundo dos olhos dela antes de dizer:

– Queria que soubesse que eu jamais faria qualquer coisa para magoar você... Que eu... – ele reparou que lágrimas escorriam dos olhos dela. – Você está chorando? – perguntou, limpando-lhe os olhos carinhosamente com a ponta dos dedos.

– É muito forte... – disse Bartira num soluço, com o coração disparado, fazendo o possível para tentar segurar as lágrimas que não paravam de cair.

Augusto a abraçou com muita força, com toda a emoção que ele sentia pulsar em seu peito, com todo o amor que sentia por ela desde a primeira vez em que a vira, naquele avião com destino ao Brasil.

– Também é muito forte o que eu sinto por você – disse apertando-a contra o peito. – Para ser sincero, eu só vim me esconder aqui neste lugar porque achei que você não me queria... Não suportava mais conviver com você, sem poder...

– Eu sei – disse ela. – A culpa toda foi minha, eu nunca... – antes que Bartira pudesse terminar sua frase, ele segurou delicadamente seu queixo e beijou-a com paixão, ao que ela, desta vez, correspondeu com todo ardor, fazendo com que se embaçassem ainda mais as lentes dos óculos dele.

Os dois permaneceram por mais alguns instantes imersos no calor daquele beijo, até que Augusto se deu conta de que seus óculos haviam caído no chão.

– Sabe de uma coisa? – disse com um imenso sorriso. – Eu adorei esse seu cabelinho – ele abaixou-se rapidamente para pegar os óculos na areia, depois voltou a encarar Bartira no fundo de seus olhos.

Ela retribuiu-lhe o sorriso. Ele então se aproximou e abriu as mãos por entre os cabelos curtos de Bartira, com olhos de admiração.

– Eu te amo, Augusto – ela disse, encarando-o com a mesma intensidade. – Nunca pensei que fosse dizer isso a alguém.

– Eu também te amo, Bartira – respondeu ele, do mais fundo de seu ser. – E às vezes tenho a sensação de que carrego comigo este amor há muitas e muitas existências...

– Não diga mais nada – pediu ela, tapando-lhe os lábios delicadamente com os dedos. – Apenas me beije...

O sol já se punha quando os dois se deram conta do quanto tinham caminhado. Haviam atravessado várias pequenas praias, estavam quase no final da enseada. A noite começava a cair, apenas um fio de sol escorria por entre as nuvens brancas e leves, que agora se espalhavam como rastros de algodão por sobre os rochedos de Lulworth Cove. Só então Bartira notou o grande portal de pedra em forma de arco que se erguia no meio do imenso mar azul. Exatamente igual ao que ela vira no sonho que tivera na véspera de seu aniversário.

– O que é isso? – ela perguntou, entre surpresa e intrigada.

– Chama-se *Durdle Door*. É um monumento natural, que se formou pela erosão da água do mar contra as camadas deste rochedo – explicou Augusto. – Sabe, eu tenho uma sensação muito estranha sempre que venho até aqui. Ao mesmo tempo em que ele me transmite uma coisa boa, me faz sentir uma angústia... Sei lá... não dá pra explicar.

– *Durdle Door*... – repetiu Bartira, reflexiva.

Ela também não sabia por quê, mas, olhando agora para aquele monumento, tinha a intuição de que fora exatamente ali que os dois haviam se suicidado em sua existência medieval. Contudo não sentiu vontade de falar sobre isso com Augusto. Em vez disso, beijou com carinho a mão que trazia entrelaçada na sua e pediu:

– Vamos voltar? Já está ficando tarde...

Naquela noite, poucos minutos antes do momento da tão esperada passagem para o ano 2000, Augusto foi até a cozinha buscar o champanhe, depois a levou para um canto especial da sala, iluminado apenas por um abajur.

– Tem uma coisa muito importante que eu precisava te dizer antes da meia-noite... – anunciou.

– E o que é? – quis saber Bartira, carinhosa e atenta.

– Devo defender minha tese dentro de poucos meses, recebi um convite muito interessante para voltar para o Brasil depois disso... – ele explicou, de olhos baixos, enquanto arrancava o alumínio que envolvia a ponta da garrafa de champanhe.

– Voltar para o Brasil? – repetiu Bartira, sentindo uma tristeza fina e gelada bem no meio do peito. – Mas então isso significa que...

– Ainda não dei nenhuma resposta – continuou Augusto, voltando a olhar fixamente para seus olhos. – Antes de decidir qualquer coisa, eu queria te fazer uma proposta...

– Uma proposta? – estranhou Bartira, cada vez mais gelada de frio.

Faltavam apenas dois minutos para a meia-noite e o pessoal na sala já começava uma contagem regressiva.

– Eu queria saber... Se você aceita se casar comigo... – respirou Augusto.

Bartira ficou boquiaberta por alguns instantes, como se não soubesse o que dizer. Naquela fração de segundos repassou toda sua idolatria profunda pelo trabalho, revivenciou seu medo de amar e de ser amada, lembrou-se de tudo o que aprendera através de seu passado. "É...", pensou consigo, "Eu acho que posso pedir uma transferência do meu trabalho, estava mesmo com vontade de voltar para o Brasil..." Augusto a olhava ansioso, enquanto Artur, sacudindo uma outra garrafa de champanhe, liderava o final da contagem regressiva. "Eu amo Augusto, não posso perdê-lo novamente", imaginava Bartira, olhando atônita para o reflexo de si mesma nas lentes dos óculos de Augusto, paralisada de medo.

– Cinco... Quatro... Três... Dois... um!

– É claro que eu aceito! – ela respondeu finalmente, pulando sobre Augusto num abraço. – Mesmo que você tivesse que ir para Zimbábue, eu iria com você...

– Zero! Feliz Ano Novo!!!! – gritaram Eduardo, Martinha, Artur e Mariana.

No minuto em que Augusto e Bartira se beijaram, a garrafa que estava na mão dele estourou sozinha, esguichando espuma em todos ali. Era como um presságio de felicidade. Do lado de fora da casa, uma rajada de fogos explodia, escorria, reverberava nos céus em centelhas brilhantes, saudando a chegada do ano 2000.

– Então quer dizer que eles se casaram? – perguntou Laura, ao ouvir de Eilin o relato sobre a trajetória da irmã nos últimos três anos.

– Sim – tornou Eilin. – Nove meses depois, Augusto defendeu sua tese; os dois se casaram em seguida, numa cerimônia civil simples, lá mesmo na Inglaterra. Agora planejam mudar-se definitivamente para o Rio... Bartira já está até cuidando dos detalhes de sua transferência.

– Eu daria tudo para ter estado nesse casamento... O papai e a mamãe foram? – quis saber Laura, curiosa, louca para descobrir mais detalhes.

– Foram e adoraram Augusto; também ficaram exultantes ao saber que Eduardo estava namorando Martinha – contou Eilin sorridente, com seu jeitinho oriental.

– Tanta coisa aconteceu... – observou Laura, pensativa. – Só fico aqui me perguntando uma coisa... A espiritualidade aprova que pessoas encarnadas tenham acesso a vidas passadas, como aconteceu com Bartira?

– Como sempre nos diz Jesus, "não cai uma folha de uma árvore sem que seja do conhecimento do Pai". Embora os encarnados não saibam, todos os tratamentos deste porte também são sempre supervisionados por mentores da espiritualidade maior. Mas é muito raro as pessoas terem acesso a tantos detalhes de suas existências pregressas, como aconteceu com sua irmã – asseverou a guardiã.

– Então ela sabe... – refletiu Laura. – E como será a sensação de estar encarnado e de repente lembrar-se do passado?

Há tempos vinha frequentando a Terra, a fim de observar de perto o trabalho realizado em diversos institutos de tratamento de crianças portadoras de deficiências físicas e mentais. Ficara verdadeiramente encantada ao constatar a assistência que os internos recebiam de mentores amigos da Legião dos Servos de Maria nestes locais. Mas ainda não enfrentara a prova de rever seus parentes. Era chegada a hora.

– E você acha mesmo que Bartira e Augusto aceitarão receber Cirino como filho, e ainda por cima concebê-lo num laboratório? – inquiriu preocupada.

– Bartira ainda não sabe, mas tem sérios problemas de fertilidade – explicou a guardiã. – Seus ovários foram muito danificados no passado, quando ela ingeriu o chá abortivo, e nesta vida não funcionam como deveriam. Por isso, ela precisará fazer uma fertilização em laboratório para engravidar.

– Como assim? – estranhou Laura.

– O óvulo de Bartira será retirado e fecundado pelo espermatozoide de Augusto no laboratório. Serão feitas então diversas experiências até que seja possível a fecundação de Cirino, que passará vários meses congelado até ser finalmente implantado no útero dela – detalhou Eilin.

– Deve ser horrível ficar dependendo de uma experiência para conseguir engravidar... – imaginou Laura, triste.

– É verdade, mas, por outro lado, esse período já constituirá uma parte importante do processo expiatório de ambos. Bartira implantará vários óvulos fecundados que não se desenvolverão, até conseguir conceber Cirino. Os dois sofrerão muito no decorrer de todo o processo.

– E você acha mesmo que pode dar certo, essa ideia de misturar Cirino, Augusto e Bartira numa mesma família?

– Se todos aceitarem a prova com humildade, estarão se permitindo uma importante chance de resgate de muitos erros do passado. Como mãe e filho, Bartira e Cirino aprenderão a se amar com sinceridade e respeito – elucidou a guardiã.

– E quanto a Augusto? – insistiu Laura.

– Ninguém teria tantas possibilidades de reeducar Cirino no bem quanto Augusto. Cirino, é verdade, terá sempre um pouco de ciúmes do pai, mas com o tempo aprenderá a admirá-lo.

Laura permaneceu alguns instantes pensativa, antes de perguntar:

– E Jorge, me diga a verdade, ele se casou?

Eilin respirou fundo, como que tomando coragem para responder. Sabia que seria difícil para Laura ouvir a verdade.

– Não, mas... está prestes – confessou por fim.

– O quê? – zangou-se Laura. – Não é possível, ele dizia que ia me amar para sempre! – E quem é a sirigaita?

– Não é nenhuma sirigaita, não fale assim. Você irá conhecê-la. É um espírito que conseguiu aprender muito na última temporada que passou no espaço.

– Até você está achando essa mulher o máximo? – Laura estava cada vez mais enciumada. – Era só o que me faltava!...

– Laura, seu filho precisa muito dela. Perceba isto quando estiver na Terra – aconselhou a guardiã.

Laura levantou-se bruscamente do banco onde conversavam. Caminhou até uma cerca feita de pequenas rosas trepadeiras entrelaçadas e ficou brincando com um espinho. "Jorge casado de novo...", pensou sentida, "isso é o que nunca vou admitir..."

– Laura, por favor, entenda! Ele não a escolheu para colocá-la no seu lugar. Muito pelo contrário, está até fazendo a moça sofrer muito porque não oferece o mínimo espaço para ela, literalmente falando.

– Então por que vai casar-se com ela?

– Os dois também têm uma dívida a resgatar juntos.

– Ela é Hermínia, não é? Me fale a verdade, onde está Hermínia?

Eilin, contudo, não respondeu. Retirou-se, discreta, a um canto do jardim, disposta a preparar-se para a viagem.

Horas mais tarde, quando Laura entrou em seu antigo apartamento e viu Jorge saindo do banho, todo perfumado, seu coração quase se derreteu. No pequeno aparelho de som ligado sobre a mesa da sala, tocava a música deles, *Strangers in the Night*, na voz de Frank Sinatra. Seu coração doeu tanto que ela precisou ser amparada por Eilin para não cair ali mesmo, de tanta saudade.

Os quadros estavam no mesmo lugar, a mesma fruteira sobre a mesa, talvez os jornais só não fossem os mesmos porque ela os jogara todos fora na época da mudança. Laura seguiu Jorge por toda a casa, enquanto ele se arrumava para ir a algum lugar que ela ainda não sabia qual era. Viu na porta da geladeira os mesmos enfeites que comprara na feirinha da Tijuca, o velho calendário de Mikhail Baryshnikov novamente pregado na parede da cozinha, como se fosse um quadro eterno, marcando a data do último mês que eles passaram ali: julho de 1997.

– Não é possível – disse ela, olhando interrogativamente para sua guardiã. – Em que dia e ano de verdade nós estamos? Eu sei que não estamos mais neste dia... Quantos anos se passaram?

– Não pense nisso agora. Aproveite o tempo de que dispõe para estar com Jorge. Ainda precisamos ir até a casa de Bartira, na Inglaterra, antes do anoitecer.

Laura então aproximou-se de Jorge e acarinhou levemente seus cabelos, com as duas mãos. Ele sentiu um calafrio. Ela beijou-lhe os ombros e ele também sentiu muitas saudades. Tantas saudades, que sentou na cama e chorou.

– Meu Deus, ele está chorando! O que é que eu faço? – perguntou assustada a Eilin.

– Procure acalmá-lo – aconselhou sua protetora. – Não faça com ele o que não gostava que fizessem com você, tente não machucá-lo com os espinhos de suas saudades...

Laura aproximou-se então de Jorge e tentou comunicar-se com ele.

– Querido, não chore. Eu estou aqui, perto de você...

Jorge sentiu suas palavras. Ouviu cada uma delas dentro de si, intuiu imediatamente que Laura estava a seu lado.

– Meu Deus... Eu estou maluco... só posso estar ficando maluco... É claro que Laura não está aqui. Laura está no plano espiritual, ainda repousando do choque que sofreu – ele repetiu para si, tentando recompor-se. – Tomara que a Glória chegue logo.

– Não, eu não estou repousando no plano espiritual. Quer dizer, no momento não estou. Agora eu estou aqui, falando com você... Mas espere... Quem é Glória?

Jorge, no entanto, não a ouviu mais. Havia cortado a sintonia. Desligou o aparelho de CD, vestiu-se rapidamente diante do espelho e correu a arrumar a mesa da sala. Naquela noite receberia o pessoal da reunião de estudos – Laura conseguiu captar de sua mente. "Mas que reunião de estudos seria aquela?" – perguntou-se intrigada – "Jorge nunca gostou de estudar..." Minutos depois, ouviu tocar a campainha. Jorge abriu a porta e Laura, emocionada, viu chegarem seus pais. Abraçou-os com carinho, primeiro Paulo, depois Inês. Estava tão feliz em vê-los que as lágrimas começaram a cair de seus olhos. Não mais de tristeza, mas de emoção.

– Que Deus os abençoe, minha mãe e meu pai! – ela disse com ternura e gratidão.

Os dois imediatamente sentiram um calor agradável no peito, quase como se houvessem ganhado um beijo na alma.

– O que é que eles estão fazendo aqui? – quis saber Laura, quando os viu sentados à mesa que Jorge havia acabado de arrumar.

– Eles fazem parte de um grupo que se prepara para criar uma instituição destinada a atender órfãos portadores de deficiências físicas e mentais, onde você futuramente receberá muitos cuidados.

– Isso quer dizer que posso nascer de outra família e acabar convivendo diretamente com eles, se for acolhida por esta associação? – Laura era muito rápida em seus raciocínios.

– Não deixa de ser uma possibilidade – admitiu a guardiã.

O grupo orava, preparando-se para dar início à reunião de estudos. Só então Laura percebeu que haviam chegado muitas pessoas na casa. Seu Américo, uma senhora gorda e falante, a quem todos chamavam de Anália, e várias outras senhoras que ela nunca vira. Ao todo, nove pessoas estavam agora reunidas em torno daquela que um dia fora sua mesa de jantar. Encarando-os um a um, Laura percebeu que havia também uma moça. Uma moça mulata, muito bonita e charmosa, com toda certeza a mais jovem dentre todos ali.

– Quem é ela? – perguntou direto a Eilin.

– Ela cria dois meninos portadores da síndrome de Down e é uma das integrantes mais ativas do grupo.

– É ela! Só pode ser ela – Laura pensou alto, sem conseguir tirar os olhos de Glória.

– Laura, preste atenção ao que estão dizendo – aconselhou Eilin.

Neste momento, Inês estava justamente levantando uma dúvida:

– Mas todos os deficientes físicos e mentais foram necessariamente suicidas em suas últimas vidas? Isso ainda não ficou claro na minha cabeça...

– A grande questão, Inês, é que não é só através do suicídio, direto ou indireto, que nós danificamos o nosso perispírito. Todo mal que nós fazemos aos outros também fica gravado em nossa consciência, manifestando-se em nosso corpo espiritual... – observou Anália.

– Anália tem razão – complementou Paulo. – Um homem, por exemplo, que abusou de sua inteligência para fazer o mal a seus semelhantes, pode pedir para renascer com um problema no cérebro, justamente porque tem noção de que poderia utilizá-lo mal outra vez e que, antes de recuperar suas faculdades mentais, necessita evoluir moralmente através deste problema.

– É verdade – empolgou-se Anália. – Até mesmo os chamados 'pequenos deslizes' ligados às leis da saúde, como o abuso das bebidas e do sexo, ou as 'leves irresponsabilidades' planejadas pela mente produzem efeitos morais às vezes só reversíveis através de reencarnes em situações de deficiência mental, às vezes graves, às vezes leves, como aquelas que os entendidos chamam de "disfunções cerebrais mínimas" e "pequenas variações de inteligência".

– Para mim, o ponto principal de tudo isso – opinou Américo – é que ninguém recebe a incumbência de amparar pessoas com qualquer tipo de deficiência por mero acaso. Todos nós fomos escolhidos e consultados previamente, por motivos bem definidos. Se aceitamos participar dessa prova juntamente com estas crianças que nos foram confiadas, é porque precisávamos dela tanto quanto eles.

Parada ao lado de Inês, Laura chorava copiosamente. Além de emocionada por estar ali ao lado dos pais, sentia-se orgulhosa pelo trabalho que eles estavam realizando com todo aquele grupo, e recebia aqueles ensinamentos como se fossem diretamente endereçados a ela.

Ao fim da reunião, veio o grande choque. Glória levantou-se e foi até a cozinha, preparar ela mesma um aperitivo para o grupo, nas travessinhas que um dia haviam sido de Laura

– Que absurdo... Nem pasta de atum ela sabe fazer! – protestou Laura, indignada, parada ao lado de Glória.

Jorge, que entrava neste momento na cozinha, repetiu praticamente a mesma frase, sem nenhum cuidado para não magoar a moça.

– Nossa! Mas nem pasta de atum você sabe fazer!

– Puxa, Jorge! – chateou-se Glória. – Você não me deu nem um beijo depois que eu cheguei, e ainda fica reclamando da minha pasta de atum?

Jorge, no entanto, nao respondeu. Estava mais preocupado em colocar de volta o pequeno vasinho de flores artificiais que Glória tirara da janela para enfeitar a bandeja.

– E faça o favor de não tirar mais as coisas do lugar! – disse aborrecido.

– Mas eu só peguei para... – ela tentou justificar.

– Mas o lugar dele é na janela, do jeito que Laura gostava! – ele retrucou, ainda ajeitando o vaso no lugar exato.

– Está certo – respondeu Glória, lutando intimamente para não perder o controle. – Se você prefere assim, eu nunca mais toco em nada que tenha sido de Laura. Ou melhor, em nenhum objeto desta casa...

– É muito prepotente... – indignou-se Laura. – Onde já se viu falar assim com o *meu marido*? É claro que ele está coberto de razão!

– Laura, Jorge não é mais seu marido – esclareceu a guardiã, logo que o casal deixou a cozinha. – É um espírito livre, que ainda dispõe de bons anos pela frente, e que precisa de alguém para ajudá-lo no caminho. Você acha saudável que ele continue mantendo tudo dentro de casa exatamente do jeito que você gostava?

– Tem razão... – Laura caiu em si ao dar novamente com o calendário na parede. – Mas acho que ainda não consigo vê-lo com outra pessoa...

– Se você realmente o ama, como você diz, tenho certeza de que acabará entendendo que amar é também abrir mão, se isso implicar na felicidade do outro. Ninguém é insubstituível, embora todos sejamos importantes para o Pai.

– Não aguento mais permanecer aqui. Vamos até a casa da Bartira, na Inglaterra! – pediu Laura.

Logo após o casamento civil, Augusto mudara-se para a casa de Bartira, onde agora reescrevia os últimos capítulos de sua tese para que fossem publicados em breve. Eduardo continuava morando com eles, mas dificilmente os incomodava. Passava quase todo o tempo na rua estudando, ou na casa de Martinha. Acabara de ser aprovado para a Universidade de Oxford, onde cursava psicologia. Depois que Bartira e Augusto voltassem para o Brasil, continuaria morando na casa, até terminar seus estudos.

Todas as noites, Bartira e Augusto sentavam-se na pequena varanda envidraçada, sobre os grandes almofadões que Augusto ganhara da dona da casa em Dorset. Bartira preparava então um chá morno caprichado, e os dois conversavam sobre o seu dia. Naquela ocasião, falavam sobre o amor:

– Sabe – dizia Augusto – a maioria dos pacientes que eu analisei tinha sempre uma história de amor mal resolvida em suas vidas passadas, e não conseguia superar esse obstáculo porque não sabia vivenciar o amor em seu significado mais universal.

– E o que você chama de "amor em seu significado mais universal"? – questionou Bartira, que nunca contara ao marido sobre o que vira em suas experiências regressivas, mesmo depois de descobrir que o dr. Naran era amicíssimo do orientador de Augusto. Sabia que o marido desconfiava, mas jamais ousara confirmar suas suspeitas.

– É o amor desprovido de posse. Eu te amo, porque te quero bem. E, por te querer bem, desejo que seja feliz, ainda que não seja comigo.

– Interessante... – refletiu Bartira, experimentando um gole de chá, com os olhos fixos no pequeno barco-pirata que agora adornava a parede de tijolos no fundo da varanda. – Você me ama assim?

– Talvez ainda não, mas sempre procuro me esforçar para pensar nesse sentido – respondeu Augusto, acariciando-lhe as mãos com ternura, e levando-as aos lábios antes de prosseguir. – De certa forma, sinto que é uma lição que já venho batalhando comigo há longos anos... Quem sabe até, há muitas existências... Eu sempre te digo isso, mas acho que você não acredita... – ele tentou "jogar verde para colher maduro".

– Então quer dizer que se eu me casasse com outro homem, você não se importaria com isso? – desconversou Bartira.

– Com certeza eu ia sentir dor, porque não consigo amar ninguém do jeito como eu amo você. Ainda não cheguei ao estágio do amor universal... – ele fez um parêntesis com a voz. – Mas, com certeza também, não ia querer morrer por causa disso. Ao contrário, acho que eu ia querer ficar de longe, torcendo para que você fosse feliz com a pessoa que você escolheu. Acho que sempre que você estiver feliz, eu vou ficar feliz também... – finalizou, terno.

Bartira puxou-o para junto de si e os dois tombaram sobre as almofadas em longo beijo.

– Obrigada por me amar assim – ela disse, quase sem descolar seus lábios dos dele.

– Eles parecem felizes – observou Laura, depois que os dois foram se deitar.

– Sim. Logo iremos conversar com eles – anunciou Eilin.

As duas apreciavam a paisagem dos janelões do pequeno jardim de inverno na sala, quando, de repente, perceberam a presença de Jonas.

– Laura, querida, que bom vê-la já restabelecida! – ele abraçou a sobrinha.

– Tio Jonas! – ela o reconheceu de imediato. – Que saudades! O que faz por aqui?

– Sou um dos protetores de Bartira e Augusto; vim ajudá-las na conversa que terão com os dois esta noite.

Nem bem ele acabou de falar, os corpos espirituais de Bartira e Augusto, temporariamente libertos de seus invólucros carnais, enquanto ambos dormiam, chegavam até a sala e os descobriam.

– Laura! Não acredito! – Bartira veio correndo da escada para abraçá-la. Já estava no meio do caminho quando se deu conta de que a irmã já havia morrido.

– Meu Deus!... Laura, é você mesma? – ela deu um passo para trás.

– Calma, minha flor – Augusto a amparou. – Eles vieram apenas nos visitar... Como está o senhor, seu Jonas? – ele parecia ter plena consciência de sua condição momentânea.

– Vocês se conhecem? – estranhou Bartira.

– Claro, quase todas as noites conversamos muito aqui nesta sala, não é mesmo, seu Jonas?

– Meu Deus, então é verdade! – Bartira chorou ao abraçar a irmã. – Senti tantas saudades...

– Você me perdoou? – perguntou Laura, também emocionada.

– Perdoar de quê, Laura? Não há o que perdoar. O amor que você me ensinou a sentir por você nesta encarnação apagou todos os meus traumas passados... E até mesmo o desgosto que você me deu ao pular pela janela... De mais a mais, era você quem deveria ter raiva de mim e não eu de...

– Não vamos falar mais nisso – pediu Laura, carinhosa. – Quero que saiba que eu também te amo muito.

Todos sentaram-se então na sala e passaram a discutir sobre a urgente necessidade de reencarnação de Cirino. Bartira imediatamente ficou encantada com a ideia. Sabia exatamente quem era Cirino; há tempos perguntava-se o que poderia fazer para ajudá-lo.

– É claro que eu aceito... – ela respondeu, sem opor a menor resistência. – Sinto que eu devo isso a ele...

Augusto também parecia empolgado:

– Sim, queremos muito ter um filho. Esta semana já iniciamos até uma bateria de exames... Há tempos estamos tentando sem resultado...

– E você estaria disposto a receber Cirino como filho, mesmo sabendo que foram rivais no passado e que ele lhes será motivo de constantes preocupações, encontrando-se condenado aos dolorosos testemunhos que acompanham a reação de um suicida? – perguntou Laura, iluminada por seus mentores.

– Sem nenhum problema – garantiu Augusto. – Com toda certeza, será muito amado.

– Sim, queremos muito recebê-lo – reforçou Bartira. – Acho que será importante para nossa própria evolução como espíritos.

Laura ficou um pouco desapontada com a resposta dos dois. Jamais imaginara que seria tudo tão fácil. Era quase como se Augusto e Bartira já estivessem esperando por aquela notícia.

– É verdade – disse Jonas, lendo seus pensamentos. – Há tempos que eu os venho preparando para isto. Ela já nem se assusta mais quando me vê em seus sonhos... Os dois estão decididos, inclusive, a frequentar uma reunião de estudos sobre mediunidade, tão logo voltem para o Brasil.

Depois que Augusto e Bartira se despediram, Laura ainda permaneceu um bom tempo na sala, em companhia de sua guardiã, apreciando seu antigo retrato no *poster* da sala.

– E pensar que eu tinha tudo para ser feliz e joguei fora... – observou, nostálgica.

Naquela noite, ela retornou à colônia com o coração cheio de temas a meditar: o amor verdadeiro, seu amor por Jorge, a reencarnação de Cirino, a magnífica sinfonia do perdão orquestrada pelo plano espiritual no seio de cada família. Mas, de tanto pensar, acabou chegando a outras questões que passaram a inquietá-la. E Pedro Henrique? Com quem ficaria, se Jorge se casasse? E quem seria ele? Teria também alguma ligação com suas vidas passadas?

Depois de semanas meditando sobre o amor, Laura finalmente tomou sua decisão. Ao longo desse tempo, sempre como interna da Seção de Recolhimento, esteve várias vezes no gabinete de análises, onde eram permanentemente estudadas e registradas suas tendências, seus traços de caráter, sua personalidade e sua psicologia como um todo. Participou também de diversas reuniões na seção de pesquisas, onde uma equipe fazia o levantamento de todas as possibilidades de que ela dispunha para levar a cabo seu projeto reencarnatório.

Agora, tinha noção de que possuía três opções de regresso ao plano terrestre, todas ainda em estudo. Poderia esperar até que Bartira e Augusto decidissem ter outro filho, aguardar que Martinha e Eduardo se casassem, ou, então, renascer numa família muito pobre que vivia na Tijuca, com a previsão de ser imediatamente entregue ao orfanato do centro, visto que estas pessoas não tinham a menor condição – financeira, nem moral – de recebê-la com as deficiências de que fatalmente seria portadora. Existia ainda uma quarta possibilidade, que era a de voltar à Terra como filha de Jorge e Glória. Mas Laura não queria sequer pensar nesta possibilidade, a qual descartara de imediato.

Ela achava que não suportaria jamais conviver com Jorge e sua segunda esposa. Todavia, profundamente tocada pelas palavras que ouvira de Augusto e Bartira em sua última visita ao orbe, chegara à conclusão de que não tinha o direito de impedi-los em sua jornada evolutiva, e que precisava ajudar Jorge a libertar-se de sua imagem, fazendo com que entendesse que ela não se opunha à sua união com Glória.

Foi com este intuito que Laura, sempre acompanhada de Eilin, aportou outra vez no círculos carnais naquela tarde. Por iniciativa própria, rumou para o apartamento de Jorge e, não encontrando ninguém em casa, seguiu ressabiada para o apartamento de Glória, onde Eilin informou-lhe que ele estaria naquela noite.

Chegando lá, encontrou Glória sentada no chão da sala, brincando com três crianças. Dois excepcionais e um menorzinho. Laura não sabia tratar-se de Pedro Henrique. Não o vira crescer, não tinha a menor ideia de como estaria. Porém, novamente despertada por sua intuição de mãe, sentiu que aquele era seu filho.

– Aquele é...

– Sim – respondeu Eilin. – Aquele é Pedro Henrique.

Laura então aproximou-se docemente do menino, e deu-lhe um beijo nos cabelos.

– Mamã! – o menino disse de imediato, com sua voz que continuava rouca e sussurrada.

Emocionada, Laura acarinhou cada parte de seu rosto, pousou placidamente um beijo em seus lábios com os dedos, e ajoelhou-se a seu lado para abraçá-lo com toda sua ternura.

– Mamã! – ele repetiu satisfeito, como se pudesse sentir seu abraço.

– Não, Pedro Henrique – interferiu Glória, mostrando-lhe uma gravura de um leão colada sobre um pedaço de cartolina colorido. – Este aqui é o leão. Le-ão. Como é que faz o leão, gente?

Os outros dois meninos imitaram o barulho do leão e Pedro Henrique riu muito. Laura também sorriu. Era maravilhoso poder ouvir a risada do filho! Estava ciente dos problemas que ele vinha enfrentando. Intimamente culpava-se muito por isso. Sabia que se tivesse permanecido na Terra o tempo que lhe estava previsto, caso não houvesse recorrido à porta falsa do suicídio, o menino estaria muito mais saudável e desenvolvido, alimentado pela força do amor de mãe que ela lhe negara.

– Ela é tão meiga com eles... – observou, sensibilizada pela maneira atenciosa como Glória tratava as crianças.

Poucos instantes depois, Jorge chegou. Laura sentiu-se um pouco incomodada no momento em que ele beijou levemente os lábios de Glória, mas desta vez conseguiu se controlar. Depois de um tempo observando o casal sentado no chão, brincando com as crianças, teve de admitir para si própria que eles formavam uma família muito bonita. Sua atenção foi novamente despertada no minuto em que Pedro Henrique olhou para o pai concentrado, e disse:

– Linhão! – mostrando a Jorge, em seguida, a gravura que acabara de ver nas mãos de Glória.

A gritaria foi geral. Parecia até que tinha acabado de acontecer um gol do Brasil na televisão.

– Ele falou leão! – gritava Jorge, com o menino nos braços. – Pedro Henrique falou leão!

– Linhão! – repetia o menino, satisfeito, enquanto Glória o enchia de beijos e os outros dois meninos pulavam em torno dos três, imitando o rugido de um leão.

Laura também chorou de emoção. Não só porque Pedro Henrique dissera "linhão", mas também porque, ao encará-lo nesse momento, em sua euforia de mãe e fortemente iluminada pelos mentores que a acompanhavam, acabou por perceber quem ele era. Estava escrito em seus olhos, não havia mais a menor sombra de dúvida. Pedro Henrique era Hermínia, que voltara como fruto de amor entre ela e Jorge, a fim de que os três pudessem resgatar, sob a bênção dos laços da paternidade, a imensa esteira de mágoas que arrastavam há séculos. Só nesse momento, invadida por um sentimento de piedade e respeito por todos aqueles seres encarnados que agora se encontravam ali reunidos, Laura entendeu a valiosa oportunidade que desperdiçara com seu ato impensado.

– Mas... – perguntou entre lágrimas – como ela pôde renascer como homem nesta encarnação?

– Na verdade, Laura, os espíritos não têm sexo. A condição de homem ou mulher é simplesmente uma das inúmeras experiências por que temos de passar ao longo de nosso dilatado caminho evolutivo – explicou Eilin. – Neste caso, a espiritualidade programou para que Hermínia viesse como homem a fim de que você pudesse repetir a prova de receber um filho de sexo diferente do que esperava, a mesma que a fez sucumbir em sua existência anterior e, ao mesmo tempo, para que ela pudesse vivenciar o mesmo tipo de rejeição que presidiu no passado. Mas sobretudo para que Hermínia, como homem, pudesse aprender a amar e a respeitar mais as mulheres.

Naquela noite, quando Jorge e Glória adormeceram, ela parou ao lado da cama e chamou por eles. Instantes depois, os espíritos de ambos levantavam-se de seus corpos.

– Laura! – disse Jorge encantado.

Ela, no entanto, dirigiu-se a Glória, antes de falar com ele.

– Gostaria de agradecer-lhe pelo que tem feito pelo meu filho...

– Não há o que agradecer... – respondeu Glória, sem graça. – Eu realmente gosto dele como se fosse meu filho e quero fazer por ele todo bem que estiver ao meu alcance...

– Obrigada também por todas as orações que você me enviou ao longo de todo este tempo – acrescentou Laura, reconhecendo-lhe a vibração.

Glória abaixou a cabeça, humilde, e Laura sorriu para ela, profundamente tocada por sua grandeza de espírito. Só então virou-se para Jorge, que continuava olhando-a boquiaberto. Era difícil para ela dizer-lhe o que tinha planejado.

– Laura, meu amor... – disse ele, tocando-lhe as mãos.

– Jorge... – ela respondeu depois de alguns instantes, tirando suas mãos de dentro das dele. – Preciso que entenda que não sou mais sua esposa. Pertencemos agora a planos diferentes, é necessário que continuemos nossa caminhada evolutiva como seres independentes...

– Mas... – ele tentou argumentar.

– Escute o que eu tenho a dizer – ela pediu, convicta. – Quero que saiba que eu aprovo sua união com Glória... E que não quero mais que você mantenha a casa exatamente do jeito como eu a arrumava... Glória precisa de espaço, precisa que você a trate com mais carinho e compreensão... Ela é muito boa para nosso filho...

– Mas Laura, eu... – insistiu Jorge.

– Eu sei que você gosta dela, e quero que se esforce para fazer o que lhe peço – ela afirmou decidida.

Era impressionante como, à medida que as palavras iam saindo, ela ia se sentindo mais leve e ao mesmo tempo mais forte, quase feliz consigo mesma pelo que estava conseguindo fazer.

– Laura, muito obrigada! – disse Glória, de olhos molhados. – Nunca pensei que você pudesse ser tão nobre...

– Eu não sou nobre, Glória, muito pelo contrário – ela continuou, um pouco receosa. – E é justamente por ser ainda tão atrasada, tão necessitada de auxílio, que eu gostaria de te fazer um pedido...

Nesse momento, Eilin e todos os mentores presentes se entreolharam surpresos.

– Um pedido? – estranhou Glória.

– Sim. Eu também vim até aqui para perguntar se vocês me aceitariam como filha. Não é uma tarefa muito fácil, eu bem sei. Por isso, caso não esteja disposta a colaborar, eu vou entender. Serei portadora de uma doença nos músculos. Com pouco menos de três anos de idade, começarei a perder todos os movimentos... Terão de submeter-me a intensas sessões de fisioterapia, sofrerão muito ao saber que terei poucos anos de vida – ela explicou constrangida. – Em compensação, prometo retribuir-lhes com toda minha gratidão e meu amor filial. Jamais me verão reclamar de minha situação. Apesar de tudo, serei muito lúcida, toda a minha inteligência adquirida será conservada. E, acima de tudo, serei muito amiga de meu irmão Pedro Henrique, a quem aprenderei a admirar desde pequena, e muito a ajudarei, na medida do possível, com Damião e Daniel.

– Eu aceito – disse Glória. – Eu quero muito receber você como filha. Ou melhor, nós queremos, não é mesmo Jorge?

Mal conseguindo acreditar no que ouvia, Laura caiu em pranto. Jamais imaginara que Glória pudesse aceder a seu pedido. Jorge, no entanto, parecia confuso.

– Meu Deus... Outra criança com deficiência? Mas como é que nós vamos dar conta de... – ele então olhou para Laura, que soluçava à sua frente, e percebeu que aquela era a única maneira de que ele dispunha para ajudá-la.

Aproximou-se e a abraçou com muito carinho:

– Não fique assim. Eu a receberei como filha e aprenderei a amá-la ainda mais do que já amo...

– Que Deus os abençoe a todos por esta importante decisão – disse o irmão Demétrio, que até então permanecera em prece juntamente com os demais mentores da colônia ali presentes. – Saibam que a suprema lei do amor ao próximo lhes conferirá o mérito da boa obra com a qual acabam de concordar, favorecendo-lhes oportunidades dignificantes para realizações rápidas no plano da evolução, em direção a estados compensadores e felizes.

Os três se abraçaram mais uma vez com muito carinho e Laura então voltou para a colônia, muito emocionada. De agora em diante, teria que passar por uma série de etapas até poder ligar-se propriamente ao óvulo de Glória fecundado por Jorge.

Assim, ao longo de sua preparação reencarnatória, Laura passou a ser assistida por uma outra seção daquele departamento, denominada Programa de Recapitulações, onde, com a sua participação, era traçado o esquema fecundo de todas as provações pelas quais teria de passar na existência que ora se candidatava a cumprir. Em seguida, ela passaria também a participar dos trabalhos da seção de planejamento de envoltórios físico-terrenos, onde todas as suas opiniões seriam levadas em consideração.

Tal seção funcionava em uma sala imensa, em forma de meia-lua, onde, supervisionados por engenheiros genéticos altamente capacitados, prestimosos desenhistas elaboravam o planejamento do corpo que seria animado por Laura em sua nova existência, com base em todos os relatórios que recebiam das seções de Análise e do Programa de Recapitulações.

– Aqui – explicou-lhe o responsável pela seção – fazemos um cruzamento entre todos os genes que Glória e Jorge, seus futuros pais terrenos, possuem para lhe oferecer, com suas próprias características e necessidades, de modo a planejar minuciosamente o feto que então irá se formar a partir do molde que nos é fornecido por seu perispírito.

Laura ficou fascinada com os primeiros esboços que teve oportunidade de ver. A fim de conquistar mais rapidamente o carinho e a atenção de seus familiares, receberia um rosto muito bonito, de traços finos e delicados. Sua pele seria clara, levemente amulatada, seus olhos, profundos como os de Jorge. Tudo, absolutamente tudo, do formato das unhas até o desenho das sobrancelhas, fora meticulosamente planejado.

Uma vez concluídos todos os preparativos, Laura foi então designada à última sessão que integrava aquele movimentado departamento: os chamados Laboratórios de Restringimento, onde seriam realizadas todas as operações magnéticas necessárias ao seu renascimento na crosta. Para sua surpresa, logo ao chegar ela constatou que o dr. Dario Matias era também um dos mentores que atuavam naquela sessão, onde destacavam-se também as nobres figuras de Urbano e de padre Almerindo, que sempre acompanharam Laura em todo o seu processo de regeneração, embora ela nem imaginasse suas ligações com sua família encarnada.

– Não fique tão surpresa com minha presença, querida irmã – disse o dr. Dario, lendo seus pensamentos. – Todos nós, trabalhadores da Legião dos Servos de Maria, precisamos desdobrar-nos em muitas atividades, dada a escassez de colaboradores de que ainda padecemos.

Em seguida, com sua voz tranquila e pausada, ele explicou a Laura o que efetivamente aconteceria com ela a partir daquele momento:

– Seu perispírito será constrangido e restringido em suas vibrações normais, a fim de que possa habitar o feto que será formado a partir do óvulo fecundado, de forma que...

– Mas como farei para acoplar-me a esse feto se estarei reclusa aqui no laboratório? – interrompeu Laura, preocupada.

– E quem foi que disse que você ficará reclusa no laboratório ao longo de todo o processo? – atalhou o médico, bem-humorado.

– Mas eu pensei que...

– Todo o processo será efetuado simultaneamente na Terra e aqui. Amanhã mesmo você deverá ser levada ao apartamento de Glória, onde deverá permanecer por aproximadamente uma semana, afinando-se com o perispírito daquela que a receberá como filha e com o de todos aqueles com quem irá conviver em sua nova existência.

– E quando terei meu corpo espiritual encolhido? – quis saber Laura.

– Ele será modelado ao mesmo tempo em que a gestação for progredindo naturalmente, e atraído para o feto de maneira lenta e gradual – elucidou o médico. – O útero materno será, portanto, como que uma continuidade de nosso laboratório.

– E quando todo este processo terminar, eu terei me esquecido de todo o meu passado? – angustiou-se Laura.

– Sim – respondeu o dr. Dario. – No transcorrer da gestação, em função da própria redução que seu corpo estará sofrendo para ser remodelado, você pouco a pouco irá perdendo a faculdade das recordações de seu passado. Mas não deve se angustiar por isso. O esquecimento é uma bênção divina para que possa melhor aproveitar a oportunidade de evolução, sem precisar se ater aos remorsos e às mágoas de seu passado.

Laura pensou então em todos os seus familiares queridos, e pediu a Deus para que, de alguma maneira, eles permanecessem gravados em seus sentimentos, tal como os tinha agora nos arquivos de seu coração.

Naquela noite, revendo as mensagens que enviara para os deprimidos que continuava a atender via *e-mail*, Eduardo pensou muito em Laura. Sentia que algo de muito importante estava acontecendo com a irmã naquele momento e desejou-lhe sorte, do mais profundo de seu ser.

Uma semana depois, quando o dr. Dario Matias e sua equipe de espíritos construtores chegaram ao apartamento de Glória para iniciar o processo de ligação do perispírito de Laura ao óvulo fecundado, todo o grupo de estudos presidido por Anália encontrava-se ali reunido, em clima de grande confraternização. Brindavam ao núcleo de reabilitação de crianças com necessidades especiais, que acabara de ser inaugurado no centro, e também à oficialização da união de Jorge e Glória, que finalmente haviam decidido assumir sua relação perante a sociedade.

Toda bonita no vestido branco drapeado de ombros expostos, que comprara especialmente para a ocasião, Glória estava arrumando algumas empadinhas sobre a mesa, quando Jorge se aproximou e serviu-se de um canapé. Os convidados conversavam animadamente do outro lado da sala.

Estão uma delícia estes salgados... – ele comentou, enquanto passava um pouco de *mousse* sobre uma torradinha. – Essa *mousse* de queijo *roquefort* então... Parece até um manjar dos deuses! – ele estalou um beijo no rosto de Glória.

– Que bom que você gostou! – ela sorriu enternecida. – Fiz tudo pensando especialmente em você.

Ele fez um leve carinho em seus ombros nus, antes de dizer:

– Queria que soubesse... que estou muito feliz por ter conseguido tomar esta decisão...

– Oh, Jorge... Eu também! – ela o abraçou.

– Manhê, manhê, manhê! – Daniel veio correndo em direção a eles, seguido por Damião e Pedro Henrique.

– O que foi, meu amor? – perguntou Glória, atenciosa, já se curvando para ouvi-lo.

– É verdade que agora o Ique – era assim que os meninos chamavam Pedro Henrique – vai morar aqui com a gente pra sempre?

– É! A mamãe já não conversou sobre isso com vocês? – respondeu ela.

– Mas hoje é o dia que ele vai ficar pra sempre? – insistiu Damião.

– Toxe binquedos – explicou Pedro Henrique, para que os dois acreditassem. Continuava bastante rouco e permanentemente sujeito a inexplicáveis infecções de garganta.

– Sim – respondeu Jorge, abaixando-se para ficar na altura dos meninos –, a partir de hoje, todos nós vamos morar aqui juntos. Se Daniel e Damião quiserem, também poderão me chamar de papai, como o Pedro Henrique. Não é, filho?

– Oba!!! – os três abraçaram Jorge em grande algazarra, sob o olhar de contentamento de Glória.

Algum tempo depois, Jorge chamou Inês na área de serviço para mostrar-lhe a enorme caixa que trouxera de seu antigo apartamento, na qual guardara tudo o que fora de Laura.

– Olha, dona Inês, me dói muito me desfazer dessas coisas... Mas sinto que se não fizer isso, jamais poderei começar uma nova vida ao lado de Glória...

– Faz muito bem, meu filho – ela respondeu maternal. – Você não precisa destes objetos para se lembrar de Laura. Ela sempre estará viva no seu coração, através da lembrança dos momentos felizes que passaram juntos... Devemos aprender a nos desapegar das coisas materiais.

– Eu tinha certeza de que a senhora iria entender. Faça o que achar melhor com tudo isso – ele olhou uma última vez para a caixa e beijou com carinho a testa de Inês, antes que os dois voltassem para a sala.

Enquanto isso, Sólon, o protetor máximo daquela família, e Eilin, a antiga e futura guardiã de Laura, faziam-lhe companhia no pequeno quartinho nos fundos do apartamento, bem ao lado da área onde Jorge e Inês haviam acabado de conversar. Laura ficara instalada ali ao longo de toda aquela semana. Deitada sobre uma maca, ela esticou o olhar em direção ao dr. Dario Matias e sorriu docemente. Encontrava-se já aturdida, em pleno processo de ligação afetiva à sua nova mãe. Ainda assim, esforçou-se para endereçar àquele médico em quem tanto confiava uma última pergunta:

– Doutor... Sinto medo... Queria saber... como farei para resistir à tentação, nos momentos em que for novamente colocada à prova...

– Laura querida – ele respondeu, após alguns instantes de reflexão em que pareceu esforçar-se para entrar em sintonia com as energias criadoras –, enquanto nosso barco espiritual navega nas águas da inferioridade, não podemos aguardar isenção de ásperos conflitos interiores. Todas as vezes em que nos dispusermos a empreender a melhoria da alma, seremos fatalmente defrontados com a multiplicação das dificuldades que se nos deparam, em pleno caminho do conhecimento iluminativo. Nesses momentos, porém, você deve buscar forças dentro de si mesma para se manter firme em seus propósitos, lembrar-se de que Deus habita dentro do ser iluminado que existe em você e unir-se a Ele, de todo o seu coração, lembrando que somente alcançaremos libertação quando atingirmos a plena luz...

Neste instante, aproximando-se de Laura, Jonas entregou-lhe um papel com uma mensagem. Era, na verdade, a mensagem que Eduardo endereçara a um de seus tutelados virtuais, a mesma mensagem que iluminara Cirino na época em que este fora finalmente socorrido. Na véspera, ao encontrá-la entre seus papéis, o jovem pensara firmemente na irmã e Jonas então encarregara-se de reproduzi-la fluidicamente para fazê-la chegar até as mãos de Laura.

Emocionada ao ouvir esta explicação, ela passou então a mensagem a Eilin, para que a lesse alto para todos:

Você precisa encontrar a luz que vem de dentro, a luz que te faz ser uma só com Deus, a luz do fogo sagrado da sabedoria que existe em você, a luz imperecível. Só assim conseguimos vencer as trevas do nosso momento difícil e descobrir a luz que existe do lado de lá.

Só a luz que vem de dentro conduz à luz do lado de lá. Acredite na luz que existe em você!

Boa Sorte, E.

Sentindo-se fundamente reconfortada por aquelas palavras, Laura fechou seus olhos molhados e se deixou adormecer, envolta pelos passes magnéticos que lhe foram aplicados pelos mentores de luz que a rodeavam, enquanto todos os demais espíritos presentes na casa permaneciam em prece.

– Procure agora sentir-se como uma criança – o dr. Dario determinou.

Pouco a pouco, ela foi tomando a forma de uma pequenina criança, ao mesmo tempo em que uma equipe de espíritos construtores, que agora transitava no quarto, consultava alguns gráficos incompreensíveis a olhos humanos.

Muitas horas depois, Emília, a mãe de Glória, anunciava empolgada:

– A fecundação já ocorreu! É hora de entrarmos no quarto!

– Ótimo – respondeu o dr. Dario. – Chamem Paulo e Inês.

Imediatamente, acorreram então os antigos pais de Laura, que neste momento encontravam-se temporariamente desligados de seus corpos carnais. Tão logo adormeceram fisicamente, os dois haviam voltado, em espírito, para o apartamento de Glória, cientes da delicada operação que ora se processava.

– Tomem-na em seus braços, queridos irmãos – disse o doutor Dario, entregando-lhes Laura em forma de bebê. – Ela agora será a neta postiça e afilhada espiritual de vocês. Entreguem-na a seus genitores.

– Para mim, ela sempre será como uma filha! – respondeu Paulo, emocionado.

Sem conseguir controlar as lágrimas, Inês tomou com cuidado aquele pequenino ser em seus braços e, sempre amparada por Paulo, entrou então no quarto onde Jorge e Glória, também desligados de seus corpos físicos, os esperavam.

***

Nove meses depois, Glória estava terminando de marcar um trecho que achara interessante no livro sobre deficiências musculares que acabara de ler, quando, sentindo uma pontada mais forte, deixou o lápis cair no chão e gritou:

– Jorge!

Neste mesmo instante, Bartira entrava em sua nova casa, no bairro Jardim Botânico, em grande alvoroço, louca para contar a novidade a Augusto:

– Você em casa, a esta hora? – ele estranhou.

– A fecundação deu certo! – ela respondeu, pulando sobre ele num abraço. – Acabam de me ligar do laboratório de Londres. Os últimos exames ficaram prontos. Estamos grávidos, Augusto! Estamos grávidos!!!

No fundo da sala, junto à janela, Jonas e Urbano sorriam satisfeitos.

Fim

Prece pelos Suicidas[33]

Sabemos, querido Pai Celestial, a sorte reservada àqueles que violam as Vossas leis ao abreviar voluntariamente os seus dias; mas sabemos também o quão infinita é a Vossa misericórdia: dignai-Vos estendê-la sobre a alma de N..., a quem mentalizamos neste momento, com todo o nosso amor. Possam as nossas preces, aliadas à Vossa comiseração, adoçar o amargor dos sofrimentos que ele(ela) ora suporta, por não ter tido a coragem de esperar o fim de suas provações.

Bons espíritos, cuja missão é a de assistir os infelizes, tomai-o(a) sob vossa proteção; inspirai-lhe o arrependimento por sua tão grave falta. Que a vossa assistência lhe dê forças para tolerar com mais resignação as novas provas que ele(ela) terá de cumprir a fim de reparar seu erro. Afastai dele(dela) os espíritos malévolos que poderiam novamente conduzi-lo(la) ao mal, prolongando seus sofrimentos ao fazê-lo(la) perder o fruto de suas provas futuras, e também aqueles que o(a) estejam cercando neste momento pelo simples prazer de zombar de sua triste situação.

Protegei-o(a), bons amigos, de todas as maneiras que estiverem ao vosso alcance, sempre respeitando o merecimento daquele(a) por quem oramos. Ajudai-o(a) para que consiga livrar-se da nuvem de trevas em que por ora se enclausurou, fazendo com que consiga enxergar a centelha divina que carrega dentro de si, a luz que liberta e repara.

[33] Livre tradução da autora, inspirada no original em francês de "Prece pelos suicidas", publicada em *O evangelho segundo o espiritismo*, de Allan Kardec, capítulo XXVIII, item 72.

Quanto a ti, querido(a) N..., cujo infortúnio constitui o objeto de nossas preces, possa a nossa comiseração mitigar o amargor dessas provas e fazer nascer em tua alma a esperança de um melhor porvir! Este futuro esta em tuas mãos; confia na bondade de Deus, cujo seio está aberto a todos os arrependidos e só se conserva fechado aos corações endurecidos.

Que a paz deste Deus que é puro amor e misericórdia possa, neste momento, inundar o teu coração.

Romance Espírita
ADA MAY
O CÉTICO
JOSÉ BENTO
{Espírito}
LACHÂTRE
ADA MAY JOSÉ BENTO {Espírito} O CÉTICO

Esta edição foi impressa, em setembro de 2015, pela Markpress Brasil Indústria Gráfica Ltda, São Paulo, SP., sendo tiradas três mil cópias em formato fechado 15,5 x 22,5cm, em papel Off-set 63g/m^2 para o miolo e Cartão Supremo 300g/m^2 para a capa. O texto principal foi composto em Berkeley LT 11/13,3. A produção gráfica de capa e miolo é de César França de Oliveira.